Christine Speth

W0190897

Akademisierung der Erzieherinnen- ausbildung?

Beziehung zur Wissenschaft

VS VERLAG FÜR SOZIALWISSENSCHAFTEN

Bibliografische Information der Deutschen Nationalbibliothek
Die Deutsche Nationalbibliothek verzeichnet diese Publikation in der
Deutschen Nationalbibliografie; detaillierte bibliografische Daten sind im Internet über
<http://dnb.d-nb.de> abrufbar.

Zugl. Dissertation an der Universität Passau, Philosophische Fakultät, 2009

1. Auflage 2010

Alle Rechte vorbehalten
© VS Verlag für Sozialwissenschaften | GWV Fachverlage GmbH, Wiesbaden 2010

Lektorat: Katrin Emmerich / Tanja Köhler

VS Verlag für Sozialwissenschaften ist Teil der Fachverlagsgruppe
Springer Science+Business Media.
www.vs-verlag.de

Das Werk einschließlich aller seiner Teile ist urheberrechtlich geschützt. Jede
Verwertung außerhalb der engen Grenzen des Urheberrechtsgesetzes ist
ohne Zustimmung des Verlags unzulässig und strafbar. Das gilt insbesondere
für Vervielfältigungen, Übersetzungen, Mikroverfilmungen und die Einspei-
cherung und Verarbeitung in elektronischen Systemen.

Die Wiedergabe von Gebrauchsnamen, Handelsnamen, Warenbezeichnungen usw. in diesem
Werk berechtigt auch ohne besondere Kennzeichnung nicht zu der Annahme, dass solche
Namen im Sinne der Warenzeichen- und Markenschutz-Gesetzgebung als frei zu betrachten
wären und daher von jedermann benutzt werden dürften.

Umschlaggestaltung: KünkelLopka Medienentwicklung, Heidelberg
Druck und buchbinderische Verarbeitung: Ten Brink, Meppel
Gedruckt auf säurefreiem und chlorfrei gebleichtem Papier
Printed in the Netherlands

ISBN 978-3-531-17073-2

Allen, die mich im Laufe der Zeit - in der diese Arbeit entstanden ist - begleitet haben, möchte ich an dieser Stelle herzlich Danke sagen!

Dank gebührt meinem Doktorvater Prof. Dr. Guido Pollak, der mir durch entscheidende Fragen immer wieder neuen Anstoß gab, sowie Prof. Dr. Rudolf Kammerl, der durch seinen Schwerpunkt „Medien" mir den Anlass für die mediale Komponente meiner Dissertation gab.

Prof. Dr. Ulrich Bartosch, der durch sein Gespür für Entwicklungspotenziale sowie das Stellen von neuen Herausforderungen viele Fortschritte, nicht nur im Laufe des Promotionsprozesses, anregte und ermöglichte.

Meinen Eltern und Schwestern möchte ich für die unermüdliche Unterstützung während dieser Jahre danken. Sie haben mich in allen Umbrüchen und Veränderungen gestärkt und mir vieles möglich gemacht, das ohne ihre Hilfe nicht möglich gewesen wäre.

Meinem Mann Michael danke ich für seine Geduld in anstrengenden Zeiten der Vielfachbelastungen und die Begleitung und Stärkung während dieser entscheidenden Lebensphase.

Ein herzlicher Dank geht an meine Freunde, die mir über Jahre die Freundschaft hielten, mich motivierten und - wenn nötig - auch ablenkten.

Nicht zuletzt möchte ich mich bei Thomas Lampe für die Bibliotheksdienste und Lisa Bickert für die große Hilfe bei der Korrektur bedanken.

Ich danke Euch allen dafür, dass Ihr mir vertraut habt!

Christine Speth
Buxheim, 2009

Inhaltsverzeichnis

Abkürzungsverzeichnis

allge.	allgemeine
BA	Bachelor, Bachelorstudiengang
Bay STMUK	Bayrisches Staatsministerium für Unterricht und Kultus
BDA	Bundesvereinigung der Deutschen Arbeitgeberverbände
BMAF	Bundesministerium für Migration und Flüchtlinge
BMBF	Bundesministerium für Bildung und Forschung
BMFSFJ	Bundesministerium für Familie, Senioren, Frauen und Jugend
BöfAE	Bundesarbeitsgemeinschaft der öffentlichen und freien, nicht konfessionell gebundenen Ausbildungsstätten für Erzieherinnen und Erzieher
BVerfGE	Bundesverfassungsgesetz
DiCV	Diözesan Caritasverband
DJI	Deutsches Jugendinstitut
ECTS	European Credit Transfer System
EFH	Evangelische Fachhochschule
EQF	European Qualifications Frameworks
fachgeb.	fachgebundene
FH	Fachhochschule
FTD	Financial Times Deutschland
GEW	Gewerkschaft Erziehung und Wissenschaft
GI	Gesellschaft für Informatik e.V
HRK	Hochschulrektorenkonferenz
IfD	Institut für Demoskopie Allensbach
IFK	Institut für angewandte Familien-, Kindheits- und Jugendforschung an der Universität Potsdam
IFP	Staatsinstitut für Frühpädagogik
IGLU	Internationale Grundschulleseuntersuchung
INA	Internationale Akademie für innovative Pädagogik, Psychologie und Ökonomie gGmbH
INFANS	Institut für angewandte Sozialforschung / Frühe Kindheit e. V.
JMK /JFMK	Jugendministerkonferenz / Jugend- und Familienministerkonferenz

KMK	Ständigen Konferenz der Kultusminister der Länder in der Bundesrepublik Deutschland
KOM	Kommission der Europäischen Gemeinschaften
MA	Master, Masterstudiengang
MJSK	Ministerium für Schule und Weiterbildung des Landes Nordrhein-Westfalen
NASW	National Association of Social Workers
NQF / NQR	National Qualifications Frameworks / Nationaler Qualifikationsrahmen
NQF HS / NQR HS	National Qualifications Framework for Higher Education / Nationaler Qualfikationsrahmen für Deutsche Hochschulabschlüsse
OECD	Organisation for Economic Cooperation and Development
PÄDQUIS	Pädagogische Qualitäts-Informations-Systeme gGmbH
PC	Personal Computer
PH	Pädagogische Hochschule
PiK	Profis in Kitas – Projekt der Robert Bosch Stiftung
PISA	Programme for International Student Assessment
QR	Qualifikationsrahmen
QR BEL	Qualifikationsrahmen Bildung und Erziehung im Lebenslauf
QR SArb	Qualifikationsrahmen Soziale Arbeit
SPI	Sozialpädagogisches Institut NRW
SoSe	Sommersemester
staatl.	staatlich
TIMSS	Third International Mathematics and Science Study
Uni	Universität
VBE	Verband Bildung und Erziehung e.V.
Vbw	Vereinigung der bayerischen Wirtschaft e.V.
WiSe	Wintersemester
Wo	Woche

Vorwort

„Müssen Erzieherinnen studiert haben?" oder „Kann Heimerziehung nur von Hochschulabsolventen fachgerecht geleistet werden?". „Ist es nicht selbstverständlich so, dass für die Arbeit mit dem ‚Kapital der Zukunft: den Kindern' nur die am besten ausgebildeten Kräfte unserer Gesellschaft in Frage kommen?"

In diesen und in ähnlichen Fragen lassen sich Positionen paraphrasieren, die in den letzten Jahren zum Thema der vorliegenden Dissertation Stellung bezogen haben. Christine Speth hat diese Entwicklung in mehrfacher Weise begleitet: Sie hat eine fachschulische Ausbildung zur staatlich anerkannten Erzieherin absolviert und war dann im Kindergarten, auch leitend, tätig. Sie hat ein Fachhochschulstudium an der Katholischen Universität Eichstätt-Ingolstadt als Diplom-Sozialpädagogin (FH) beendet und anschließend mit dem Magister Artium an der Universität Passau einen universitären Studiengang der Pädagogik abgeschlossen. Dann wurde Dr. Christine Speth mit der nun in der Druckfassung vorliegenden Dissertation an der philosophischen Fakultät in Passau, unter der Betreuung von Prof. Dr. Guido Pollak und Prof. Dr. Rudolf Kammerl, promoviert. Berücksichtigt man, dass sie ihr beruflicher Werdegang von der aktiven Erziehungsarbeit im Kindergarten, über die Mitwirkung an der Entwicklung aktueller hochschulischer virtueller Lehr-/Lernformen an der Universität, bis zur Organisation und Qualitätssicherung von neuer hochschulischer ‚Bologna'- Studiengangsgestaltung in der Bonner Zentrale der Deutschen Hochschulrektorenkonferenz geführt hat, so kann man mit Fug und Recht behaupten, dass Sie als Bearbeiterin der hier behandelten Forschungsfrage ein echter Glücksfall ist. Man merkt es der Arbeit denn auch an, dass hier – neben der gründlichen wissenschaftlichen Recherche und Analyse – auch die praktische Erfahrung als Grundlage einer ausgreifenden Argumentation dienen kann.

Christine Speth geht die Frage gleichsam ‚ungläubig' an. Ist denn überhaupt eine wissenschaftliche Grundlegung der Ausbildung nötig? Was hat sich geändert, dass ein bisheriges Qualifikationsgefüge nicht mehr ausreicht? Oder war gar die bisherige Vorbereitung der Erzieherinnen und Erzieher schon immer ungenügend, was erst in jüngster Zeit sichtbar geworden wäre? Diese Ausgangsfrage ist ebenso angebracht, wie sie hier in methodischer Hinsicht aktuell gestellt wird. Es ist schlichtweg redlich, zu untersuchen, *welche*

Herausforderungen das Arbeitsfeld der Erzieherin bestimmen – und fast noch wichtiger: absehbar *bestimmen werden* – auf die *notwendiger Weise* durch ein *hochschulisches Studium* vorbereitet werden müsste. Damit sind alle standes-rechtlichen, tarifpolitischen, gesellschaftlichen Wertungsfragen nicht negiert. Aber sie werden vorerst zugunsten einer sachlichen Überprüfung von fachlichen Notwendigkeiten zurückgestellt. Im Ergebnis kumulieren im entsprechenden Abschnitt der vorliegenden Arbeit *bestimmbare Elemente eines künftigen Qualifikationsprofils* für den Erzieherberuf. Damit ist die methodische Aktualität der Ausgangsfrage augenscheinlich. Erst die Entwicklung von *verlässlichen Deskriptoren für qualifikatorische Erfordernisse* und für Elemente von Qualifikationsprofilen ermöglicht die begründete Konstruktion von Qualifikationswegen. Anders gesagt: Wenn die Anforderungen des Berufsfeldes eindeutig eine wissenschaftliche Befähigung einklagen können, dann muss ein hochschulisches Studium das Ausbildungsversprechen für diese spezifische Befähigung im Berufsfeld formulieren und überprüfbar realisieren.

Gesteht man also, wie die Verfasserin, zu, dass die Qualifikationsnachfrage durch ein hochschulisches Studium gedeckt werden müsste, gilt es zu prüfen, was hochschulische Ausbildung im elementar-/frühpädagogischen Feld leisten kann bzw. sollte. Hier zieht Christine Speth nun fleißig ‚über die Dörfer', sammelt und analysiert, welche Angebote im Feld bislang formuliert wurden. Besonders bemerkenswert ist aber, dass sie die Frage der wissenschaftlichen Zielformulierung dieser Studiengänge auch an eine Gruppe richtet, die in ganz herausragender Weise die Koordinaten der zukünftigen Entwicklung dieses Qualifikationsfeldes bestimmen werden. Sie befragt – in dieser Art dürfte das erstmalig unternommen worden sein – die Gutachterinnen und Gutachter von Akkreditierungsverfahren betreffender Studiengänge. Schließlich sollten diese Fachleute doch am besten erläutern können, welche Erwartungen an die wissenschaftliche Ausbildung gestellt werden müssen und woran gesichert abgelesen werden kann, dass ein begutachtetes Studiengangskonzept *tatsächlich ein wissenschaftliches Qualifikationsprofil seiner Absolventinnen hervorrufen wird.* Es ist bedauerlich, ja befremdlich, dass sich von 60 identifizierbaren, beteiligten Personen an entsprechenden Akkreditierungsverfahren nur 14 (also 23,33 %) für die Befragung zur Verfügung gestellt haben. Bedenkt man den ungeheueren Einfluss der Entscheidungen von Gutachterinnen und Gutachtern auf die bildungspolitische Entwicklung der Bundesrepublik, ist es eigentlich unverzeih-lich, dass diese Chance zur anonymen Reflexion und Qualitätssicherung nicht genutzt wurde. Gleichwohl bleiben gerade deshalb die Hinweise, die aus der Befragung abgeleitet werden können, von besonderer Bedeutung, bis einmal eine Kultur der Transparenz gutachterlicher Entscheidungen durch die Zeitläufe erzwungen werden wird.

Mit der hochschulischen Reform „Bologna-Prozess" und den damit verbundenen Instrumenten und Strategien zur Entwicklung von hochschulischem Lehren und Lernen ergeben sich besondere Bedingungen und auch Chancen für die Frühpädagogik. Die Perspektive von Arbeitsmarkterfordernissen findet in einer europäischen Angleichungsbewegung von Studienformen und –abschlüssen besonderen Einfluss auf die Hochschulen. „Employability" wird zum Schlüsselwort für die Rechtfertigung und Zielbestimmung von Studiengängen. *Nun aber wird die Formulierung von Deskriptoren für die wissenschaftlichen Elemente von Qualifikationsprofilen zur Schicksalsfrage für die Hochschulen.* Christine Speth geht daher folgerichtig daran, einen Qualifikationsrahmen für das erzieherische Arbeitsfeld (QR BEL) vorzuschlagen und schließt hier an die Arbeiten für den Qualifikationsrahmen Soziale Arbeit (QR SArb) an. An dessen Entwicklung und Implementierung hatte sie als Mitarbeiterin der HRK und später als Organisatorin für den Vorstand des deutschen Fachbereichstages Soziale Arbeit (FBTS) tatkräftig mitgewirkt. Für den FBTS ist die Übertragung in das Elementar-Studienfeld, das überwiegend aus den Reihen seiner Fachbereiche bestückt wurde, eine wichtige Erprobung und Bestätigung der Sinnhaftigkeit des eigenen Vorgehens. Dies sei hier dankend bemerkt.

Der QR BEL reicht über die unterschiedlichen Bereiche des Feldes und umfasst damit Bedarfe für wissenschaftliche und die Bedarfe für fachschulische Qualifikation. Die innere Differenzierung eines gemeinsamen Arbeitsfeldes wird somit überhaupt erst sichtbar und damit werden auch die unterschiedlichen Qualifikationswege innerhalb des Feldes in ihrem jeweiligen Recht akzeptiert und kooperativ aufgefasst. Mit dem Vorschlag, die Übereinkunft zu den Qualifikationserfordernissen über eine elektronische Plattform dynamisch zwischen den Interessengruppen verhandelbar zu halten, weist die Verfasserin in die Zukunft.

Die vorliegende Arbeit von Christine Speth zeichnet im Ergebnis den Rahmen für moderne Studiengangsentwicklung auf, wie sie mit dem Bologna-Prozess möglich wird. Exemplarisch wird für den Bereich Elementarerziehung ein Szenario der wissenschaftlich fundierten, kooperativen Gestaltung für die möglichen Qualifikationswege entworfen. Es ist zu wünschen, dass diese Arbeit von der fachlichen Diskussion umfassend wahrgenommen und konstruktiv aufgenommen wird. Jene, die Studiengänge für Elementarerziehung und Frühe Kindheit entwickeln oder begutachten, sollten sich der Lektüre nicht entziehen. Es wird dann für uns alle schwieriger werden, fachschulische Ausbildung *einfach* in die Hochschule hinein *zu verlängern oder* durch hochschulisches

Studium schlicht *zu verdrängen*. Es würde dann auch der lange Weg vom Realschulabschluss bis zur Promotion, den Dr. Christine Speth – wenngleich mit Bravour – gehen musste, für Nachfolgerinnen und Nachfolger deutlich kürzer werden können. Dies aber ist eine notwendige Entwicklung: dass die Elementarerziehung nicht nur von der Praxis her, sondern prägend auch von der Wissenschaft her analysiert und gestaltet wird. Sie braucht und verdient diese Bereicherung.

Eichstätt, 1. August 2009
Prof. Dr. Ulrich Bartosch,
Vorsitzender des deutschen Fachbereichstages Soziale Arbeit

1. Akademisierung der Erzieherinnenausbildung?
Eine einleitende Skizze

Die gesellschaftlichen Veränderungen führen zu neuen Anforderungen an die Arbeit in Kindertageseinrichtungen. Der damalige Bundespräsident Johannes Rau bezeichnete Kindertagesstätten „nicht nur [als] die Tore zum Bildungswesen, sie sind auch die Tore zu unserer Gesellschaft, zu Selbstentfaltung und Gemeinschaftsfähigkeit, zu beruflichem Erfolg und staatsbürgerlicher Verantwortung.“[1] Der Grundsatz von Diesterweg „Der wahre Erzieher wird geboren“[2] und auch Sprangers ‚klassische' Sicht des „geborenen Erziehers", der „aus einem tiefen geistigen Instinkt heraus das Richtige trifft" (Spranger. 1958. S. 23) sind weit von der aktuellen Diskussion bezüglich der Anforderungen an pädagogische und erziehungswissenschaftliche Qualifikationen der Erzieherinnen entfernt. Der „pädagogische Eros" (Kerschensteiner. 1949.) tritt hinter notwendige Kompetenzen und Professionalität des pädagogischen Personals zurück. Tsidomidis schreibt 1993, „die Zeit des ‚geborenen Erziehers' (ist) vorüber." (Tsidomidis. 1993. S. 184) Es reicht nicht mehr aus, dass junge Frauen, „die keine guten Erfahrungen mit dem Lernen gemacht haben" (Elschenbroich. 2001. S. 17), in den Beruf der Erzieherin gelenkt werden.

Diese Veränderungen führen dazu, dass sich auch die Ausbildungsorganisation neu orientiert. Die Aufgabenzuweisung an Erzieherinnen entspricht grundsätzlich akademischer Hochschulausbildung (vgl. Beher 2004). Zum einen schreitet die fachliche Entwicklung – auch mit Blick auf Europa – voran, zum anderen steigen die tatsächlichen Anforderungen an die Organisation von Elementarpädagogik. Forschung und Entwicklung sind in diesem Bereich unumgänglich und führen zu einer generellen Änderung der Ausbildung und einer wissenschaftlichen Bearbeitung.

Ziel dieser Arbeit ist die Analyse eines Wandlungsprozesses unter bestimmten Aspekten, indem zunächst die historischen und bisherigen Entwicklungen betrachtet werden, da diese für das aktuelle Verständnis konstitutiv sind.

---

1 Aus der Rede von Bundespräsident Johannes Rau beim Abschlusskongress des Forums Bildung, Berlin, 10.01.2002
2 Originalquelle unbekannt. Zitat aus Tsiomidis. 1993. S. 182/183

Die gegenwärtig verschiedenen Berufe im Bereich der Frühpädagogik werden ebenso aufgezeigt, wie die derzeitige fachschulische Erzieherinnenausbildung, sowie bestehende Fort- und Weiterbildungsmöglichkeiten.

Im Kapitel „Defizitanalyse – Ist eine Ausbildung notwendig, die durch wissenschaftliche Grundlagen entwickelt wird?" wird das gewandelte Bild von Kindheit, Erziehung und Bildung beleuchtet. Das Aufzeigen der „Bedarfe in Deutschland" umfasst die gesellschaftlichen Veränderungen und ihre Auswirkungen auf das Leben von Kindern und Familien sowie die Rahmenbedingungen von Kindertageseinrichtungen. Es wird deutlich, dass in den letzten Jahren eine starke Veränderung in diesen Bereichen stattfand, auf die die erziehenden und bildenden Einrichtungen reagieren müssen und somit auch eine Anpassung der Ausbildung bedarf. Um zukünftig den Anschluss nicht zu verpassen, muss der nationale Ausbau der wissenschaftlichen und strukturellen Verortung der Pädagogik der frühen Kindheit erfolgen. Durch einen kurzen internationalen Vergleich soll dies untermauert werden.

Im dritten Teil zum Thema „hochschulische Ausbildung im elementar- / frühpädagogischen Feld" wird mit Hilfe der berufsfeld-, kompetenz- und professionstheoretischen Zugänge die Notwendigkeit eines wissenschaftlichen Profils dargestellt. Die Landschaft der frühpädagogischen Studiengänge in Deutschland entwickelt sich sehr schnell und vielfältig. Eine Bestandsaufnahme bestehender Studiengänge, deren Zugangsmöglichkeiten und konzeptionellen Überlegungen sollen einen Eindruck darüber verschaffen. Besonderes Augenmerk wird dabei auf die angestrebten Kompetenzen gelegt.

„Chancen für die Elementarpädagogik durch den Bologna Prozess" zeigt der vierte Teil dieser Dissertation auf. Bearbeitet wird dieser Bereich durch eine kurze Darstellung des Bologna-Prozesses mit seinen prägnantesten Neuerungen (vgl. Bologna Erklärung 1999) und der Entwicklung innerhalb Deutschlands (vgl. Beschlüsse der KMK und HRK). Eine Grundlage für die Bearbeitung bieten Gesetzestexte wie die Novellierung des Hochschulrahmengesetzes, Erlasse, Schriften zu deutschen und ausländischen Bildungssystemen, Studien zur Einführung von Bachelor- und Masterstudiengängen sowie eine Fülle von Zeitschriften-, Zeitungs- und Internetartikeln, in denen sich die aktuelle Debatte spiegelt. Auf dieser Grundlage muss zwingend die jeweils spezifische Leistungsfähigkeit der unterschiedlichen Einrichtungen berücksichtigt werden. Deutlich werden soll, welche besonderen Erfolge der Ausbildung jeweils auch künftig sichergestellt werden müssen, „wollte man nicht schlicht an die Stelle der Vielfalt nur Einfältigkeit setzen" (Bartosch. 2004/1. S. 27). Den Hochschulen - aber auch den Fachakademien für Sozialpädagogik - müssen die eigenen Stärken und ihr Profil bewusst sein (vgl. Bartosch. 2004/2; Pollak. 2004).

Der Bologna Prozess an sich, sowie die Modularisierung und das Leistungs-punktesystem ermöglichen Anschlusspunkte zu den verschiedenen Ausbildungsbereichen. Hochschulische Module und fachschulische Lernfelder können für die Anrechnung von erbrachten Leistungen genutzt werden. Dass aus der hochschulischen Ausbildung keine Berufsausbildung wird, soll unter anderem die Akkreditierung prüfen. Der deutsche Akkreditierungsrat hat diverse Kriterien für die Überprüfung von Bachelor- und Masterstudiengängen ausgegeben, die die Qualität der Hochschulausbildung sichern sollen. Ob die Peers und somit die Gutachterinnen und Gutachter von Vor-Ort-Begehungen die einzelnen Kriterien ebenfalls als entscheidend und hilfreich einschätzen, wurde mit Hilfe eines Fragebogens recherchiert. Die daraus gezogenen Tendenzen ermöglichen unter anderem, dass das Akkreditierungsverfahren transparenter wird und Kriterien für die Akkreditierung eines Studiengangs im Bereich Frühpädagogik entwickelt werden können.

Besonders innerhalb der Ausbildung in der Frühpädagogik wird der Begriff der „Employability" (entspricht: Beschäftigungsfähigkeit) intensiv diskutiert. Meinungen, dass die bisher sehr gute Methodenkompetenz und Fachschulausbildung nicht verloren gehen darf, aber auch die wissenschaftlichen Aspekte einer Hochschulausbildung nicht außer Acht gelassen werden dürfen, stehen häufig gegeneinander. Die Frage, die sich dabei herausgebildet hat, ist: Kann Employability als erreichbare Kompetenz in einem Studium stehen?

Um die verschiedenen Berufe und Qualifikationen im Bereich der Erziehung und Bildung zusammenführen zu können, kann ein Instrument der Bologna Reform besonders genutzt werden. Die Entwicklung eines fachlichen Qualifikationsrahmens kann Qualifikationen der einzelnen Bildungsrichtungen transparent machen, aber auch Übergänge und Anschlüsse ermöglichen. Die bis zu diesem Zeitpunkt aufgezeigten Bedarfe, Forderungen an die unterschiedlichen Ausbildungen in der Elementarpädagogik sowie die Anforderungen durch den Bologna Prozess können hiermit zusammen geführt werden.

Zum Verständnis des Instruments werden zunächst die bestehenden europäischen, nationalen und fachlichen Qualifikationsrahmen dargestellt. Der fachliche Qualifikationsrahmen „Soziale Arbeit" wird im Anschluss daran als Referenzrahmen für die Entwicklung eines Qualifikationsrahmens „Bildung und Erziehung im Lebenslauf" genutzt. Da es sich dabei nicht um einen starren Rahmen, sondern ein sich entwickeltes Rahmenwerk handelt, wird hierbei von der Version 1.0 gesprochen, die auf einer dafür geschaffenen Diskussionsplattform – Blog – weiterentwickelt werden soll.

Die Titel dieser Dissertation „Akademisierung der Erzieherinnenausbildung?" ist mit einem Fragezeichen versehen, da sich die Frage stellt ob, wenn und wie eine Akademisierung aussehen und welche Ziele damit verfolgt werden können. „Beziehung zur Wissenschaft" konnotiert, dass für Erzieherinnen das Kerngeschäft die Beziehungsarbeit ist. Aber auch, dass ein Wandel von der Beziehungsarbeit zur wissenschaftlich fundierten Förderung ansteht. Auf institutioneller Ebene sollen mögliche Beziehungen zwischen Fachschulen und Hochschulen verstanden werden. Doch bevor diese Fragen behandelt werden, findet zunächst eine Darstellung der empirischen Elemente statt.

2. Empirische Elemente der Arbeit

Die laufende Diskussion zum Bereich Elementarpädagogik zeigt, dass es von Bedeutung ist, im Rahmen der empirischen Bildungsforschung Instrumente zu entwickeln, die belastbare, empirische Daten erheben können, um auf deren Basis bildungspolitische Entscheidungen zu begründen. Die Zielsetzungen der Befragung im Rahmen dieser Arbeit waren zum einen, mit Hilfe eines Fragebogens das Akkreditierungsverfahren transparent zu machen und zum anderen, einen ersten Probelauf durchzuführen.

Die Vorgaben des Akkreditierungsrats zu den Kriterien einer Akkreditierung sind für alle Studiengänge gültig. Sie umfassen folgende Bereiche:

- „Systemsteuerung der Hochschule
- Qualifikationsziele des Studiengangkonzeptes
- konzeptionelle Einordnung des Studiengangs in das Studiensystem
- Studiengangkonzept
- Durchführung des Studiengangs
- Prüfungssystem
- Transparenz der Dokumentation
- Qualitätssicherung"(Akkreditierungsrat. 2008b. S. 1 ff)

Bei der Auswertung von 15 Gutachterberichten unterschiedlicher Agenturen für Studiengänge der Elementarpädagogik zeigte sich, dass diese Kriterien nicht immer erfüllt wurden. Konkret lagen zum Teil Grundsatzpapiere zur Akkreditierung nicht vor[3] bzw. gingen die Gutachter sehr in Detailfragen und forderten beispielsweise zusätzliche Lehrinhalte[4].

---

[3] Es wurden grundsätzliche Elemente eingefordert, die zum Zeitpunkt einer Akkreditierung, bzw. im Vorfeld bereits eingereicht werden müssen, wie z. B. Prüfungsordnungen.

[4] Folgende Themen sollten laut diverser Gutachterberichte in einem Studiengang enthalten sein und zu grundlegenden und weiterführenden Kompetenzen führen: Fachwissen und Theorie, Methoden, Konfliktlösungsstrategien, internationale Grundlagen frühkindlicher Bildung und deren Bildungssysteme, Gender, pädagogisches Handeln, Leitung von Institutionen, Interkulturalität / Internationalität, Inklusionspädagogik, Sprachförderung, interdisziplinäre Kenntnisse und Denkhaltungen, frühkindliche Inhalte, Sozialmanagement, Erziehungswissenschaft.

Ziel der Befragung sollte sein, dass aus der Erfahrung der Peers ein Kriterienkatalog für die Akkreditierung von Studiengängen im Bereich Frühpädagogik gefertigt werden kann, der als Orientierungsrahmen für die Entwicklung eines neuen Studiengangs und für zukünftige Akkreditierungen als Handreichung dient. Außerdem soll durch die Einschätzungen der derzeitigen Entwicklungen im elementarpädagogischen Feld ein möglicher Trend aufgezeigt bzw. die derzeitigen Diskussionsstränge untermauert oder auch widerlegt werden.

Im Zentrum der Untersuchung stehen Diejenigen, die die Akkreditierung elementarpädagogischer Studiengänge aus der Innenperspektive heraus betrachten und aufgrund ihres aktiven Mitwirkens inhaltliche und konzeptionelle Aussagen treffen sowie eine persönliche Einschätzung zu den Entwicklungen in diesem Feld abgeben können. Vorgabe war, dass die befragten Personen bei mindestens einer Vor-Ort-Begehung eines derartigen Studiengangs beteiligt waren. Die peer group setzte sich zusammen aus: Studierenden, Arbeitgebern, Fachhochschul-, Universitäts- und Ministeriumsvertretern. Da die einzelnen Vertretungen während des Akkreditierungsverfahrens gleichberechtigte Partner sind, wurde allen derselbe Fragenkatalog zugesandt.

Für die schriftliche Befragung wurden standardisierte Fragebögen entwickelt. Auf Interviews wurde verzichtet. Hintergrund für diese Wahl bilden die Vorteile, eine größere Zahl von Befragten bei geringem Zeit-, Personal- und Kostenaufwand zu erreichen (vgl. Konrad 1999, S. 88). Zudem verringert sich die Gefahr der Beeinflussung und des fehlerhaften Protokollierens durch den Interviewer und erleichtert eine quantifizierende Analyse der erhobenen Daten (vgl. Schell et al., 1999, S. 310).

Da die Befragten in ganz Deutschland verteilt und zeitlich sehr eingebunden sind, sollte eine problemlose Bearbeitung des Fragebogens ermöglicht werden. Ein beigefügtes Anschreiben sollte über die Hintergründe der Untersuchung aufklären und technische Hinweise geben (vgl. Atteslander, 2003, S. 174). Der elektronische Fragebogen konnte einfach versandt und auch anonym per Email oder auch als Druckversion zurückgeleitet werden. Es zeigten sich jedoch Hindernisse: einige Teilnehmer konnten das Dokument nicht auf ihrem Computer öffnen bzw. hatten Schwierigkeiten bei der Handhabung des Fragebogens. Wenn sich diese Personen meldeten (Kontaktdaten waren angegeben), wurden die technischen Probleme behoben bzw. nachträglich ein Papierfragebogen zugesandt.

Die Konstruktion des Fragebogens[5] erfolgte unter der Berücksichtigung elementarer Kriterien für die Erstellung von Fragebögen und Formulierung von Fragen und war nach dem Anschreiben in drei Abschnitte gegliedert.

Anschreiben
Das Anschreiben zu Beginn des Fragebogens beinhaltet eine kurze Beschreibung der Hintergründe der Befragung und der Auswahl der Befragten. Außerdem wurde darauf hingewiesen, dass die erhobenen Daten vertraulich und anonym behandelt werden. Technische Informationen zum Ausfüllen des Fragebogens bildeten den Schluss des Anschreibens.

1. Abschnitt: Allgemeine Informationen
Im ersten Abschnitt wurden allgemeine Informationen abgefragt. Dazu gehörte die Angabe, welche Gruppe man innerhalb der Vor-Ort-Begehung(en) vertrat, um gegebenenfalls die Ergebnisse auch nach den einzelnen Gruppen auswerten zu können.

Außerdem konnten die Befragten in einer Liste der bis zum Zeitpunkt des Versands veröffentlichten Studiengänge ankreuzen, mit welcher Agentur die Akkreditierungen stattfanden und ob die Akkreditierung erfolgreich war oder versagt wurde. Die Zuordnung zu den Agenturen verfolgte die Ziele zu erfahren, ob die befragte Person häufiger bei Akkreditierungen aktiv und bei verschiedenen oder nur bei einer Agentur tätig ist. Dadurch, dass die Studiengänge mit Studiengangnamen und Hochschulstandort angegeben waren, konnten fehlende Studiengänge in dafür vorgesehenen Freizeilen ergänzt werden. Erfolgreiche oder versagte Akkreditierung[6] zu erfragen verfolgte dass Ziel, nicht akkreditierte Studiengänge aufzuspüren, da diese nicht gelistet werden.

---

5 Ein Exemplar des Fragebogens (inkl. Anschreiben) befindet sich in der Anlage I: „Fragebogen"
6 Eine erfolgreiche Akkreditierung kann mit Empfehlungen und Auflagen verbunden sein. Die Umsetzung von Empfehlungen bleibt der jeweiligen Hochschule überlassen, Auflagen müssen bis zu einer gesetzten Frist umgesetzt werden. Sind bei einem Studiengang erhebliche Mängel, Verstöße gegen Vorschriften usw. erkennbar, kann eine Akkreditierung auch versagt – sprich nicht erteilt – werden. Dies hat in Bundesländern, bei denen die Akkreditierung im Vorfeld erfolgreich erreicht werden muss zur Folge, dass dieser nicht starten darf. In Bundesländern, die erst im Laufe des Studiengangbetriebs eine Akkreditierung benötigen, hat dies keine drastischen Folgen, da die Akkreditierung bei einer anderen Agentur erneut durchgeführt werden kann. (Siehe dazu Anlage V: „Rechtsgrundlagen für die Akkreditierung und die Einrichtung von Studiengängen mit den Abschlüssen Bachelor/Bakkalaureus und Master/Magister in den einzelnen Bundesländern – Stand: 21.06.2007)

2. Abschnitt: Kriterien für eine Akkreditierung im Bereich Früh- / Elementarpädagogik

Da bei der Sichtung der zugänglichen Gutachterberichte grundsätzliche Elemente innerhalb der Studiengänge fehlten, wurde aus allen Empfehlungen und Auflagen der 15 analysierten Gutachterberichte für Studiengänge in der Frühpädagogik ein Fragebogen entwickelt.

Die Kriterien für eine Akkreditierung im Bereich Früh-/ Elementarpädagogik sollten von den Befragten nach deren Bedeutung gewichtet werden. Die einzelnen Items des Fragebogens sind durch die Auswertung veröffentlichter Akkreditierungsgutachten von Studiengängen im Bereich Früh-/ Elementarpädagogik entstanden und nur rein redaktionell für eine bessere Vergleichbarkeit und Lesbarkeit überarbeitet worden. Diese wurden acht Bereichen zugeordnet:

- Gesetzliche Vorgaben
- Konzept
- Module
- Praxis
- Evaluation / Qualitätssicherung
- Qualifikation
- Didaktik
- Voraussetzungen für Studierende

Es war eine Einstufung auf den Ebenen „sehr wichtig – wichtig – weniger wichtig – unwichtig" möglich.

3. Abschnitt: Ihre Einschätzung der derzeitigen Entwicklungen

Um die Expertise der Gutachtergruppe zu nutzen, wurde im dritten Teil eine Einschätzung der derzeitigen Entwicklungen abgefragt, die sich auf die Akademisierung und Akkreditierung im Bereich der Elementarpädagogik bezogen. Themen waren den aktuellen Diskussionen entnommen, wie beispielsweise mögliche Auswirkungen heterogener Studierendengruppen auf das Niveau der Hochschulausbildung und den beruflichen Perspektiven der Absolventinnen. Eine Wertung war durch die Stufungen „Trifft voll zu – trifft zu – teils/teils – trifft weniger zu – trifft gar nicht zu" vorgegeben. Außerdem war hier noch die Möglichkeit frei formulierte Antworten zu geben.

Durchführung der Befragung:

Um die Befragung durchführen zu können, wurde im Vorfeld telefonisch Kontakt zum Akkreditierungsrat und den Akkreditierungsagenturen aufgenommen.

24

Der Akkreditierungsrat zeigte Interesse an der Befragung und verwies auf die möglichen Befragungsteilnehmer, die in den veröffentlichen Gutachterberichten zu recherchieren waren. Bei den Akkreditierungsagenturen wurde neben der allgemeinen Information zur Befragung abgeklärt, ob die jeweilige Agentur überhaupt Studiengänge der Elementarpädagogik akkreditiert hat (siehe Anlage III: Elementarpädagogische Studiengänge und Akkreditierungsagenturen). Nach anschließender Recherche im Internet nach den Kontaktdaten der möglichen Peers konnte die Befragung durchgeführt werden.

Die Zahl der Gutachterinnen und Gutachter bei elementarpädagogischen Studiengängen umfasste zum 11. Februar 2008 60 Personen.

Tabelle 1 Verteilung der angeschriebenen Personen im Rahmen der Befragung

Peer-Gruppe bei Vor-Ort-Begehung	Studie-rende	Arbeit-geber	Hoch-schule (FH)	Hoch-schule (Uni)	Ministe-rium	Sonstige
Angeschrieben	9	12	15	22	1	1

Aus diesem Grund sei darauf hingewiesen, dass die Ergebnisse dieser Untersuchung nicht als empirisch gesichert betrachtet und nicht generalisiert werden können. Es lassen sich lediglich Tendenzen beschreiben.

Aufgrund der kleinen Gruppen wurde bei der Auswertung der Ergebnisse auf eine Unterteilung der jeweiligen peer groups verzichtet und eine Vollerhebung durchgeführt.

Tabelle 2 Verteilung der Rückmeldungen im Rahmen der Befragung

Peer-Gruppe bei Vor-Ort-Begehung	Studie-rende	Arbeit-geber	Hoch-schule (FH)	Hoch-schule (Uni)	Ministe-rium	Sonstige	
Ange-schrieben	9	12	15	22	1	1	100 %
Antworten	3	1	4	5	0	1	23,33%
%Teil Antworten	33,33%	8,33%	26,66%	22,72%	0%	100%	

Auswertung der Ergebnisse
Aufgrund des überschaubaren Rücklaufs wurde ein Codeplan für eine Microsoft Office Excel Tabelle entwickelt und Formeln für die Auswertung der Daten eingesetzt. Durch den elektronischen Rücklauf der Daten konnten diese

unmittelbar ins System übertragen werden. Für eine bessere Übersicht und Vergleichbarkeit wurden teilweise einzelne Bereiche gebündelt und in Zusammenhang gebracht. Von den 14 Rückmeldungen waren:

- zehn Personen bei einer Vor-Ort-Begehung,
- zwei Personen bei zwei Vor-Ort-Begehungen,
- eine Person bei drei Vor-Ort-Begehungen aktiv beteiligt
- und eine Person machte keine Angaben dazu.

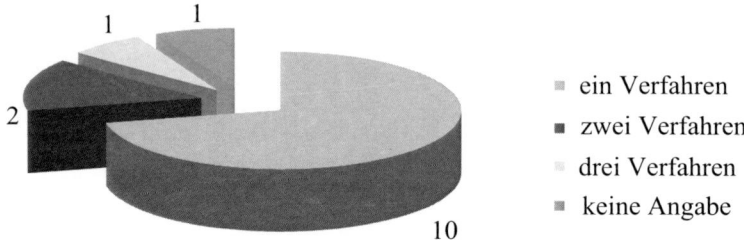

Abbildung 1 Anzahl der Vor-Ort-Begehungen pro befragter Gutachterin / befragten Gutachter (eigene Darstellung)

Die Gutachter sind laut ihren Angaben im Bereich der elementarpädagogischen Studiengänge nur bei jeweils einer Akkreditierungsagentur tätig.

Bezüglich der Akkreditierung ohne / mit Auflagen oder der Versagung einer Auflage wurden im Rahmen der von den Gutachtern betreuten drei Studiengänge ohne Auflagen und 14 mit Auflagen akkreditiert. Es wurde bei keinem der Studiengänge die Akkreditierung nicht ausgesprochen. Eine Person machte zu diesem Punkt keine Angaben.

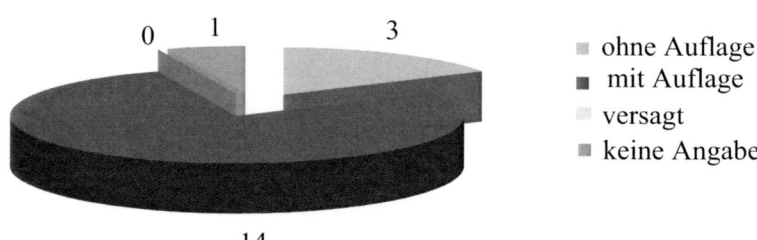

Abbildung 2 Ergebnisse der Akkreditierungsverfahren (eigene Darstellung)

Dass eine Akkreditierung nicht immer positiv ausgeht, zeigen die Angaben des Akkreditierungsrates. Neben deutschlandweit 1821 akkreditierten Bachelor-Studiengängen und 1593 akkreditierten Masterstudiengängen wurden 610 Studiengängen die Akkreditierung versagt (Auskunft des Akkreditierungsrates, Stand: 16.05.2008).

Tabelle 3 Akkreditierungsverfahren und -entscheidungen Deutschland, (Akkreditierungsrat, Stand: 16.05.2008)7

	Universität oder Hochschule mit Promotionsrecht	Fachhoch-schule ohne Promotions-recht	Kunst- und Musik-hochschule	Summe
Anzahl aller Studiengänge	8.752	3.672	737	13.161
davon Anzahl Bachelor	2.847	1.994	83	4.924
davon Anzahl Master	2.521	1.227	75	3.823
Anzahl Bachelor	2.847	1.994	83	4.924
davon akkreditiert	691	1.124	6	1.821
Anzahl Master	2.521	1.227	75	3.823
davon akkreditiert	791	787	15	1.593
davon FH-Master HöDi	4	606	0	610
versagt (BA/MA gesamt)	k.A.	k.A.	k.A.	131

Die Ergebnisse aus der Gewichtung der Akkreditierungskriterien werden in dem Kapitel „Kriterien für die Akkreditierung eines Studiengangs im Bereich Frühpädagogik" dargestellt. Die „Einschätzungen der derzeitigen Entwicklungen" zum Themenblock „Akademisierung" sind im Kapitel „Studiengänge in Deutschland" integriert, die zum Thema „Akkreditierung" unter dem Punkt „Bologna – Akkreditierung". Das Zahlenmaterial im Detail befindet sich in der Anlage II: „Datensammlung der Befragung der peer groups".

---

7 Abfrage über die Datenbank des Hochschulkompasses URL: http://www.hochschulkompass.de /kompass/xml/akkr/akkr_stat_a.htm Stand: 16.05.2008. Angaben zu versagten Akkreditierungsverfahren per Mail vom Geschäftsführer des Akkreditierungsrates am 16.05.2008.

3. Status quo der Ausbildung von Erzieherinnen[8]

Die Arbeit als Erzieherin war eine der ersten qualifizierten Berufe in der Geschichte der Frauenerwerbsarbeit. In der Zeit der Industrialisierung und Verstädterung kam es zu einem Wandel des Familienlebens: Kinder benötigten eine Betreuung außerhalb der Familie. Parallel zur Kleinkinderbewahranstalt entstanden im frühen 19. Jahr-hundert die ersten Ansätze einer fachlichen Vorbereitung der dort tätigen Frauen (vgl. Glöckner 1859; Kümmel 1932; Müller 1916; Steinbart 1903), unter anderem durch den evangelischen Theologen Theodor Fliedner, den Pädagogen Johann Heinrich Pestalozzi und Friedrich Fröbel (vgl. Aden-Grossmann 2002; Schwartz 2005; Willborn 1897). 1911 wurde im Rahmen der Neuordnung des Mädchenschulwesens in Preußen auch die Prüfungsordnung für die staatliche Anerkennung der Kindergärtnerinnen erlassen (vgl. Ministerium der geistlichen und Unterrichtsangelegenheiten 1911b.). Seit dieser Zeit wurde um ein angemessenes Berufsbild für Erzieherinnen gerungen (vgl. Colberg-Schrader 2000; Droescher 1911/12b; Ebert 2006; Gierke 1915/1916; Humpfer 1913; Treuge 1913;). 1966 wurde die bisher existierende Fachschulausbildung zur Kindergärtnerin diskutiert und eine Zusatzausbildung für Leitungsaufgaben vorgeschrieben (vgl. AGJJ 1966; Ministerium der geistlichen und Unterrichtsangelegenheiten 1911a.). Die Zusammenlegung der verschiedenen Ausbildungsrichtungen: Heimerzieherin, Hortnerin und Kindergärtnerin zur „staatlich anerkannten Erzieherin" wurde mit der Vermittlung von „möglichst umfassenden und in einem möglichst weiten Feld zu verwendenden Kenntnissen" (Hopmann. 1966. S. 52) verbunden (vgl. auch Hasenclever. 1968. S. 25). Die Kultusministerkonferenz (KMK) schrieb dazu in ihrem Beschluss vom 16./17. März 1967 in der Fassung vom 6.2.1969: „Das Ziel der Ausbildung zum Erzieher ist die Befähigung, in verschiedenen sozialpädagogischen Bereichen tätig zu sein." (S. 3) Diese Breitbandausbildung führt dazu, dass Erzieherinnen in unterschiedlichsten Arbeitsfeldern und mit unterschiedlichen Altersgruppen konfrontiert sind.

---

8 Da der Großteil der tätigen Personen in Tageseinrichtungen für Kinder weiblich ist (im Jahr 2002 waren lt. Statistischem Bundesamt 2004 97,3 % weiblich), wird in dieser Arbeit die weibliche Form bevorzugt genutzt. Männliche Erzieher sind natürlich ebenfalls angesprochen.

Im Fokus dieser Arbeit steht jedoch schwerpunktmäßig der Bereich der Kindertagesstätten (als zusammenfassende Bezeichnung für Tageseinrichtungen[9] wie Kinderkrippe, Kindergarten, Kinderhaus usw.), was einer Altersgruppe der Klienten von 0 – 14 Jahren entspricht. Die Ausbildung zur Erzieherin kam immer wieder in Diskussionen auf und wurde bzgl. Problematiken in ihrer Struktur, der notwendigen Verbindung von Theorie und Praxis (vgl. Knappek. 1971. S. 24ff) und der Aktualität der Ausbildungsinhalte beleuchtet (vgl. Thole / Cloos. 2006. S. 50) Diese Arbeit wird zeigen, dass derartige Diskussionen auch derzeit wieder verstärkt geführt werden.

3.1 Berufsgruppen in Kindertageseinrichtungen

Das breite Handlungsfeld der Tageseinrichtungen für Kinder mit der Trias Bildung, Erziehung und Betreuung bedarf in Deutschland unterschiedlicher Berufsbildungsabschlüsse und Ausbildungsmodelle (vgl. DiCV. 2006). Bei dem Berufsbildungsabschluss in der Kinder- und Jugendhilfestatistik werden 19 Berufsgruppen charakterisiert. Dazu gehören nicht nur die Personen, die im Gruppendienst tätig sind, sondern alle Beschäftigten im Bereich der Kindertageseinrichtungen. Dazu zählt auch hauswirtschaftliches und technisches Personal sowie Personal aus dem Verwaltungsbereich. Zur Vereinfachung und besseren Übersichtlichkeit wurden im „Zahlenspiegel 2005" (DJI) mehrere Berufsausbildungsabschlüsse zusammengefasst.

Tabelle 4 Übersicht über Berufsbildungsabschlüsse in der Kinder- und Jugendhilfestatistik (DJI. 2005. S. 186)

Diplom Sozialpädagoginnen u. a.	<ul><li>Diplom Sozialpädagogin, Diplom Sozialarbeiterin (FH)</li><li>Diplom Pädagogin, Diplom Sozialpädagogin Erziehungswissenschaft</li><li>Diplom Heilpädagogin (FH oder vergleichbarer Abschluss)</li></ul>
Erzieherinnen, Heilpädagoginnen	<ul><li>Erzieherin</li><li>Heilpädagogin (Fachschule)</li></ul>
Kinderpflegerin, Assistentin im Sozialwesen	<ul><li>Kinderpflegerin</li><li>Sozialassistentin</li></ul>

---

9 Tageseinrichtungen sind nach § 22 Abs. 1 des SGB VIII als Einrichtungen definiert, in denen sich Kinder unter 14 Jahren (vgl. § 7 Abs. 1 Nr. 1 SGB VIII) entweder für einen Teil des Tages (vormittags oder nachmittags) oder ganztags aufhalten.

Sonstige Sozial- und Erzie-hungsberufe	• sonstige soziale / sozialpädagogische Kurz-ausbildung • Heilerzieherin, Heilerziehungspflegerin • Familienpflegerin • soziale und sonstige medizinische Helferberufe • Sonderschullehrerin • Fachlehrerin oder sonstige Lehrerin
Gesundheitsberufe	• (Fach)Kinderkrankenschwester • Krankenschwester • Kinder- und Jugendlichenpsychotherapeutin • psychologische Psychotherapeutin • Psychologin mit Hochschulabschluss • Beschäftigungs- und Arbeitstherapeutin • Ärztin • Krankengymnastin, Masseurin, Bademeisterin • Logopädin
Andere Abschlüsse	• Sonstiger Hochschulabschluss • Abschlussprüfung für den mittleren Dienst / erste Angestelltenprüfung • Abschlussprüfung für den gehobenen Dienst / zweite Angestelltenprüfung • sonstiger Verwaltungsberuf • Hauswirtschaftsleiterin, Wirtschafterin, Oekot-rophologin • (Fach)Hauswirtschafterin • Kaufmannsgehilfin • Facharbeiterin • Meisterin • künstlerischer Ausbildungsabschluss • sonstiger Ausbildungsabschluss
Praktikantinnen im Anerken-nungsjahr, anderweitig in Ausbildung	• Praktikantin im Anerkennungsjahr • anderweitig noch in Ausbildung
Ohne Ausbildung	• ohne abgeschlossene Ausbildung

Das Deutsche Jugendinstitut hat zusammen mit der Universität Dortmund eine Bildungspyramide für diesen Bereich entwickelt. Darin wird sowohl die Ebene der Ausbildungsorte, als auch die der Berufsfelder differenziert.

Berufsfeld / Ausbildungsorte	Sozialpädagogische Berufe	Heil- und sonder-pädagogische Berufe	Sonstige Berufe
Hochschule Universität	Dipl. Pädagogin / Dipl. Sozialpädagogin	Dipl. Rehabilitations-Pädagogin	Dipl. Psychologin
Hochschule Fachhochschule	Dipl. Sozialarbeiterin / Dipl. Sozialpädagogin (FH)	Dipl. Heilpädagogin (FH)	
Fachschule	Heilpädagogin Erzieherin	Heilpädagogin Heilerziehungs-pflegerin	
Berufsfachschule	Kinderpflegerin Sozialassistentin	Heilerziehungs-pflegehelferin	

Abbildung 3 Bildungspyramide (vgl. Rauschenbach u. a. 2004. S. 73)

Im Fokus dieser Dissertation ist der Bereich der sozialpädagogischen Berufe, weswegen die Ausbildungen zur Kinderpflegerin / Sozialassistentin, Heilpädagogin, Diplom Sozialarbeiterin / Diplom Sozialpädagogin (FH) und Diplom Pädagogin / Diplom Sozialpädagogin kurz skizziert werden. Um einen ersten Vergleich zur Erzieherin zu ermöglichen, wird auch diese Berufsausbildung kurz vorgestellt (jedoch erst im nächsten Kapitel genauer analysiert).

3.1.1 Kinderpflegerin / Sozialassistentin

Im Bereich der Kleinkindererziehung haben der Beruf und die Ausbildung zur Kinderpflegerin eine lange Tradition (vgl. Rauschenbach 2003). An Berufsfachschulen werden Kinderpflegerinnen bzw. Sozialassistentinnen[10] ausgebildet.

---

10 Bei der Sozialassistentin handelt es sich um eine Modernisierungsvariante der Kinderpflegeausbildung, die unter anderem dafür dienen soll, einen einheitlichen und modularen Grundberuf für sozialpflegerische Berufe zu etablieren (vgl. Rauschenbach. 2004. S. 78). Im Rahmen der Erzieherinnenausbildung trat die Ausbildung zur Sozialassistentin an die Stelle des

Zugangsvoraussetzung ist der „Hauptschulabschluss oder eine als gleichwertig anerkannte Schulbildung" (KMK. 2003. S. 3). Die zweijährige Ausbildung - bei einschlägig hauswirtschaftlichen und pflegerischen Vorerfahrungen kann sie auf ein Jahr reduziert werden - zielt darauf ab, dass „grundlegende Kenntnisse und Fertigkeiten zur pädagogischen Mitarbeit in verschiedenen sozialpädagogischen Arbeitsfeldern [vermittelt werden], insbesondere bei der Betreuung, Bildung und Erziehung von Kindern im vorschulischen Alter oder frühen Schulalter" (Bay. STMUK. 2006. S. 3). Mit ihrer Tätigkeit unterstützen sie Erzieherinnen und andere pädagogische Fachkräfte (vgl. Bundesagentur für Arbeit 2007b; Aden-Grossmann 2002).

Die Unterrichtsfächer an einer Fachschule für Kinderpflege können - je nach Bundesland - variieren, da sie auf unterschiedlichen Landesgesetzen[11] basieren. Anhand der bayerischen Vorgaben ergibt sich folgende Stundentafel für die Ausbildung einer Kinderpflegerin:

Tabelle 5 Stundentafel für die Ausbildung an einer Fachschule für Kinderpflege (Bay. SMUK. 2006. S. 13)

Stundentafel des Landes Bayern		
Fach	1. Schuljahr/Wo	2. Schuljahr/Wo
Religionslehre /pädagogik[12]	2	1
Deutsch und Kommunikation	3	3
Englisch	2	1
Sozialkunde und Berufskunde	2	2
Pädagogik und Psychologie	3	4
Ökologie und Gesundheit	2	2
Rechtskunde	1	0
Mathematisch-naturwiss. Erziehung	1	2
Praxis- /Methodenlehre /Medienerz.	3	3
Werkerziehung und Gestaltung	3	2
Musik und Musikerziehung	2	2
Sport- und Bewegungserziehung	2	2
Hauswirtschaftliche Erziehung	3	2
Säuglingspflege	0	1
Sozialpädagogische Praxis[13]	6	7

Vorpraktikums. Es ist ein erster berufsqualifizierender Berufsabschluss, der zwei Jahre dauert und für eine Tätigkeit als Zweitkraft in einer Kindertageseinrichtung bzw. für den Zugang zur Erzieherausbildung qualifiziert (vgl. Aden-Grossmann. 2002. S. 308f.; Küls 2002).
11 Eine Liste der Fundstellen - geordnet nach Bundesländern - befindet sich in der Anlage VIII: „Landesregelungen zur Kinderpflegeausbildung" der vorliegenden Arbeit
12 beziehungsweise das Fach „Ethik und ethische Erziehung" im Fall des § 11 BFSO HwKiSo

Fächer, die nur in diesem Ausbildungsgang vorkommen, sind die „Hauswirtschaftliche Erziehung" und „Säuglingspflege". Diese Bereiche bestehen noch aus der ursprünglichen Tätigkeit einer Kinderpflegerin, die zunächst rein für hauswirtschaftliche und pflegerische Aufgaben innerhalb von Kindertagesstätten ausgebildet wurde(vgl. BayEUG. 1988).

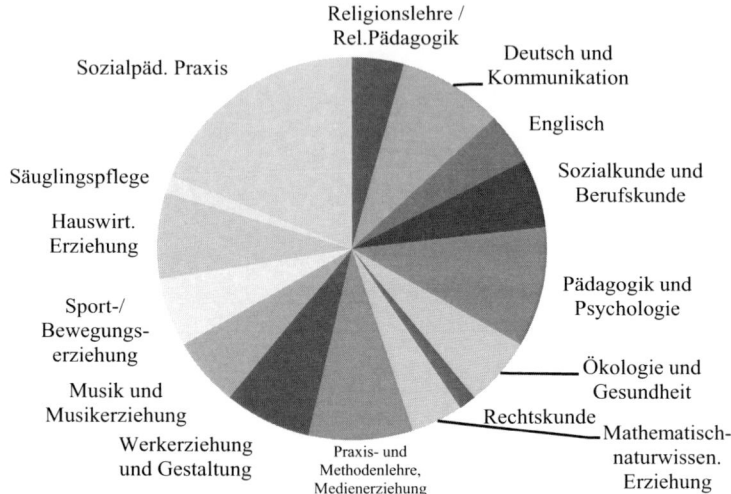

Abbildung 4 Fächerverteilung bei der Ausbildung zur Kinderpflegerin an einer Fachschule für Kinderpflege. (eigene Darstellung)

Die berufsnahe Ausbildung verdeutlicht, dass neben den allgemeinen Fächern, die vom Stundenkontingent sehr gleichmäßig verteilt sind, speziell für die Praxis ca. ein Fünftel der Ausbildungszeit genutzt wird: „sozialpädagogische Praxis". Dieser Bereich wird durch die ständige Übertragung der Grundlagenkenntnisse auf die berufliche Praxis noch ausgebaut.

Um den Anschluss an die derzeitigen Entwicklungen in der (beruflichen) Ausbildung nicht zu verpassen, sind auch hier Neuerungen zu erkennen. Das Bayerische Staatsministerium für Unterricht und Kultus hat im Juli 2006 einen neuen „Lehrplan für die Berufsfachschule für Kinderpflege" veröffentlicht, der im Besonderen die Vermittlung einer „Berufsfähigkeit" und „Fachkompetenzen" (S. 1) zum Ziel hat. Dabei wurden die in der Tabelle dargestellten Fächer

---

13 Zeitstunde, soweit in außerschulischen Einrichtungen durchgeführt.

zu Lernfeldern zusammengefasst, was eine Passung an eine Modularisierung im Bologna Prozess ermöglichen soll (vgl. Staatsinstitut für Schulqualität und Bildungsforschung 2006.). Die sechs entwickelten Lernfelder sind:

- „Personen und Situationen wahrnehmen, Verhalten beobachten und erklären
- Bedürfnisse des täglichen Lebens erkennen und ihnen gerecht werden
- Erzieherisches Handeln planen, durchführen und reflektieren
- Bildungsprozesse anregen und begleiten
- Beziehungen und Kommunikation gestalten
- Mit allen am Bildungs- und Erziehungsprozess Beteiligten zusammenarbeiten" (Ebd. S. 4 – 9)

Die Bundesländer sind bemüht, diese Ausbildung aufrecht zu erhalten und zu stärken. Das Ministerium für Bildung, Wissenschaft und Kultur Mecklenburg-Vorpommern hat beispielsweise bereits 2002 einen Modellversuch zum Thema „Qualitätsverbesserung in der beruflichen Bildung", unter anderem mit dem Bereich der Kinderpflege, durchgeführt (Kuhardt u.a. 2002.).

Kinderpflegerin / Sozialassistentin
Ausbildungsvoraussetzung:
- Hauptschulabschluss oder eine als gleichwertig anerkannte Schulbildung
Grad der Ausbildung:
- Berufsfachschule / Berufsfachschulniveau
Weiterbildungsmöglichkeiten:
- Weiterbildungsmöglichkeit zur Erzieherin nur vorhanden, wenn mindestens Mittlere Reife / Realschulabschluss oder vergleichbares Niveau vorhanden sind.

3.1.2 Staatlich anerkannte Erzieherin

Die Erzieherinnenausbildung als nicht-akademisches Ausbildungsangebot findet je nach Bundesland[14] an einer Fachakademie[15] / Fachschule für Sozialpädagogik sowie in Nordrhein-Westfalen an Berufskollegs in doppelqualifizierenden Bildungsgängen statt. (vgl. Gruschka 1976 und 1985; Strätz 2000) Sie bildet zur staatlich anerkannten Erzieherin aus und führt zu einer generalistischen

---

14 Eine Liste der Fundstellen geordnet nach Bundesländern siehe Anlage VIV: „Landesregelungen zur Erzieherinnenausbildung" der vorliegenden Arbeit.
15 In Bayern werden die Fachschulen als Fachakademien für Sozialpädagogik bezeichnet.

beruflichen Handlungskompetenz in unterschiedlichen sozialpädagogischen Arbeitsfeldern im Kinder-, Jugend- und sonderpädagogischen Bereich. Erzieherinnen können auf ein differenziertes theoretisches Wissen in den wissenschaftlichen Bezugsdisziplinen sowie auf ein breites methodisch-didaktisches Wissen zurückgreifen. Ihre Handlungskompetenz wird durch musisch-kreativen Unterricht sowie durch die Vernetzung der Unterrichtsfächer unterstützt, die im Lernfeldkonzept strukturell verankert ist (vgl. Beer / Langenmayr 2003; Jaszus u.a. 2004, Jaszus 2008). Ein wesentliches Ausbildungsziel ist die „Persönlichkeitsbildung auf der Basis einer Reflexion persönlicher Erfahrungen, einer intensiven Auseinandersetzung mit ethisch-religiösen Werten und Werthaltungen sowie der Entwicklung von Schlüsselkompetenzen. Die Persönlichkeitsbildung bestimmt sowohl das Lehren und Lernen im Unterricht als auch die intensive und individuelle schulische Begleitung während der zahlreichen Praktika" (DiCV. 2006. S. 2).

Erzieherin
Ausbildungsvoraussetzung:
- Mittlere Reife / Realschulabschluss
Grad der Ausbildung:
- Fachschule / Fachschulniveau
Weiterbildungsmöglichkeiten:
- Geringe Weiterbildungsmöglichkeiten, z. B. Heilpädagogin

3.1.3 Heilpädagogin

Heilpädagoginnen „erziehen, fördern und unterstützen Menschen mit Verhaltensauffälligkeiten/-störungen, sozialen Anpassungsschwierigkeiten oder mit geistiger, körperlicher und sprachlicher Beeinträchtigung" (Bundesagentur für Arbeit 2007c). Sie arbeiten meist in Wohn- und Pflegeheimen sowie Tagesstätten für behinderte Menschen, in Krankenhäusern und Rehabilitations-kliniken. Innerhalb des Qualifizierungssystems nimmt die Ausbildung zur Heilpädagogin an Fachschulen eine Sonderstellung zwischen dem beruflichen Schulwesen und der Fachhochschule ein. Sie wird als „Weiterbildung der Weiterbildung" (Rauschenbach. 2004. S. 89) bezeichnet. Laut KMK-Fachschul-vereinbarung (2002. S. 27) war bisher die Zugangsvoraussetzung zur Heilpäda-gogenausbildung „eine abgeschlossene Erzieherausbildung bzw. einem nach Landesrecht als gleichwertig anerkannter Bildungsgang und eine mindes-tens einjährige berufliche Tätigkeit in einer sozial- oder sonderpädagogischen Einrichtung". Jedoch müssen auch die jeweiligen bundeslandspezifischen Regelungen beachtet werden.[16]

Ziel der Ausbildung „ist die Befähigung, als Heilpädagoge/Heilpädagogin beeinträchtigten Kindern, Jugendlichen und Erwachsenen heilpädagogische Hilfen zu geben". Die Inhalte der Ausbildung müssen den wesentlichen Anforderungen heilpädagogischer Tätigkeitsbereiche entsprechen. Die Ausbildung umfasst zu gleichen Teilen die folgenden Bereiche:

- Theoretische Grundlagen: Pädagogik, Psychologie, Soziologie, Medizin, Recht.
- Allgemeine und spezielle Methoden heilpädagogischen Handelns.
- Angeleitete Anwendung in der heilpädagogischen Praxis.

Tabelle 6 Lehrplan Heilpädagogik

Pflichtfächer	Wochenstunden	Gesamtstunden
Heilpädagogik	8	320
Psychologie	6	240
Medizin	3	120
Soziologie	2	80
Rechtskunde	2	80
Heilpädagogische Fachpraxis I + II	10 + 10	800
Allgemeine Übungen I + II	5 + 5	400
Spezielle Übungen I + II	5 + 5	400
Gesamt	61	2440
Zusatzfächer für den Erwerb der Fachhochschulreife		
Deutsch	3	120
Englisch	3	120
Mathematik	6	240
Sozialkunde	2	80

Die besonderen berufsspezifischen Qualifikationen im pädagogischen, psychologischen und medizinischen Bereich - bezogen auf Behinderungen - machen den Unterschied zur Erzieherin aus (vgl. Rauschenbach. 2004. S. 90).

---

16 Eine Liste der Fundstellen geordnet nach Bundesländern siehe Anlage VIV: „Landesregelungen zur Heilpädagogenausbildung" der vorliegenden Arbeit.

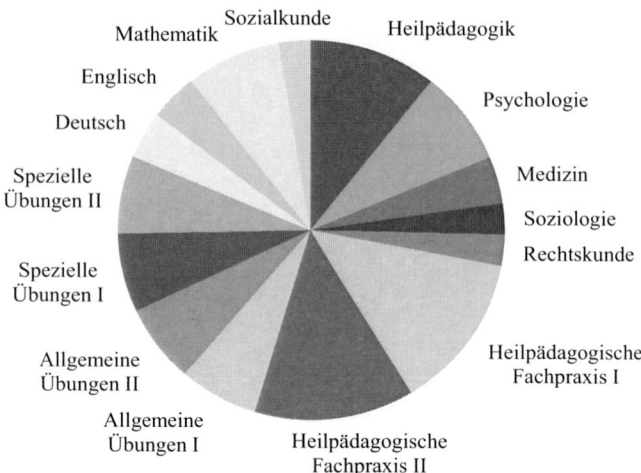

Abbildung 5 Fächerverteilung bei der Ausbildung zur Heilpädagogin an einer Fachschule für Heilpädagogik. (Eigene Darstellung)

Die Grafik zeigt, dass fast die Hälfte der Fächer auf die heilpädagogische Spezialisierung ausgerichtet ist.

Heilpädagogin
Ausbildungsvoraussetzung:
- Abgeschlossene Erzieherinnenausbildung

Grad der Ausbildung:
- Fachschule für Heilpädagogik / Fachschulniveau

Weiterbildungsmöglichkeiten:
- Geringe Weiterbildungschancen

3.1.4 Diplom Sozialarbeiterin / Diplom Sozialpädagogin (FH), Diplom Pädagogin / Diplom Sozialpädagogin

Auf Fachhochschulebene stellen die Diplom Sozialarbeiterinnen / Diplom Sozialpädagoginnen „die quantitativ bedeutendste Berufsgruppe in der Kinder- und Jugendhilfe dar" (Rauschenbach. 2004. S. 91). Im universitären Umfeld ist in erster Linie der erziehungswissenschaftliche Studiengang zu nennen.

In größeren Kindertageseinrichtungen sind die Absolventinnen unter anderem in Leitungspositionen tätig. Bisher werden diese jedoch häufig nicht bezüglich ihrer Qualifikationen sondern ihrer Position angestellt und tariflich als staatlich anerkannte Erzieherin eingestuft.

Diplom Sozialarbeiterin / Diplom Sozialpädagogin (FH),
Diplom Pädagogin / Diplom Sozialpädagogin
Ausbildungsvoraussetzung:
• Hochschulzugangsberechtigung
Grad der Ausbildung:
• Hochschulausbildung
Weiterbildungsmöglichkeiten:
• weiterführendes Studium

Durch die Darstellung der unterschiedlichen pflegerischen und pädagogischen Fachkräfte in Kindertageseinrichtungen kann eine Abgrenzung der Ausbildungen, aber auch der Tätigkeitsfelder, stattfinden. Da der Fokus dieser Arbeit jedoch auf die Diskussion bezüglich der Erzieherinnen-Ausbildung gerichtet ist, wird im Folgenden die derzeitige Ausbildung in Deutschland näher betrachtet.

3.2 Wie sieht die derzeitige Erzieherinnen-Ausbildung aus?

Als Grundlage für eine Diskussion zur Akademisierung der Erzieherberufe muss die bisherige Ausbildung genauer beleuchtet werden. Eine historische Zielsetzung aus dem Jahre 1911 „Die Ausbildung zur Kindergärtnerin ist dasjenige Ziel unserer Frauenschule, das am schnellsten in einen praktischen, besoldeten Beruf führt" (Droescher. 1910/11. S. 34) ist jedenfalls längst nicht mehr zutreffend, da die Ausbildung zur Erzieherin inklusive der Vorbereitungszeit / Vorpraktika bis zu fünf Jahre dauert. Von der „schnellsten" beruflichen Qualifizierung kann nicht die Rede sein. Im Gegenteil: Die Länge der Ausbildungszeit verlangt geradezu nach Möglichkeiten von Beschleunigungen in Verbindung mit hochschulischer Qualifikation zu suchen.

Bei der Ausbildung zur Erzieherin handelt es sich bisher um eine berufliche Erstausbildung[17]: „Die berufliche Erstausbildung umfasst solche beruflichen Qualifizierungsmaßnahmen, die im Regelfall auf Schulabgänger abzielen und

---

17 „Bei der beruflichen Ausbildung wird in der Regel zwischen beruflicher Erstausbildung und beruflicher Weiterbildung unterschieden" (Jost. 1995. S. 63).

eine Qualifikation intendieren, die unmittelbar auf dem Arbeitsmarkt verwertbar ist, in einem geordneten bzw. formellen Ausbildungsgang erworben werden und zu einer Facharbeiterqualifikation oder zu einer Grundqualifikation auf Berufsfeldbreite führen [und] sowohl auf berufliche Tätigkeiten in der Wirtschaft als auch im Gesundheits- und Sozialwesen gerichtet sind" (Münch. 1994. S. 36.). Diese Definition umfasst außerdem eine berufliche „Erstausbildung in Berufen mit staatlich anerkannten Abschlüssen" (Jost. 1995. S. 63). Es handelt sich dabei also nicht um „berufliche Erstausbildung im tertiären Sektor (Fachhochschulen / Hochschulen), berufliche Qualifizierung in Form von Anlern- und Einarbeitungsprozessen und auch nicht um berufliche Weiterbildung" (Jost. 1995. S. 63).[18]

Mit dem Ziel, „die Befähigung, Erziehungs-, Bildungs- und Betreuungsaufgaben zu übernehmen und in allen sozialpädagogischen Bereichen als Erzieher oder Erzieherin selbständig und eigenverantwortlich tätig zu sein" (KMK. 2002. S. 21), werden junge Menschen mit einem mittleren Schulabschluss oder einen als gleichwertig anerkannten Bildungsabschluss aufgenommen. Zusätzlich sollten sie „über eine abgeschlossene einschlägige Berufsausbildung oder eine in Abhängigkeit von der Dauer der Ausbildung nach den Bestimmungen der Länder als gleichwertig anerkannte Qualifizierung" verfügen (KMK. 2002. S. 23). Die Rahmenvereinbarung über Fachschulen der Kultusministerkonferenz (2002, S. 23f.) legt die Ausbildungsdauer unter Einbeziehung der beruflichen Vorbildung in der Regel auf fünf Jahre, mindestens jedoch vier Jahre, fest. Sie enthält außerdem eine in der Regel dreijährige, mindestens jedoch zweijährige Ausbildung an einer Fachschule. Sie umfasst mindestens 2.400 Unterrichtsstunden und mindestens 1.200 Stunden Praxis in unterschiedlichen sozialpädagogischen bzw. heilerziehungspflegerischen Tätigkeitsfeldern. Die Rahmenstundentafel ist in Lernbereiche mit Zeitrichtwerten für Unterrichtsstunden gegliedert:

---

18 „Ein Studium an einer Hochschule / Universität oder an einer Fachhochschule wird nach deutschem Bildungsverständnis traditionell nicht als berufliche Erstausbildung interpretiert." (Jost. 1995. S. 63/64)

Tabelle 7 Rahmenstundentafel für die Fachrichtung Sozialpädagogik (KMK. 2002. S. 26)

Lernbereiche	Zeitrichtwerte in Unterrichtsstunden
Fachrichtungsübergreifender Lernbereich	mind. 360*)
Fachrichtungsbezogener Lernbereich	min. 1.800*)
Praxis in sozialpädagogischen Tätigkeitsfeldern	min. 1.200
Insgesamt	3.600
*) Differenz zum Mindestgesamtumfang ist länderspezifisch auszugleichen.	

Detailliert bedeutet dies eine Stundenverteilung, auf deren Grundlage die Lehrpläne entwickelt wurden.

Tabelle 8 Stundenverteilung bei der Ausbildung zur staatlich anerkannten Erzieherin an einer Fachakademie für Sozialpädagogik

Pflichtfächer	Gesamtwochen-stunden[19]	Gesamtjahres-stunden[20]
Pädagogik/Psychologie/Heilpädagogik	10 (1 Std. Modul)[21]	400
Sozialkunde/Soziologie	3	120
Mathematisch-naturwissenschaft. Erziehung	2	80
Ökologie/Gesundheitserziehung	2	80
Recht und Organisation	2	80
Literatur- und Medienpädagogik	3	120
Englisch	3	120
Deutsch	4	160
Theologie/Religionspäd., nach Konfession	3 (1 Std. Modul)	120
Praxis- /Methodenlehre mit Gesprächsführung	8 (2 Std. Modul)	320
Kunst- und Werkerziehung	7 (1 Std. Modul)	280
Musik- und Bewegungserziehung	7 (1 Std. Modul)	280
Übungen	6	240
Sozialpädagogische Praxis	12	480
Zusatzfach		
Mathematik	6	240
Wahlfächer gemäß § 7 Abs. 3 FakOSozPäd		

---

19 Beinhaltet 1. und 2. Studienjahr
20 Beinhaltet 1. und 2. Studienjahr
21 Fächer mit Modulanteilen (d.h. Stundenanteilen, die inhaltlich - durch verschiedene Lehrplanangebote zur Auswahl - disponibel für die Fachakademien sind)

41

Die Verteilung der verschiedenen Fächer ist sehr gleichmäßig. Dass ein Schwerpunkt auf die Praxis gelegt wird, zeigt sich, wenn man die beiden Bereiche „sozialpädagogische Praxis" und „Praxis- und Methodenlehre mit Gesprächsführung" zusammen betrachtet. Diese beiden Elemente machen ca. ein Viertel des zeitlichen Aufwands im Rahmen der Fachschulausbildung aus.

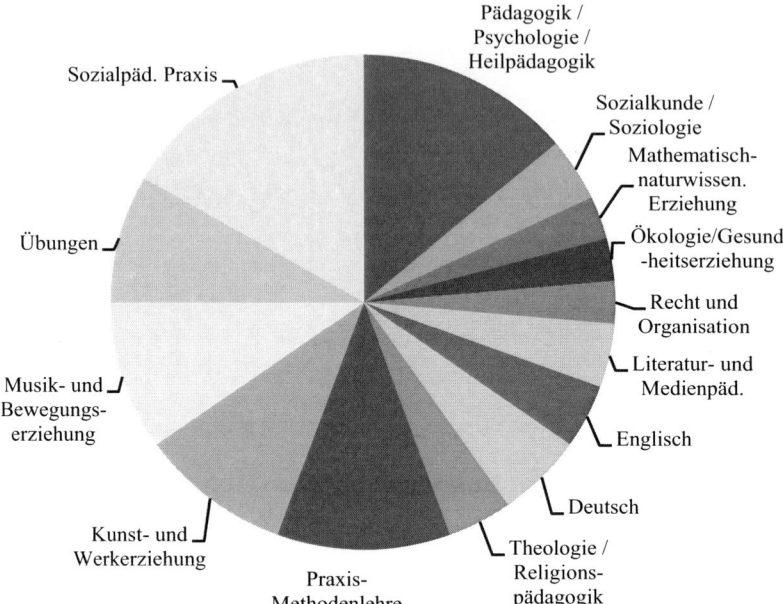

Abbildung 6 Fächerverteilung bei der Ausbildung zur staatlich anerkannten Erzieherin an einer Fachakademie für Sozialpädagogik (eigene Darstellung)

Im Rahmen der Überarbeitung der Rahmenvereinbarungen wurden im Jahr 2000 von der KMK Lernfelder für die Erzieherinnenausbildung vorgegeben (KMK. 2000. S. 3):

- „Kommunikation und Gesellschaft
- Sozialpädagogische Theorie und Praxis
- Musisch-kreative Gestaltung
- Ökologie und Gesundheit
- Organisation, Recht und Verwaltung
- Religion/Ethik nach dem Recht der Länder."

42

Die Handlungs- und Lernfeldorientierung ermöglicht, dass nicht mehr alleine fachspezifisch gelernt wird, sondern fächerübergreifend auf verschiedene Bereiche geblickt und die Zusammenhänge erkannt und geklärt werden. Neben dem Ausbildungsziel hat die KMK auch ein Qualifikationsprofil beschrieben:

„Kinder und Jugendliche zu erziehen, zu bilden und zu betreuen erfordert Fachkräfte,

- die das Kind und den Jugendlichen in seiner Personalität und Subjektstellung sehen.
- die Kompetenzen, Entwicklungsmöglichkeiten und Bedürfnisse der Kinder und Jugendlichen in den verschiedenen Altersgruppen erkennen und entsprechende pädagogische Angebote planen, durchführen, dokumentieren und auswerten können.
- die als Personen über ein hohes pädagogisches Ethos, menschliche Integrität sowie gute soziale und persönliche Kompetenzen und Handlungsstrategien zur Gestaltung der Gruppensituation verfügen.
- die im Team kooperationsfähig sind.
- die aufgrund didaktisch-methodischer Fähigkeiten die Chancen von ganzheitlichem und an den Lebensrealitäten der Kinder und Jugendlichen orientiertem Lernen erkennen und nutzen können.
- die in der Lage sind, sich im Kontakt mit Kindern und Jugendlichen wie auch mit Erwachsenen einzufühlen, sich selbst zu behaupten und Vermittlungs- und Aushandlungsprozesse zu organisieren.
- die als Rüstzeug für die Erfüllung der familienergänzenden und familienunterstützenden Funktion über entsprechende Kommunikationsfähigkeiten verfügen.
- die aufgrund ihrer Kenntnisse von sozialen und gesellschaftlichen Zusammenhängen die Lage von Kindern, Jugendlichen und ihren Eltern erfassen und die Unterstützung in Konfliktsituationen leisten können.
- die Kooperationsstrukturen mit anderen Einrichtungen im Gemeinwesen entwickeln und aufrechterhalten können.
- die in der Lage sind, betriebswirtschaftliche Zusammenhänge zu erkennen sowie den Anforderungen einer zunehmenden Wettbewerbssituation der Einrichtungen und Dienste und einer stärkeren Dienstleistungsorientierung zu entsprechen" (KMK. 2002. S. 3f.).

Diese Qualifikationen sollen durch eine prozesshafte Ausbildung und eine enge Verzahnung mit unterschiedlichen Lernorten erreicht werden. Letztendlich sollen sie Fähigkeiten entwickeln, eigenverantwortlich und zielorientiert bei Kindern und Jugendlichen Erziehungs-, Bildungs- und Betreuungsprozesse zu gestalten, dokumentieren, überprüfen und dabei gleichzeitig die wechselnden Anforderungen der Praxis berücksichtigen (vgl. Beher. 2004. S. 82; BMFSFJ. 2005. S. 321; KMK. 2002. S. 24f.).

3.2.1 Exkurs: Ausbildung in anderen Ländern

Auf internationaler Ebene wird seit langem „eine breite, wissenschaftlich be-gründete und zugleich praxisorientierte Erzieherausbildung gefordert" (Liegle. 1985. S. 91), die in Bezug auf Dauer und Niveau der Lehrerausbildung für den Grundschulbereich entsprechen sollte (vgl. Derschau 1974; Goutard 1978; Trouillet 1973; Woodhead 1979).

In Frankreich findet die Ausbildung von Erzieherinnen und Grundschul-lehrerinnen in denselben Ausbildungsstätten, in gemeinsamen Ausbildungsgän-gen statt. In Deutschland, Dänemark und in den Niederlanden hingegen sind es unterschiedliche Ausbildungsstätten und Ausbildungsgängen und somit auch mit ungleichem Niveau. Belgien und Italien nutzen zwar gemeinsame Ausbil-dungsstätten und erlangen somit ein einheitliches Niveau, bilden ihre Auszubil-denden jedoch in verschiedenen Ausbildungsgängen aus. Gemeinsame Ausbil-dungsgänge mit bereichsspezifischen Differenzierungen richteten Länder wie England und Luxemburg ein (vgl. Liegle. 1985. S. 92). Die Auswahl der ver-schiedenen Länder spiegelt die europäische Entwicklung (vgl. Grotz / Weigert 2005)[22].

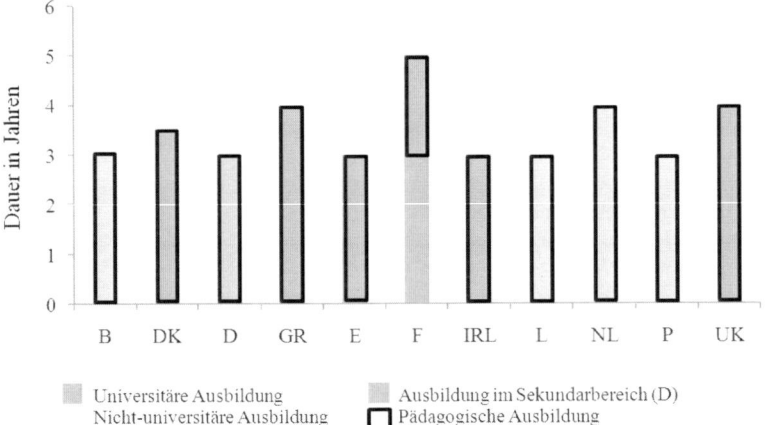

Abbildung 7 Erzieherinnenausbildung in den Mitgliedstaaten der EU (Grotz / Weigert. 2005. S. 17)

---

22 Eine ausführliche Darstellung der Entwicklungen in Europa ist in der Dissertation von Tanja Grotz (2005) „Die Bewältigung des Übergangs vom Kindergarten zur Grundschule zur Bedeu-tung kindbezogener, familienbezogener und institutionsbezogener Schutz- und Risikofaktoren im Übergangsprozess" nachzulesen.

Griechenland soll näher betrachtet werden, da es sich ursprünglich am deutschen Konzept orientiert hat, jedoch dann eine Weiterentwicklung erlebte, die der aktuellen Diskussion in Deutschland ähnlich ist.

Den Ursprung der Erzieherinnenausbildung in Griechenland bildet ein gemeinsames theoretisches Konzept von Grundschullehrer- und Kindergärtnerinnenausbildung. Dieses Konzept hat ihre Wurzeln in der deutschen Diskussion um 1897 (vgl. Brenmann / Vorwerk / Schönemark 1897) und der 20er Jahre über die Volksschullehrerausbildung (vgl. Balachamis 1971). Sie hat auf die griechische Pädagogik nicht nur einen entscheidenden Einfluss ausgeübt, sondern bildet auch bis heute noch die theoretische Grundlage der Lehrer- und Kindergärtnerinnenausbildung" (Tsiomidis. 1993. S. 182). Die Kindergärtnerinnenausbildung war stets mit der Lehrerausbildung verbunden (Tsiomidis. 1993. S. 190).

„Entwicklung der griechischen Bildung und die pädagogischen Tendenzen werden in Griechenland - von den Anfängen des 20. Jahrhunderts an bis heute - entschlossen von dem (...) Pädagogen Delmousos beeinflusst" (Tsiomidis. 1993. S.191). Die Bildungsreform im Jahre 1929 hatte auch für die Kindergärtnerinnenausbildung weit reichende Folgen. Durch das Gesetz 4376/1929 „über Didaskalien von Kindergärtnerinnen", welches bis zum Jahre 1959 dreißig Jahre lang galt, wurde die Kindergärtnerinnenausbildung auf eine neue Basis gestellt. Es wurden fünf neue vierjährige „Kindergärtnerinnendidaskalien" gegründet. „Jedem Didaskalion war ein einklassiger Musterkindergarten angegliedert" (Tsiomidis. 1993. S. 193).

1959 war ein Meilenstein in der vorschulischen Erziehung in Griechenland: der „sechste internationale Kongress der ‚Ökumenischen Organisation Vorschulischer Erziehung'" fand statt (vgl. Tsiomidis. 1993. S. 196). Mit dem Gesetz 3997/1959 wurde das „‚Kindergärtnerinnenseminar in Kallithea' zu einer Fachhochschule nach Art und Form der pädagogischen Akademien umgestaltet. Gemäß dem Artikel 2 des oben genannten Gesetzes wurde nun das Studium an den Kindergärtnerinnenschulen, wie an den Pädagogischen Akademien, zweijährig" (Tsiomidis. 1993. S. 197). 1982 wurde durch das Gesetz 1268/1982 eine Universitätsausbildung für Kindergärtnerinnen und Leher an einer vierjährigen „Pädagogischen Schule" eingeführt (vgl. Tsiomidis. 1993. S. 209). „Die Pädagogischen Abteilungen für Grundschullehrer und Kindergärtnerinnen erteilen entsprechende Diplome, die ihren Inhabern die Möglichkeit geben, als Lehrer an Grundschulen und an Kindergärten zu arbeiten" (Tsiomidis. 1993. S. 219).

Eine gemeinsame Ausbildung von Erzieherinnen und Grundschullehrern wird auch in Deutschland diskutiert. Jedoch stellt sich die Frage, ob dies im

Sinne der Aufgaben und Anforderungen für Erzieherinnen ist und diesen damit gerecht werden kann.

3.3 Aufgaben und Anforderungen an Erzieherinnen

„Es wird erfreulicherweise mehr Wert auf eine mütterlich liebevolle Fürsorge, eine zartfühlende, indirekte Erziehung als auf ein planvoll bewußtes Einwirken gelegt." (Droescher. 1911/12a. S. 3) Dieses Zitat aus dem Jahr 1911/12 ist in einigen Kindertageseinrichtungen wahrscheinlich noch aktuell, sollte aber - im Sinne professioneller Erziehungsarbeit - um viele weitere Forderungen an eine Erzieherin ergänzt werden (vgl. Becker-Stoll 2007a). Grundlage für die Arbeit in Kindertageseinrichtungen ist das Sozialgesetzbuch: Achtes Buch, Kinder- und Jugendhilfe. (Wiesner. 2006)

§ 22 „Grundsätze der Förderung von Kindern in Tageseinrichtungen" schreibt vor:
„(1) In Kindergärten, Horten und anderen Einrichtungen, in denen sich Kinder für einen Teil des Tages oder ganztags aufhalten (Tageseinrichtungen), soll die Entwicklung des Kindes zu einer eigenverantwortlichen und gemeinschaftsfähigen Persönlichkeit gefördert werden.
(2) Die Aufgabe umfasst die Betreuung, Bildung und Erziehung des Kindes. Das Leistungsangebot soll sich pädagogisch und organisatorisch an den Bedürfnissen der Kinder und ihrer Familien orientieren.
(3) Bei der Wahrnehmung ihrer Aufgaben sollen die in den Einrichtungen tätigen Fachkräfte und anderen Mitarbeiter mit den Erziehungsberechtigten zum Wohl der Kinder zusammenarbeiten. Die Erziehungsberechtigten sind an den Entscheidungen in wesentlichen Angelegenheiten der Tageseinrichtung zu beteiligen."

Seit Mitte der 1980er Jahre werden im Rahmen der Fachlichkeitsdebatte unterschiedliche Aufgaben und Anforderungen an das Kindertagesstättenpersonal gestellt (vgl. Beher 2004), die im Laufe der Jahre nicht weniger, sondern ständig mehr werden.

Abbildung 8 Qualifikationen einer Erzieherin (eigene Darstellung)

Neben den Kindern trifft man auf eine Vielzahl zusätzlicher Zielgruppen; deren Familien, Kolleginnen, Vorgesetzte (Trägervertreter), Politik, Gesellschaft und die eigene Person. Jede dieser Zielgruppen fordert unterschiedliche Qualifikationen und Funktionen einer Erzieherin.

Funktionen in Bezug auf Kinder:
Kinderexpertin: „Im Zentrum des beruflichen Alltags stehen die Arbeit mit Kindern, die Gestaltung des Lebens im Kindergarten und die Initiierung von Lernprozessen. (...) Um alle Kinder in ihrer Entwicklung zu fördern, sind differenzierte Kenntnisse in der Entwicklungspsychologie und pädagogisches Fachwissen notwendig" (Aden-Grossmann. 2002. S. 314). Eine Erzieherin muss die Bereiche Erziehung, Bildung und Betreuung des Einzelnen, aber auch der Gruppe, gleichermaßen im Auge behalten (vgl. BMFSFJ 2003; Colberg-Schrader 2000; Karsten 1991; Krüger 1998). Individuelle Ressourcen müssen berücksichtigt werden und „vor dem Hintergrund vielfältiger Sozialisationsbedingungen, Familien- und Soziallagen Rechnung tragen" (Beher. 2004. S. 138; Textor 2006c;).

47

Beziehungspartnerin und Betreuerin: Erzieherinnen müssen zu den einzelnen Kindern, aber auch zur gesamten Gruppe eine Beziehung aufbauen. Diese unterscheidet sich zur Mutter-Kind-Beziehung dahingehend, dass die Erzieherin ihr Verhalten einerseits auf die gesamte Kindergruppe empathisch ausrichtet, sich andererseits jedoch auch im richtigen Moment auf individuelle Bedürfnisse bezieht (vgl. abi 1989; Ahnert 2006; Behr / Walterscheid-Kramer 1992; Rauschenbach 2005).

Bildungspartnerin: Die Erzieherinnen „sollen Kinder unterstützen, ihre Persönlichkeit in der Gemeinschaft zu entfalten, indem sie ihnen Platz, Zeit und viel Mitgestaltungsmöglichkeiten schaffen. Erzieherinnen können sich dabei nicht auf vorgegebene Lebensmuster verlassen, sondern sie müssen mit Blick auf die Kinder passende Konzepte für das Leben in der Institution (...) entwickeln" (Colberg-Schrader 2000; vgl. Beher u. a. 1996; Niesel / Griebel 2007; Rauschenbach 2002 und 2005; SPI 2000) Für diese Bildungsarbeit haben mittlerweile die meisten Bundesländer Bildungspläne entwickelt, die von den Erzieherinnen umgesetzt werden sollen (vgl. JMK / KMK 2004).

Erzieherin: (vgl. Becker-Stoll / Textor 2007; Rauschenbach 2005) Im Vergleich zu Deutschland und anderen Ländern hat das Erziehungsministerium in Neuseeland eine Definition zur Erzieherin herausgegeben: "Educators will develop and implement curriculum which assists all children to grow up as competent and confident learners and communicators, healthy in mind, body and spirit, secure in their sense of belonging and in the knowledge that they make a valued contribution to society" (Ministry of Education – New Zealand. 1996. S. 1). Sie muss Erziehungsbedürftigkeit und –notwendigkeit erfassen können und verschiedene Auffassungen von Erziehung kennen (vgl. Jaszus / Büchin-Wilhelm / Mäder-Berg / Gutmann 2004).

„Spezialistin für öffentliches Kinderleben in Erziehungseinrichtungen": (Beher. 2004. S. 137) Die Kindertageseinrichtung dient in diesem Kontext als erste *Institution* im Leben eines Kindes. Sie sollen dort „Kompetenzen erwerben, die ihnen die Familien nicht vermitteln" können (Colberg-Schrader. 2003. S. 24).

Hinzu kommen die Funktionen der *Medienexpertin* (Fegert 2006a.; JMK 2002; Rolle 1991; Senator für Arbeit, Frauen, Gesundheit, Jugend u. Soziales 2005) *Ernährungs- und Gesundheitsberaterin*, (Senator für Arbeit, Frauen, Gesundheit, Jugend u. Soziales 2005. Speth / Stadlmeier-Baumann 2001. Statistisches Bundesamt 2006f) und andere.

Funktionen in Bezug auf Familien und Erziehungsberechtigte:

Eltern- und Familienförderin: Erzieherinnen sollen Eltern in Planungs- und Entscheidungsprozesse einbinden, zielgruppenorientierte Familienangebote organisieren und Elternnetzwerke unterstützen sowie eine „partnerschaftliche Beziehung zu den Eltern aufbauen" (BMFSFJ. 2003. S. 160). Damit können Erfahrungen der Eltern in den Einrichtungen aufgegriffen werden, aber auch die in der Einrichtung angeregten Bildungsprozesse in die Familie gebracht werden. Damit verbunden wird häufig der Begriff der Erziehungspartnerschaft (vgl. Ecarius 2007: Leyen 2006; Textor 2006b, 2007; Viernickel 2006a.). Ein besonderer Bereich ist die Väter in die Erziehungsarbeit zu integrieren (vgl. European Commission Network on Childcare. o. A.).

Beraterin: für Eltern, Kinder, Kolleginnen, Trägervertreter, in Gremien usw. (vgl. BMFSFJ. 2003.).

Funktionen in Bezug auf Kolleginnen, Vorgesetzte (Trägervertreter) und Einrichtung:

Managerin und Personalleiterin: Vor allem die Leitungen von Kindertageseinrichtungen sind gefordert, wenn es darum geht, im Team einen Konsensbildungsprozess hinsichtlich zentraler pädagogischer Prinzipien, wie sie beispielsweise in den Bildungs- und Erziehungsplänen vorgegeben werden, voranzutreiben und deren Umsetzung einzufordern. Hinzu kommen Personalentwicklungsmaßnahmen wie die Einarbeitung neuer Mitarbeiterinnen, Personalgespräche und –beurteilungen (Viernickel. 2006. S. 23).

Qualitätssicherungsexpertin: Von Erzieherinnen wird verstärkt gefordert, für die Qualität ihrer Tätigkeit und Angebote einzustehen bzw. diese zu erhöhen (vgl. Aden-Grossmann 2002; Dichans 1996; Urban 2000c). Diese Anforderungen können dazu führen, dass es zu einer Professionalisierung für Leitungsaufgaben kommt, denn „die Qualität einer Einrichtung wird auch am Ausbildungsstand und an dem Angebot an Fortbildungen für die pädagogischen Fachkräfte bemessen" (Aden-Grossmann. 2002. S. 317). Zusätzlich gehört hier auch die Möglichkeiten der Evaluation, Einzel- und Teamberatungen für die eigene Professionalisierung zu nutzen (vgl. BMFSFJ 2003; Fröhlich-Gildhoff 2006).

Teamerin: „Die Zusammenarbeit der pädagogischen Fachkräfte ist in allen Fragen notwendig, die die Tageseinrichtung insgesamt betreffen" (Aden-Grossmann. 2002. S. 315). Beispiele hierfür sind die Erarbeitung eines pädagogischen Konzepts, Gestaltung und Nutzung der Räume und des Außengeländes, Zusammenarbeit mit anderen Einrichtungen und Eltern. Für die Ausübung dieser Aufgaben sind Kooperationsbereitschaft und kommunikative Kompetenzen und somit Teamfähigkeit erforderlich (vgl. Aden-Grossmann 2002; Wunderlich / Hugoth / Jansen 2000).

Betriebswirtin und Unternehmerin: Die Verantwortungsverteilung zwischen Träger und Einrichtungen in Bezug auf die Verwaltung und die finanziellen

Mittel werden inzwischen sehr unterschiedlich gehandhabt. Sie gehen zunehmend dazu über, den Tageseinrichtungen mehr Autonomie zuzugestehen, was dazu führt, dass Erzieherinnen vermehrt auch betriebswirtschaftliche Aufgaben übernehmen müssen. Die pädagogischen Fachkräfte müssen sich dadurch auch um Haushaltsplanung, Verwaltung, Organisationsentwicklung und deren Dokumentation kümmern (vgl. Aden-Grossmann 2002; Viernickel 2006). Sie müssen „so etwas wie unternehmerische Fähigkeiten entwickeln, wollen sie ihren Betrieb mit Blick auf die Anforderungen des Umfeldes und auf die Mittel, die ihnen zur Verfügung stehen, möglichst effizient und attraktiv gestalten. Diese Entwicklung verlangt von Trägern, den Leitungskräften und dem Team intensive Absprachen, neue Formen der Arbeitsverteilung und wohl auch neue Formen der Entscheidungskompetenzen und Verantwortung" (Colberg-Schrader, Krug. 1999. S. 158).

Funktionen in Bezug auf die eigene Person:
Lebenslange Lernerin: Die gesellschaftlichen Bedingungen, unter denen Kinder aufwachsen, verändern sich ständig und gravierend. Erzieherinnen müssen folglich bereit und fähig sein, Neues zu lernen und sich fortzubilden. Ob Fortbildungen angeboten und wahrgenommen werden, muss zu den Qualitätsmerkmalen einer Tageseinrichtung gerechnet werden. Colberg-Schrader und Krug (1999) weisen darauf hin, dass das „sozialpädagogische Jahrhundert" mit seinem Wachstum an Aufgaben, Arbeitsfeldern und Beschäftigungsmöglichkeiten zu Ende gegangen und künftig mit einem stark verlangsamten Wachstum zu rechnen ist. Damit werden sich die Beschäftigungsmöglichkeiten wohl schwieriger gestalten. Hinzu kommt, dass Erzieherinnen durch andere Berufsgruppen Konkurrenz bekommen, da diese in die sozialpädagogischen Arbeitsfelder drängen. „Um in dieser neuen Situation bestehen zu können, benötigen Erzieher eine fundierte Aus- und Fortbildung" (Aden-Grossmann. 2002. S. 315).

Funktionen in Bezug auf Politik und Gesellschaft:
Netzwerkerin: Eine Kindertageseinrichtung existiert nicht allein, sondern wird von vielen Faktoren, angrenzenden Institutionen usw. beeinflusst. Erzieherinnen müssen aus diesem Grunde diese Netzwerke sehen, verstehen und nutzen können (vgl. SPI 2000a). Dabei müssen interne wie externe Netzwerke berücksichtigt werden (vgl. Hoffmann 2000). Interne Netzwerkarbeit zielt beispielsweise darauf ab, „neue kind- und familienbezogene Kooperationsformen mit anderen Fachdiensten zu entwickeln" (Ebert. 2006. S. 250 – 251) sowie Verbindungen zu Ausbildungsstätten, Schulen und anderen fachbezogenen und kulturellen Organisationen aufzubauen (vgl. BMFSFJ 2003; Griebel 2006). Zu

den externen Netzwerken gehören Personen und Institutionen, die nicht direkt aus dem Bereich der Kindertageseinrichtungen kommen, wie z. B. Schulen und Vereine (vgl. Hoffmann 2000; Wunderlich / Hugoth / Jansen 2000).

Sozialpolitikerin: Das BMFSF fordert unter anderem, dass sich Erzieherinnen „in kommunalpolitischen Gremien für die Belange von Kindern engagieren" (BMFSFJ. 2003. S. 160; vgl. Ebert 2006) und auch die Berufsfeldentwicklung verfolgen (Jaszus u. a. 2004).

Kulturen-Spezialistin: Deutschland hat sich in den vergangenen Jahrzehnten zu einer „multiethnischen Gesellschaft" (vgl. BMFSFJ. 2003. S. 10) entwickelt, was sich auch in den Gruppenkonstellationen der Kindertageseinrichtungen zeigt. Erzieherinnen müssen über anderer Kulturen und Sprachen informiert und dem gegenüber aufgeschlossen sein. Zur Begleitung und Dokumentation der Sprachentwicklung von Migrantenkindern sind geeignete Beobachtungs-, Entwicklungs- und Testverfahren notwendig (vgl. BMFSFJ. 2003. S. 11). Sie müssen den Kindern zum einen „eine konstruktive Auseinandersetzung mit kultureller Heterogenität" (BMFSFJ. 2005. S. 73) ermöglichen und zum anderen bei Migrantenkindern eine „Erhöhung von Bildungs- und Teilnahmechancen" (BMFSFJ. 2005. S. 73) fördern (vgl. Bremmer 2000; Budde / Bata 1990).

Integrationsspezialistin: Das Konzept der integrativen Erziehung in Kindertagesstätten führt dazu, dass Menschen mit Behinderung oder von Behinderung bedroht verstärkt in Erscheinung treten (vgl. Wolf 1994; Schildmann 1989). Das führt dazu, dass Erzieher häufiger mit Entwicklungsauffälligkeiten und Behinderungen konfrontiert und dementsprechend für den höheren Förderungsbedarf ausgebildet werden müssen (vgl. BMFSFJ. 2003. S. 10).

„Partizipationsstrategin": (Beher. 2004. S. 138) Dies können sie sein, indem die Kinder und deren Meinungen ernst genommen und bei Entscheidungen berücksichtigt werden.

Auf diese vielfältigen Anforderungen sind Erzieherinnen nur partiell ausgebildet, weswegen ein breites Angebot im Bereich der Fort- und Weiterbildung ausgebaut wurde, das im nächsten Kapitel dargestellt werden soll. Doch dies allein wird nicht ausreichen. Erzieherinnen benötigen mehr wie „eine mütterlich liebevolle Fürsorge, eine zartfühlende, indirekte Erziehung als auf eine planvoll bewußtes Einwirken" (Droescher. 1911/12a. S. 3). Neben umfangreichem Wissen, Methoden- Sozial- und Selbstkompetenzen werden in diesem Kapitel die Mindestanforderungen der Zukunft an die Erzieherinnenausbildung deutlich. Die bisherigen Qualifikationen müssen erweitert werden und Aspekte der wissenschaftlichen Reflexionsfähigkeit, betriebswirtschaftliche Kenntnisse, Vernetzung und eine professionelle und wissenschaftliche Methodenvielfalt aufgreifen.

3.4 Bestehende Fort- und Weiterbildungsangebote

Erzieherinnenausbildung führt bereits heute in stetige Fort- und Weiterbildung. Dies kann als Indiz für die Reformbedürftigkeit der Ausbildungskonzepte gesehen werden. Offensichtlich wartet die Praxis des Erzieherberufs mit besonderen Herausforderungen auf, die nicht im Schulbetrieb vorbereitet werden (können). Um den Bereich der Einrichtungsleitung zu stärken wurde z.b. die Zusatzqualifikation zur „Fachwirtin" entwickelt.

Fachwirtin – Erziehungswesen
Dass Erzieherinnen nicht unmittelbar auf Leitungs- und Managementaufgaben im sozialen Bereich vorbereitet sind, wurde schon vor einiger Zeit erkannt (vgl. Viernickel. 2006). Aus diesem Grund wurde eine Zusatzqualifikation zur „Fachwirtin – Erziehungswesen" entwickelt. Es handelt sich dabei um eine berufliche Fortbildung, in der Regel im Anschluss an eine Ausbildung als Erzieher/in oder Heilerziehungspfleger/in, die in Teilzeit stattfindet und ein Jahr dauert. Ausbildungsorte sind Berufsbildungswerke (vgl. Bundesagentur für Arbeit 2007a). Inhalte der Ausbildung sind laut Bundesagentur für Arbeit (2007a) „Gesprächsführung, persönliche Arbeitstechniken / Büroorganisation, Qualitäts- und Projektmanagement, Recht für soziale Einrichtungen, Personalführung, Managementmethoden, Rechnungswesen, praktische Betriebswirtschaft, Marketing, EDV." Diese Auflistung zeigt: die Handlungsfähigkeit steht wieder im Vordergrund. Es geht nicht um die Vermittlung von wissenschaftlichen Erkenntnissen oder die Erstellung von eigenen wissenschaftlichen Arbeiten.

Fort- und Weiterbildungssektor
Neben dieser Zusatzqualifikation wird verstärkt der Fort- und Weiterbildungssektor ausgebaut. Anbieter sind häufig kommunale Beratungseinrichtungen und Institute[23]. Fachschulen nehmen sich verstärkt dieses Gebiet an. Das Ministerium für Schule, Jugend und Kinder (MSJK) des Landes Nordrhein-Westfalen hat beispielsweise für Fachschulen des Sozialwesens (Fachschule für Sozialpädagogik, Heilpädagogik, Heilerziehungspflege, Motopädie) Aufbaubildungsgänge für die Bereiche „Bildung, Erziehung und Betreuung von Kindern unter drei Jahren" (MJSK, 7629 / 2007), „Bildung und Schulvorbereitung in Tageseinrichtungen für Kinder" (MSJK, 7622/2005), „naturwissenschaftlich-technische Früherziehung" (MSJK, 7625/2005), „musikalische Förderung im

---

23 Eine sehr umfangreiche Liste von Anbietern findet sich auf der Internetseite Erzieherin-online (URL: http://www.erzieherin-online.de/beruf/veranstalter.php Stand: 26.03.2008)

sozialpädagogischen Arbeitsfeld" (MSJK, 7624/2004), „Sprachförderung"
(MSJK, 7628/2004), „Medienkompetenz in der Kinder- und Jugendhilfe"
(MSJK, 7623/2004), „Praxisanleitung" (MSJK, 7626/2005) und „Sozialmana-
gement" (MSJK, 7627/2004) genehmigt. Einige Angebote werden auch von
Hochschulen angeboten und mit Zertifikaten verliehen[24].

Da keine der bisherigen Ausbildung sowie der Fort- und Weiterbildungssektor nur bedingt alles abdecken kann, schlug Rauschenbach (2005) einen
Qualifikationsmix aus den bisherigen Ausbildungen Erzieherin, Sozialpädagogin und Grundschullehrerin vor.

Fachschulausbildung
zur Erzieherin

Künftiges Profil der
Fachkräfte in
Kindertages-
einrichtungen

Studium zur
Grundschullehrerin

Studium zur
Sozialpädagogin

Abbildung 9 Qualifikationsniveau der Fachkräfte in Kindertageseinrichtungen.
Qualifikationsmix nach Rauschenbach (eigene Darstellung)

---

24 Ein Beispiel dafür ist das Weiterbildungsangebot „Frühkindliche Bildung" der Universität Bremen in Kooperation mit dem Landesverband Evangelischer Tageseinrichtungen für Kinder der
Bremischen Evangelischen Kirche und der Universum ® Science Center Bremen (URL:
http://www.uni4kita.de/index.html Stand: 26.03.2008).

Rauschenbachs Vorschlag ist, unterschiedliche Perspektiven zu verbinden:

- Erzieherinnenausbildung: „Blick auf die individuelle Seite des Geschehens",
- Sozialpädagogikstudium: „Blick für die sozialen Zusammenhänge des Aufwachsens"
- Lehramtsstudium für die Grundschule: „Blick auf eine erfolgreiche, alters- und entwicklungsgerechte Gestaltung von Lerngelegenheiten sowie die didaktische Kompetenz zur Vermittlung von Lerninhalten" (Rauschbach. 2005. S. 10).

Aus den drei professionsspezifischen Blickrichtungen oder ‚Professionsbrillen' soll eine neue Perspektive – ‚Brille' – entstehen. Dass diese Zusammenlegung diskutiert wird, zeigt sich im Kapitel „Studiengänge in Deutschland". Doch fraglich ist, ob derartige Neuerungen überhaupt notwendig sind. Um darauf eine Antwort zu erhalten werden die Bedarfe in Deutschland gesichtet. Bestehen Defizite, die nur durch eine akademische Ausbildung behoben werden können?

4. Defizitanalyse - Ist eine Ausbildung notwendig, die durch wissenschaftliche Grundlagen entwickelt wird?

4.1 Gewandeltes Bild von Kindheit, Erziehung und Bildung

Wurden die ersten Jahre eines Kindes lange als Phase des Lösens von den Eltern und Kontaktaufnahme / Beziehungsaufbau mit Gleichaltrigen gesehen, treten jetzt Kenntnisse über Lernprozesse in den Mittelpunkt. Die Entwicklungen in der Pädagogik und Psychologie bewerten die gesellschaftliche Funktion der frühkindlichen Erziehung neu (vgl. Breuksch 2000; Hérdervári-Heller 2005; Niesel 2007c; Schäfer 2000). Untersuchungen (s. a. Max-Planck-Gesellschaft; Spitzer 2002) belegen, dass bereits Drei- bis Fünfjährige über entwicklungspsychologische Voraussetzungen für einen Zugang zu beispielsweise naturwissenschaftlichen Phänomenen verfügen. Je besser die pädagogischen Fachkräfte auf jene Bedürfnisse eingehen können, desto eher werden die Kinder ihre kognitiven Fähigkeiten ausbauen und in den späteren Schulstufen den steigenden intellektuellen Anforderungen gerecht werden.

Die empirische Pädagogik und Lehr-Lernforschung incl. der Hirnforschung nach Spitzer (Spitzer 2007, 2005, 2002) bestätigen die Wichtigkeit von früher bzw. kontinuierlicher Förderung. Hilfreich dabei ist ein anregendes Umfeld zur Selbstbildung. Manfred Spitzer erläutert häufiger an einfachen Beispielen, dass die Gehirnforschung neue wissenschaftliche Zugänge zum Lernen ermöglicht:

> „Beobachtet man ein Kind bei seinen Versuchen, laufen zu lernen, dann ist die unermüdliche Energie, die Freude am Ausprobieren und die schier unendliche Frustrationstoleranz (es klappt für Monate nicht!) nicht zu übersehen. Die Frage, wie man kleine Kinder zum Laufen motiviert, stellt sich nicht" (Spitzer 2003. S. 206).

Spitzer betont in seinen Ausführungen auch, dass die kritischen oder sensitiven Phasen beachtet werden müssen, damit bestimmte Erfahrungen und Fertigkeiten erworben werden können, (vgl. Spitzer. 2002. S. 240) jedoch auch außerhalb dieser Zeitfenster Lernen möglich ist (vgl. Spitzer. 2002. S. 226).

Liest man Spitzer, findet man einige Parallelen zu Maria Montessori, die unter anderem in ihren Büchern „Die Entdeckung des Kindes" (1969), „Das kreative Kind" (1972) und „Schule des Kindes" (1976) von einer vorbereitenden Umgebung berichtet, die das Kind zu Konzentration und somit zur Selbstbildung führt. Nicht zuletzt hat sie durch eine phänomenologische Untersuchungsmethode ein sensibles Phasenkonzept entwickelt (vgl. Montessori 1994). Zu guter Letzt ist ihr damaliger Ansatz des beobachtenden und forschenden Erziehers in der heutigen Diskussion nicht zu unterschätzen.

Neben Maria Montessori beschäftigten sich die Pädagogik von Emmi Pikler, die Erkenntnisse des französischen Entwicklungspsychologen Jean Piaget, des Begabungsforschers Heinrich Jacoby (vgl. Ballod 2004) und seiner Kollegin Elsa Gindler mit dem Lernen bei Kindern.

Forschung und Entwicklung der Neurobiologie aktualisieren oder erweitern bisherige Erkenntnisse. So zeigen beispielsweise neuere Forschungsergebnisse aus der Psychologie und Medizin, „dass die kognitive Entwicklung bei Kindern schneller verläuft, als Piaget in seinen experimentellen Studien herausfand" (Textor. 2006. S. 3). Thomas Berry Brazelton „Familie als System" (Brazelton. 1987) und Stanley I. Greenspan „Das Erwachen der Gefühle. Die emotionale Entwicklung des Kindes" (1985) gelten mit ihren entwicklungspsychologischen Veröffentlichungen als Pioniere der Säuglingsforschung. Sie bieten Eltern Ratgeber für die Erziehung und Entwicklung ihrer Kinder (vgl. Brazelton / Greenspan. 2002. S. 323).

Evaluationen ermöglichen eine neue Art der Qualitätsmessung und Vergleichbarkeit von Erfolg in der Erziehung. Die Kritik (unter anderem auch von Hirnforschern) an der Erzieherausbildung - ebenso wie an der von Lehrern - wurde seit der Durchführung von Studien wie PISA I und II oder STARTING STRONG[25] immer lauter. Es heißt, Erzieher besitzen zu wenig lernpsychologische Kenntnisse, werden zu wenig „bildend" tätig, fördern ausländische, hochbegabte und in Teilbereichen begabte Kinder zu wenig, lehren Kindern nicht das Lernen. In Kindergärten werden so letztlich viele der im Kleinkindalter liegenden Chancen von Bildung und Erziehung vertan (vgl. Laewen / Andres 2002; Gopnik 1999; Guzzetti 1998). Daraus entstehen ein neuer Auftrag und eine neue Verantwortung für die Erzieherinnen.

---

25 URL: http://www1.oecd.org/deutschland /Dokumente/kindergartendeutsch.pdf Stand: 25.01.2005

4.1.1 Forschungssektoren im Bereiche der frühen Kindheit

Der Forschungssektor gliedert sich in immer mehr Unterkategorien: die am meisten in der Diskussion vertretenen sind die Entwicklungspsychologie und die frühpädagogische Forschung. Die Entwicklungspsychologie ist der eine der bekannten Untergruppen der Psychologie. „Der Zweig der Psychologie, der sich mit der Interaktion zwischen körperlichen und geistigen Prozessen sowie den Phasen des Wachstums von der Empfängnis über die gesamte Lebensspanne hinweg befasst" (Zimbardo. 2004. S. 438). Es gibt Studien und Bericht darüber, dass individuelle Unterstützungen (vgl. Cairns. 1994) und verlässliche Bindungen – Bindungstheorie nach Bowlby (1969) - (Grossmann 2003, 2004, 2006) und Beziehungen (vgl. Ahnert 2006; Vygotski 1978) Bildungsprozesse fördern (vgl. Spitzer 2005).

Die frühpädagogischen Forschung konzentriert sich auf die Altersgruppe der unter sechsjährigen, die Elternschaft sowie die damit befassten Institutionen (z. B. Kinderkrippe, Kindergarten, Vorschule) (vgl. Keller 2003; Schönpflug 1995; Siegler 2001). „In den vergangenen Jahren betonte die Hirnforschung in besonderem Maße das Prinzip der sensiblen Phasen in der Hirnentwicklung. Dieses beschreibt, dass das Kind in unterschiedlichen Zeiträumen seiner Entwicklung unterschiedlich empfänglich für günstige oder ungünstige Einflüsse aus seiner Umgebung ist. Auf die Ausbildung der neuronalen Vernetzungssysteme haben dabei auch die von Geburt an erlebten emotionalen Erfahrungen[26] Einfluss" (Ostermayer. 2006. S. 1). Forschungsergebnisse zeigen verstärkt, dass „Gefühl, Denken, Emotion und Kognition miteinander verschränkt sind" (Ballod 2004. S. 21/22.). Ahnert bezeichnet in diesem Zusammenhang die Frühpädagogik als „angewandte Entwicklungs-psychologie" (Ahnert, 2003. S. 2).

Einblicke in die Psychologie, frühpädagogische Forschung, Entwicklungspsychologie, Hirnforschung und Medizin bewerten die gesellschaftliche Funktion der frühkindlichen Erziehung neu. Untersuchungen führen zu empiriegestützten Ergebnissen, welche die Beachtung der frühkindlichen Entwicklung neu unterstreichen[27]. Daraus entstehen ein neuer Auftrag und eine neue Verantwortung für die Erzieherinnen (vgl. Bründel 2003; Ebert 2003; Kasten 2007).

---

26 Vgl. Greenspan, Greenspan. 1985.
27 Volland / Trommsdorff 2003; Martin / Kliegel 2003; Mähler / Ahrens 2003; Ahnert / Bös / Schneider 2003;

Forderungen an Erzieherinnenausbildung
Vermittlung von:
• Kenntnissen über (inter)nationale Studien und der Psychologie • Wissen über die Bedeutung der ersten Lebensjahre für die weitere Bildungsbiographie • Methoden zielgerichtet und systematisch Lernprozesse zu ermöglichen und zu unterstützen

4.2 Gesellschaftliche Veränderungen und ihre Auswirkungen auf das Leben von Kindern und Familien (Bedarfe in Deutschland[28])

Mit der Forderung, dass „Konzepte entwickelt werden, die Familien verlässliche Optionen zur Realisierung von Lebensplänen geben und für Frauen und Männer die Balance von Erwerbsarbeit und Familie ermöglichen" und der Feststellung, dass Familienpolitik darüber hinaus die „Aufgabe, die geeigneten Rahmenbedingungen zu schaffen, um Familien bei der Erziehung von Kindern zu unterstützen" (Landtag NRW. 2005. S.1), wurde eine Enquête-Kommission „Chancen für Kinder -Rahmenbedingungen und Steuerungsmöglichkeiten eingesetzt. Sie verfolgt das Ziel ein optimales Betreuungs- und Bildungsangebot in Nordrhein-Westfalen" (mit Beschluss vom 30. November 2005) zu erlangen. Die Notwendigkeit einer derartigen Kommission wird deutlich, wenn man die zunehmende Kinderlosigkeit, Kinderarmut und die damit verbundenen Auswirkungen auf die langfristige Entwicklung der Kinder betrachtet. Eine hohe Mobilität, wachsende kulturelle Diversität, aber auch der Wunsch der Eltern, Familie und Arbeit besser vereinen zu können, stellen neue Anforderungen - auch gegenüber Kindertageseinrichtungen. (vgl. BMFSFJ 2003; DiCV der Erzdiözese München Freising 2006;)

Aktuelle gesellschaftliche Rahmenbedingungen (vgl. Belle 1989; Pollak 1999, 2002, 2006; Textor 2006a;), auf die Eltern und Kinder als Familie reagieren müssen und schon reagiert haben, sind unter anderem, dass

• sie in einer Leistungsgesellschaft leben, die die Konkurrenz fördert.
• Individualisierung stattfindet, wodurch sich der Einzelne wichtiger als die Gruppe nimmt (Vereinsamung, Verinselung).

---

28 Der Begriff „Bedarf" wird ausführlich in „Lebensort Kindertageseinrichtung. Bilden – Erziehen – Fördern. Bedarfe sichern, Angebotsvielfalt schaffen." (MFJFG. 2000.) definiert.

- im Rahmen der Risikogesellschaft mit weniger sozialer Sicherheit und mehr Bedrohungserlebnissen gelebt werden muss (Arbeitslosigkeit, Umweltzerstörung, Kriege, Gewalt, Verkehr...).
- die Konsumgesellschaft das Wertesystem beeinflusst.
- die „Mediengesellschaft" (Höhns 2000; Richter 2001) im Zusammenhang mit einem breiten und globalen Angebot an Informationen umgehen muss.
- die „Wissensgesellschaft" (Carnoy 2000; Fischer 2000; Heinz 2002; Kammerl 2002; Pollak / Kammerl 2000;) einen hohen Anspruch an die Bildung stellt (vgl. Aktionsbündnis „Kinder brauchen Qualität 2003; Elschenbroich 2000).

Erkenntnisse über den zukünftigen Bedarf an Kindertageseinrichtungen und somit an das Berufsfeld der dort tätigen Erzieherinnen zeigen, dass Veränderungen in den Ausbildungs- und Bildungsmodellen für Erzieherinnen notwendig sind, um dem Anspruch gerecht zu werden, die derzeitigen und vermuteten zukünftigen gesellschaftlichen Veränderungen zu berücksichtigen. Es entstand und entsteht derzeit immer noch ein neuer Blick auf Qualifikation und Befähigung im beruflichen Bereich der Erziehung. Dies kann jedoch nur weiterentwickelt werden, wenn Forschung betrieben wird um dadurch Herausforderungen zu identifizieren und empirisch zu erheben. Erzieherinnen betreuen und erziehen nicht mehr nur, sondern benötigen unterschiedlichste Kompetenzen um die Kinder auf Unsicherheiten und Veränderungen vorzubereiten (vgl. Rauschenbach / Beher / Knaur 1999). In derartigen Befunden zeichnet sich eine Bedarfslage nach einer wissenschaftlichen Befähigung der Erzieherinnen ab, was später genauer ausgeführt wird. Zuvor werden weitere Anforderungen an den Erzieherberuf herausgearbeitet, die ebenfalls diese Bedarfslage unterstreichen.

4.2.1 Strukturwandel in der Wirtschaft und Arbeitswelt

Ein Strukturwandel der Wirtschafts- und Arbeitswelt konfrontiert Kindertageseinrichtungen mit neuen Herausforderungen. Für eine erfolgreiche eigene Biographie reicht es nicht mehr aus, sich grundlegende Wissensbestände anzueignen, sondern benötigt die Kompetenzen des „lebenslangen Lernens, Eigeninitiative und Verantwortungsübernahme" (BMFSFJ. 2003. S. 14). Die Erwartungen der Wirtschaft gegenüber dem Menschen und somit auch gegenüber der Bildungsinstitutionen betonen die Notwendigkeit von Kompetenzen wie z. B. „Konzentrationsfähigkeit, logisch-analytisches Denken in komplexen Zusammenhängen, Problemlöse- und Orientierungsfähigkeiten sowie Teamfähigkeit und Kommunikationsfähigkeit über rein fachbezogene Angelegenheiten hinaus" (BMFSFJ. 2003. S. 14). Bildung gilt als Basis, um in der von Konkurrenz und lebenslangem Lernen betonter Wirtschafts- und Arbeitswelt bestehen zu können (vgl. Fischer. 2002). Dass diese Kompetenzen derzeit von den Bildungsein-richtungen ausreichend vermittelt werden, kann ihnen nicht unterstellt werden (vgl. BMFSFJ 2003).

Forderungen an Erzieherinnenausbildung
Vermittlung von:
* Kenntnissen über Wandel in der Wirtschafts- und Arbeitswelt
* Wissen über die Unsicherheiten der Zukunft
* grundlegenden Kompetenzen, die an Kinder weitergegeben werden sollen

---

4.2.2 Demographischer, ökonomischer und sozialer Kontext

Der demographische Wandel, so wie ökonomische und soziale Kontexte fordern Reaktionen. Um ein kinder- und familienfreundliches Deutschland zu erlangen, verlangt die Jugendministerkonferenz die Veränderung von „Rahmenbedingun-gen für das Aufwachsen junger Menschen. (...) Dies gilt insbesondere für die Gestaltung der Tagesbetreuungsangebote für Kinder, für die Sicherung der Le-bensqualität für Familien mit Kindern und für die Verbesserung der Vereinbar-keit von Familie und Beruf" (JMK. 2005 Top 8 S. 1). Die Darstellung der der-zeitigen Zahlen und Prognosen sollen einen Überblick schaffen.

4.2.3 Bevölkerung

Deutschland ist das bevölkerungsreichste Land Europas, mit einer Einwohner-zahl von 82,5 Millionen im Jahr 2004 (vgl. Statistisches Bundesamt 2006d). Hiervon sind 2004 4,4 Millionen Kinder unter 6 Jahren[29] und weitere 7,4 Millio-nen Kinder im Alter zwischen 6 und 15 Jahren[30] (Statistisches Bundesamt. 2006a. S. 28). Trotz dieser optimistischen Zahlen weist Deutschland seit 1972 ein Geburtendefizit auf, das bisher durch einen positiven Wanderungssaldo übertroffen wurde und die Bevölkerung wachsen ließ (vgl. Statistisches

---

29 Im Jahr 2002 waren es in dieser Altersgruppe 4,6 Mio. und im Jahr 2003 4,5 Mio. (Statistisches Bundesamt. 2006a. S. 28)
30 Im Jahr 2002 waren es in dieser Altersgruppe 7,7 Mio. und im Jahr 2003 7,6 Mio. Statistisches Bundesamt. 2006a. S. 28)

Bundesamt. 2006b. S. 13). Kindern und Jugendlichen steht eine immer größer werdende Gruppe alter Menschen[31] gegenüber (vgl. Statistisches Bundesamt. 2006d).

Forderungen an Erzieherinnenausbildung
Vermittlung von:
- Kenntnissen über Bevölkerungsentwicklungen um frühzeitige Bedarfe zu erkennen und darauf reagieren zu können.

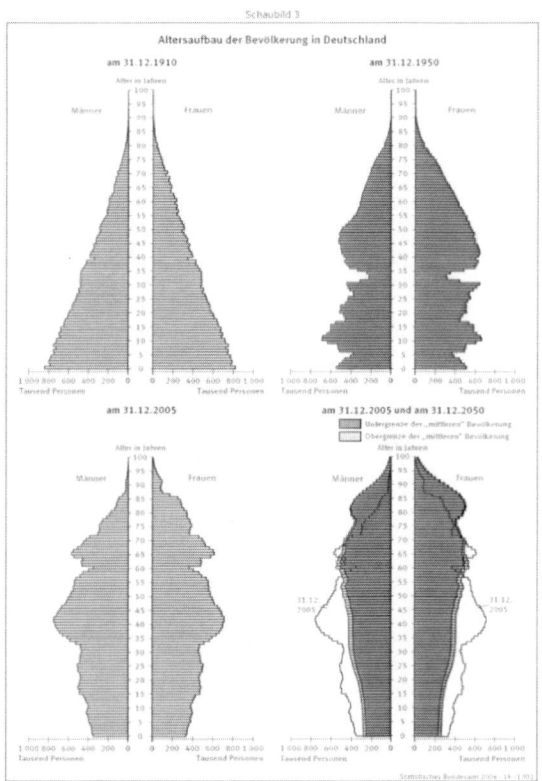

Abbildung 10 Altersaufbau der Bevölkerung in den Jahren 1910, 1950, 2005 und 2050 (Statistisches Bundesamt. 2006b. S. 16)

---

31 Im Jahr 2002 waren es in der Altersgruppe der über 65jährigen 14,4 Mio., im Jahr 2003 14,8 Mio. und im Jahr 2004 15,3 Mio.

61

4.2.4 Sinkende Kinderzahlen

Die Bevölkerungs- und Familienstruktur in Deutschland ist typisch für Europa: Frauen und Männer bekommen weniger und häufig später Kinder. Es wird weniger und später geheiratet und die Zahl der Scheidungen nimmt zu. Die Zahl nichtehelicher Lebensgemeinschaften nimmt zu und damit die Zahl der Geburten von Eltern, die nicht miteinander verheiratet sind. Als Teil der Tendenz zu kleineren Haushalten leben immer mehr Kinder bei nur einem Erwachsenen (vgl. Robert Bosch Stiftung 2006b). Innerhalb dieses groben gemeinsamen Rahmens verzeichnet Deutschland mit 1,4 Kindern je Frau eine der niedrigsten Geburtenraten in Europa (siehe Anlage XI: Tabelle: Zusammengefasste Geburtenziffer in ausgewählten Staaten).

Einer der Gründe für diese geringe Rate ist der hohe Anteil kinderloser Frauen, der sich insgesamt auf ein Drittel (unter Akademikerinnen sogar auf 40%) beläuft (vgl. Engster 2003; IfD 2004; Meyer 2002). Autoren sprechen sogar von den Frauen als die „Schuldigen" (Wirtschafts- und sozialpolitischen Forschungs- und Beratungszentrum der Friedrich-Ebert-Stiftung. 2006. S. 5). Dabei muss jedoch betont werden, dass „selbst bei konstanter bzw. steigender Kinderzahl pro Frau (...) das Geburtendefizit (...) nicht mehr ausgeglichen" werden kann (Statistisches Bundesamt. 2006d. S. 16).

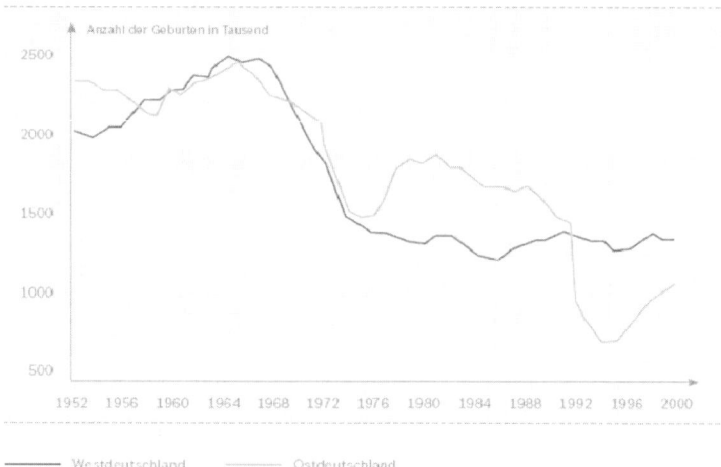

Abbildung 11 Anzahl der Geburten in West- und Ostdeutschland zwischen 1952 und 2000 – Basis 15 – 45jährige Frauen. (Robert Bosch Stiftung 2006b. S. 19)

Das Institut für Demoskopie Allensbach hat 2004 im Rahmen einer Studie unter anderem als Gründe für die Entscheidung gegen ein Kind ein zu „enges Zeitfenster" (IfD 2004. S. 14)identifiziert. Bertram et. A. spricht von der „rush hour" oder dem „Lebensstau" (Robert Bosch Stiftung 2005), was bedeutet, dass in dieser Phase die Ausbildung beendet wird, eine Etablierung im Beruf geleistet und idealerweise eine Familie gegründet werden soll (vgl. Robert Bosch Stiftung 2006b). Es kommt zum Teil auch zu Konflikten „mit beruflichen und materiellen Zielen" und die „Sorge vor finanziellen Einschränkungen" (IfD. 2004. S. 14 ff). (Mehr dazu unter dem Punkte „Veränderte Familien- und Lebensformen").

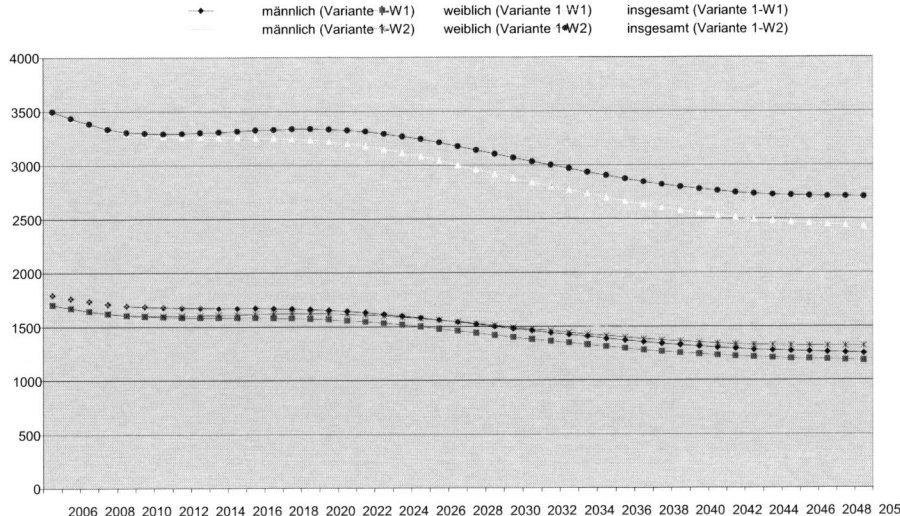

Abbildung 12 Entwicklung der 0 bis 6jährigen bis 2050 (Variante 1-W1[32] und Variante 1-W2[33]) (Zahlenmaterial des Statistisches Bundesamt. 2006c)

Der Rückgang der Geburtenzahlen hat unmittelbaren Einfluss auf die Entwicklung des Bedarfes von Kindertagesstätten. Wenn die Geburtenrate auf dem gegenwärtigen Stand bleibt, wird im Westen die Zahl der Kinder im

---

32 1-W1 entspricht: "Mittlere" Bevölkerung Untergrenze; Geburtenhäufigkeit (Kinder pro Frau) 1,4; Lebenserwartung: Basisannahme; jährlicher Wanderungssaldo (Personen) 100 000.
33 1-W2 entspricht: "Mittlere" Bevölkerung Untergrenze; Geburtenhäufigkeit (Kinder pro Frau) 1,4; Lebenserwartung: Basisannahme; jährlicher Wanderungssaldo (Personen) 200 000.

Kindergartenalter im Jahr 2013 um 10% unter dem Stand des Jahres 2004 liegen" (Konsortium Bildungsberichterstattung. 2006, S. 18).

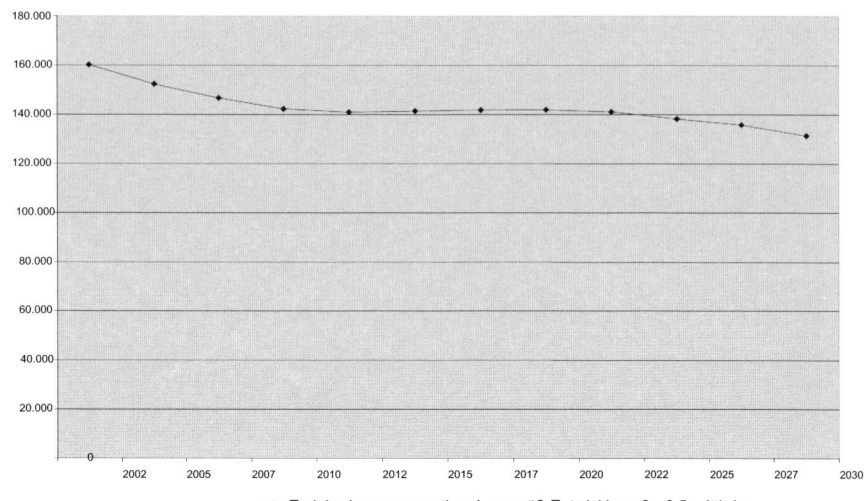

Abbildung 13 Erzieherinnen proportional – gemäß Entwicklung 3 - 6,5 Jährige (Pasternack. 2005. S. 80)

2002 legten Abgeordnete des Bayerischen Landtags folgende Zahlen vor: „bis 2010 (sind) fast 100.000 Plätze weniger notwendig; 9.000 Arbeitsplätze sind dann gefährdet und 3.800 Kindergartengruppen werden nicht mehr benötigt" (Bayerischer Landtag 2002; vgl. BMFSFJ 2003). „Nach 2020, wenn sich relativ starke Mütterjahrgänge zunehmend aus dem geburtenfähigen Alter verabschieden, folgt der nächste Rückgang auf ca. 3 Millionen im Jahr 2050" (Statistisches Bundesamt. 2006b. S. 19). Die Träger der Einrichtungen - aber auch die Erzieherinnen - müssen bei ihren Planungen diese Zahlen berücksichtigen, um bedarfsgerechte Angebote entwickeln und frühzeitig reagieren zu können (vgl. Kasten 2007).

> *Forderungen an Erzieherinnenausbildung*
> Vermittlung von:
> - Kenntnissen über zukünftige Geburtenentwicklung um bedarfsgerechte Angebote zu entwickeln

4.2.5 Veränderte Familien- und Lebensformen

Obwohl viel über Familien geredet wird, gibt es kein einheitliches Verständnis darüber, was Familie ist (vgl. Linssen 2002; Meyer 2002; Schäfers 2002). Auch wenn „infolge gesellschaftlicher Pluralisierungs- und Individualisierungstendenzen alternative Lebensformen entstanden sind, ist das Grundmodell der bürgerlichen Familie bis heute im Denken der Menschen verankert" (Bertelsmann Stiftung. 2006c. S. 8). „Eine Befragung des IfD zur Definition des Begriffs Familie zeigt, dass 91 Prozent ein „verheiratetes Ehepaar mit Kindern" und 63 Prozent ein "unverheiratet zusammenlebendes Paar mit Kindern" als Familie definieren. Die mittlerweile weit verbreitete Konstellation von „Alleinerziehenden mit Kindern" wird nur von 41 Prozent der 18- bis 44jährigen als Familie anerkannt, ein „verheiratetes kinderloses Paar" von 23 Prozent" (IfD. 2004. S. 4). Im soziologischen Diskurs werden Familien typologisch unterschieden:

- Kernfamilie: Ehepaar mit Kind/Kindern
- Großfamilie: Gemeinschaft zweier oder mehrerer Kernfamilien
- Ehepaar ohne Kind
- Unvollständige Familie: Familie mit nur einem Elternteil
- Mehr-Generationen-Familie: mehrere Generationen leben in einer Wohneinheit
- Monogame Familie: Ehe zwischen einem Mann und einer Frau
- Polygame Familie: auf einer Seite sind mehrere Männer oder mehrere Frauen
- Eheähnliche Gemeinschaft: Mann und Frau bilden eine Lebensgemeinschaft ohne rechtsgültig geschlossene Ehe (vgl. Zeissner. 1983)

Diese Typen von Familie verdeutlichen die ursprüngliche Bedeutung von Familie (lat. familia) als „die Gesamtheit der in einem Haushalt lebenden Personen" (Zeissner. 1983. S. 89). Jedoch erleichtert dieses Wissen um den Begriff der Familie nicht die Entscheidung mit Kindern zu leben. „Deutschland ist heute das Land mit dem höchsten Anteil kinderloser Paare: Etwa ein Drittel der Bevölkerung bleibt ohne Kinder. Die Mehrkindfamilie wird in Deutschland immer seltener – jedes dritte Kind unter fünf Jahren hat keine Geschwister." (Leyen. 2008. S. 1)

Die Gründung einer Familie mit Kindern bringt einige Konsequenzen mit sich:

• Verringerung des Familieneinkommens
• Behinderung der Frauen bei Berufsausübung und Karrierewünschen
• Benachteiligung des erziehenden Elternteils bei der Sicherung einer eigenen Rente
• ökonomische Benachteiligung
• Verunsicherung bei Erziehungsaufgaben (vgl. Aktionsbündnis 2003. S. 7 f)

Nimmt man diese Einschränkungen und Unsicherheiten in Kauf, müssen sich Eltern und Kinder mit ihrer neuen Situation auseinandersetzen, da derzeit in Deutschland immer noch in erster Linie die Kinder unter 6 Jahren durch die Eltern betreut werden (vgl. Bien / Rauschenbach / Riedel 2007).

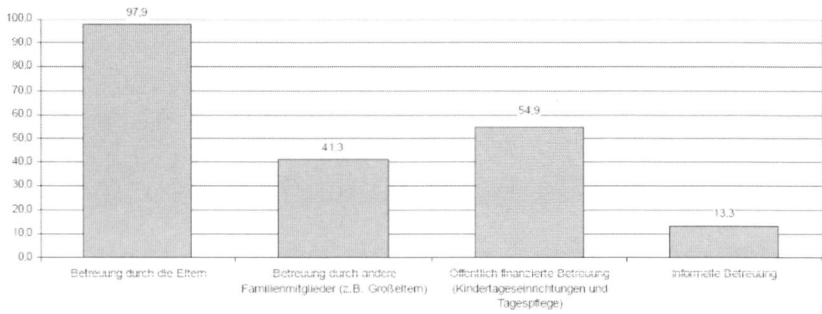

Abbildung 14 Betreuung der unter 6jährigen in Deutschland. (Bien / Rauschenbach / Riedel. 2007. S. 3)

Der „Familienatlas 2007" (BMFSFJ 2007a) zeigt deutlich, dass Eltern aus beruflicher Sicht häufig unter hohem Leistungsdruck, Flexibilität und Mobilität bezüglich ihrer Arbeit stehen und damit Schwierigkeiten haben das Elternsein mit der Berufstätigkeit zu verbinden (vgl. BMFSFJ 2005 / 2005a / 2005b / 2007; European Commission 1996; Gaschke 2006a; Riedel 2006).

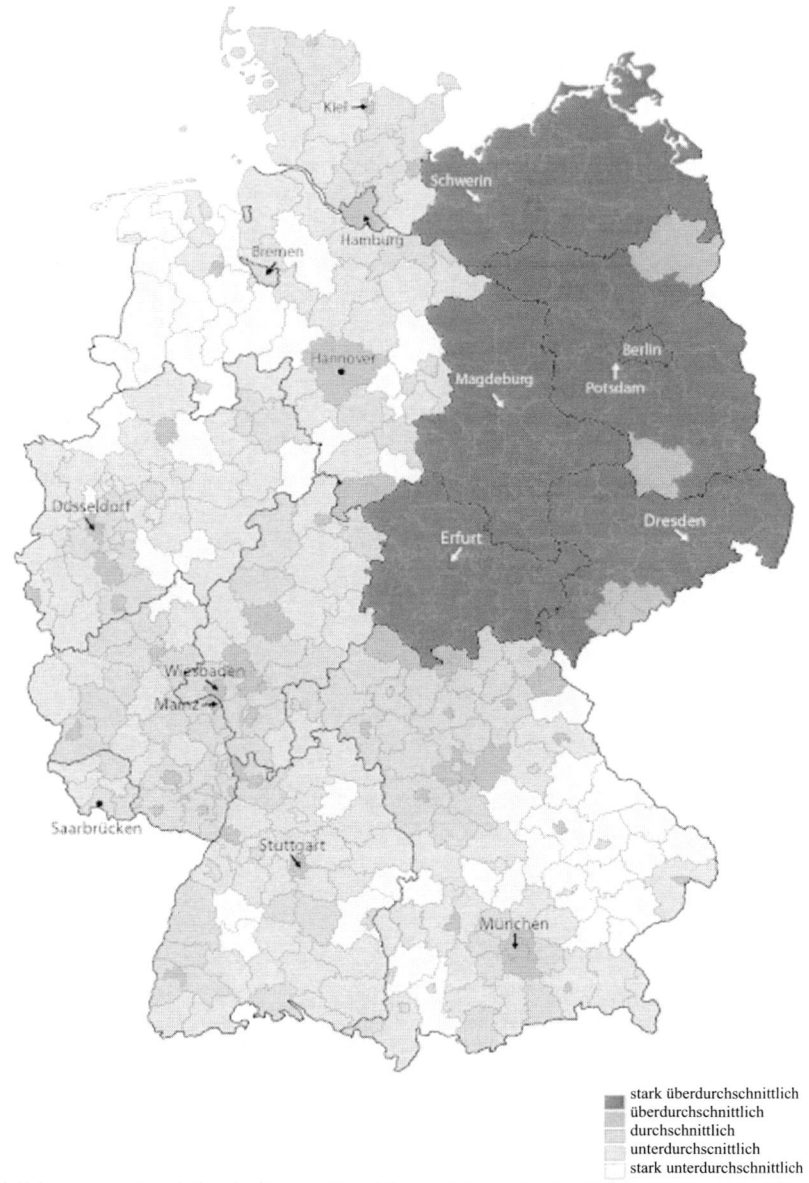

stark überdurchschnittlich
überdurchschnittlich
durchschnittlich
unterdurchscnittlich
stark unterdurchschnittlich

Abbildung 15 Vereinbarkeit von Familie und Beruf (BMFSFJ. 2007a. S. 12)

Die Sorge um finanzielle Probleme (da Kinder ein Armutsrisiko darstellen) stehen einer Berufstätigkeit beider Eltern gegenüber (vgl. Robert Bosch Stiftung 2006b). Die Quote erwerbstätiger Frauen mit Kindern zwischen 6 und 14 Jahren stieg beispielsweise „von 44% im Jahre 1972 auf 68% im Jahre 2000" (KMK 2006. S. 17). Diese Entwicklung erfordert „längere, verlässlichere und flexiblere Öffnungszeiten von Kindergärten und Schulen" (KMK 2006. S. 17) und brachte den Ausbau von Kindertageseinrichtungen und möglichen Familienförderungen in die (politische) Diskussion (vgl. BMFSFJ 2005a und 2005b; Hefty 2007; Gaschke 2006; Phoenix 2007; Süddeutsche 2007). Es wird über „Herdprä-mien"[34] - gemeint ist hier ein Betreuungsgeld für Eltern, die ihre Kinder zuhause erziehen - und „Gebärmaschinen"[35] diskutiert (vgl. Müller 2008). 1989 wurde in der angenommenen Gemeinschaftscharta der sozialen Grundrechte der Arbeit-nehmern festgelegt, dass „die Maßnahmen auszubauen [sind], die es Männern und Frauen ermöglichen, ihre beruflichen und familiären Pflichten besser mitei-nander in Einklang zu bringen" (Europäische Kommmission 1990).

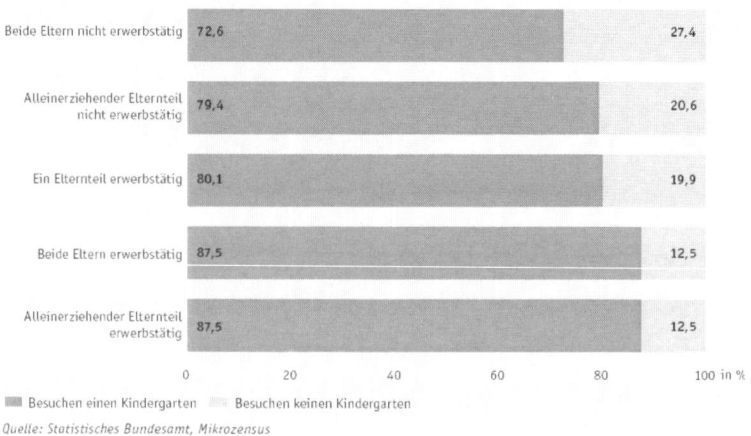

Abbildung 16 Inanspruchnahme des Kindergartens ab dem Alter von drei Jahren bis zum Schuleintritt 2004 nach Familientyp und Erwerbstätigkeit der Eltern (Konsortium Bildungsberichterstattung. 2006. S. 39)

---

34 Gemeint ist hier ein Betreuungsgeld für Eltern, die ihre Kinder zuhause erziehen, das im Rahmen einer Koalitionsrunde am 14.05.2007 diskutiert wurde (vgl. Leyen 2007; Netzeitung 2007; Os-wald 2007).

35 Gemeint ist hier, dass eine staatliche Förderung Mütter dazu verleite, ihre Kinder bereits kurz nach der Geburt in staatliche Obhut zu geben und somit zu Gebärmaschinen degradiere (vgl. Tagesschau 2007; Fokus 2007; Spiegel 2007).

Die Inanspruchnahme öffentlicher Kinderbetreuung ist von vielen Faktoren abhängig (vgl. Bien / Rauschenbach / Riedel. 2007): neben sozioökonomischen und soziodemografischen Aspekten sind das verfügbare Angebot und das Alter der Kinder entscheidend. Es zeigt sich jedoch, dass für die meisten Kinder zwischen drei Jahren und dem Schuleintritt der Besuch einer Kindertageseinrichtung selbstverständlich ist (vgl. Fendrich / Pothmann. 2007. S. 29).

Die Deutsche Shell-Studie 2000 besagt, dass 50 % der befragten Eltern nicht wissen, woran sie sich bei der Erziehung halten sollen (vgl. Fegert 2006c). Unsicherheit in Erziehungsfragen und Ängste in Bezug auf ihre Kinder führen zur Suche nach unterstützenden Maßnahmen wie Kindertageseinrichtungen, Elternschulen oder dergleichen (vgl. Aktionsbündnis 2003; BMFSFJ 2006; Fegert 2006; KMK 2006; Robert Bosch Stiftung 2006; Brazelton 1987 /1992; Pikler 1982). 53% der unter dreißigjährigen Eltern wünschen sich mehr Angebote, die sie in der Erziehung begleiten, bilden und beraten (vgl. BMFSFJ 2007).

Das Leben der Kinder ist geprägt von Reizüberflutung durch viele Angebote in Medien, Spielen und Lernmaterialien, und von einem Leistungsdruck, der immer früher einsetzt. Die Kindheit wird immer mehr institutionalisiert, indem sie aus dem öffentlichen Raum verdrängt, der Lebensraum eingeschränkt wird und zugleich „verinselt", indem wenig Verbindung zwischen den verschiedenen Lebensräumen besteht (vgl. Clinton 2008). Neben der knappen Zeit der Eltern haben auch häufig Kinder bereits einen verplanten Tagesablauf, der dazu führen kann, dass wenig Möglichkeit zur freien Gestaltung bleibt und die Lebenswelt der Kinder oft von den Erwachsenen diktiert wird (vgl. Schneider 2008). Armut von Kindern, Anzeichen von ungesunder Ernährung und emotionale Vernachlässigungen bei Kindern sind keine Ausnahmen mehr (vgl. Aktionsbündnis 2003) und führen zu neuen Aufgaben im Bereich der Elementarpädagogik.

Die skizzierten Entwicklungen haben nichts an dem seit den 1960er Jahren immer wieder festgestellten straffen Zusammenhang zwischen den sozialen, kulturellen und ökonomischen Ressourcen von Familien und dem Bildungserfolg der Kinder geändert (vgl. Geißler 2002; Stanat 2002; Hraldi 2001). Es scheint, dass Familien mit höheren Bildungsabschlüssen besser in der Lage sind, die abnehmende Passung von Halbtagsschule und Familienleben durch die Bereitstellung familiärer Ressourcen und die Nutzung außerschulischer Bildungsangebote zu kompensieren. Unter dem Aspekt der Chancengerechtigkeit ergeben sich daraus besondere Anforderungen an schulischen und außerschulischen Bildungsangeboten (vgl. Konsortium Bildungsberichterstattung 2006).

> **Forderungen an Erzieherinnenausbildung**
> Vermittlung von:
> * Kenntnissen über mögliche Familien- und Lebensformen
> * pädagogischen Angeboten für verschiedene Familien- und Lebensformen
> * Wissen und Verstehen von Unsicherheiten und Ängsten junger Familien

4.2.6 Mobilität

Zu den Änderungen im Familienleben gehört auch, dass die Mobilität der Familie oder einzelner Familienmitglieder zunimmt. Mehr noch als entstandardisierte Arbeitszeiten tangiert die ansteigende Ablösung der Arbeit von einem beständigen konkreten Arbeitsort, die alltägliche Lebensgestaltung und die Entwicklung der Familie (vgl. Schneider 2006). Gründe für diese Ablösung sind befristete Arbeitsverhältnisse, die zu Wechseln der Arbeitsstellen (und somit auch der Einsatzorte) führen, die Erbringung der Arbeitsleistung an unterschiedlichen Einsatzorten, die Forderung der Arbeitgeber nach Mobilität und Flexibilität, um am Arbeitsmarkt mithalten zu können, sowie regionale Defizite an Arbeitsstellen. All dies führt zu zirkulärer Mobilität, was tägliches oder wöchentliches Pendeln oder Umzug bedeutet.

Mobilität hat klare Auswirkungen auf Partnerschaften (Bönisch 2008a; Schneider 2006; Wendl 2005) und die Familienentwicklung. Für die Familiengründung bedeutet dies, dass sich von Mobilität betroffene Paare meist später für Kinder bzw. bewusst dagegen entscheiden (Bönisch 2008c). Vor allem berufsmobile Frauen sind davon betroffen: 62 Prozent der berufsmobilen Frauen sind kinderlos, aber nur 27 Prozent der mobilen Männer. Speziell für Wochenendpendlerinnen und varimobile[36] Frauen scheint eine Vereinbarung von Beruf und Elternschaft besonders schwer. Bei einem Durchschnittsalter von etwa 36 Jahren sind in einer Stichprobe von Schneider mehr als 75 Prozent von ihnen kinderlos (vgl. Schneider. 2006. S. 14).

Entscheiden sich Paare für die Gründung eine Familie kann zirkuläre Mobilität die Eltern-Kind-Beziehung beeinflussen, der „zurückgebliebene" Elternteil kann sich beispielsweise mit der Erziehungssituation alleingelassen und überfordert fühlen. Bedeutet Mobilität einen Umzug der ganzen Familie, hat dies zunächst die Folgen, dass bisher existierende soziale Netze verloren gehen, eine

---

36 „Varimobile: Personen, die an wechselnden Orten beruflich tätig sind und in dieser Zeit in Hotels, Gemeinschaftsunterkünften etc. untergebracht sind; neben dem Arbeitsort kann auch die Zeit der beruflich bedingten Abwesenheit vom gemeinsamen Wohnort variieren" (Schneider. 2006. S. 12).

Gefahr von sozialer Isolation (vor allem bei Müttern mit Kleinkindern) auftreten kann oder Eltern beispielsweise (informelle) Möglichkeiten der Kinderbetreuung fehlen (vgl. BMFSFJ. 2003). Um diese Unsicherheiten zu minimieren können Tageseinrichtungen ihr Angebot ausbauen und Erzieherinnen durch Kenntnis der möglichen Situationen reagieren.

Forderungen an Erzieherinnenausbildung
Vermittlung von:
- Kenntnissen über Formen von Mobilität und damit verbundenen Problemlagen
- Kenntnissen über Möglichkeiten der Integration von „zugezogenen" Kindern und Familien
- Wissen über mögliche Netzwerke, Anlaufstellen und Hilfsangeboten

---

4.2.7 Migrationssituation

Wanderungsbewegungen finden nicht nur innerhalb Deutschlands statt, gerade der Anteil der Zuwanderer aus anderen Ländern, „80 % des gesamten Wanderungsvolumens" (Statistisches Bundesamt. 2006b. S. 46), fällt deutlich ins Gewicht. Gerade für diesen Bereich haben Kindertagesstätten einen entscheidenden Auftrag, denn die „Integration durch Bildung und Integration ins Bildungswesen hängen für Kinder und Jugendliche eng zusammen" (Konsortium Bildungsberichterstattung. 2006. S. 137). Ziel der Integration durch Bildung ist grundsätzlich, „dass es Kindern von Zugewanderten im Laufe der Zeit gelingt, ähnliche Kompetenzen und Bildungsabschlüsse zu erreichen wie die übrige Gleichaltrigenbevölkerung" (Konsortium Bildungsberichterstattung. 2006. S. 137).

Trotz formaler Gleichstellung der Mehrzahl der Migranten mit Deutschen beim Zugang zu Bildungseinrichtungen besteht in der Realität jedoch ein Gefälle zwischen Kindern und Jugendlichen deutscher und nichtdeutscher Herkunft im Zugang zu höheren Bildungs- und Qualifizierungsgängen (vgl. Konsortium Bildungsbericht-erstattung 2006; BertelsmannStiftung 2006a und 2006b; Kober 2006). Die Pisa-Studien zeigen, dass in kaum einem Land der Bildungserfolg so sehr von der sozialen Herkunft bestimmt wird wie in Deutschland (vgl. Berg-Lupper 2007; Deutsches Pisa-Konsortium 2001; Hèdervári-Heller 2005). Trotzdem gibt es bis heute keine systematische Herangehensweise zur Herstellung von Bildungsgerechtigkeit. Der Besuch des Bildungsexperten Vernor Muñoz aus Costa Rica im Auftrag der UN im Februar

71

2006 hat nochmals diesen gesellschaftspolitischen Situation der Bildungsbe-nachteiligung in Deutschland belegt (vgl. Bertelsmann Stiftung. 2006a. S. 7) und wurde durch den Jahresbericht der vbw (Vereinigung der bayerischen Wirt-schaft e. V.) zum Thema „Bildungsgerechtigkeit" bestärkt.

Kinder leben in Deutschland in einer heterogenen, pluralen und multikultu-rellen Gesellschaft auf. Sie erleben immer mehr und früher eine Vielfalt von Lebensformen und –stilen. Für Kinder und Familien nicht-deutscher Herkunft gilt dies in besonderem Sinne, da sie eine Gleichzeitigkeit verschiedener kultu-reller Elemente täglich in der Familie, Kindertageseinrichtung, Schule und Freizeit erfahren (vgl. Berg-Lupper 2007).

Damit auch bei fremdländischen Erwachsenen - somit potentiellen Eltern - Akkulturation möglich wird, trat unter anderem am 01.01.2005 das Zuwande-rungsgesetz und in seiner Folge die Integrationskursverordnung in Kraft. Damit sind erstmalig Integrationsmaßnahmen für Migranten auf eine gesetzliche Grundlage gestellt. Kernelemente der Maßnahmen sind Integrationskurse, die sich aus einem Sprachkurs (600 Std.) und einem Orientierungskurs (30 Std.) zusammensetzen (BMAF. 2005. S. 90; vgl. Textor 2006d). Für Frauen werden spezielle „Frauenintegrationskurse" angeboten, in denen sie eigens bei der Erziehung ihrer Kinder unterstützt werden, da Frauen und Mütter eine wesentli-che Schlüsselrolle im Integrationsgeschehen einnehmen (vgl. BAMF 2005, 2007). Der BDA empfiehlt unter anderem, gemeinschaftliche Kurse für Eltern und Kinder in Kindergärten anzubieten, um gemeinsam die Sprachfähigkeit zu fördern (BDA. 2006a. S. 12).

Migration ist kein einheitlicher sozialer Sachverhalt, sondern birgt vielmehr eine starke Heterogenität von Zuwanderungskonstellationen und kulturellen Identitäten in sich, die vor allem für die Bildungsintegration relevant sind. Es macht einen Unterschied, ob Kinder und Jugendliche mit ihren Eltern zugewan-dert sind oder als Angehörige der 2. Generation ins Bildungssystem kommen. Ebenso das Alter, in dem sie zugewandert sind, ist von Bedeutung (vgl. Kon-sortium Bildungsberichterstattung 2006).

Knapp 1,9 Millionen Personen von der jungen Bevölkerung mit Migrati-onshintergrund gehören der so genannten 1. Zuwanderergeneration an, d. h. sie sind selbst zugewandert. Zwischen den Migrantengruppen gibt es deutliche Unterschiede darin, ob Kinder und Jugendlichen eigene Zuwanderungserfah-rungen haben oder nicht. „Nur jede bzw. jeder Siebente mit türkischem Migrati-onshintergrund wurde im Ausland, der Großteil der jungen Bevölkerung mit türkischem Migrationshintergrund jedoch in Deutschland geboren (87%). Der Anteil der 2. Generation ist bei anderen Migrantengruppen deutlich niedriger. Bei den jungen (Spät-)Aussiedlern wurden erst knapp zwei Fünftel in

Deutschland geboren, bei den jungen Migranten aus anderen europäischen Staaten, die den EU-15-Staaten angehören, 82% und bei den Zuwanderern aus sonstigen Staaten der Welt 59%" (Konsortium Bildungsberichterstattung. 2006. S. 145). Der Anteil der jungen Migranten (der 1. Generation), die erst nach Beginn der Schulpflicht ins deutsche Bildungssystem eingestiegen sind, ist umgekehrt und somit „bei den (Spät-)Aussiedlern und Personen aus sonstigen Staaten deutlich höher. Bei den (Spät-)Aussiedlern ist der hohe Anteil an im Ausland geborenen Kindern und Jugendlichen auf die Zuwanderungswelle Ende der 1980er und Anfang der 1990er Jahre zurückzuführen; zukünftig wird sich der Anteil an Spätaussiedlern der 1. Generation wohl auf nahezu null reduzieren. Bei den anderen Migrantengruppen ist dies allerdings nicht zu erwarten" (Konsortium Bildungsberichterstattung. 2006. S. 145).

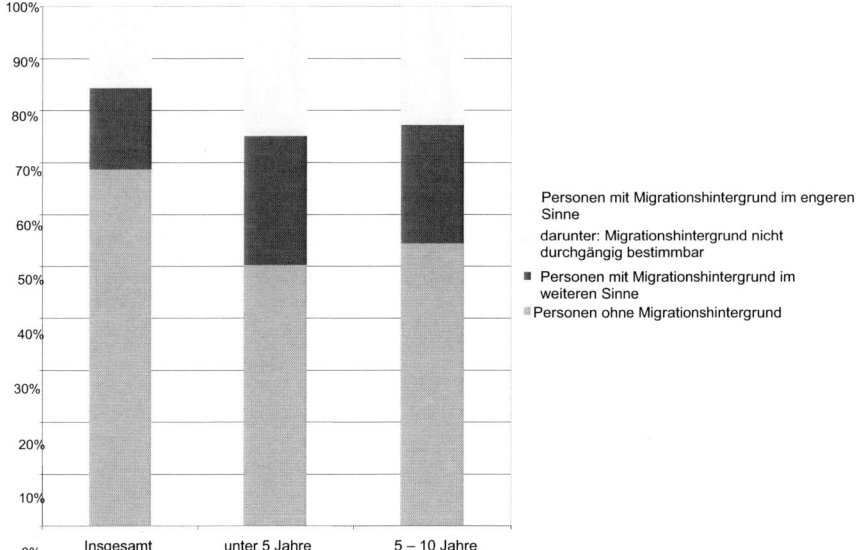

Abbildung 17 Bevölkerung nach detailliertem Migrationsstatus in der Altersgruppen 0 bis 10 Jahre (Zahlen: Destatis. 2005. S.38; eigene Darstellung)

Die Grafik zeigt, dass 2005 circa die Hälfte der unter Fünfjährigen einen Migrationshintergrund besitzt, bei den Fünf- bis Zehnjährigen etwas weniger. Demgegenüber zeigt die Kinder- und Jugendstatistik einen Überblick über den Besuch einer Kindertageseinrichtungen, dem jeweiligen Alter der Kinder und der Familiensprache.

Tabelle 9 Kinder ab drei Jahren bis zum Schuleintritt in Kindertageseinrichtungen nach Migrationshintergrund (Lange. 2007a. S. 6)

Kinder ab 3 Jahren bis zum Schuleintritt in Kindertageseinrichtungen nach Migrationshintergrund (Deutschland; 15.03.2006; Angaben absolut und in %)					
	Kinder in Kindertageseinrichtungen	darunter: Kinder mit mind. einem nicht in Deutschland geborenen Elternteil		davon: Kinder, in deren Familien überwiegende Familiensprache nicht deutsch ist	
	Absolut	Absolut	in % v. insg.	absolut	in % v. insg.
3 - unter 6 Jahren	2.344.072	546.334	23,3	343.938	14,7
davon:					
3jährig	550.364	126.837	23	81.812	14,9
4jährig	678.622	159.332	23,5	101484	15,0
5jährig	708.526	164.983	23,3	102.729	14,5

23,3 % der Kindergartenkinder haben einen Migrationshintergrund und sind somit eine Herausforderung bezüglich einer kulturellen Integration. Bei fast 15 % der in Kindertageseinrichtungen betreuten Kinder ist die überwiegende Familiensprache nicht deutsch, was neben der Integrationsarbeit eine erhöhte Sprachförderung abverlangt. Diese Zahlen unterstreichen die Forderungen des Forums Bildungspolitik (DDS. 2006) an den Bayerischen Landtag:

- „Frühe Förderung der deutschen Sprachkenntnisse von Kindern ab dem 3. Lebensjahr im Kindergarten,
- ausreichende personelle und zeitliche Ressourcen für die Umsetzung des Bildungs- und Erziehungsplans,
- Qualifizierung der Erzieherinnen für die Sprachvermittlung und Erziehung von Kindern aus unterschiedlichen Kulturen,
- Beschäftigung von muttersprachlichem Fachpersonal" (DDS. 2006. S. 14; Maciejowski 2006).

Frühe Förderung ist notwendig, damit sich Kinder und Jugendliche aus bildungsfernen Schichten und mit Migrationshintergrund nicht zu einer neuen Bildungsunterschicht zusammenballen (vgl. Allmendinger 2006; BDA 2006a). Gründe für eine Barriere bzgl. eines Kindertagesstättenbesuchs werden auf Seiten der Familien als auch auf Seiten der Institutionen vermutet, einen genauen Beleg dafür gibt es dafür bisher jedoch nicht (vgl. Berg-Lupper 2007). Bei der Interpretation der Unterschiede nach Migrationshintergrund ist zu berücksichtigen, dass der Migrationshintergrund und die soziale und soziokulturelle Herkunft eng miteinander verknüpft sind. Sehr viel häufiger kommen zugewanderte Jugendliche ebenso wie Jugendliche der zweiten Generation aus Familien mit einem niedrigen sozioökonomischen Status. Es besteht dadurch die Gefahr, den Faktor „Migration" in seiner Bedeutung zu überschätzen. Dennoch leistet der Faktor Migration einen eigenen Erklärungsbeitrag (vgl. vbw 2007).

Die allgemeine Einigkeit in der Gesellschaft darüber, dass Kindertageseinrichtungen eine zentrale Rolle für den Integrationsprozess von jungen Familien mit Migrations-hintergrund spielen, hat politischen Niederschlag im Tagesbetreuungsausbaugesetz von 2005 gefunden. „Seit 2000 besuchen ausländische Kinder ab vier Jahren bis zum Schuleintritt zu über 80% Kindertageseinrichtungen" (Konsortium Bildungs-berichterstattung. 2006. S. 150). Damit nähern sie sich den Zahlen der Beteiligungs-quote deutscher Kinder zunehmend an. Nicht bedeutend für einen Kindertages-stättenbesuch sind Herkunftsland und Geschlecht der Kinder, sondern - ähnlich wie bei den deutschen Familien - der Bildungsabschluss der Eltern. „Wenn sie höchstens einen Hauptschulabschluss haben, ist der Kindergartenbesuch um rund fünf Prozentpunkte niedriger als bei einem höheren Schulabschluss der Eltern" (Konsortium Bildungsberichterstattung. 2006. S. 150).

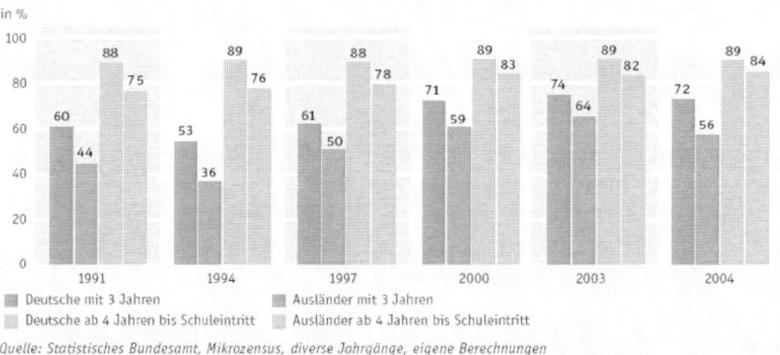

Quelle: Statistisches Bundesamt, Mikrozensus, diverse Jahrgänge, eigene Berechnungen

Abbildung 18 Inanspruchnahme von Kindertageseinrichtungen im Alter von 3 Jahren bis zum Schuleintritt durch Kinder mit und ohne deutsche Staatsangehörigkeit 1991 - 2004 (Konsortium Bildungsberichterstattung. 2006. S. 150)

Migration wird auch in der Zukunft Thema in Kindertageseinrichtungen sein. Das Statistische Bundesamt schließt sogar einen höheren Wanderungssaldo nicht aus (Statistisches Bundesamt. 2006b. S. 51) und darf für die zukünftige Ausbildung von Erzieherinnen nicht unterschätzt werden. Ansätze wie die Vermittlung von Klientensprachen, Wissen und Verstehen anderer Kulturen und Religionen, Kenntnisse zur Sprachförderung sollten in den neuen Curricula-Entwicklungen Platz finden (vgl. Ulich u.a. 2006), damit Bikulturalität, Bilingualität und interkulturelle Erziehung als Chance für alle Beteiligten gesehen werden kann, und nicht nur als Belastung oder gar als Bedrohung (vgl. Budde 1990; Lange 2007; Mayr / Ulich 2006; Militzer 2002; Moscovici 1979; Uslucan 2006. S. 22f).

Forderungen an Erzieherinnenausbildung
Vermittlung von:
- Wissen und Verstehen von Kulturen und Religionen
- Kenntnissen über Sprachentwicklung, -defizite und Sprachförderung
- gemeinsamen Programmen zur Sprachentwicklung für Kinder und deren Familie
- Methoden zur Einbeziehung der Eltern in die pädagogische Arbeit der Kindertageseinrichtung
- von Beratungsmethoden und Inhalten für Eltern zu Fragen der „leitenden Werte für Erziehung und Bildung in Deutschland" (BDA. 2006a. S. 12)
- Mehrsprachigkeit bei Erzieherinnen bzw. die gezielte Ausbildung von Personen mit Migrationshintergrund

---

4.2.8 Kinderarmut

Die Bedarfe in Deutschland sind auch unter dem Gesichtspunkt der Kinderarmut zu sehen. „Mit 2,7 Prozentpunkten ist Kinderarmut in Deutschland seit 1990 stärker gestiegen als in den meisten anderen Industrienationen" (Unicef. 2005). Bei der Kinderarmut geht es in Deutschland nicht um lebensbedrohliche Armut, sondern um eingeschränkte Einkommens- und Lebenssituationen sowie um soziale Ausschlussprozesse, und wird über den sozioökonomischen Status der Eltern bestimmt[37] (vgl. Lorenz 2007; Züchner 2006). Sie steht insgesamt in

---

37 „Studien zur Armutssituation messen Armut zumeist am Haushaltseinkommen (und ermitteln Armut bzw. Armutsgefährdung, wenn das verfügbare Nettoeinkommen weniger als 60 % des Medians beträgt: Arm ist, wer weniger als die Hälfte des Durchschnitts der Bevölkerung an

76

enger Verbindung mit dem Haushaltstyp und der Familienkonstellation. „13 Prozent der Bundesbürger gelten laut dem [Armuts-]Bericht als arm, ebenso viele würden durch Sozialtransfers wie Kindergeld oder Arbeitslosengeld II vor dem Abrutschen in Armut bewahrt" (Nitsche. 2008. S.1). Kinder von Migranten und Alleinerziehenden leben nicht nur häufiger, sondern auch länger, in relativer Armut. Die „Armutsepisoden" (BMFSFJ. 2005. S. 78) sind relativ kurz, „dauern nicht länger als drei Jahre" (BMFSFJ. 2005. S. 78), kehren aber dafür oft wieder zurück.

Armut ist oft mit besonderen Lebenslagen verbunden, weswegen eine generelle Rückführung von bestimmten Problemlagen allein schwierig ist, außerdem führt Armut nicht grundsätzlich zu schlechterem Leben (vgl. Walper 2004). Jedoch belegen Studien, dass soziale Armut auch Bildungsarmut bedeutet und die Bildungschancen eines Kindes ganz überwiegend von seiner Herkunft abhängen (vgl. Allmendinger 2006; Dannhäuser 2007). Nach wie vor besteht ein enger Zusammenhang zwischen sozialer Herkunft und Bildungsbeteiligung (vgl. vbw 2007). Dieses Wissen und die Kenntnis über Kinderarmut und besondere Lebenslagen sind grundlegende Wissensbestände für Mitarbeiter im pädagogischen Arbeitsfeld (vgl. Nordt 1987).

Forderungen an Erzieherinnenausbildung
Vermittlung von:

- Kenntnissen über Kinderarmut und besondere Lebenslagen
- Kenntnissen über mögliche Folgen für Kinder und Familien in besonderen Lebenslagen

---

4.2.9 Übergang in die Schule

Der Übergang in die Schule ist einer der markantesten Einschnitte für Kinder und ihre Familien (Beelmann 2000, 2006; Niesel 2006; Niesel / Griebel 2007a; Griebel / Berwanger 2007; Oberhuemer 2006b, 2006c, 2007a). Diese Zäsur bedeutete lange Zeit den Beginn des curricular geregelten Lernens. Hinzu kommt, dass dieser Übergang von hoher Bedeutung für „das Gelingen des Einstieges in schulische Anforderungen" ist (JMK, KMK. 2004a. S. 3; Niesel 2007b).

Da der frühkindliche Bereich als eigene Bildungsphase verstärkt auch in seiner Bedeutung für weiteres Lernen thematisiert wird, stellen sich Fragen nach

---

Geld zur Verfügung hat)" (Züchner. 2006. S. 15). Weitergehende beziehen heute auch die Wohnverhältnisse, gesellschaftliche Teilhabe und Gesundheit mit ein (vgl. UNICEF 2007).

dem Übergang in die Schule. Es geht dabei vor allem um den richtigen Zeitpunkt, um das Arrangement des Wechsels vom Kindergarten in die Grundschule und um die Frage, ob der Übergang eher jahrgangsbezogen oder individuell geregelt werden soll. Alle Länder haben in den letzten Jahren Bildungspläne erstellt, durch die sie die Bildungsanstrengungen in Kindertageseinrichtungen intensivieren wollen. Zugleich wurde – unter dem Eindruck der im internationalen Vergleich insgesamt eher langen Ausbildungszeiten bzw. des relativ hohen Alters der Absolventinnen und Absolventen in Deutschland – in mehreren Ländern eine frühere Einschulung der Kinder eingeleitet (vgl. Nalenz 2007). Begründet wurde beispielsweise der Beschluss des Bayerischen Kultusministeriums damit, dass „Kinder in diesem Alter nach wissenschaftlichen Erkenntnissen besonders aufnahme- und lernbereit sind und das Schuleintrittsalter dem europäischen Standard angepasst werden soll" (Bay. STMUK. 2007. S. 6).

Lange Zeit war die Frage der Einschulung bundeseinheitlich geregelt[38]. Bis Ende der 1960er Jahre musste ein Kind in Westdeutschland im Allgemeinen mindestens sechs Jahre alt sein, bevor es in die Schule gehen konnte. 1968 wurde es möglich, dass Kinder auf Antrag der Eltern bereits vor dem sechsten Lebensjahr eingeschult werden konnten. Faktisch stieg das Einschulungsalter aufgrund wachsender Zahlen von Rückstellungen jedoch seit den 1970er Jahren in Westdeutschland an, während der Anteil vorzeitig eingeschulter Kinder zurückging. Seit 1997 wirkt die Bildungspolitik der Tendenz zur späteren Einschulung bzw. zur Zurückstellung schulpflichtiger Kinder entgegen (vgl. JMK / KMK 2004a).

Während bis 2001 im Bundesdurchschnitt stets mehr verspätete als vorzeitige Einschulungen zu verzeichnen waren, gibt es seit dem Schuljahr 2002/03

---

[38] „Bis zum Schuljahr 2004/05 war ein Kind in allen Ländern schulpflichtig, wenn es spätestens am 30. Juni des Einschulungsjahrs sechs Jahre alt geworden war. Fristgemäß eingeschult wurden also Kinder, die zwischen dem 1. Juli des Vorjahres und dem 30. Juni des Einschulungsjahrs sechs Jahre alt wurden, sodass in einer Jahrgangsstufe Kinder mit einem Altersunterschied von bis zu einem Jahr saßen. Ist ein Kind nach dem 30. Juni des Einschulungsjahrs geboren, kann es auf Wunsch der Eltern vorzeitig eingeschult werden („Kann-Kinder"). Ob dazu eine Anmeldung durch die Eltern genügt oder zusätzlich ein Gutachten nötig ist, handhaben die Länder unterschiedlich. Auch die Fristen für Kann-Kinder sind in den Ländern unterschiedlich weit bemessen. In der Tendenz werden die Fristen überall ausgeweitet, so dass die Altersspanne in der ersten Jahrgangsstufe eineinhalb Jahre und mehr betragen kann. Schulpflichtige Kinder können zurückgestellt werden, wenn sie noch nicht schulfähig sind. Die Entscheidung darüber fällt letztlich die Schule, wobei in der Regel die Eltern, der Kindergarten und Ärzte oder andere Experten beteiligt werden. In der Regel werden zurückgestellte Kinder im darauf folgenden Schuljahr verspätet eingeschult. Zum Schuljahr 2005/06 haben mehrere Länder den Beginn der Schulpflicht vorverlegt. Seit dem KMK-Beschluss von 1997 wurden zudem vorzeitige Einschulungen erleichtert, z. B. durch Verzicht auf einen formalen Antrag der Eltern" (Konsortium Bildungsberichterstattung. 2006. S. 45).

erstmals mehr vorzeitige als verspätete Einschulungen. So hat der Anteil der vorzeitig eingeschulten Kinder zwischen 1995 und 2004 bei einer Steigerung von knapp 3% auf 9% stetig zugenommen; der Anteil der verspäteten Einschulungen ist im gleichen Zeitraum von 8% auf 6% zurückgegangen" (Konsortium Bildungsberichterstattung. 2006. S. 43).[39] Die bayerische CSU wollte diesen Trend unterstützen, indem sie im September 2006 mit der Überlegung an die Öffentlichkeit trat, die Grundschulzeit auf fünf Jahre zu verlängern und das „letzte Kindergartenjahr generell zur ersten Grundschulklasse zu machen" (Burtscheidt. 2006). Diese Idee wurde aber in den darauf folgenden Tagen wieder revidiert.

In fast allen Ländern wurden flexible Eingangsstufen eingeführt, überwiegend im Rahmen von Modellversuchen; in manchen Ländern ist diese neue Schuleingangsstufe bereits Regeleinrichtung. Damit soll ein differenzierter Unterricht gefördert werden, bei dem das individuelle Lerntempo der Kinder berücksichtigt und der Stoff der ersten beiden Klassen in ein bis drei Jahren durchgenommen werden kann. Schließlich haben mit dem Schuljahr 2005/06 einige Länder begonnen, den Beginn des Schulpflichtalters zu senken.

Blickt man über die nationalen Grenzen hinaus, zeigt sich, dass in den einzelnen Ländern unterschiedliche Modelle umgesetzt werden.

4.3 Internationale Erfahrungen

4.3.1 Wie gehen andere Länder mit den Bedarfen um?

In den meisten europäischen Ländern ist es selbstverständlich, dass Kinder vor dem Pflichtbesuch der Schule eine Einrichtung vorschulischer Erziehung besuchen, die je nach historischem Ursprung unterschiedliche Orientierungen und Schwerpunkte verfolgt[40] (vgl. Liegle 1985). Die Betreuung, Bildung und

---

39 Eine Veränderung der Einschulungspraxis wird erkennbar. Zum Einen werden deutlich weniger Kinder als bisher „zum Zeitpunkt der Einschulung als nicht schulfähig eingestuft; zum Anderen wurden 2004 fast viermal so viele Kinder wie 1995 als vorzeitig schulfähig eingeschätzt. Über die Jahre hinweg wurden im Schnitt jedoch mehr als 85% der Kinder fristgemäß eingeschult, was wiederum zeigt, dass die Mehrheit der einzuschulenden Kinder von diesen Veränderungen kaum berührt wird" (Konsortium Bildungsberichterstattung. 2006. S. 43).

40 „Es ist einleuchtend, daß die Reform des Kindergartens in so unterschiedlichen Systemen (wie dem französischen mit seiner starken Zentralisierung und Schulorientierung) und dem englischen (mit seiner starken lokalen Autonomie und kindergartenähnlichen Schuleingangsstufe) je besondere Strategien verfolgen muss" Liegle. 1985. S. 84)

Erziehung von Kindern rückte zu Beginn des 21. Jahrhunderts verstärkt in vielen europäischen Ländern auf der politischen Tagesordnung weit nach oben (vgl. BMFSFJ 2003; European Commission 1996). Die Entwicklungen und Strategien anderer Länder können aufgrund der jeweiligen Einbindung in jeweils vorhandene Rahmenbedingungen, Werte und Überzeugungen nicht übergreifend auf Deutschland übertragen werden, bieten jedoch Einblick in mögliche Vorgehensweisen und können Anregungen für eigene Modelle geben. Erkennbar ist der Trend der „Ausweitung des Zugangs zu Angeboten der Kinderbetreuung" (BMFSFJ. 2003. S. 205). Langfristiges Ziel ist, allen Familien, die dies wünschen, den Zugang zu institutionellen Angeboten zu ermöglichen. Dazu gehört auch, dass den „unterschiedlichen Bedürfnissen Rechnung getragen werden muss" (Rat. 1992. S. 16), diese Angebote „für die Eltern erschwinglich" zu machen (Rat. 1992. S. 17) und die Zugangsmöglichkeiten an den Bedürfnissen von Eltern und Kindern auszurichten (vgl. Rat 1992). Kinderzentren wie sie in Frankreich und Belgien bestehen (vgl. Liegle 1985), halten auch in Deutschland Einzug unter der Bezeichnung der Familienzentren.

Die Zeit bis zur Einschulung hat in Deutschland lediglich „familienergänzenden Charakter" (BMFSFJ. 2003. S. 34), der in Anlehnung an die meisten europäischen Länder zugunsten der Definition eines genuinen Bildungs- und Erziehungsauftrags mit Blick auf die kindliche Entwicklung aufgegeben werden sollte (vgl. Liegle 1985). Übergreifende Förderungskonzepte, die unterschiedliche Erziehungs- und Bildungsbereiche miteinander verbinden, wie die Early Excellence Centres in England (The British Association for Early Childhood Education 2007; Sure Start 2007), werden bereits als nachahmenswerte Modelle genutzt und auf die nationalen Strukturen übertragen (vgl. Early Excellence 2007). Die Entwicklung, Implementation und Evaluation neuer Formen muss jedoch weiterhin noch stark gefördert werden. Da intensiv immer wieder das Einschulungsalter in Deutschland diskutiert wird, findet eine kurze Aufstellung zur Einschulung im internationalen Vergleich statt.

4.3.2 Einschulung im internationalen Vergleich

Ein Vergleich des tatsächlichen Einschulungsalters zwischen den Staaten Europas zeigt deutliche Unterschiede. Er legt eine Untergliederung in drei Gruppen nahe:

- Schulpflicht mit 7 Jahren:
  Zur ersten Gruppe gehören Polen, Dänemark, Schweden und Finnland, bei denen die Schulpflicht erst mit sieben Jahren beginnt. In diesen Staaten besucht aber ein großer Teil der 6-Jährigen Vorklassen (in Polen verpflichtend), die teils dem Kindergarten, teils der Schule zugeordnet sind.
- Einschulung mit 6 Jahren:
  In einer zweiten Gruppe von sechs Staaten, darunter Deutschland, beginnt die Schulpflicht mit 6 Jahren; allerdings befindet sich ein erheblicher Teil der 6-Jährigen aufgrund der Stichtagsregelung noch nicht in der Schule.
- Einschulung mit 5 (spätestens 6) Jahren:
  In der dritten, der größten Gruppe sind bereits nahezu alle 6-Jährigen in der Schule. In Großbritannien und Irland gilt das bereits für die 5-Jährigen (vgl. Konsortium Bildungsberichterstattung 2006).

Bei diesen drei Modellen ergeben sich schon bei der Einschulung Unterschiede von bis zu drei Jahren. Obwohl zwischen den unterschiedlichen Einschulungspraxen und den IGLU- und PISA-Befunden kein Zusammenhang festgestellt werden konnte (vgl. Konsortium Bildungsberichterstattung 2006), wird in Deutschland trotzdem über eine frühere Einschulung oder die Reform des letzten Kindergartenjahres diskutiert. Aussagen wie das eines Mitglieds des deutschen PISA-Konsortiums – „Wenn wir schon nicht die Schule ändern können, dann sollten wir eben versuchen, den Kindergarten zu reformieren" (Diller / Rauschenbach. 2006. S. 14) - lassen die Reform in einem resignativen und wenig förderlichen Licht stehen.

Mitte der 1970er Jahre wurde das Modell der Eingangsstufe erprobt, scheiterte jedoch an den Zusatzkosten für Personal und Räumen. Da in Kindertageseinrichtungen Räume und Personal vorhanden sind, richten die Bundesländer ihre Aufmerksamkeit auf die Reform des letzten Kindergartenjahres. Beispiele dafür sind eine Kindergartenbesuchspflicht für 5 bis 6jährige Kinder (vgl. Bundespräsidialamt 2006; FTD 2006; SPD Bayern 2005) oder ein kostenfreies letztes Kindergartenjahr (vgl. Aden-Grossmann 2002; Meyer 2006; Sadigh 2006; Spiewak 2006).

Doch nicht nur der Vergleich des Einschulungsalters führte zu Diskussionen, sondern vor allem die Pisa-Studie war bedeutsam für die Elementarpädagogik, da seitdem die Frage öffentlich diskutiert wird, ob und wie Kinder bereits im Bereich der Vorschule gezielt gefördert und besser auf das schulische Lernen vorbereitet werden können (vgl. Aden-Grossmann 2002). In der OECD-Studie zur frühpädagogischen Bildung wurde als ein Schlüsselelement einer „qualitätsorientierten Politik der frühkindlichen Bildung, Erziehung und Betreuung eine starke und gleichwertige Partnerschaft zwischen den Bildungssystemen genannt" (Bertelsmannstiftung. o. A. S. 10). In diesem Bereich wird es wichtig, dass die Erzieherinnen als gleichwertige Partner zu den Lehrerinnen gesehen werden und die Zusammenarbeit gestärkt wird (vgl. JMK, KMK 2004). Die Profession der Erzieherin muss gestärkt und Kenntnisse zur Bedeutung der Übergangsphase Kindergarten – Schule vertieft werden.

Lernen erhält einen neuen Stellenwert im Kindertagesstättenbereich. Es werden keine formalen Lehrgänge benötigt, sondern Unterstützung dabei, als eigenständige Persönlichkeiten wissbegierig der Welt zu begegnen. Kinder brauchen Lust auf Lernen, Erfahrungen, Nachdenken und Aushandeln von unterschiedlichen Ansichten. „Dazu ist es wichtig, dass Erzieherinnen den Kindern Partnerinnen beim Verstehen der Welt sind. Kinder brauchen Anregungen und Räume zur Entfaltung ihrer Fähigkeiten, und zwar ihrem Alter entsprechend Spielräume, die natürlich auch Lernräume sind" (Thiersch. 1999. S. 13).

Der Übergang von der Kindertageseinrichtung zur Schule ist nicht nur für die Kinder und deren Familien von großer Bedeutung. Auch die Politik und Träger sind in die Verantwortung zu nehmen, wenn die beiden Einrichtungen zusammenarbeiten sollen (vgl. Textor o.A.). „Für eine erfolgreiche Kooperation benötigen die Partner verlässliche Strukturen und organisatorische Grundlagen" (Bertelsmann Stiftung. 2005. S. 7) was gerade in Deutschland betont werden muss, da die Kindertageseinrichtungen über das SGB VIII (§§ 22 ff) einem pluralen Jugendhilfesystem zugeordnet aber die Belange der Schule auf Länderebene (Kultusministerien) geregelt werden. Es besteht damit eine künstliche Trennung der Bereiche Kindertagesstätten und Schule in Deutschland.

Die später folgenden Befragungsergebnisse zeigen, dass Erzieherinnen um die verschiedenen Bedarfe in Deutschland zu bewältigen, zukünftig verstärkt wissenschaftliches Reflexionsniveau sowie wissenschaftliche Methoden und Techniken benötigen. Methoden zur Feststellung und Analyse von Bedarfen sind nötig für den beruflichen Alltag, um beispielsweise Trends und Entwicklungen zu erkennen und frühzeitig reagieren zu können.

Forderungen an Erzieherinnenausbildung
Vermittlung von:
- Wissen über Bildungs- und Erziehungspläne sowie Methoden zur Umsetzung der dort entwickelten Ziele
- Kenntnissen über das System Schule
- Wissen über nationale und bundeslandspezifische Einschulungsverfahren und Einschulungsvorgaben

- Kenntnissen über die Bedeutung der Übergangsphase Kindertageseinrichtung – Schule
- Wissen über Möglichkeiten der Vorbereitung und Begleitung des Übergangs zur Schule, um eine Zusammenarbeit mit den Schulen zu stärken
- Selbstverständnis, dass sich Erzieherinnen als gleichwertige Partner zu Lehrerinnen sehen und auch von der Öffentlichkeit so gesehen werden

Doch neben den gesellschaftlichen Veränderungen und den daraus resultierenden Auswirkungen auf das Leben von Kindern und Familien sollten auch Rahmenbedingungen von Kindertageseinrichtungen, wie rechtliche Grundlagen, Platzangebot mit Ausbau- und Entwicklungsbedarf, Personalstrukturen und Trägerschaften betrachtet werden, um Trends und Entwicklungen aufzeigen zu können. Ebenso wichtig ist dabei der Blick auf Bildungsausgaben und Finanzierungsmodelle im Zusammenhang mit möglichen Ansätzen und Wegen im Bereich der Frühpädagogik.

4.4 Kindertageseinrichtungen

4.4.1 Rechtliche Grundlagen

Kindertageseinrichtungen haben schon seit geraumer Zeit neben dem Betreuungs- und Erziehungsauftrag die Bildung im Fokus, auch wenn dies immer wieder verkannt wurde (vgl. Fthenakis 1998; Hamm-Brücher 1970).

Die Förderung von Kindern in Tageseinrichtungen ist in Deutschland im achten Sozialgesetzbuch (Kinder- und Jugendhilfegesetz) geregelt und wurde zum 27.12.2004 mit dem Gesetz zum qualitätsorientierten und bedarfsgerechten Ausbau der Tagesbetreuung für Kinder (Tagesbetreuungsausbaugesetz – TAG) geändert. § 22 des SGB VIII „Förderung von Kindern in Tageseinrichtungen und in Kindertagespflege" besagt:

(1) „Tageseinrichtungen sind Einrichtungen, in denen sich Kinder für einen Teil des Tages oder ganztägig aufhalten und in Gruppen gefördert werden. (...)
(2) Tageseinrichtungen für Kinder (...) sollen
    1. die Entwicklung des Kindes zu einer eigenverantwortlichen und gemeinschaftsfähigen Persönlichkeit fördern,
    2. die Erziehung und Bildung in der Familie unterstützen und ergänzen,
    3. den Eltern dabei helfen, Erwerbstätigkeit und Kindererziehung besser miteinander vereinbaren zu können.

(3) Der Förderungsauftrag umfasst Erziehung, Bildung und Betreuung des Kindes und bezieht sich auf die soziale, emotionale, körperliche und geistige Entwicklung des Kindes. Er schließt die Vermittlung orientierender Werte und Regeln ein. Die Förderung soll sich am Alter und Entwicklungsstand, den sprachlichen und sonstigen Fähigkeiten, an der Lebenssituation sowie den Interessen und Bedürfnissen des einzelnen Kindes orientieren und seine ethnische Herkunft berücksichtigen." (Bundesgesetzblatt. 2004)

Als pädagogisches Ziel zählt weiterhin die Entwicklung der Kinder zu einer eigenverantwortlichen und gemeinschaftsfähigen Persönlichkeit. Dies soll zugleich Betreuung, Erziehung und Bildung umfassen und sich pädagogisch wie organisatorisch an den Bedürfnissen der Kinder und deren Familien orientieren. Häufig wird dies unter der Trias „Erziehung – Bildung - Betreuung" zusammengefasst. Neu aufgenommen wurde die Unterstützung der Eltern bei einer besseren Vereinbarkeit von Erwerbstätigkeit und Kindererziehung.

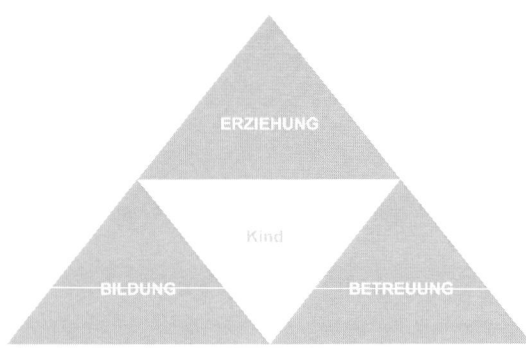

Abbildung 19 Trias für Kindertageseinrichtungen nach § 22 SGB VIII (eigene Darstellung)

Die Entscheidungs- und Finanzierungsstrukturen sind sowohl durch ein Zusammenspiel der Kompetenzen und Zuständigkeiten von Bund, Ländern und Gemeinden als auch durch die große Bedeutung freier Träger geprägt. Mit der Einführung des Kinder- und Jugendhilfegesetzes hat der Bund einen einheitlichen Gesetzesrahmen für Deutschland geschaffen, den die Länder durch landesspezifische Ausführungsgesetze konkretisieren. Die Bedarfsfeststellung und die Bereitstellung der Einrichtungen erfolgt letztlich auf kommunaler Ebene.

Neu hinzugekommen ist im §22 SGB VIII der § 22a „Förderung in Tageseinrichtungen", der die Träger auffordert, „die Qualität der Förderung in ihren Einrichtungen durch geeignete Maßnahmen" sicherzustellen und weiterzuentwickeln. Explizit werden in diesem Zusammenhang „eine pädagogische Konzeption als Grundlage für die Erfüllung des Förderungsauftrags sowie der Einsatz von Instrumenten und Verfahren zur Evaluation der Arbeit in den Einrichtungen" aufgezeigt (Bundesgesetzblatt. 2004).

4.4.2 Platzangebot in Kindertageseinrichtungen

Beim Platzangebot für Kinder unter 3 Jahren bestehen zwischen den alten und neuen Ländern große Unterschiede. Für die Kinder von 3 Jahren bis zum Schuleintritt ist der Bedarf nahezu gedeckt: In Westdeutschland befanden sich 89,0 % der Drei- bis Sechsjährigen in Kindertageseinrichtungen und Tagespflege, in Ostdeutschland waren es 2007 sogar 93,9 % (Autorengruppe Bildungsbericht. 2008. S. 50).

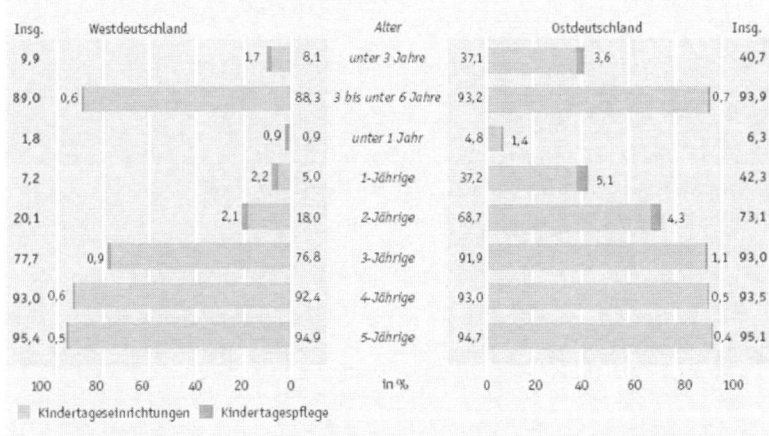

* Bei der Quotenbildung wurden Kinder, die vorschulische Einrichtungen bzw. bereits die Schule besuchen, berücksichtigt (vgl. Erläuterungen zu Tab. C2-1A). Die Abweichungen bei der Addition der Quoten zur Insgesamtquote ergeben sich aufgrund von Rundungseffekten.
Quelle: Statistische Ämter des Bundes und der Länder, Kinder- und Jugendhilfestatistik 2007, eigene Berechnungen

Abbildung 20 Bildungsbeteiligungsquoten von Kindern In Tageseinrichtungen und Tagespflege nach Altersjahrgängen in West- und Ostdeutschland 2007 (Quote in %) (Autorengruppe Bildungsberichterstattung. 2008. S. 50)

Im Westen wirkt noch immer eine Tradition fort, die den Verbleib der unter Dreijährigen in der Familie stützt. Inzwischen ist die Akzeptanz von Angeboten für Kinder im Krippenalter gewachsen und deren Notwendigkeit erkannt. Seit der Wiedervereinigung ist das Platzangebot in Ostdeutschland deutlich zurückgegangen, was nicht zuletzt auf eine erheblich gesunkene Geburtenzahl zurückzuführen ist. Allerdings ist die Versorgungsquote in den östlichen Flächenländern immer noch wesentlich höher als im Westen[41].

Angesichts der immer noch ausgesprochen geringen Versorgungsquote bleibt dieses Angebot jedoch oft Kindern von erwerbstätigen Eltern vorbehalten, die bei der Zuteilung der knappen Plätze bevorzugt berücksichtigt werden. Zusätzliche Plätze für jüngere Kinder können durch die kostengünstige Variante – der Öffnung von Kindergartengruppen für unter Zweijährige – erreicht werden. „In Westdeutschland waren im Jahr 2007 knapp 40.000 2-Jährige in solchen Gruppen zu finden" (Autorengruppe Bildungsbericht. 2008. S. 51).

Bis weit in die 1960er Jahre hinein standen in Westdeutschland nur für gut ein Viertel der Kinder Kindergartenplätze zur Verfügung, die in aller Regel Halbtagsplätze (Vormittags- und Nachmittagsgruppen) waren. Ein erster nennenswerter Ausbau setzte im Zuge der Bildungsexpansion in den 1970er Jahren ein. Der Kindergarten sollte dazu beitragen, Bildungsressourcen besser auszuschöpfen und die internationale Konkurrenzfähigkeit der Bundesrepublik zu sichern. „Zwischen 1965 und 1974 stieg infolgedessen die Versorgungsquote im Kindergartenalter auf 52 %" (Claßen. 1973. S. 238). Einen zweite Bewegung war Mitte der 1990er Jahre mit der Einführung des Rechtsanspruchs auf einen Kindergartenplatz für alle Kinder ab vollendetem dritten Lebensjahr bis zum Schuleintritt deutlich erkennbar. Derzeit besucht über 90 % der Kinder eine Kindertageseinrichtung vor der Einschulung, auch wenn ein Teil davon erst mit vier Jahren oder später eintreten (vgl. Fendrich / Pothmann 2007. S. 29).

Wenn beide Eltern einer regelmäßigen Erwerbstätigkeit nachgehen, sind vielfach Ganztagsplätze erforderlich. Ein Ganztagsplatz bedeutet ein Angebot, das bei Bedarf ganztägig (mehr als sieben Stunden) gebucht werden kann, für die aber nicht automatisch personelle Ressourcen vorgehalten werden. Landesgesetzliche Regelungen in den ostdeutschen Bundesländern verbieten diese Version, da der Personalbedarf auf der Basis der tatsächlichen Kinderzahlen in den Einrichtungen geregelt ist (siehe Anlage XII: Ausführungsgesetze der

---

41 Ganztagskinderkrippenplätze je 1000 Kinder im Alter von unter drei Jahren im Jahr 2002: Sachsen-Anhalt 547, Brandenburg 429, Mecklenburg-Vorpommern 375, Berlin 344, Sachsen 287, Thüringen 224, Hamburg 104, Bremen 47, Saarland 29, Hessen 27, Nordrhein-Westfalen 19, Rheinland-Pfalz 17, Bayern 15, Niedersachsen 15, Schleswig-Holstein 14, Baden Württemberg 13 (Quelle: Institut der deutschen Wirtschaft Köln (Hrsg.). 2006. S. 7)

Länder zu Tageseinrichtungen für Kinder). In den östlichen Flächenländern ist die Versorgung mit Ganztagsplätzen im Kindergartenalter flächendeckend gewährleistet, während in den westlichen Bundesländern 2002 die Ganztagsplätze insgesamt erst knapp ein Viertel des Platzangebots ausmachten.[42] Allerdings ist ihr Anteil in Westdeutschland zwischen 1998 und 2002 gestiegen (vgl. Konsortium Bildungsberichterstattung. 2006. S. 35).

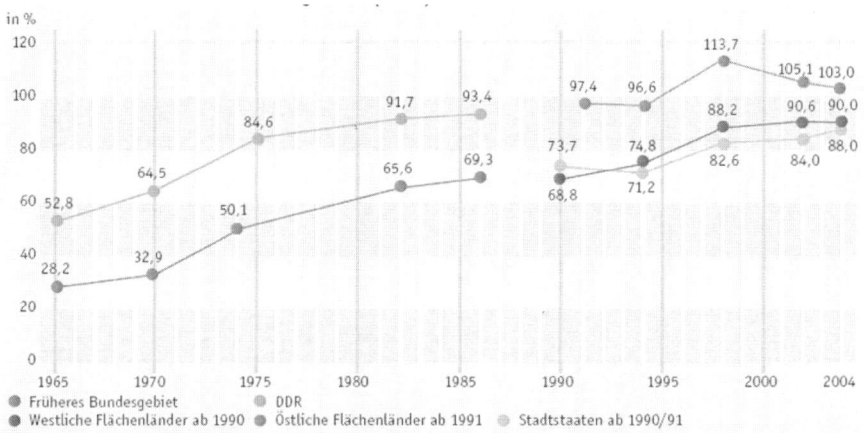

Quelle: Statistisches Bundesamt; BMBF: Grund- und Strukturdaten, eigene Berechnungen (Werte für 2004 geschätzt)

Abbildung 21 Entwicklung der Versorgungsquote im Kindergartenalter nach Regionen. (Konsortium Bildungsberichterstattung. 2006. S. 35)

Im Rahmen der Kinder- und Jugendhilfestatistik wurde erhoben, dass bei der Betreuung der unter Dreijährigen im westlichen Deutschland nur 32,6 % hingegen im östlichen Deutschland 62,8 % der Eltern eine Betreuungszeit von über sieben Stunden für ihr Kind buchen. Mit dem Kindergartenalter reduziert sich die Zahl im westlichen Deutschland auf 27,2 % wohingegen sie im östlichen Teil fast gleich bei 62,5 % bleibt (Autorengruppe Bildungsbericht. 2008. S. 243f).

---

42 „Ganztagskindergartenplätze je 1000 Kinder im Alter von drei bis sechs Jahren im Jahr 2002: Thüringen 1263, Sachsen 1036, Sachsen-Anhalt 980, Mecklenburg-Vorpommern 954, Brandenburg 917, Berlin 767, Bayern 346, Hamburg 335, Bremen 310, Hessen 293, Nordrhein-Westfalen 219, Rheinland-Pfalz 196, Schleswig-Holstein 175, Saarland 154, Niedersachsen 127, Baden-Württemberg 74" (Institut der deutschen Wirtschaft Köln (Hrsg.). 2006. S. 7).

Tabelle 10 Kinder im Alter von unter drei Jahren und von drei Jahren bis zum Schuleintritt in Tageseinrichtungen und Tagespflege in Ost- und Westdeutschland 2007 nach täglicher Betreuungszeit (Autorengruppe Bildungsbericht. 2008. S. 243f)

Region	Kinder: Tagesbetreuung Gesamt	Bis zu 5 Stunden	Mehr als 5 - 7 Std., ggf. mit Mittagsunterbrechung	Mehr als 7 Stunden
	Anzahl	in %		
unter Dreijährige				
Deutschland	321.323	25,1	27,7	47,2
Westdeutschland	166.592	33,3	34,1	32,6
Ostdeutschland	154.731	16,3	20,9	62,8
Dreijährige bis Schuleintritt				
Deutschland	2.329.129	28,3	44,5	27,2
Westdeutschland	1.915.694	31,6	48,9	19,6
Ostdeutschland	413.435	13	24,5	62,5

Generell ist das Ergebnis überraschend, da im gesamten Land die Inanspruchnahme von Ganztagsplätzen abgenommen hat. Die Vor- und Nachmittagsbetreuung ohne Mittagessen hat sich in Westdeutschland um mehr als die Hälfte reduziert. Im Jahr 2002 wurde dieses Angebot noch mit 48,8 % der Plätze ausgewiesen, 2006 sind es nur noch 19 %. Den Bedarfen der westdeutschen Eltern entsprechen derzeit anscheinend zusammenhängende Öffnungszeiten, die vormittags starten, wohingegen die Nachmittagsgruppen kaum belegt werden (vgl. Fendrich / Pothmann. 2007. S. 35).

4.4.3 Öffentliche und freie Trägerschaften

Bundesweit stellten und stellen nichtstaatliche Träger die Mehrzahl der Kindertageseinrichtungen, obgleich freie Träger in den östlichen Ländern und in den Stadtstaaten eine geringere Rolle spielen (vgl. Minz 1973; Kalicki / Nagel 2006; KMK 2006). 2002 stellten sie in den westlichen Flächenländern fast zwei Drittel der Plätze für Kinder im Krippen- und Kindergartenalter bereit, in den östlichen Flächenländern weniger als die Hälfte der Plätze. Da die Bereitstellung von Angeboten zur Kindertagesbetreuung in der ehemaligen DDR nahezu ausschließlich staatliche Aufgabe war, ist dort die historische Herkunft dieses Angebots aus der sozial-karitativen Wohlfahrt kaum mehr erkennbar, während in Westdeutschland die konfessionellen Träger (Kirchen bzw. Caritas und Diakonie) stets eine große Rolle spielten. Äußerst gering ist bis heute der Anteil privat-gewerblicher Anbieter und der betrieblichen Kindertageseinrichtungen (vgl. Konsortium Bildungsberichterstattung. 2006. S. 36).

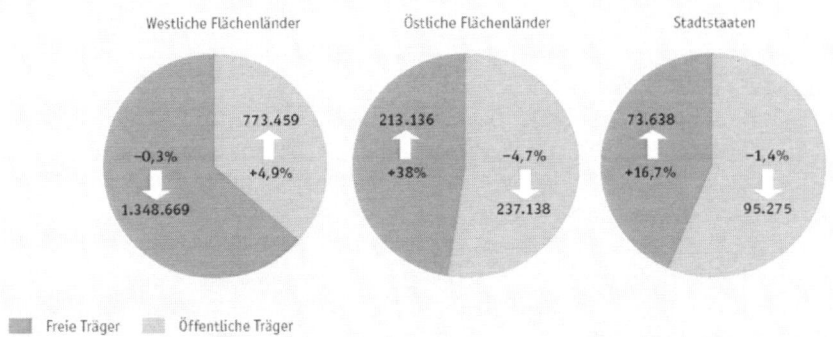

Abbildung 22 Entwicklung des Platzangebots für Kinder bis zum Schuleintritt nach Trägern und Regionen (zwischen 1998 und 2002) (Konsortium Bildungsberichterstattung. 2006. S. 36)

4.4.4 Ausbau- und Entwicklungsbedarf

Es besteht politischer Konsens darüber, dass das Angebot in Westdeutschland ausgebaut werden muss (vgl. Phoenix 2007). Das betrifft vor allem die Ganztagsplätze im Kindergartenalter sowie die Plätze für Kinder unter drei Jahren. Das Anfang 2005 in Kraft getretene Tagesbetreuungsausbaugesetz (TAG) zielt auf die zusätzliche Bereitstellung von rund 230.000 Plätzen für Kinder im Krippenalter bis 2010 (vgl. BMFSFJ 2004). Darüber hinaus verpflichtet das TAG die Träger von Einrichtungen, die Qualität der Förderung durch geeignete Maßnahmen sicherzustellen und weiterzuentwickeln (vgl. Bundesgesetzblatt 2004).

Der Kindergarten ist ein Angebot zur Bildung, Betreuung und Erziehung von Kindern ab dem dritten Lebensjahr bis zum Schuleintritt. Nur etwa 10% der Kinder gehen im letzten Jahr vor der Schule nicht in eine Kindertageseinrichtung. Nicht zu vernachlässigen ist dabei, dass ausländische Kinder und Kinder, deren Eltern einen niedrigen oder gar keinen Bildungsabschluss haben, den Kindergarten später und etwas seltener besuchen. Wie diesen Kindern der Zugang zu den Tageseinrichtungen umfassender und bereits zu einem früheren Zeitpunkt erschlossen werden kann, ist bildungspolitisch von erheblicher Bedeutung, vor allem mit der Perspektive den Einfluss der sozialen Herkunft auf den Bildungserfolg zurückzudrängen (vgl. Konsortium Bildungsberichterstattung. 2006. S. 39). Überlegungen dazu sind, das letzte Jahr vor der Einschulung gebührenfrei anzubieten (vgl. Hickmann 2007).

4.4.5 Bildungsausgaben

Das deutsche Bildungswesen ist geprägt durch ein öffentlich finanziertes, gebührenfreies Bildungsangebot im Schul- und Hochschulbereich. Im Elementarbereich der beruflichen Bildung und Weiterbildung hingegen ist man privat traditionell stärker an der Finanzierung beteiligt. Seit einigen Jahren zeichnen sich Änderungen in den Finanzierungsstrukturen ab (vgl. Klemm. 2005. S. 18). Die Diskussion bezüglich eines Verzichts auf die Erhebung von Gebühren für den Kindergartenbesuch im letzten Jahr vor Schuleintritt, die Einführung von Studiengebühren im Hochschulbereich und die Einschränkung der Lernmittelfreiheit für Schülerinnen und Schüler sind Kennzeichen eines Wandels (vgl. Klemm. 2005.; Konsortium Bildungsberichterstattung. 2006. S. 22).

Dannhäuser betonte im Rahmen seiner Abschiedsrede (2007), dass „das gesamte Bildungswesen (...) unterfinanziert" ist (vgl. auch Bundespräsidialamt. 2007. S. 12). 2003 investierten die OECD-Staaten durchschnittlich 0,6 % ihres Brutto-Inlandsprodukts mehr in Bildung als Deutschland. Nach Untersuchungen der OECD liegt Deutschland damit an 20. Stelle von 28 untersuchten Staaten (vgl. OECD. 2006. S. 231). Trotz dieses Wissens stagnieren die Bildungsausgaben entgegen gleichzeitig immer höheren Aufwendungen für die Sozialpolitik (vgl. Allmendinger 2006).

Tabelle 11 Budget für den Bildungsprozess (Klemm. 2005. S. 39)

| Bereich | Ausgaben der finanzierenden Bereiche in Mrd. Euro | | | | | | | | | |
| | Staat | | | | in % | | | Private | Gesamte Volkswirtschaft | Anteil des Staates am Budget |
	Bund	Land	Gemeinde	Zusammen	von insgesamt	des Bildungsbudgets	des Bruttoinlandprodukts			
Öffentl. Vorschule, Schule, Hochschule	1,3	54,6	12,5	68,4	55,3	66,4	3,2	2,1	70,5	97,0
Vorschulische Erziehung*	0,0	0,8	3,1	4,0		3,9	0,2	0,8	4,8	83,3
Allgemeinbild. Schule	0,1	36,4	7,9	44,5		43,2	2,1	0,8	45,2	98,5
Berufliche Schule**	0,0	7,0	1,5	8,5		8,3	0,4	0,1	8,6	98,8
Hochschule***	1,2	10,3	0,0	11,5		11,2	0,5	0,4	11,9	96,6
Priv. Vorschule, Schule, Hochschule	0,0	4,0	4,0	8,1	6,5	7,9	0,4	2,8	10,8	75,0
Vorschulische Erziehung*	0,0	0,7	3,7	4,4		4,3	0,2	2,0	6,4	68,8
Allgemeinbild. Schule	0,0	2,6	0,1	2,7		2,6	0,1	0,2	3,0	90,0
Berufliche Schule**	0,0	0,7	0,2	0,8		0,8	0,0	0,3	1,1	72,7
Hochschule***	0,0	0,1	0,0	0,1		0,1	0,0	0,2	0,3	33,3
Öffentli. / priv. Vorschule, Schule, Hochschule	1,3	58,6	16,6	76,5	61,8	74,3	2,6	4,9	81,4	94,0
Vorschulische Erziehung*	0,0	1,5	6,8	8,4		8,2	0,4	2,8	11,2	75,0
Allgemeinbild. Schule	0,1	39,0	8,1	47,2		45,8	2,2	1,0	48,2	97,9
Berufliche Schule**	0,0	7,6	1,6	9,3		9,0	0,4	0,4	9,7	95,9
Hochschule***	1,2	10,4	0,0	11,6		11,3	0,6	0,6	12,2	95,1

* Kindergärten, Vorklassen, Schulkindergärten
** einschließlich Fachschulen /-akademien, Berufsakademien, Schulen des Gesundheitswesens
*** ohne Ausgaben für die Krankenbehandlung, Forschung und Entwicklung

Für den Elementarbereich werden Ausgaben je Kindergartenkind in Höhe von 4.500 Euro geschätzt. Diese liegen etwas höher als die Ausgaben je Schulkind an öffentlichen Grundschulen und lässt sich auf die Unterschiede in den Betreuungsrelationen sowie den höheren Anteil an Ganztagsplätzen im Kindergartenbereich zurückführen (vgl. Konsortium Bildungsberichterstattung. 2006. S. 22).

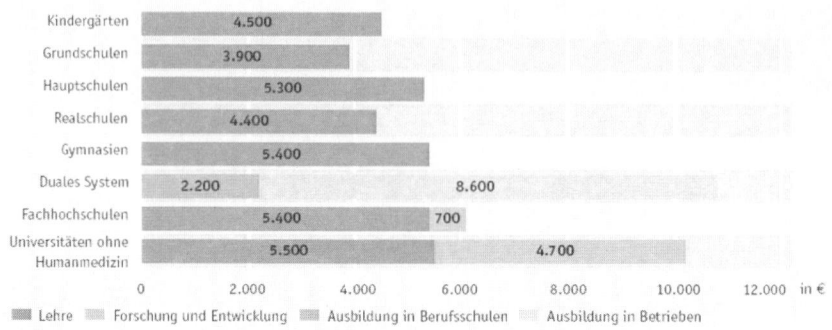

Quelle: Statistisches Bundesamt

Abbildung 23 Ausgaben je Bildungsteilnehmerin und -teilnehmer in ausgewählten Bildungseinrichtungen 2003 (Konsortium Bildungsberichterstattung. 2006. S. 23)

Bundespräsident Köhler betont in einer Rede, dass in die Bildung mehr investiert werden muss, denn er sieht sie als „die wichtigste Investition" (Bundespräsidialamt. 2006. S. 13) und zitiert dabei John F. Kennedy: „Es gibt nur eine Sache auf der Welt, die teurer ist als Bildung – keine Bildung" (Bundespräsidialamt. 2006. S. 13).

Analysiert man die Mittel für Bildung ausschließlich unter volkswirtschaftlichen Aspekten, erkennt man, dass Bildung einen entscheidenden Effekt auf das Wirtschaftswachstum hat. Es rechnet sich nicht nur ökonomisch, sondern zahlt sich auch für das Sozialwesen aus (vgl. Allmendinger 2006; Dannhäuser. 2007. S. 8).

4.4.6 Neue Finanzierungsmodelle

Bis vor kurzem war die Finanzierung der Kindertagesstätten durch eine gruppenbezogene Personalkostenerstattung geregelt. Dies bedeutete, dass den Trägern von Kindertagestätten vom Freistaat die Personalkosten für eine Erzieherin und eine Kinderpflegerin pro Gruppe ab einer Mindestgröße von 15 angemeldeten Kindern erstattet wurden (vgl. Bay. Staatsministerium 1991; Straßberger. 1994. S. 123). Jetzt testen einige Bundesländer neue Finanzierungsmodelle und betonen dabei die „kindbezogene Förderung" (Bay. Staatsministerium 2007).

Bayern: Das ISKA-Modell - ein kindbezogenes Fördermodell
Von Vorteil für das bayerische Modell ist, dass der durchschnittliche Betreuungsschlüssel in Deutschland mit 1:24 im Vergleich zu anderen Ländern der mit Abstand höchste ist (Schweden: 1:11; Finnland 1: 13; Belgien 1:16) (vgl. Institut der deutschen Wirtschaft Köln. 2006. S. 6). Die Einrichtungen versuchen, die Öffnungszeiten zu dehnen, denn das Bayerische Staatsministerium sieht vor, „Einrichtungen mit langen Betreuungszeiten (...) höhere Fördermittel" zu erhalten (Bay. Staatsministerium. 2007). Außerdem versuchen sie, die Gruppen auf das Maximale zu belegen und bestmöglich noch Kinder „mit erhöhten Betreuungsaufwand für integrative Betreuungsaufgaben"[43] zu identifizieren, denn für jedes dieser Kinder gibt es einen höheren Gewichtungsfaktor. Inwieweit dies als Integration von Kindern und deren Familien gesehen werden kann, ist fraglich, wenn man im Forum des Bayerischen Staatsministeriums liest, dass der Gewichtungsfaktor für Kinder nicht-deutschsprachiger Herkunft auch dann gewährt wird, „sofern bei den Großeltern des Kindes ein Migrationshintergrund vorliegt, auch wenn die Eltern selbst in Deutschland geboren sind."[44]

Dieses Finanzierungsmodell bezeichnen viele als kontraproduktiv gegenüber den Zielen der Bildungs- und Erziehungspläne, da die weitgehende Aufgabe des Gruppenprinzips - instabile Rahmenbedingungen durch schwankende Buchungszeiten usw. - die pädagogische Qualität gefährden (vgl. BLLV 2007; Schedel-Gschwendtner o.J.) Forderungen des BMFSFJ (2003. S. 37) zur Stärkung der pädagogischen Qualität – „Absenkung des Fachkraft-Kinder-

---

43 „Es werden folgende Gewichtungsfaktoren zugrunde gelegt: 1,3 für Kinder mit nichtdeutschsprachiger Herkunft; 4,5 für Kinder mit (drohender) Behinderung; 2,0 für Kinder unter drei Jahren; 1,0 für Kinder von drei Jahren bis zum Schuleintritt; 1,2 für Kinder ab dem Schuleintritt" (Bay. Staatsministerium. 2007)

44 Forum des Bayerischen Staatsministeriums: URL: http://www.arbeitsministerium.bayern.de/ kinderbetreuung/foren/foerderung/faq. htm#nichtdeutsch Stand: 24.05.2007

Schlüssels" und „die Festlegung einer ausreichenden Kernzeit, die den Bildungsauftrag absichert sowie einer Verfügungszeit", klingen utopisch bei den Entwicklungen durch das ISKA-Modell. Bei einer BLLV-Befragung von Erzieherinnen, die bereits in der Projektphase das ISKA-Modell getestet hatten, wurde deutlich, dass das neue Finanzierungsmodell für die Kindertageseinrichtungen keine Verbesserungen der pädagogischen Aufgabenerfüllung bringt, jedoch zu einer Verschlechterungen der Arbeitsbedingungen der Mitarbeiterinnen und Leiterinnen, die sich auf die persönlichen Lebensumstände erstrecken (vgl. Dannhäuser 2007; Hüfner 2004).

4.4.7 Pädagogisches Personal in Kindertageseinrichtungen

Die Zahl der pädagogischen Fachkräfte in Kindertageseinrichtungen ist in Westdeutschland zwischen 1974 und 2002 von 96.500 auf rund 226.400 gestiegen (Konsortium Bildungsberichterstattung. 2006. S. 41) und in den letzten fünf Jahren noch einmal auf 326.310 Personen (Autorengruppe Bildungsbericht. 2008. S. 248).

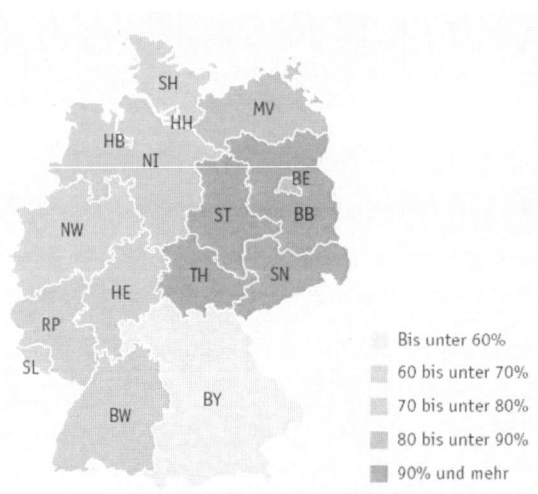

Abbildung 24 Anteil der pädagogischen Fachkräfte mit mindestens Fachschulabschluss sowie Anteil des hochschulausgebildeten Personals 2002 nach Ländern (Konsortium Bildungsberichterstattung. 2006. S. 42)

94

Ein großer Teil dieses Stellenausbaus fand zwischen den Jahren 1992 und 1998 im Zuge der Einführung des Rechtsanspruchs auf einen Kindergartenplatz statt (§ 24 KJHG). Dagegen hat vor allem der starke Einbruch der Geburtenzahlen in Ostdeutschland dazu geführt, dass dort die Zahl der Beschäftigten von 1991 bis 2002 von 106.300 auf 48.300 zurückging. Bei Umrechnung auf Vollzeitstellen ergibt sich, dass die Beschäftigung in Ostdeutschland in ca. zehn Jahren auf etwas mehr als ein Drittel des ursprünglichen Umfangs sank und auch weiterhin noch sinkt (vgl. Esch. 2005. S. 116; Konsortium Bildungsberichterstattung. 2006. S. 41). Von den 362.310 pädagogisch Tätigen in Kindertageseinrichtungen sind knapp 40 % (128.008) in Vollzeit beschäftigt, wobei der Anteil der Vollzeitbeschäftigten im westlichen Deutschland mit 43,8 % nach wie vor deutlich höher ist als der im Osten (22,8%) (Autorengruppe Bildungsbericht. 2008. S. 248).

Tabelle 12 Pädagogisches Personal in Kindertageseinrichtungen in West- und Ostdeutschland 2007 nach Umfang der Beschäftigung (Autorengruppe Bildungsbericht. 2008. S. 248)

Region	Insgesamt	38,5 und mehr Wochenstunden		32 bis unter 38,5 Wochenstunden		21 bis unter 32 Wochenstunden		20 und weniger Wochenstunden	
	Anzahl	Anzahl	in %	Anzahl	in %	Anzahl	in %	Anzahl	in %
Deutschland	326.310	128.008	39,2	50.979	15,6	96.858	29,7	50.465	15,5
Westdeut.	255.718	111.887	43,8	27.594	10,8	71.722	28,0	44.515	17,4
Ostdeut.	70.592	16.121	22,8	23.385	33,1	25.136	35,6	5.950	8,4

Seit Anfang der 1990er Jahre wächst bundesweit die Zahl der pädagogischen Teilzeitkräfte in Tageseinrichtungen (vgl. Autorengruppe Bildungsbericht 2008; Beher 2004; Esch 2006). Im Rahmen einer Befragung durch die GEW im Frühjahr 2007 gab etwa die Hälfte der Befragten an, in Teilzeit zu arbeiten (vgl. Fuchs-Rechlin 2007. S. 12). In Westdeutschland fand diese Entwicklung vor dem Hintergrund eines raschen Platzausbaus für die Gruppe der 3- bis 6-Jährigen statt. In Ostdeutschland gab es einen drastischen Anstieg der Teilzeitbeschäftigten zwischen 1991 und 2007 von rund 13% auf 87%. Durch die Umwandlung von Vollzeit- in Teilzeitstellen wollte man eine Entlassungswelle aufgrund des notwendig gewordenen Kapazitätsabbaus vermeiden (Autorengruppe Bildungsbericht. 2008. S. 248; Konsortium Bildungsberichterstattung. 2006. S. 41).

Ebenso wie bei den Teilzeitstellen hat sich auch die Zahl der befristeten Arbeitsverhältnisse - im Westen Deutschlands stärker als im Osten - erhöht. Waren 1998 ca. 11% des Personals in Kindergärten in befristeten Arbeitsstellen, so

waren es 2002 rund 18% (Konsortium Bildungsberichterstattung. 2006. S. 41).
Betroffen davon sind meist die jüngeren Erzieherinnen und somit die Berufsein-
steigerinnen (vgl. Fuchs-Rechlin 2007). Es ist davon auszugehen, dass sich
dieser Anteil mit der Einführung von Finanzierungsmodellen, die sich an der
Zahl tatsächlich betreuter Kinder und dem zeitlichen Umfang ihrer Anwesenheit
orientieren (d. h. aufgrund einer Flexibilisierung des Arbeitskräftebedarfs),
weiter erhöht.

Teilzeitbeschäftigung und Personalfluktuation durch befristete Arbeitsverhältnisse beeinflussen die Qualität der pädagogischen Arbeit in Kindertageseinrichtungen. Den Einrichtungen wird es erschwert, den Bedürfnissen von Kindern nach personeller und zeitlicher Kontinuität voll gerecht werden; zudem
belastet ein großer Anteil von Teilzeitbeschäftigten auch die Organisation der
Arbeitsabläufe. Zur Steigerung der Bildungsqualität in Einrichtungen müssen
jedoch angemessene Zeitanteile für Vor- und Nachbereitung, Fort- und Weiterbildung sowie für die Zusammenarbeit im Team und mit Eltern zur Verfügung
stehen (vgl. Konsortium Bildungsberichterstattung 2006).

Erzieherinnen und ein kleiner Teil an Heilpädagoginnen dominieren im
Feld der Kindertagesbetreuung (lt. 12. Kinder- und Jugendbericht, S. 318, 71 %;
KJH Statistik Stand 2006: 72 %). Die zweitgrößte Berufsgruppe sind mit 14%
die im Vergleich zu den Erzieherinnen geringer qualifizierten Kinderpflegerin-
nen und Sozialassistentinnen. Praktikantinnen und Praktikanten stellten im Jahr
2002 4,8 % des Personals und reduzierten sich 2006 auf 3,1 %, Personen ohne
Ausbildung, die im Gruppendienst sind, immerhin fast 4% tätig (vgl. Bildung in
Deutschland. 2006. S. 41; BMFSFJ. 2005. S. 30; Riedel. 2007. S. 1;).

Tabelle 13 Personal im Gruppendienst nach Ausbildungsabschluss –
Deutschland 2002 und 2006 (Riedel. 2007. S. 1)

	2006	Veränderung 02/06 in %	%-Anteile von Insgesamt	
Personal im Gruppendienst			2002	2006
Insgesamt	339.535	3,9	100	100
darunter:				
sozialpäd. Akademikerinnen	8.665	28,3	2,1	2,6
Erzieherinnen/ Heilpädagoginnen	243.408	5,9	70,3	71,7
Kinderpflegerinnen	47.857	1,1	14,5	14,1
sonst. Sozial-/Erziehungsberuf	6.198	33,6	1,4	1,8
sonst. Ausbildungsabschluss	10.697	-3,0	3,4	3,1
Praktikantinnen	10.517	-33,0	4,8	3,1
ohne abgeschlossene Ausbildung	12.211	6,2	3,5	3,6

Aufschlussreich sind die Zahlen zum Personal im Bereich Kinder- und Jugend, wenn man die vier Arbeitsbereiche frühkindliche Erziehung, Kindergartenerziehung, Horterziehung und Erziehung in alterserweiterten Gruppen vergleicht.

Tabelle 14 Tätige Personen in Kindertageseinrichtungen nach Berufsausbildungsabschluss in den vier altersbezogenen Arbeitsbereichen in Deutschland am 31.12.2002 (DJI. 2005. S. 196)

	insgesamt	Dipl. Sozial-pädagoginnen u.a		Erzieherinnen Heilpädagoginnen		Kinderpfleger-innen Sozial-assistentinnen		Sonstige Sozial- und Erziehungs-berufe		Gesund-heitsberufe		Andere Abschlüsse		Praktikantin-nen Anerken-nungsjahr. anderw. in Ausbildung		Ohne Ausbildung	
	Anzahl	Anzahl	in %	Anzahl	in %	Anzahl	in %	Anzahl	in %	Anzahl	in %	Anzahl	in %	Anzahl	in %	Anzahl	in %
Deutschland																	
Frühkindliche Erziehung	17651	249	1.4	14013	79.4	1621	9.2	171	1	455	2.6	347	2	367	2.1	428	2.4
Kindergartenerziehung	213162	3644	1.7	143181	67.2	39833	18.7	2314	1.1	744	0.3	3868	1.8	11488	5.4	8090	3.8
Horterziehung	25753	1167	4.5	19813	76.9	1501	5.8	726	2.8	97	0.4	675	2.6	1209	4.7	565	2.2
Erz. in altersenweiterten Gruppen	57931	937	1.6	45558	78.6	4960	8.6	653	1.1	561	1	1163	2	2384	4.1	1715	3
Alle vier Arbeitsbereiche	314497	5997	1.9	222565	70.8	47915	15.2	3864	1.2	1857	0.6	6053	1.9	15446	4.9	10798	3.4
Westliche Flächenländer																	
Frühkindliche Erziehung	4626	166	3.6	2424	52.4	1197	25.9	69	1.5	169	3.7	149	3.2	238	5.1	214	4.6
Kindergartenerziehung	186213	3325	1.8	119096	64	39202	21.1	1946	1	591	0.3	3428	1.8	10994	5.9	7631	4.1
Horterziehung	14074	928	6.6	9468	67.3	1407	10	400	2.8	52	0.4	393	2.8	1030	7.3	396	2.8
Erz. in altersenweiterten Gruppen	26975	659	2.4	18587	68.9	3664	13.6	290	1.1	271	1	585	2.2	1809	6.7	1110	4.1
Alle vier Arbeitsbereiche	231888	5078	2.2	149576	64.5	45470	19.6	2705	1.2	1083	0.5	4555	2	14071	6.1	9351	4
Östliche Flächenländer																	
Frühkindliche Erziehung	10006	52	0.5	9322	93.2	186	1.9	85	0.8	134	1.3	80	0.8	49	0.5	98	1
Kindergartenerziehung	18713	79	0.4	17776	95	104	0.6	225	1.2	36	0.2	162	0.9	134	0.7	197	1.1
Horterziehung	8537	97	1.1	7908	92.6	36	0.4	251	2.9	16	0.2	130	1.5	36	0.4	63	0.7
Erz. in altersenweiterten Gruppen	19579	126	0.6	18299	93.5	133	0.7	241	1.2	91	0.5	222	1.1	207	1.1	260	1.3
Alle vier Arbeitsbereiche	56835	354	0.6	53305	93.8	459	0.8	802	1.4	277	0.5	594	1	426	0.7	618	1.1
Stadtstaaten																	
Frühkindliche Erziehung	3019	31	1	2267	75.1	238	7.9	17	0.6	152	5	118	3.9	80	2.6	116	3.8
Kindergartenerziehung	8236	240	2.9	6309	76.6	527	6.4	143	1.7	117	1.4	278	3.4	360	4.4	262	3.2
Horterziehung	3142	142	4.5	2437	77.6	58	1.8	75	2.4	29	0.9	152	4.8	143	4.6	106	3.4
Erz. in altersenweiterten Gruppen	11377	152	1.3	8672	76.2	1163	10.2	122	1.1	199	1.7	356	3.1	368	3.2	345	3
Alle vier Arbeitsbereiche	25774	565	2.2	19685	76.4	1986	7.7	357	1.4	497	1.9	904	3.5	951	3.7	829	3.2

Vergleicht man die Zahlen zwischen den Bereichen (mit Ausnahme der östlichen Flächenländer) der frühkindlichen Erziehung und der Kindergarten- und Horterziehung, wird deutlich, dass - je jünger das Klientel des Arbeitsbereiches ist - desto geringer ist das Qualifikationsniveau der Mitarbeiterinnen (vgl. Lange / Riedel. 2007. S. 11). Diese Situation scheint bedenklich, wenn man die Diskussion für die Stärkung des frühkindlichen und vorschulischen Bereichs berücksichtigt. Im Bereich der Horterziehung erkennt man den höchsten Anteil der Diplom Sozialpädagoginnen (4,5 % im Vergleich zur Kindergartenerziehung 1,7 % und frühkindlichen Erziehung 1,4 % - Zahlen Deutschland).

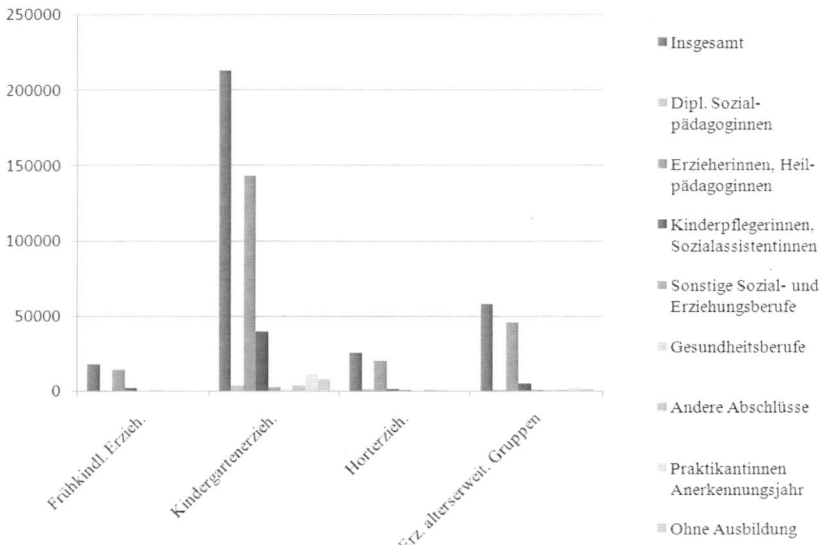

Abbildung 25 Tätige Personen in Kindertageseinrichtungen nach Berufsausbildungsabschluss in den vier altersbezogenen Arbeitsbereichen in Deutschland am 31.12.2002 (vgl. DJI. 2005. S. 196)

Nähere Auskunft über die Qualifikationsstruktur in Kindertageseinrichtungen erhält man, wenn man den Einsatz der verschiedenen Berufsgruppen als Gruppenleitung oder als Zweit-/Ergänzungskraft gegenüberstellt.

Tabelle 15 Tätige Personen in Kindertageseinrichtungen nach Berufsbildungsabschluss und Anteil als Gruppen- und Zweitkraft in altersbezogenen Arbeitsbereichen in Deutschland 31.12.2002; Angaben in Prozent (DJI. 2005. S. 198)

% Angaben	Dipl. Sozialpädagoginnen u.a		Erzieherinnen, Heilpädagoginnen		Kinderpflegerinnen, Sozialassistentinnen		Sonstige Sozial- und Erziehungsberufe		Gesundheitsberufe		Andere Abschlüsse		Praktikantinnen im Anerkennungsjahr anderw. in Ausbildung		Ohne Ausbildung	
	Gr.-Leit	Zw.-K	Gr.-Leit	Zw.-K	Gr.-Leit	Zw.-K	Gr.-Leit	Zw.-K	Gr.-Leit	Zw.-K	Gr.-Leit	Zw.-K	Gr.-Leit	Zw.-K	Gr.-Leit	Zw.-K
Deutschland																
Frühkindliche Erziehung	1.6	1.0	91.6	54.7	2.7	22.2	1.7	0.6	2.2	3.3	0.6	4.6	0.2	5.8	0.3	6.6
Kindergartenerziehung	2.3	1.1	90.3	41.2	2.6	34.7	1.5	0.7	0.2	0.5	0.4	3.2	0.4	10.4	0.2	7.3
Horterziehung	5.1	3.5	89.8	53.6	1.0	14.6	3.9	2.2	0.2	0.6	1.0	5.6	0.4	12.5	0.3	5.6
Erz. in alterserweiterten Gruppen	1.7	1.4	93.3	58.3	2.3	17.2	0.8	0.8	0.6	1.5	0.5	4.1	0.4	9.3	0.3	6.6
Alle vier Arbeitsbereiche	2.4	1.3	92.8	45.4	2.4	30.0	1.7	0.8	0.4	0.8	0.5	3.6	0.4	10.1	0.3	7.1
Westliche Flächenländer																
Frühkindliche Erziehung	5.8	1.7	79.2	29.8	7.2	41.7	1.9	1.0	4.3	3.1	1.1	5.0	0.7	8.9	0.8	7.9
Kindergartenerziehung	2.6	1.1	92.8	39.1	3.0	36.6	1.5	0.6	0.1	0.5	0.3	3.2	0.4	10.6	0.2	7.4
Horterziehung	9.7	3.6	86.1	50.3	1.5	18.1	3.9	1.8	0.2	0.5	0.8	4.7	0.6	13.7	0.3	5.2
Erz. in alterserweiterten Gruppen	3.5	1.7	90.9	53.6	3.3	20.8	1.3	0.7	0.3	1.6	0.4	3.4	0.5	11.0	0.3	6.8
Alle vier Arbeitsbereiche	3.2	1.3	91.8	41.1	3.0	33.6	1.6	0.7	0.2	0.7	0.4	3.3	0.4	10.8	0.3	7.2
Östliche Flächenländer																
Frühkindliche Erziehung	0.5	0.5	96.1	82.6	1.0	4.8	1.7	0.6	1.1	2.2	0.4	2.4	0.1	1.8	0.1	4.1
Kindergartenerziehung	0.4	0.6	97.5	64.6	0.3	1.8	2.0	1.0	0.1	0.1	0.4	2.7	0.3	3.1	0.2	4.7
Horterziehung	1.1	1.8	94.4	78.2	0.3	1.3	3.7	2.8	0.1	0.5	0.9	6.8	0.1	3.3	0.3	4.4
Erz. in alterserweiterten Gruppen	0.6	0.7	96.8	81.2	0.4	1.8	2.2	1.0	0.4	0.8	0.4	3.8	0.2	4.3	0.2	5.1
Alle vier Arbeitsbereiche	0.6	0.7	96.5	82.3	0.4	2.4	2.2	1.2	0.4	1.0	0.5	3.4	0.1	3.3	0.2	4.7
Stadtstaaten																
Frühkindliche Erziehung	1.3	0.5	86.7	56.4	4.8	12.8	1.0	0.3	4.6	5.8	1.3	8.1	0.3	6.5	0.8	8.8
Kindergartenerziehung	3.1	2.6	89.5	56.4	3.0	11.8	2.2	1.4	0.9	2.3	1.1	7.0	0.5	10.5	0.6	7.2
Horterziehung	4.8	3.9	88.2	54.5	1.5	2.5	4.1	1.6	0.7	1.4	1.9	11.3	0.8	12.6	0.5	9.6
Erz. in alterserweiterten Gruppen	1.4	1.3	89.4	53.4	5.1	19.1	1.6	0.8	1.5	2.2	0.9	7.0	0.5	7.9	0.4	7.5
Alle vier Arbeitsbereiche	2.4	1.9	89.0	54.9	3.9	14.2	2.0	1.0	1.6	2.6	1.1	7.6	0.5	9.1	0.5	7.8

Gr.-Leit = Gruppenleitung; Zw.-K = Zweitkraft

Die Daten zeigen, dass der unterschiedliche berufliche Status von Gruppenleitung und Zweitkraft sich im Niveau der Berufsabschlüsse widerspiegelt. Der Gruppen-leitung wird ein formal höherer Bildungsabschluss zugeordnet als der Zweit- / Ergänzungskraft.[45]

Der Anteil von Erzieherinnen („Verfachlichungsgrad" [46]) als Gruppenleitung ist in der Bundesrepublik mit 92,8 % am höchsten, womit eine klare Personalpolitik erkennbar ist. Nur ein sehr kleiner Anteil besteht aus Sozialpädagoginnen und anderem fachlichen Personal mit Hochschulabschluss. Eine deutliche Differenz zeigt sich hingegen beim Qualifikationsniveau der Zweit- / Ergänzungskraft. In den westlichen Flächenländern werden vermehrt Kinderpflegerinnen als Zweit- oder Ergänzungskräfte eingesetzt (33,6 %). Fast jede fünfte Zweitkraft ist Praktikantin (10,8 %) oder hat keine abgeschlossene Berufsausbildung (7,2 %). In den östlichen Flächenländern bildet auch die Erzieherin die stärkste Gruppe im Vergleich zu den Zweit- oder Ergänzungskräften. Kinderpflegerinnen sind kaum etabliert und seltener vertreten als Praktikantinnen und Personen ohne eine abgeschlossene Ausbildung. Im Osten sind generell nur 20 Prozent des Personals als Zweitkraft eingesetzt, da die Gruppen in der Regel kleiner sind und häufiger in der Verantwortung einer einzelnen Fachkraft liegen (vgl. Konsortium Bildungsberichterstattung. 2006. S. 42).

Im Vergleich zum Personal in anderen Bildungseinrichtungen fällt der ausgesprochen geringe Akademisierungsgrad auf (vgl. BMFSFJ 2005). Er liegt zwischen 0,4% in Thüringen und 8,8% in Bremen; seit 1994 ist er kaum noch gestiegen. Einzig bei dem vom Gruppendienst freigestellten Leitungspersonal gibt es in einigen Ländern in nennenswertem Umfang an Hochschulen ausgebildete Fachkräfte (vgl. Konsortium Bildungsberichterstattung 2006).

---

45 Mit einer Ausnahme in den östlichen Flächenländern, in denen Diplom-Sozialpädagoginnen häufiger bei den Zweitkräften vertreten sind, ohne dass ein Grund dafür ersichtlich ist (vgl. DJI 2005).

46 Die Fachschulausbildung zur Erzieherin zählt international zwar zur Tertiärausbildung, liegt jedoch unterhalb von Hochschul- und Fachhochschulabschlüssen. Unter dem Begriff „Verfachlichung" werden im Rahmen des Bildungsberichts fachlich einschlägige Ausbildungsabschlüsse im Tertiärbereich zusammengefasst, also auch die Erzieherinnenausbildung. Als Akademisierung wird im Unterschied zur Verfachlichung nur der Anteil des pädagogischen Personals mit Fachhochschul- oder Hochschulabschlüssen - unabhängig von der Fachrichtung - bezeichnet. Das Ausmaß der Professionalisierung schließlich bezieht sich allein auf den Anteil pädagogisch einschlägiger Hochschulabschlüsse (Diplom-Sozialpädagogik, Diplom-Pädagogik, Diplom-Heilpädagogik)" (Konsortium Bildungsberichterstattung. 2006. S. 42).

Tabelle 16 Professionalisierung, Akademisierung und Verfachlichung* des pädagogisch tätigen Personals** in Kindertageseinrichtungen nach Ländern, 1994 bis 2002 (in %) (Konsortium Bildungsberichterstattung. 2006. S. 233)

Land	Professionalisierung			Akademisierung			Verfachlichung		
	1994	1998	2002	1994	1998	2002	1994	1998	2002
	in %								
Deutschland	1,3	1,6	1,7	1,7	1,9	2,0	66,9	70,0	71,9
Westl. Flächenländer	1,6	1,8	1,9	1,9	2,1	2,2	58,5	64,1	66,2
Östl. Flächenländer	0,4	0,5	0,5	0,6	0,6	0,7	89,3	94,3	94,5
Stadtstaaten	1,8	2,1	1,9	2,7	3,0	2,8	71,7	76,6	78,1
Bundesländer									
Baden-Würt.	1,0	1,0	1,2	1,2	1,2	1,5	63,9	77,8	70,7
Bayern	1,0	1,1	1,3	1,2	1,3	1,4	47,7	50,1	51,0
Berlin	1,0	1,0	1,1	1,7	1,7	1,8	80,0	85,2	87,7
Brandenburg	0,3	0,5	0,5	0,5	0,7	0,8	86,8	92,0	94,3
Bremen	7,9	7,5	7,7	9,1	8,5	8,8	66,6	69,1	68,8
Hamburg	1,8	2,7	1,5	3,2	4,1	2,9	50,1	58,6	60,0
Hessen	3,7	3,8	4,2	4,6	4,6	5,1	62,2	65,1	73,7
Mecklenburg-V	0,7	0,5	0,9	0,9	0,8	1,1	90,4	91,0	88,5
Niedersachsen	1,3	1,9	3,1	1,6	2,0	3,3	57,4	66,9	72,4
Nordrhein-Wes.	1,5	1,9	1,4	1,8	2,2	1,6	60,0	62,5	66,3
Rheinland-Pfalz	1,7	1,4	1,9	2,1	1,7	2,1	62,3	65,7	72,7
Saarland	0,4	0,6	0,6	0,6	0,8	1,1	54,6	59,8	64,6
Sachsen	0,3	0,4	0,4	0,4	0,6	0,6	89,4	92,3	93,5
Sachsen-Anhalt	0,6	0,4	0,6	0,7	0,4	0,7	87,7	99,0	97,9
Schleswig-Hol.	3,2	2,8	2,6	4,1	3,4	3,0	53,9	63,0	63,3
Thüringen	0,4	0,6	0,4	0,5	0,6	0,4	93,3	94,9	95,8

* Professionalisierung: Dipl. Sozialpädagoginnen und -pädagogen, Dipl. Sozialarbeiterinnen und –arbeiter, Dipl. Pädagoginnen und Pädagogen; Akademisierung: Professionalisierung zuzüglich Lehrerinnen und Lehrern sowie Personen mit sonstigen Hochschulabschlüssen; Verfachlichung: Professionalisierung zuzüglich Erzieherinnen und Erziehern sowie Heilpädagoginnen und –pädagogen (Fachschule).
** Personal in den Arbeitsbereichen frühkindliche Erziehung, Kindergartenerziehung und Erziehung in altersgemischten Gruppen.

Der Anteil des pädagogischen Fachpersonals, das mindestens über einen Fachschulabschluss verfügt, „hat sich in allen Ländern zwischen 1994 und 1998 erhöht; zwischen 1998 und 2002 stagnierte (der Anteil) in einigen Ländern oder war sogar leicht rückläufig" (Konsortium Bildungsberichterstattung. 2006. S. 42). Die Akademisierung ist im Bundesdurchschnitt auf sehr geringem Niveau leicht angestiegen (vgl. Riedel 2007).

Im Rahmen der Kinder- und Jugendhilfestatistik wurden die Zahlen speziell für den Bereich der Kindertageseinrichtungen mit einem Fokus auf die Einrichtungsleitungen erhoben (Stand: 2006).

Tabelle 17 Einrichtungsleitungen nach Ausbildungsabschluss - Deutschland; 2002 und 2006 (Lange / Riedel. 2007. S. 11)

Einrichtungsleitungen	2006	Veränderung 02/06 in %	%-Anteile von Insgesamt	
Insgesamt	13.480	-31,5	100	100
darunter:				
Sozialpädagogische Akademikerinnen	2.645	-11,9	15,3	19,6
Erzieherinnen / Heilpädagoginnen	10.480	-35,2	82,2	77,7
Andere Ausbildungen	355	-27,2	2,5	2,6

Der Anteil im Bereich der Einrichtungsleitung durch eine sozialpädagogische Akademikerin ist auf 19,6 % (2002: 15,3%) gestiegen, Das bedeutet, dass mittlerweile in jeder fünften Einrichtung eine Leitung mit Hochschulabschluss tätig ist. Riedel vermutet jedoch als Ursache nicht „eine vorausschauende Personalpolitik, sondern vielmehr einen überproportionalen Abbau von Erzieher/-innen in dieser Position" (Riedel. 2007. S. 2). Absolut gesehen hat sich die Zahl der Einrichtungsleitungen bei beiden Ausbildungsabschlüssen vermindert.

Sehr bedenklich ist, dass aus Finanzgründen einige Kommunen dazu übergehen, nicht ausgebildete Kräfte mit der Begründung, dass „in der Praxis nicht alles pädagogisch sei und dass Frauen an sich gut mit Kindern umgehen können", einstellen (BöfAE. 1994. S. 42; vgl. Hocke 1995). Auch gesetzliche Regelungen schieben dieser Einstellungspolitik keinen Riegel vor. Im § 102 des BSHG steht unter dem Titel ‚Fachlichkeit': „Bei der Durchführung dieses Gesetzes sollen Personen beschäftigt werden, die sich hierfür nach ihrer Persönlichkeit eignen und in der Regel entweder eine ihren Aufgaben entsprechende Ausbildung erhalten haben oder besondere Erfahrungen im Sozialwesen besitzen." Im § 72 KJHG ist das Fachkräftegebot verankert „Die Träger der öffentlichen Jugendhilfe sollen bei den Jugendämtern und Landesjugendämtern hauptberuflich nur Personen beschäftigen, die sich für die jeweilige Aufgabe nach ihrer Persönlichkeit eignen und eine dieser Aufgabe entsprechende Ausbildung erhalten haben (Fachkräfte) oder auf Grund besonderer Erfahrungen in der sozialen Arbeit in der Lage sind, die Aufgabe zu erfüllen." Dagegen erscheinen manche kostensparende Entwicklungen als ein Rückfall in die eingangs (S. 7) zitierten Vorstellungen von Erziehungsarbeit als schnelle und ‚natürliche' Beschäftigungsmöglichkeit für Frauen.

Geschlechter- und Altersstruktur

Nach wie vor sind Tageseinrichtungen für Kinder ein Arbeitsfeld, in dem fast ausschließlich Frauen erwerbstätig sind. Nur 2% des gesamten pädagogischen Personals sind Männer; mit einem Anteil von 5% sind sie allerdings etwas häufiger in der Position der vom Gruppendienst freigestellten Einrichtungsleitungen. Zudem haben sie auch etwas häufiger als das weibliche Personal ein fachlich einschlägiges Hochschulstudium absolviert (vgl. Beher 2004; Konsortium Bildungsberichterstattung 2006; Oberhuemer 2006a).

Seit der Wiedervereinigung hat sich in beiden Teilen Deutschlands die Altersstruktur verändert. In Ostdeutschland vollzog sich dieser Wandel der aufgrund des enormen Platz- und Personalabbaus, von dem vor allem jüngere Fachkräfte betroffen waren, sehr abrupt. Der Anteil der Fachkräfte, die über 40 Jahre alt sind, hat sich von 1991 bis 2002 von einem auf gut zwei Drittel aller pädagogisch Beschäftigten verdoppelt und ist bis 2006 weiter gestiegen. In Westdeutschland ist die Zunahme des Anteils älterer Fachkräfte weniger ausgeprägt und hängt unter anderem damit zusammen, dass mehr Frauen mit Kindern nach der Elternzeit wieder in ihren Beruf einsteigen (vgl. Konsortium Bildungsberichterstattung. 2006. S. 41).

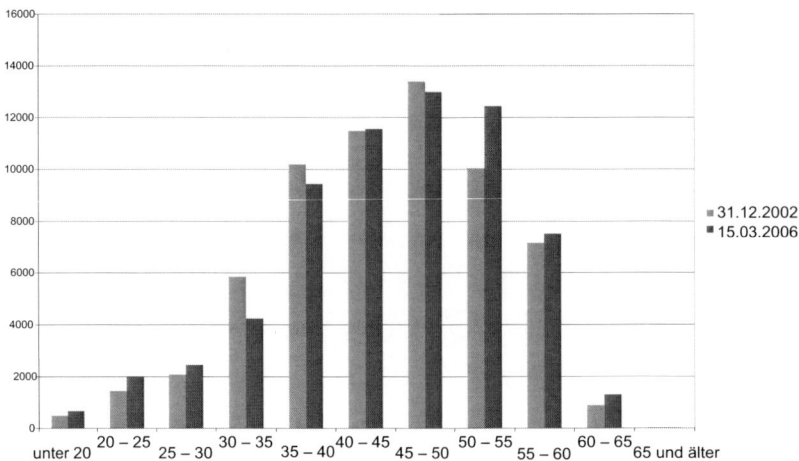

Abbildung 26 Tätige Personen in Tageseinrichtungen für Kinder nach Altersgruppe (ohne Tätige in der Verwaltung/Hauswirtschaft) Westdeutschland (Zahlenmaterial aus Rauschenbach (Hrsg.) 2007. KOMDAT Jugendhilfe. S.12; eigene Darstellung)

104

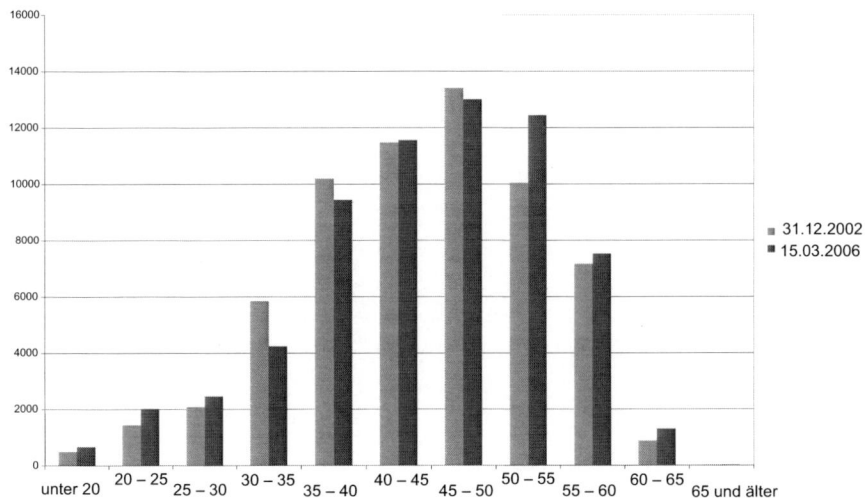

Abbildung 27 Tätige Personen in Tageseinrichtungen für Kinder nach Altersgruppe (ohne Tätige in der Verwaltung/Hauswirtschaft) Ostdeutschland (Zahlenmaterial aus Rauschenbach (Hrsg.) 2007. KOMDAT Jugendhilfe. S.12; eigene Darstellung)

Der Anteil der 40 Jahre und älteren Beschäftigten ist zum Jahr 2006 bereits auf 47 % gestiegen, in Ostdeutschland haben sogar bereits 71 % aller pädagogisch Tätigen in Kindertageseinrichtungen diese Altersgrenze erreicht. Beher interpretiert die „Alterungstendenzen" im Allgemeinen dahingehend, dass die Verweildauer des Personals gestiegen sei (vgl. Beher 2004). In Bezug auf Ostdeutschland vermuten sie eine „Kombination sozialverträglichen Personalabbaus und fehlender Neueinstellungen zu Lasten jüngerer Mitarbeiterinnen" (Beher. 2004. S. 128). Schilling schätzt die Situation anders ein und betont, dass „die Zunahme der Anzahl des älteren Personals (...) nicht zu einem Rückgang der Anzahl der jüngeren Fachkräfte am Berufseinstieg geführt" hat (Schilling. 2007. S. 12). Er ist der Ansicht, dass alle Altersgruppen von der Expansion in diesem Tätigkeitsbereich profitiert haben. Trotzdem sieht auch er im Jahr 2006 eine „deutliche Trendwende" (Schilling. 2007. S. 12), da die Personalzahlen der unter 40jährigen um 8 % zurückgegangen ist und dabei vor allem die Fachkräfte ohne oder mit geringer Berufserfahrung im Alter von 20 – 25 Jahren betroffen sind (Rückgang von 2002 auf 2006 um 8.000 Personen / 22 %) (vgl. Schilling. 2007. S. 12).

Im Zusammenhang mit den Entwicklungen im Bereich der Altersstruktur des Fachpersonals in Kindertageseinrichtungen kommt immer wieder die Frage auf, ob aufgrund des altersbedingten Ausscheidens nicht ein erhöhter Personalbedarf entsteht. Pasternack und Schildberg haben ein Alterstableau für Erzieherinnen bis 2030 berechnet, das für diese Diskussion genutzt werden kann.

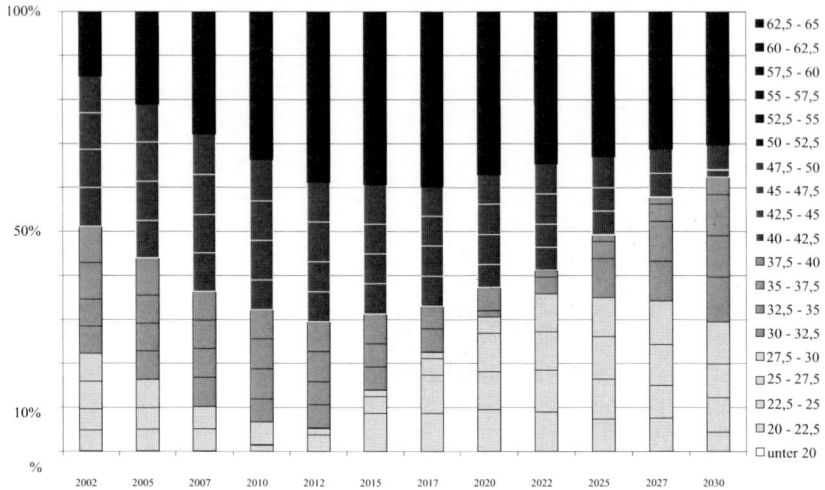

Abbildung 28 Altersstruktur (in Jahren) der ErzieherInnen bis 2030 (Pasternack / Schildberg. 2005. S. 86)

Balluseck und Andere sind der Meinung, dass in den kommenden Jahren „durch die Überalterung der Erzieherinnen erstmalig wieder ein erhöhter Personalbedarf entstehen [wird]" (Balluseck u.a. 2003. S. 325). „Zwischen 2006 und 2015 sind das in Ostdeutschland ca. 11.500 Personen, was einem Anteil von knapp einem Viertel aller dort 2002 Beschäftigten entspricht" (Konsortium Bildungsberichterstattung. 2006. S. 41). Schilling spricht von „11 % der Beschäftigten der Gruppe der 55- bis unter 60-Jährigen", die bei einem regulären Ausscheiden mit 65 Jahren ab 2011 zu einem ansehnlichen Ersatz rechnen lassen. In Westdeutschland ist dieser Anteil um einiges geringer. „Dort sind es gerade einmal 14.000 Beschäftigte bzw. ca. 5 % aller Beschäftigten, die in den nächsten zehn Jahren regulär in den Ruhestand gehen" (Schilling. 2007. S. 13). Pasternack und Schildberg hingegen leiten von ihren Berechnungen ab, dass durch einen hohen Anteil von pädagogischen Fachkräften, die in den Ruhestand wechseln, viel Raum für jüngeres Personal entstehen wird. Sie gehen mit ihrer These soweit, dass „von diesem Zeitpunkt (2012) an (...) eine Akademisierung des ErzieherInnen-Berufes voll durchschlagen" kann (Pasternack / Schildberg. 2005. S. 87).

Die Kindertageseinrichtungen und das dort beschäftigte pädagogische Personal sind von vielen Einflüssen geprägt. Gesellschaftliche und politische Entwicklungen prägen die Entwicklungen und verändern Anforderungen an Institutionen und Einrichtungen. Um nicht Opfer von kontraproduktiven Maßnahmen zu werden, ist es von Bedeutung, dass sich Erzieherinnen in die Diskussionen mit einbringen und Prozesse mit entwickeln. Damit dies gelingt, ist eine starke Profession notwendig. Ob diese bei Erzieherinnen vorhanden ist bzw. wie diese entwickelt und gestärkt werden kann, soll das nächste Kapitel klären.

4.5 Wissenschaft und Profession

Im Vergleich zur „Geschichte der Erziehung und des pädagogischen Denkens umfasst die Geschichte der Erziehungswissenschaft nur eine relativ kurze Zeitspanne" (Keiner. 1999. S. 9). Erste Versuche einer Etablierung der Erziehungswissenschaft um 1800 waren an die Theologie, Philosophie oder an den Anspruch und Standard der pädagogischen Profession gebunden. Die Bildungsreformphase der 1960er und 1970er Jahre führte im Besonderen durch die „Integration der Pädagogischen Hochschulen in die Universität, der ‚Verwissenschaftlichung' der Lehrerbildung sowie der Einführung der Magister- und Diplomstudiengänge" (Keiner. 1999. S. 9) zu einer unerwarteten Ausweitung des akademischen Personals und einer Öffnung gegenüber den Human- und Sozialwissenschaften (vgl. Keiner 1999; Pollak / Heid 1994).

Eine ähnliche Entwicklung erlebt derzeit die Erzieherinnenausbildung. Die Diskussion bezüglich der Integration der Ausbildung an Hochschulen und die Ausweitung von akademischem Personal im Bereich der Frühpädagogik sind Indizien dafür.

Die Gründe für eine „empirisch orientierten Wissenschaftsforschung der Erziehungswissenschaft" (Keiner. 1999. S.11) sind vielfältig:

* systematische Gründe
* aus forschender Neugier und innerdisziplinärem Reflexionsbedarf
* Bilanzierung der eigenen Geschichte und dem disziplinären status quo
* wissenschaftspolitischen Erwartungen

- begründete und empirisch abgesicherte Darstellung des disziplinären Profils (vgl. Keiner 1999).

Die Gründe aus der Disziplin heraus sind deutlich, jedoch sind dies nicht die alleinigen Beweggründe. „Die Weiterentwicklung und verstärkte Professionalisierung der Frühpädagogik als wissenschaftliche Disziplin ist Aufgabe der Wissenschaft selbst" schreibt das Bundesministerium für Familie, Senioren, Frauen und Jugend (2003. S. 224) und fordert hierfür politische Unterstützung, übt aber auch einen Erwartungsdruck auf die Wissenschaft aus. Wissenschaftliche Fragestellungen und Grundlagen sind notwendig, um die Qualität im Bildungssystem zu sichern und zu entwickeln und zusätzlich eine verlässliche Beurteilung der Situation und Perspektiven zu erlangen (vgl. BMBF 2007a). Doch wo ist die Pädagogik der frühen Kindheit wissenschaftlich und strukturell verortet? Wo findet eine Forschung im Rahmen der Ausbildung und Berufstätigkeit von Erzieherinnen statt?

4.5.1 Wissenschaftliche Verortung der Pädagogik der frühen Kindheit: Bildungsforschung

Der wissenschaftliche Bereich der Pädagogik der frühen Kindheit – als Teildisziplin der Erziehungswissenschaft - kann der Bildungsforschung im weiteren Sinne[47] zugeordnet werden (vgl. Merkens 2006; Tippelt 2002). Der Deutsche Bildungsrat schrieb 1974: „Im weiteren Sinne kann sie [die Bildungsforschung] sich auf das gesamte Bildungswesen und seine Reform im Kontext von Staat und Gesellschaft beziehen, einschließlich der außerschulischen Bildungsprozesse. Wie weit oder eng aber auch die Grenzen gezogen werden, es sollte nur dann von Bildungsforschung gesprochen werden, wenn die zu lösende Aufgabe, die Gegenstand der Forschung ist, theoretisch oder empirisch auf Bildungsprozesse (Lehr-, Lern-, Sozialisations- und Erziehungsprozesse), deren organisatorische oder ökonomische Voraussetzung oder Reform bezogen ist" (Deutscher Bildungsrat. 1974. S. 16).

Ab Mitte der 1970er Jahre ändert sich das Verständnis von Bildungsforschung. „Dient Bildungsforschung im Verständnis der 60er und frühen 70er Jahre dazu, Grundlagenwissen für Bildungsplanung und Bildungsreform bereitzustellen, so zielt Bildungsforschung im Verständnis der späten 70er und frühen

---

47 Bildungsforschung im engeren Sinne entspricht der Unterrichtsforschung (vgl. Deutscher Bildungsrat 1974)

80er Jahre auf eine Verbreiterung des vorhandenen Wissens über Wirkungen und Bedingungen der im Bildungssystem institutionalisierten Erziehungs- und Bildungsprozesse" (Zedler. 2002. S. 23). Ende der 1980er Jahre wird das Verständnis von Bildungsforschung erweitert: „Begriffen als Corpus von Forschungsarbeiten, die sich mit Prozessen und Entwicklungen innerhalb des Bildungssystems sowie zwischen Bildungssystem und anderen gesellschaftlichen Teilbereichen befassen, tritt der Gegenstandsbezug in den Vordergrund, der Methodenbezug in den Hintergrund" (Zedler. 2002. S. 26f.). Das BMBF fordert eine Öffnung von empirischer Bildungsforschung um die „Prozesse des lebenslangen Lernens, der kulturellen Bildung, der politischen Bildung, der Umweltbildung, des Lernens in sozialen Zusammenhängen sowie des Lernens mit neuen Medien entsprechend ihrer wachsenden Bedeutung" (BMBF. 2007a. S. 4).

Im Laufe dieser ‚historischen' Entwicklungen gilt die Erziehungswissenschaft immer wieder einmal als „disziplinärer Kern der Bildungsforschung" (Zedler. 2002. S. 25) oder wird mit „erziehungswissenschaftlich relevanten Disziplinen" (ebd.) gleich gesetzt. Der Deutsche Bildungsrat wies der Erziehungswissenschaft eine Sonderrolle zu, indem sie einerseits als eigenständige Disziplin – mit facheigenen Kategorien und Fragestellungen – aber auch andererseits als pädagogische Orientierung für andere Disziplinen sein muss (vgl. Deutscher Bildungsrat 1974).

Seit der 1990er Jahre wird als Kern die empirische Bildungsforschung gesehen, die dabei nach Fend begriffen werden kann, als eine „Systematisierung und Methodisierung der Beobachtung von faktischen Entwicklungen im Bildungswesen und von Verfahren der gezielten Überprüfung von Vermutungen" (Fend. 1990. S. 693), die eine „interdisziplinäre Kooperation" verlangt (Prenzel. 2005. S. 20).

Bis Mitte der 1980er Jahre wurden in Deutschland kaum nationale empirische Untersuchungen zur Leistungsfähigkeit des Bildungssystems durchgeführt (vgl. BMBF 2007a). Seit den „Konstanzer Beschlüssen"[48] (1997) nimmt Deutschland wieder an internationalen Vergleichsuntersuchungen (z. B. PISA, IGLU, TIMSS) teil.

---

48 Konstanz, 280. Sitzung der KMK 24.10.1997 „Konstanzer Beschlüsse zur Teilnahme an länderübergreifenden Vergleichsuntersuchungen zum Lern- und Leistungsstand von Schülerinnen und Schülern, vor allem im Bereich muttersprachlicher, mathematischer, naturwissenschaftlich-technischer und fremdsprachlicher Kompetenzen. Ziel ist es, gesicherte Befunde über Stärken und Schwächen der Schülerinnen und Schüler in den zentralen Kompetenzbereichen zu erhalten." (URL: http://pisa.bildung-rp.de/beschluesse-der-kultusministerkonferenz/konstanz-280-sitzung-der-kmk-24101997.html Stand: 19.03.2008).

Die Pädagogik der frühen Kindheit ist eine wissenschaftliche Teildisziplin der Erziehungswissenschaft und hat die Bildung und Erziehung von Kindern im frühen Kindesalter, die damit befassten Institutionen und der Familien zum Gegenstand. Verschiedene wissenschaftliche Fachdisziplinen mit ihren Teildisziplinen - vor allem aus der Erziehungswissenschaft (Schulpädagogik besonders Grundschulpädagogik, Sozial- und Familienpädagogik), Psychologie (Entwicklungs-, Lern-, und Pädagogische Psychologie) und Soziologie (Bildungs-, Erziehungs-, Familien-, Kindheits- und Pädagogische Soziologie) - bilden ihre bildungswissenschaftlichen und professionstheoretischen Grundlagen (vgl. Schmidt 2005). Die Ausrichtung auf didaktische und pädagogische Fragestellungen wie beispielsweise die Konzeption, Durchführung und Evaluation von erzieherischen und bildungsanregenden Interaktionen zwischen pädagogischen Fachkräften und Kindern bilden eine ständige Grundlage für eine Wissenschaft. „Aufgrund ihrer begrenzten Institutionalisierung in Wissenschaft und Forschung verfügt sie jedoch noch nicht über umfassende, in sich konsistente, Wissensbestände" (Schmidt. 2005. S. 4f).

4.5.2 Nationale und internationale Studien

Innerhalb Deutschlands steckt die Forschung im Bereich Elementarpädagogik in den Kinderschuhen. Im Bereich der Evaluation von Kindertageseinrichtungen haben einige europäische Länder bereits mehrjährige Erfahrungen durch Studien (vgl. für England: Bertram 2002; für Schweden: Skolverket 2004; für Dänemark: Jensen 2004). In Deutschland fehlte die empirische Bildungsforschung bisher weitgehend (vgl. Behler 2005), was durch ein Rahmenprogramm des BMBFs zur Förderung der empirischen Bildungsforschung behoben werden soll. Das vom Bundesministerium für Bildung und Forschung im Jahr 2007 initiierte „Rahmenprogramm zur Förderung der empirischen Bildungsforschung soll die Forschungslandschaft durch konsequente strukturelle Förderung gezielt entwickeln und damit dazu beitragen, die internationale Position Deutschlands in Bildung und Forschung zu festigen und auszubauen" (BMBF. 2007a. S. 3). Erste in diesem Programm gestartete Themenschwerpunkte sind:

- „Etablierung eines nationalen Bildungspanels" (BMBF. 2007a. S. 10)
- „Kompetenzdiagnostik" (BMBF. 2007a. S. 10)
- „Steuerungsfragen unter Einbeziehung von Evaluationen auf den verschiedenen Ebenen des Systems (vom Gesamtsystem bis zur Ebene einzelner Institutionen)" (BMBF. 2007a. S. 11)
- „Chancengerechtigkeit und Teilhabe" (BMBF. 2007a. S. 11)

110

- „Optimale Gestaltung von Lehr-Lernprozessen" (BMBF. 2007a. S. 12)
- „Professionalisierung des pädagogischen Personals" (BMBF. 2007a. S. 12)
- „Transfer von Wissen" (BMBF. 2207a. S. 13)

In all diesen Themenbereichen des BMBF-Programms ist auch die Pädagogik der frühen Kindheit anzusiedeln und könnte damit der Bildungsforschung in Deutschland einen beachtlichen Aufwind geben.
Im internationalen Bereich gibt es zahlreiche Längsschnittuntersuchungen zu den Themen des kindlichen Kompetenzbereichs sowie familiale und institutionelle Einflussfaktoren auf die kindliche Entwicklung. Das BMBF hat einen Teil dieser Studien untersucht und detailliert ausgewertet (vgl. BMBF. 2008). Großbritannien, USA, Kanada und Europa waren dabei im Zentrum der Untersuchung und sollen hier kurz aufgezeigt werden.

Großbritannien:
- *British Cohort Studies*[49], Zielsetzung: die Entwicklungsverläufe der Kinder in unterschiedlichen Lebensbereichen zu erfassen.
- *Effective Provision of Pre-School Education – EPPE – Project*[50], Zielsetzung: Zusammenhänge der Qualität vorschulischer Erziehung auf die kognitive und soziale Entwicklung der Kinder aufschlüsseln.

USA:
- *Cost, Quality, and Child Outcomes in Child Care Centers*[51] – *CQC-Study*, Zielsetzung: Untersuchung der Beziehung zwischen den Kosten und der Qualität von Kinderbetreuung, sowie der Einfluss der Qualität auf die kognitive und sozialemotionale Entwicklung der Kinder und auf deren Schulerfolg.
- *Early Childhood Longitudinal Study*[52] – *ECLS*, Zielsetzung: Untersuchung von Einflussfaktoren von Familie, Schule, sozialem Netzwerk und Persönlichkeitsmerkmalen auf die kindliche Entwicklung sowie frühes Lernen und Schulleistungen.

---

49 Centre of Longitudinal Studies (URL: http://www.cls.ioe.ac.uk/text.asp?section=000100020002 Stand: 03.04.2008)
50 Institute of Education; University London (URL: http://k1.ioe.ac.uk/cdl/eppe/pdfs/eppe_brief 2503.pdf Stand: 03.04.2008)
51 US Department of Education, u. a.; (URL: http://www.childcareresearch.org/location/ccrca1459 Stand: 03.04. 2008)
52 Institute of Education Sciences, US Department of Education, National Center for Education Statistics; URL: http://nces.ed.gov/ECLS/ Stand: 03.04.2008

- *NICHD – Study of Early Child Care*[53], Zielsetzung: Auswirkungen der Kinderbetreuung auf die Entwicklung des Kindes.
- *Head Start Family and Child Experiences Survey*[54] *(FACES)*, Zielsetzung: Datensammlung zur Qualität von Betreuungseinrichtungen und deren Auswirkung auf die Entwicklung der Kinder.

Kanada:
- *National Longitudinal Survey of Children and Youth*[55] *(NLCSY)*, Zielsetzung: Befragung zur Entwicklung von Kindern in Kanada und den Einflüssen von verschiedenen (Risiko)Faktoren.

Europa:
- *European Child Care and Education – ECCE – Study*[56] Zielsetzung: Untersuchung (Deutschland, Österreich Portugal und Spanien) zur Qualität institutioneller Kinderbetreuung und deren Auswirkungen auf die kindliche Entwicklung.

Die hier ausgewählten Studien können als Ausgangspunkt für die Entwicklung des Forschungsbereichs der nationalen Elementarpädagogik genutzt werden und somit den notwendigen Bedarf an Forschungsergebnissen füllen. Deutschland kann sich an den internationalen Studien orientieren und als Vergleichsgrößen nutzen um ihren eigenen Bereich auszubauen. Wo eine derartige Forschung stattfinden kann bzw. bereits stattfindet soll durch den nächsten Bereich die „strukturelle Verortung der Pädagogik der frühen Kindheit" aufgezeigt werden.

4.5.3 Strukturelle Verortung der Pädagogik der frühen Kindheit

Mit der Entwicklung von elementarpädagogischen Studiengängen sollte auch der Ausbau von Lehrstühlen und Professuren, die explizit für die Frühpädagogik benannt werden, stattfinden. Derzeit gibt es in Deutschland laut Vademecum

---

53 National Institute of Child Health and Human Development (NICHD) URL: http://secc.rti.org/ Stand: 03.04.2008
54 US Department of Health and Human Services, Administration for Children & Families URL: http://www.acf.hhs.gov/programs/opre/hs/faces/index.html Stand: 03.04.2008
55 Human Resources Development Canada and Statistics Canada, URL: http://www.statcan. ca/english/Dli/Data/Ftp/nlscy.htm Stand: 03.04.2008
56 European Child Care and Education: Study Group Cross National Analysis of the Quality and Effects of Early Childhood Programs on children's Development, Final Report for Work Package Submitted to European Union DG XII: Science, Research and Development, Berlin, Freie Universität, 1997

(2008) drei Lehrstühle: an der Universität Bamberg den Lehrstuhl „Elementar-
und Familienpädagogik", an der Universität Dortmund den Lehrstuhl „Pädagogik der frühen Kindheit" und eine Sonderprofessur an der Freien Universität
Berlin für den Bereich „Kleinkindpädagogik - Familien- und Bildungsökonomie
im Bereich der Frühen Kindheit ". An den Fachhochschulen entstehen derzeit
verstärkt Professuren für den Bereich der frühen Kindheit. An der Evangelischen Fachhochschule Berlin besteht ein „Lehrstuhl für Grundlagen der Entwicklungspsychologie / Klinischen Psychologie und Elementarpädagogik". Andere Hochschulen sind derzeit mit der Besetzung von Professuren in diesem
Bereich beschäftigt. Die Hochschule Zittau/Görlitz (FH), Hochschule
Magdeburg-Stendal und die HTW Saarland haben beispielsweise jeweils eine
Professur für „Pädagogik der frühen Kindheit" ausgeschrieben. Eine genaue
Auflistung der Professuren im Fachhochschulbereich existiert derzeit noch
nicht[57].

Die Frühpädagogik ist in Deutschland nicht als eigenständige wissenschaft-
liche Fachorganisation aufgestellt, sondern findet sich wieder in der DGfE –
„Deutsche Gesellschaft für Erziehungswissenschaften" unter der Sektion
„Sozialpädagogik" als Kommission „Pädagogik der frühen Kindheit"[58]. Neben
den Hochschulen existieren in Deutschland auch außeruniversitäre Institute und
Projekte, die im Bereich der Frühpädagogik forschen:

* Deutsches Jugendinstitut (DJI), München[59]
* Staatsinstitut für Frühpädagogik (IFP), München[60]
* Sozialpädagogische Institut NRW, (SPI), angegliedert an die Fachhoch-
  schule Köln[61]
* Institut für angewandte Sozialforschung / Frühe Kindheit e.V. (INFANS),
  Berlin[62]
* Pädagogische Qualitäts-Informations-Systeme gGmbH (PÄDQUIS), Ber-
  lin[63]
* Internationale Akademie für innovative Pädagogik, Psychologie und Öko-
  nomie gGmbH (INA) an der Freien Universität Berlin[64]

---

57 Anfrage bei der HRK am 28.04.2008
58 URL: http://dgfe.pleurone.de/ueber/sektionen/folder.2004-09-09.2326129254/paedkindheit Stand
  23.05.2007
59URL: http://www.dji.de Stand: 23.05.2007
60 URL: http://www.ifp.de Stand: 23.05.2007
61 URL: http://www.spi.nrw.de/index.html Stand: 23.05.2007
62 URL: http://www.infans.de/ Stand: 23.05.2007
63 URL: http://www.paedquis.de/ Stand: 23.05.2007
64 URL: http://www.ina-fu.org/ Stand: 23.05.2007

- Institut für angewandte Familien-, Kindheits- und Jugendforschung (IFK) an der Universität Potsdam[65]
- Zentrum „Kindheit in der Forschung – Wissenschaft und Praxis im Dialog" an der Technischen Universität Dresden[66]
- „PiK – Profis in Kitas", Projekt der Robert-Bosch-Stiftung[67]
- „Institut für frühkindliche Bildung und Entwicklung" des Niedersächsischen Ministeriums für Wissenschaft und Kultur mit Forschungsstellen in den Universitäten Osnabrück und Göttingen.[68]

Auf internationaler Ebene ist die Frühpädagogik vielfältig organisiert (z. B. internationale Organisationen: National Association for the Education of Young Children, Organisation Mondiale pour l'Éducation Préscolaire; Organisationen in Europa: Diversity in Early Childhood Education and Training, European Association of Research Association; Organisation in den Vereinigten Staaten: National Network for Child Care)[69]. Die deutsche Frühpädagogik ist dort durch die oben genannten nationalen Institute vertreten.

4.5.4 Professionsbezogene Wissenschaft

Neben der Erforschung der Elementarpädagogik ist jedoch auch der Ausbau einer empirischen Erhebung der Ausbildung, der Berufstätigkeit von Erzieherinnen und der Entwicklung des Personals notwendig (vgl. Keiner 1999). Die Datenbasis dafür ist derzeit noch sehr dünn (vgl. Schneider 2007; Thole / Cloos 2006). Einige wenige empirische Studien ermöglichen Informationen über die Erzieherinnenausbildung durch nachträgliche Einschätzungen des Ausbildungsfeldes (vgl. Krenz 1993, Strätz 1998, Schlicht 1985).

---

65 URL: http://www.uni-potsdam.de/u/ifk/ Stand: 23.05.2007
66 URL: http://tu-dresden.de/die_tu_dresden/fakultaeten/erzw/erzwibf/sp/kidf Stand: 14.11.2007
67 URL: http://www.profis-in-kitas.de/ Stand: 23.05.2007
68 URL: http://www.mwk.niedersachsen.de/cda/pages/printpage.jsp?C=36566577&N=120647 Stand: 14.08.2007
69 Diversity in Early Childhood Education and Training (Europa) URL: http://www.decet.org/ Stand: 23.05.2007; European Association of Research Association (Europa) URL: www.earli.org Stand: 23.05.2007; National Network for Child Care (Vereinigte Staaten) URL: http://www.nncc.org/homepage.html Stand: 23.05.2007; National Association for the Education of Young Children (International) URL: www.naeyc.org Stand: 23.05.2007; Organisation Mondiale pour l'Éducation Préscolaire (International) URL: http://www.omep-ong.net/ Stand: 23.05.2007

Die zumeist quantitativen Untersuchungen (vgl. Beher u. a. 1996; GEW 2007; Thiersch u.a. 1999a) zeigen eine ambivalente Einstellung bezüglich der eigenen Ausbildung und der Vorbereitung auf das Arbeitsfeld. Laut den Ergebnissen der GEW Studie besteht bei berufstätigen Erzieherinnen eine große Bereitschaft zur Weiterqualifikation, was dazu führt, dass sie sich dadurch auch „den zukünftigen Herausforderungen gewachsen" fühlen (GEW. 2007. S. 14). Besonders für „die allgemeinen Aufgaben des Berufsalltags" (Andermann u.a. 1996. S. 149) und „Allgemein- und Persönlichkeitsbildung" (Dippelhofer-Stiem. 1999. S. 87) sehen sie sich gut und umfangreich vorbereitet. Ebenso geben sie an für „Kleingruppenarbeit, (...) Arbeit mit Kindern im Allgemeinen sowie (...) Kooperation mit den KollegInnen" qualifiziert zu sein (Dippelhofer-Stiem. 1999. S. 87). Je mehr sich die Aufgaben von „der beruflichen Bewältigung alltäglicher Probleme in der Kindergartengruppe (...) entfernen" (Thole / Cloose. 2006. S. 50), desto weniger fühlen sich die Erzieherinnen geschult. Diesen Schluss lässt auch die vielfältige Zahl der Weiterbildungsthemen der GEW-Studie (2007 S. 15f) zu.

Die fünf am häufigsten genannten Themen beruflicher Weiterbildung waren:

- „Beobachtung / Dokumentation von Bildungsprozessen
- Sprachförderung / Spracherziehung
- Diagnostik, Begutachtung der kindlichen Entwicklung, Erkennen von Verhaltensauffälligkeiten
- Kooperation Kindertageseinrichtung / Schule
- Elternarbeit / Elternbildung" (GEW. 2007. S. 15)

Die Vorbereitungsqualität der Ausbildung in diesen Gebieten wird insgesamt als niedrig eingestuft (vgl. Fthenakis u.a. 1995; Thole / Cloose 2006). Die Beschäftigung mit theoretischem und wissenschaftlich generiertem Wissen scheint in der Erzieherinnenausbildung zu kurz zu kommen (vgl. Hoppe 1993). „Die Befassung mit abstrakten Zusammenhängen" glaubt „nur jede Vierte gut, fast jede Zweite nur zum Teil gelernt zu haben" (Dippelhofer-Stiem. 1999. S. 87), was zu Grenzen im Bereich der „reflexiven Durchdringung von Krisensituationen" führt und „ein lückenhaftes berufliches Fachwissen zur Konsequenz" hat (Thole / Cloose. 2006. S. 53).

Auf den ersten Blick scheinen sich die Ergebnisse von Studien zum Wissen und Können von Sozialpädagoginnen und Diplom-Pädagoginnen nur minimal zu unterscheiden (vgl. Thole / Küster-Schapfl 1997; Schwepe 2003, 2003a). Denn auch die akademisch Qualifizierten in pädagogischen Arbeitsfeldern meinen, „die verfügbaren fachlichen Wissens- und Erfahrungsressourcen nicht durchgängig über das wissenschaftliche System generieren, sondern vielmehr über die Aktualisierung lebensweltlicher, biografisch angehäufter und alltags-praktischer Kompetenzen zu gewinnen" (Thole / Cloos. 2006. S. 54) Beobachtet man das Feld jedoch genauer, wird deutlich, dass erhebliche Unterschiede im beruflichen Alltag bestehen. Es zeigt sich, dass „abhängig von der formalen Stellung, der Teamposition und den (berufs-) biografischen Dispositionen ein höherer sozialpädagogischer Ausbildungsabschluss mit einem insgesamt viel-fältigeren Aufgabenspektrum einhergeht" (Thole / Cloos. 2006. S. 54). Dieses Aufgabenspektrum ist verbunden mit größerer Eigenständigkeit, höherer Be-gründungs- und Reflexionsverpflichtung, einer komplexeren Deutung des be-ruflichen Geschehens und größeren berufsfeldspezifischen, fachlichen und – an-satzweise - wissenschaftlichen Diskursen (vgl. Cloos 2004). Reflektiert man diese Befunde mit den verschiedenen Professionalisierungsniveaus wird deut-lich, dass die Differenz zwischen den unterschiedlich qualifizierten Mitar-beiterinnen „nicht schlichtweg durch eine institutionalisierte sowie fachlich spezialisierte Ausbildung auf wissenschaftlicher Grundlage allein zu erwerben" sind, „an deren Ende die Beherrschung eines Fachwissens samt dem dazu-gehörigen beruflichen Methodenrepertoire steht" (Dewe. 1999. S. 743f).

Ziel sollte sein, dass eine Wissenschaft im Elementarbereich aus der eige-nen Disziplin entwickelt werden kann. Bisher waren es die Bezugswissenschaf-ten, die den Forschungs- und Entwicklungsbereich inhaltlich gefüllt haben. Pädagogische Ratschläge einer Kinderärztin wurden angenommen und nicht in Frage gestellt, ob eine Ärztin überhaupt Ratschläge aus der Pädagogik erteilen kann (vgl. Pikler 1982). Aus der eigenen Disziplin heraus gibt es kaum Disser-tationen und keine Habilitationen (vgl. Elschenbroich 2001). Wichtig - und das fordert auch das BMFSFJ (2003) - ist jedoch eine Verzahnung der Ausbildung mit dem Bereich der frühpädagogischen Forschung, um dadurch aus den eige-nen Reihen heraus Forschung zu ermöglichen und professionseigene Ergebnisse zu erhalten. Um diesem Anspruch gerecht zu werden, kann durch die Vermitt-lung von wissenschaftlichen Methoden und Denkweisen im Rahmen der Erzie-herausbildung entgegen getreten werden.

4.6. Bildungspolitische „Debatte"

Bildungspolitisch werden in Bezug auf die Einrichtungen - hier im Besonderen mit Fokus auf die Bildungs- und Erziehungspläne der Länder - und auf die Erzieherinnenausbildung „Debatten" geführt. Dies wird in Anführungszeichen geführt, da eigentlich nur Empfehlungen und Forderungen aufgestellt werden, die erfüllt werden sollen. „Europäische Vergleichsmaßstäbe zwingen in einigen Teilbereichen der sozialen Berufe auch zu Überlegungen der Höherqualifizierung" (Bauer. 2006. S. 114).

Im Frühjahr 2002 legte die Bundesregierung den „Entwurf der Nationalen Nachhaltigkeitsstrategie" vor (BMFSFJ. 2002a) mit dem Ziel, „eine ausgewogene Balance zwischen den Bedürfnissen der heutigen Generation und den Lebensperspektiven künftiger Generationen" zu erlangen (BMFSFJ. 2002a. S. 8). Darin geforderte Elemente wie „Generationengerechtigkeit", „sozialer Zusammenhalt", „Lebensqualität" und „internationale Verantwortung" (BMFSFJ. 2002a. S. 50) führen auch zu Weiterentwicklungen der Kinder- und Jugendhilfe in Deutschland. Die Träger der Kinder- und Jugendhilfe haben begonnen, „Die Leistungsprofile in den Bereichen der Kindererziehung, Betreuung und Bildung im europäischen Kontext ab[zu]gleichen und dann entsprechend den lokalen Bedingungen nach fachlichen und marktmäßigen Gesichtspunkten entwickeln und neu [zu] organisieren" (Bauer. 2006. S. 123).

Nicht erst durch das am 1.1.2005 in Kraft getretene „Tagesbetreuungsausbaugesetz" (TAG) ist die Frage nach einer bildungsfördernden pädagogischen Qualität in Kindertageseinrichtungen in das Bewusstsein der Öffentlichkeit und Politik getreten (vgl. BDA 2006b; BMFSFJ 2005). Bereits 2001 formulierte der „Arbeitsstab Forum Bildung" Empfehlungen zur „Qualitätsentwicklung und Qualitätssicherung im internationalen Wettbewerb", welche Bildung als eine immer stärker werdende Schlüsselrolle sieht und empfiehlt für den Elementarbereich die „Erarbeitung eines Rahmencurriculums für die Kernaufgaben des Bildungsauftrags und seiner Umsetzung unter Berücksichtigung der Anschlussfähigkeit an die Grundschule" (Arbeitsstab Forum Bildung. 2001. S. 5). Im Mai 2004 beschließt die Jugendministerkonferenz in Gütersloh einen gemeinsamen „Rahmen der Länder für die frühe Bildung in Kindertageseinrichtungen" mit dem Ziel, „die Kontinuität des Bildungsprozesses vom Kindergarten in die Grundschule zu gewährleisten" (Bauer. 2006. S. 124) und spezifiziert darin sechs Bildungsbereiche:

• „Sprache, Schrift, Kommunikation
• Personale und soziale Entwicklung, Werteerziehung/religiöse Bildung
• Mathematik, Naturwissenschaft, (Informations-)Technik
• Musische Bildung/Umgang mit Medien
• Körper, Bewegung, Gesundheit
• Natur und kulturelle Umwelten" (JMK. 2004b. S. 4f.)

Dieser Rahmen bot für das institutionelle System der Kindertagesbetreuung in Deutschland Orientierungsmöglichkeiten, die die meisten Länder durch landesspezifische Rahmenpläne ausgebaut haben. Für die pädagogische Arbeit bedeutet dies nicht unerhebliche Veränderungen (vgl. Wildgruber / Nagel 2007).

Die Jugend- und Kultusministerkonferenz definiert wie folgt ‚Bildungspläne' im Elementarbereich: „Sie präzisieren den zu Grunde gelegten Bildungsbegriff und beschreiben den eigenständigen Bildungsauftrag der Kindertageseinrichtungen, der in unmittelbarer Beziehung zu den weiteren Aufgaben der Erziehung und Betreuung steht" (2004. S. 2). Somit dienen sie der Transparenz des Bildungsprozesses in den Einrichtungen und bieten für die Fachkräfte und Eltern einen Orientierungsrahmen. Zusätzlich bieten sie eine Grundlage für die frühe und individuelle Förderung der Kinder.

Auf der Grundlage des gemeinsamen „Rahmen der Länder für die frühe Bildung in Kindertageseinrichtungen" (JMK / KMK. 2004) haben die einzelnen Bundesländer Bildungspläne auf Landesebene[70] konkretisiert und den jeweiligen Situationen angepasst (vgl. Berwanger 2007; Berwanger u.a. 2007a; Minsel 2007; Reichert-Garschhammer 2006). Der Bereich von „3 Jahren bis zum Schuleintritt" ist in allen Bundesländern berücksichtigt, in einigen Ländern ist er ausgeweitet auf den Bereich „Geburt bis Schuleintritt"[71], „Geburt bis Ende der Grundschule"[72], oder „Geburt bis 14 Jahre"[73].

Der Verbindlichkeitsgrad der Bildungspläne ist in den Bundesländern meist gering. In der Regel beruht die Umsetzung auf Vereinbarungen der Länder mit den Spitzenverbänden der Freien Wohlfahrtspflege und den Kommunalen Spitzenverbänden, die sich selbst verpflichten, zur Umsetzung des Bildungsauftrags beizutragen. „Dieser Vereinbarkeitscharakter enthebt die Länder der Pflicht, für die inhaltlichen Vorgaben in finanzieller Hinsicht aufzukommen" (BMFSFJ. 2005. S. 315) und damit den Einrichtungen bei der Umsetzung finanziell unter die Arme zu greifen. Hinzu kommt, dass die Landesorganisationen der Wohlfahrtsverbände und die kommunalen Spitzenverbände auf Landesebene - bis auf wenige Ausnahmen - selbst gar nicht Träger von Kindertageseinrichtungen sind, sondern Interessen- oder Dachverbände von rechtlich selbständigen Trägern, die über die tatsächliche Umsetzung der Bildungskonzepte letztlich selbst entscheiden können. Durch Fortbildungen, Empfehlungen und Beratungen kann die Realisierung der Bildungskonzepte gefördert, jedoch nicht in geltendes Recht

---

70 Eine Auflistung der Bildungspläne der Länder befindet sich in der Anlage X: Bildungs- und Erziehungspläne der Bundesländer
71 Bayern, Berlin, Bremen, Nordrhein-Westfalen, Saarland, Sachsen, Thüringen
72 Brandenburg, Hessen
73 Rheinland-Pfalz, Sachsen-Anhalt, Schleswig-Holstein

umgesetzt werden. Das Land Bayern versucht seinen Bildungs- und Erziehungsplan durch ein Gesetz als direkte Vorgabe in der Praxis zu etablieren, hat aber bislang dafür noch keine geeigneten Instanzen der Kontrolle oder Evaluation zur Sicherstellung der Umsetzung in der Praxis gefunden (vgl. BMFSFJ 2005; Fthenakis / Berwanger / Reichert-Garschhammer 2007). Die Bedeutung des Bildungs- und Erziehungsplans zeigt sich in Bayern auch darin, dass die Lehrpläne des pädagogischen und pflegerischen Personals in Kindertageseinrichtungen dementsprechend angepasst werden (vgl. Staatsinstitut für Schulqualität und Bildungsforschung 2003 / 2006). Berlin und Mecklenburg-Vorpommern planen, über eine Verknüpfung mit den Finanzierungsregelungen eine Umsetzung zu erreichen (vgl. BMFSFJ 2005).

Diese Entwicklungen zeigen eine „Neubewertung des Bildungsbegriffs" (Bauer. 2006. S. 123), der zu einer Verbesserung der schulischen - aber auch der vorschulischen - Lernbedingungen führen soll (vgl. Balluseck u. a. 2003; Fthenakis 2003; GEW 2005). Hinzu, kommt dass dieser Diskurs deutlich macht, dass „zumindest Teilbereiche der Qualifikation von Fachkräften" (Bauer. 2006. 125) zum Auftrag der Hochschulen gehören.

Darüber, dass eine Weiterentwicklung der Ausbildung von Erzieherinnen unumgänglich ist, sind sich alle klar (vgl. BDA 2006b; BMFSFJ 1998; Textor 1998; Sachverständigenkommission Zwölfter Kinder- und Jugendbericht 2005; Schilling 1995). Schon vor dem Bologna Prozess und PISA waren Änderungen der Ausbildung im Gange (vgl. Bründel 2003; Lechner 2004). Es wurde unter anderem über die Ausbildungsqualität diskutiert (vgl. Fthenakis / Oberhuemer 2002.; Frey 1999), die Lernfeldorientierung trat an die Stelle der Fächerspezialisierung (vgl. Beer / Langenmayr 2003; Küls 2002a) und die Bundesländer entwarfen Bildungs- und Erziehungspläne für Kindertageseinrichtungen.

Eine neue Dynamik in die Bildungsdiskussion brachten Studien wie PISA, TIMSS und IGLU (Fischer 2002; Fthenakis 2003). PISA zeigte 2001, dass die deutschen Kinder weit unter dem OECD-Durchschitt lagen (Deutsches PISA-Konsortium 2001; KMK 2001). Neben Überlegungen zur Reform der Schulen wurde auch der vorschulische Bereich stark kritisiert und Änderungen angedacht (vgl. Balluseck u.a. 2003; Fthenakis 2003; Wehrmann 2003). Rauschenbach bezeichnet in diesem Zusammenhang die Kindertageseinrichtungen als den „Prügelknaben" für die Versäumnisse und Fehler der Schulen (vgl. Rauschenbach. 2002. S. 15).

Mit der Bologna Reform wurde die Forderung wieder laut, dass „die Ausbildung der Fachkräfte (...) europäischen Standard erhalten" muss (Aktionsbündnis. 2003. S. 16). Europaweite Studien - wie beispielsweise der OECD - stufen die Erzieherqualität in Deutschland relativ niedrig ein und machen deutliche Unterschiede erkennbar. In Deutschland beispielsweise ist das formale Niveau niedriger als in allen EU-Ländern (mit Ausnahme Österreich) und der theoretische Anteil von zwei Jahren kürzer als in der Mehrzahl der Länder (vgl. Arbeitsgemeinschaft für Jugendhilfe 1998). Dass die Verteilung der beruflichen Aufgaben gerade in Führungspositionen nicht den beruflichen Qualifikationen einer Erzieherin entspricht, hebt das Deutsche Jugendinstitut in seiner Studie „Aufgabenprofile und Qualifikationsanforderungen in den Arbeitsfeldern der Kinder- und Jugendhilfe -Tageseinrichtungen für Kinder, Hilfen zur Erziehung, Kinder- und Jugendarbeit, Jugendamt" (2004) deutlich hervor.

Der „doppelte italienische Schwung" (Rauschenbach. 2005a. S. 21) hat dem Bereich der Kindertageseinrichtungen und der Ausbildung zur Erzieherin eine hohe öffentliche Aufmerksamkeit beschert. Einige fordern ein breiteres Feld von unterschiedlichen Ausbildungsmöglichkeiten im Bereich der Elementarpädagogik. Andere sehen die Reform der Studiengänge als Ausgangspunkt für eine bildungspolitische Debatte, die als Chance für ein zukunftsfähiges Modell der Erzieherausbildung gesehen und genutzt werden kann. Der BDA beispielsweise fordert eine wissenschaftlich fundierte Hochschulausbildung und –fortbildung für Einrichtungsleitungen, damit diese „didaktisch methodische und diagnostische Kompetenzen ebenso wie Leitungskompetenzen, Personalführung und Qualitätsmanagement vermittelt" bekommen (BDA. 2006. S. 38). Erst in einem zweiten Schritt sollen auch die Gruppenleiterinnen eine Hochschulausbildung absolvieren.

Neben diesen allgemeinen Forderungen an die Ausbildung der zukünftigen Erzieherinnen werden auch Forderungen bzgl. der Rahmenbedingungen der zukünftigen Arbeits- und Kindertagesstätten formuliert. Ebenso findet eine Benennung von Anforderungen der Eltern- und Familienarbeit bzgl. deren Betreuung, Beratung und Einbeziehung in die Arbeit statt.

Es werden „neue und erweiterte Kompetenzen, insbesondere in Lern- und Entwicklungspsychologie, frühkindlicher Pädagogik, Sprachförderung und Sprachentwicklung, Mathematik und Naturwissenschaften des Elementarbereichs sowie in Führungs- und Leitungsfunktionen – auch im Management -" gefordert (BDA. 2006. S. 37 – 38)

Das Bundesministerium für Familie, Senioren, Frauen und Jugendliche gab 2003 „Empfehlungen an die Politik" im Rahmen der Veröffentlichung von „Perspektiven zur Weiterentwicklung des Systems der Tageseinrichtungen für Kinder in Deutschland" (2003a) heraus. Darin empfehlen sie unter anderem im Bereich der Professionalisierung der Fachkräfte:

- Eine umfassende und nachhaltige strukturelle wie konzeptionelle Reform der Professionalisierung der Fachkräfte für den Elementarbereich.
- Eine Anhebung der Erzieherinnenausbildung auf Hochschulniveau in Anlehnung an die meisten europäischen Länder.
- Ein Studiengang, der in den ersten Studienjahren eine gemeinsame Ausbildung von Erziehern und Lehrern vorsehen sollte.
- institutionenübergreifende Bildungspläne.
- Eine Vernetzung zwischen Forschung und Ausbildung.
- Eine bundeseinheitliche Regelung für die Anerkennung von europäischen Abschlüssen.
- Eine konzeptionelle Reform der Erzieherausbildung zur Anhebung des Ausbildungsniveaus.
- Die Entwicklung eines Ausbildungscurriculums.
- Eine Abstimmung der Aus-, Fort- und Weiterbildungssysteme (vgl. BMFSFJ. 2003a. S. 31f)
- Die Entwicklung eines berufsbegleitenden Weiterbildungsprogramms, „um in einer ersten Phase allen Leiterinnen in den Tageseinrichtungen eine solche akademische Ausbildung angedeihen zu lassen. Im Anschluss daran sollte den Fachkräften der Praxis ebenfalls die Möglichkeit eines Hochschulabschlusses eröffnet werden." (BMFSFJ. 2003a. S. 32)

Das BMFSFJ vertritt klar die Position der Anhebung der Erzieherinnenausbildung auf ein Hochschulniveau. Neben formalen Vorgaben stellt sie notwendige Inhalte eines Ausbildungscurriculums vor. Zu den Empfehlungen für die Professionalisierung wurde speziell die Forschungsförderung herausgehoben und detailliert beschrieben:

- Die Einrichtung von zusätzlich 12 Lehrstühlen in Deutschland.
- Die Gründung von „Zentren für frühpädagogische Forschung und Anwendung" („Zentrum für empirische Bildungsforschung im vorschulischen und schulischen Bereich, Zentrum zur Sicherung und Weiterentwicklung von pädagogischer und von Bildungsqualität, Zentrum für innovative Maßnahmen zur Professionalisierung der Fachkräfte," BMFSFJ. 2003. S. 35f).
- Ein Stipendienprogramm für Absolventen der Erziehungswissenschaft mit Spezialisierung auf den Bereich der Frühpädagogik.
- Ein von der DFG geförderter Sonderforschungsbereich um die frühpädagogische Forschung in Deutschland zu beleben.

- Eine enge Kooperation zwischen universitären und außeruniversitären Forschungseinrichtungen und eine stärkere Vernetzung der Forschungsressourcen (vgl. BMFSFJ 2003).

Eine Umsetzung dieser Empfehlungen ist noch lange nicht erreicht, wenn man beispielsweise die geforderten zwölf Lehrstühle mit den derzeit real existierenden drei Lehrstühlen[74] gegenüberstellt. Trotzdem sollten sie auch zukünftig in der Diskussion bleiben, wenn man bedenkt, dass ein „voraussichtlich steigender Bedarf an einschlägig qualifizierten Nachwuchswissenschaftlern/-innen" (Schmidt. 2005. S. 22) entstehen wird. Die Einrichtung von (Master-)Studiengängen, die explizit auf eine Forschungstätigkeit im Bereich der Frühpädagogik zielen erscheint dadurch unumgänglich.

Häufig verlautete Bedenken wie beispielsweise die Verteuerung von Erziehern in Bezug auf die Ausbildungskosten und Gehälter, bestimmen zusätzlich die Diskussion zur Akademisierung der Erzieherausbildung. Durchgeführte Studien können dies widerlegen und zeigen, dass es hinsichtlich der Ausbildungskosten ggf. zu einer Senkung - auf jeden Fall aber zu einem gleichen Niveau - kommen wird. (vgl. Pasternack / Schildberg 2005) Zur Entwicklung der Gehälter kann derzeit noch keine Auskunft gegeben werden. Es wird diskutiert, dass es generell zu einer Absenkung der Gehälter kommen wird, bzw. dass nicht mehr rein nach Bildungsabschluss, sondern nach Funktion bezahlt wird.

Forderungen an Erzieherinnenausbildung
- Eine wissenschaftlich fundierte Hochschulausbildung und –fortbildung
- Professionalisierung der Fachkräfte durch grundständige Studienangebote und berufsbegleitenden Weiterbildungsprogramme
- Ein koordiniertes, modular konzipiertes und bundesweit anerkanntes Qualifizierungssystem durch eine hochschulische Ausbildung
- Eine Vernetzung zwischen Forschung und Ausbildung, eine engere Verknüpfung zwischen Theorie und Praxis, Beteiligung der Studierenden an Feldforschung und die Förderung eines Auslandspraktikums sollten Bestandteile der Ausbildung sein

---

74 Vademecum (2008): drei Lehrstühle: Universität Bamberg Lehrstuhl „Elementar- und Familienpädagogik", Universität Dortmund Lehrstuhl „Pädagogik der frühen Kindheit", Sonderprofessur der Freien Universität Berlin „Kleinkindpädagogik - Familien- und Bildungsökonomie im Bereich der Frühen Kindheit ".

- Es sollten Bachelor- und Magisterstudiengänge eingerichtet bzw. ausgebaut werden, mit dem mittelfristigen Ziel einer gemeinsamen Ausbildung von Erziehern und Lehrern, also der Entwicklung eines einheitlichen Pädagogenprofils für die Altersstufe 0 bis 10
- Auf universitärer Ebene sollte die Entwicklung der Fachdidaktik gefördert werden
- Es sollte eine engere Kooperation zwischen universitären und außeruniversitären Forschungseinrichtungen und eine stärkere Vernetzung der Forschungsressourcen angestrebt werden
- In konzeptioneller Hinsicht soll eine Orientierung zu einer dem bildungspolitischen Paradigma verpflichteten Erzieherausbildung stattfinden
- theoriegeleitete Bearbeitung praxisnaher Fragestellungen
- differenzierte Lehrdidaktik
- Es sollte eine europäisch-interkulturelle Dimension in Aus- und Fortbildung verankert werden, sowie ein struktureller und konzeptioneller Zusammenhang mit Fort- und Weiterbildungskonzepten bestehen

Vermittlung von:
- didaktisch methodischen und diagnostischen Kompetenzen
- Leitungskompetenzen, Personalführung und Qualitätsmanagement
- personalen Kompetenzen
- grundlegenden und berufsfeldbezogenen theoretischen Grundlagen und empirischen Erkenntnissen
- fachspezifischen Kenntnissen
- zielgruppenspezifischen Kompetenzen
- Kenntnissen über verschiedene Forschungs- und Evaluationsansätze

Die bildungspolitische Debatte und die dabei entstehenden Forderungen sind groß. Doch was heißt das in der Umsetzung? Wie kann mit der Fachkräftevielfalt in Deutschland umgegangen werden, Qualifikationen angepasst werden bzw. neue entstehen?

4.7 (An-)Passung von Qualifikationen

Bereits jetzt existieren vier verschiedene Ausbildungen – Kinderpflegerin, Erzieherin, Diplom Sozialpädagogin (FH), Diplom Pädagogin (U) - auf vier Ebenen des Ausbildungssystems – Berufsfachschule, Fachschule, Fachhochschule,

Universität –, die allesamt als Fachkräfte für Kindertageseinrichtungen in Frage kommen.

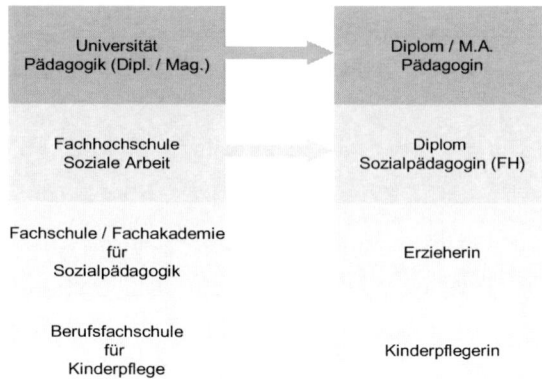

Abbildung 29 Ausbildungen für den Bereich Kindertageseinrichtungen (eigene Darstellung)

Diese vier Berufsgruppen bilden bisher das „arbeitsfeldspezifische Qualifikationsreservoir des Personals, das in den bundesdeutschen Kindertageseinrichtungen tätig ist" (Rauschenbach. 2005. S. 3; vgl. Beher / Hoffmann / Rauschenbach 1999; BMFSFJ 2002).

Rauschenbach definierte acht geplante bzw. denkbare Modelle der Ausbildungsreform (2005. S. 3 - 4):

> *„Reformiertes Status-Quo-Modell:* Inhaltliche Weiterentwicklung der gegenwärtigen Fachschul-Ausbildung;
> *Upgrading-Modell:* Statusaufwertung durch eine förmlich geregelte Kooperation vorhandener Fachschulen mit Fachhochschulen;
> *Fachschul-Transformations-Modell:* Anhebung bzw. Umwandlung der gegenwärtigen Fachschulen zu (Fach)Hochschulen eigener Art;
> *FH-Substitutionsmodell:* Elementarpädagogischer Ausbau und Umgestaltung bestehender sozialpädagogischer Fachhochschul-Studiengänge;
> *Uni-Substitutionsmodell:* Elementarpädagogischer Ausbau und Ausdifferenzierung bestehender erziehungswissenschaftlicher Hauptfach-Universitäts-Studiengänge;

FH-Expansionsmodell: Einrichtung neuer elementarpädagogischer BA/MA-Studiengänge an Fachhochschulen;

Uni-Lehramts-Expansionsmodell: Einrichtung neuer elementarpädagogischer BA/MA-Studiengänge an Universitäten in Anlehnung an bestehende Lehramtsstudiengänge;

Uni-Hauptfach-Expansionsmodell: Einrichtung neuer elementar-pädagogischer BA/MA-Studiengänge an Universitäten in Anlehnung an bestehende erziehungswissenschaftliche Hauptfachstudiengänge."

Nimmt man die Qualifikation der Personen ernst, würde die (Fach-) Hochschulbildung dadurch eine Erweiterung der bisherigen Fachkräftelandschaft ermöglichen. Die wissenschaftliche und zugleich praxisnahe Qualifikation könnte die Forschung und Entwicklung in Deutschland gerade im Bereich der Elementarpädagogik voranbringen. Die Entwicklung von Management-Kompetenzen, ein wesentliches Ausbildungsziel neuer Studiengänge für den Elementarbereich, ermöglicht den Bereich der Leitungstätigkeit zu stärken und die Führung von Einrichtungen in der Hand der Fachkräfte zu halten und nicht an fachfremde Personen abzugeben, wie es bisher meist der Fall war (vgl. Speth / Bartosch 2005). Es würden weitaus mehr berufliche Aufstiegs- und Weiterbildungsperspektiven entstehen und der Erzieherinnenberuf nicht mehr als „Sackgassenberuf" (Ebert. 2003. S. 336; Schmidt. 2005. S. 23) bezeichnet.

Die Darstellung der Bedarfe und die dadurch abgeleiteten, vermuteten Kompetenzen der zukünftigen Erzieherin lassen unterschiedliche Schwerpunkte erkennen, die zunächst als beliebig wirken. Ähnlich wie in anderen erzieherischen und lehrenden Berufen lassen sich hier als Gründe verschiedene theoretische Grundlagen und institutionelle Rahmen der vorgeschlagenen Konzepte nennen. Ebenso ist auch das Problem eines Berufsfelds mit vielfältigen Herausforderungen zu bedenken (vgl. Eberle / Pollak 2006). Eberle und Pollak formulieren in Bezug auf die Lehrerbildung, dass „ein weiterer Nachteil vorliegender Versuche, Kompetenzen von Lehrern mit dem Ziel der empirischen Überprüfung zu formulieren, (...) die Gefahr von Einseitigkeiten [ist], wenn entweder vom Ist-Zustand gegenwärtiger Berufspraxis ausgegangen wird oder aktuelle Forderungen besonders berücksichtigt werden, wobei weiterhin unklar oder zumindest der Spekulation überlassen bleiben muss, welche Kompetenzen die auszubildenden Lehrerinnen und Lehrer in zehn oder zwanzig Jahren besonders benötigen werden." Diese Problematik ist auch im Bezug auf die Erzieherausbildung zutreffend, weswegen das verwendete theoretische Verständnis von Kompetenz an theoretische und empirische Forschungstraditionen und –ergebnisse anschließt.

5. Hochschulische Ausbildung im elementar- / frühpädagogischen Feld

5.1. Notwendigkeit eines wissenschaftlichen Profils im Bereich der Elementarpädagogik

Die Lebenswelt der zu erziehenden Kinder verändert sich derart, dass deutlich wird, dass auch Änderungen bei pädagogischen wie organisationsbezogenen Aufgabenbereichen der Erzieherinnen in Kindertageseinrichtungen unumgänglich sind. Die Notwendigkeit, aus der eigenen Profession heraus das Feld weiterzuentwickeln, Veränderungen zu erreichen und international weiterentwickeln zu können, macht eine Akademisierung unumgänglich (vgl. Bauer 2006; Diller / Rauschenbach 2006; GEW 2005; Oberhuemer 2006). Andere sehen bei einer Akademisierung der Ausbildung die Gefahr, dass die Ausbildung zur Erzieherin praxisferner wird. Das es zu einer heimlichen Abwertung des Lernens in der Praxis kommen kann (vgl. Horn 2006; Ebert 2006) und die Fachschulen und bisherigen Erzieherinnen schlechter dargestellt werden, als sie eigentlich sind (vgl. Diller / Rauschenbach 2006).

Einige empirische Studien kommen zu dem Ergebnis, dass sich die Gegenwart pädagogischer Fachkräfte mit einem einschlägigen Hochschulabschluss in Kindertageseinrichtungen positiv auf die Entwicklung der dortigen Kinder, auf die Einrichtungsqualität und auf das niedriger qualifizierte Personal auswirkt (vgl. Oberhuemer 2007; Schmidt 2005; Siraj-Blatchford 2002; Sylva 2004; Whitebook 2003). Allerdings bleibt offen, welche konkreten Ausbildungselemente einer formalen Anhebung auf Hochschulniveau bedürfen, um Kinder in Kindertageseinrichtungen effektiver fördern zu können (vgl. Schmidt 2005).

Neben den gesellschaftlichen Entwicklungen, Forderungen und Forschungsergebnissen zeigen auch internationale Vergleiche und die immer wiederkehrende Diskussion der Politik, dass sich die Anforderungen gegenüber Kindertageseinrichtungen ständig im Wandel befinden und somit auch Einfluss auf die Qualifikation des dortigen pädagogischen Personals haben. Darüber, dass die Anforderungen an das erzieherische Personal steigen wird, sind sich die meisten der im Rahmen dieser Arbeit befragten Gutachtervertreter einig.

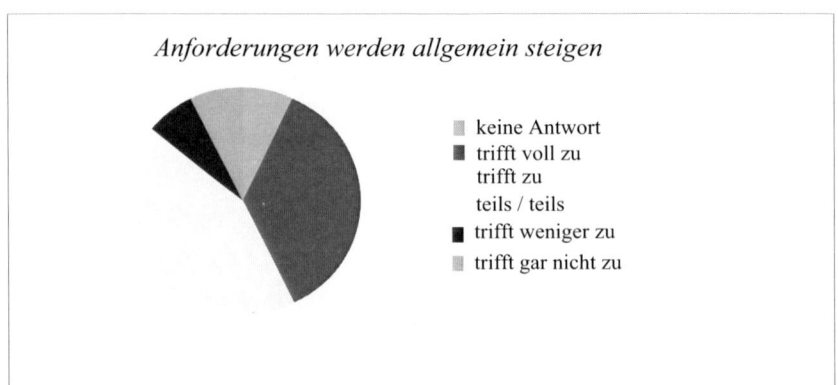

Abbildung 30 Die Anforderungen innerhalb des Berufsfeldes werden allgemein steigen (eigene Darstellung)

Gegen die Annahme, dass sich die Leitungen von Kindertageseinrichtungen in Zukunft zunehmend interprofessionell und interdisziplinäre arbeiten werden, spricht sich keine der befragten Personen aus.

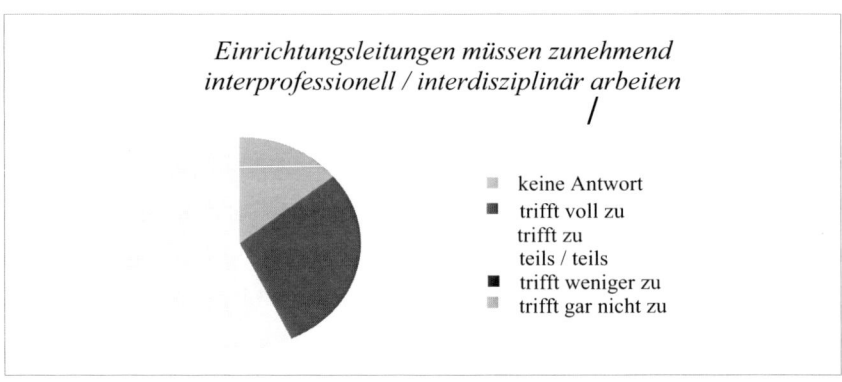

Abbildung 31 Die Leitungen von Kitas werden zunehmend interprofessionell und interdisziplinär arbeiten müssen (eigene Darstellung)

Große Einigkeit besteht im Zusammenhang der fachlichen Anforderungen an Leitungen im elementarpädagogischen Bereich. Fast 2/3 der Peers finden es „voll" zu treffend bzw. „trifft" es ihrer Meinung nach zu, dass das Niveau künftig professionsnahen Gruppen - wie beispielsweise einer Grundschullehrerin - gleichgestellt werden könnte.

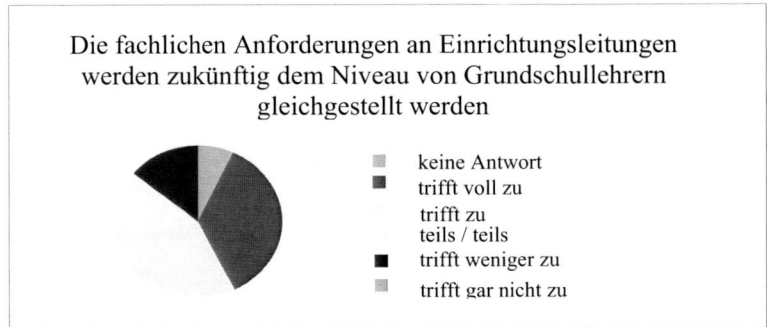

Abbildung 32 Fachliche Anforderungen an Leitungen werden künftig dem Niveau von beispielsweise Grundschullehrern gleichgestellt werden (eigene Darstellung)

Um weiter in diesem Tätigkeitsfeld bestehen zu können und darauf vorbereitet zu sein, muss die Ausbildung darauf ausgerichtet werden. Ob deswegen allerdings eine wissenschaftliche Ausbildung notwendig ist, ist damit nicht begründet. Mögliche Zugangsformen sollen eine Begründung für eine wissenschaftliche Ausbildung ermöglichen,

• der berufsfeldtheoretische Zugang,
• der kompetenztheoretische Zugang und
• der professionstheoretische Zugang.

129

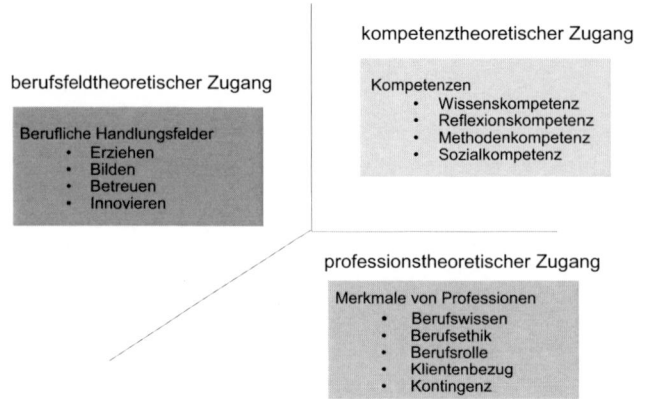

kompetenztheoretischer Zugang

berufsfeldtheoretischer Zugang

Kompetenzen
- Wissenskompetenz
- Reflexionskompetenz
- Methodenkompetenz
- Sozialkompetenz

Berufliche Handlungsfelder
- Erziehen
- Bilden
- Betreuen
- Innovieren

professionstheoretischer Zugang

Merkmale von Professionen
- Berufswissen
- Berufsethik
- Berufsrolle
- Klientenbezug
- Kontingenz

Abbildung 33 Mögliche Zugänge zur Erzieherausbildung (vgl. Eberle / Pollak. 2006. S. 568)

5.1.1 Berufsfeldtheoretischer Zugang

Die Erzieherinnenausbildung bereitet auf ein vielfältiges berufliches Aufgaben- und Handlungsfeld vor. Neben dem in dieser Arbeit im Mittelpunkt befindlichen Elementarbereich sind Erzieherinnen auch im Jugend- und jungen Erwachsenen- bereich tätig, ebenso im heil- und sonderpädagogischen Bereich. Ihre Aufgaben sind die Erziehung, Bildung und Betreuung ihres Klientels sowie die Weiterentwicklung der Einrichtung (vgl. Bundesgesetzblatt 2004).

Systematische Einzelfallanalysen in England im Rahmen des Effective Provision of Pre-School Education Project (Sylva u.a. 2004) weisen auf die Bedeutung eines umfassenden, begründeten und theoretischen Fachwissens in den einzelnen Förderbereichen, wie sie auch in den Bildungs- und Erziehungsplänen vorgegeben werden (z.B. Sprache, mathematische und naturwissenschaftliche Bildung), und eines grundlegenden Wissens über bereichsspezifische Lernprozesse von Kindern hin. Damit sind Wissensformen und -inhalte angesprochen, die gewöhnlich auf Hochschulniveau vermittelt werden. Auch wenn es noch nicht überprüft ist (vgl. Schmidt 2005), dass die „akademische Ausbildung eher dazu beiträgt, die zunehmend komplexer werdende Praxissituationen prinzipiell besser bewältigen zu können" (Schilling. 2005. S. 4) und Überforderungen des pädagogischen Personals verringert werden (vgl. Horn 2006; Otto / Spiewak 2004) so ist dies trotzdem nahe liegend, wenn man die an Hochschulen vermittelten Kompetenzen betrachtet.

130

Die Erzieherinnenausbildung als Vorbereitung auf ein breites berufliches Aufgaben- und Handlungsfeld reicht alleine noch nicht aus, um eine Anhebung auf eine wissenschaftliche Ausbildung zu rechtfertigen.

5.1.2 Kompetenztheoretischer Zugang

Wie bereits in den Kapiteln ‚Aufgaben und Anforderungen an Erzieherinnen' und ‚Bildungspolitische Debatte' angesprochen, wird von zukünftigen Erzieherinnen ein breites Spektrum von Kompetenzen verlangt. Kompetenzen werden von der Psychologie (vgl. Weinert 1998 / 2000 / 2001), den Erziehungswissenschaften (vgl. Nieke 2002) und auch unter Bezugnahme von Versuchen, den Bildungsbegriff modernisierungstheoretisch auf Kompetenzen zu stützen, definiert. Dieser Text verfolgt ein „komplexes Kompetenzkonzept" (Ebert / Pollak. 2006. S. 563), dem das folgende allgemeine Verständnis von »Kompetenz« zu Grunde liegt[75].

Kompetenzen sind „Bündel von in lebenslangen Lernprozessen erworbenen dauerhaften, aber veränderbaren kognitiven, volitionalen, emotionalen, affektiven, psychomotorischen Fähigkeiten, Fertigkeiten und Einstellungen, welche ein Individuum befähigen, hinsichtlich subjektiver und objektiver Bewertungsmaßstäbe sach- und situationsadäquat auf Anforderungen der Bewältigung von kontextspezifischen Aufgaben mit den damit verbundenen Unsicherheiten der Handlungsvollzüge verantwortungsbezogen reagieren zu können" (Ebert / Pollak. 2006. S. 563).

Als entscheidende Kompetenzen gelten für die Aufgabenfelder im Bildungs- und Erziehungsbereich:

- Wissenskompetenz: Bildungs- und Erziehungsaufgaben auf der Grundlage von Fachwissen, Berufswissen, Methodenwissen gestalten
- Reflexionskompetenz: Bildungs- und Erziehungsaufgaben mit theoretischem Wissen beschreiben, erklären und bewerten
- Methodenkompetenz: Bildungs- und Erziehungsaufgaben mit den geeigneten Vorgehensweisen und Instrumenten unterstützen und anregen
- Sozialkompetenz: reflektierter, empathischer Zugang zu anderen und sich selbst

---

75 Eine ausführliche Diskussion des Begriffs Kompetenz findet man bei Staudinger, Katja Monika. 2006. Erziehungskompetenz als komplexes Gefüge Empirische Erhebung zum pädagogischen Kompetenzspektrum und paradigmatische Debatte. München: Herbert Utz Verlag.

Die Beschreibung der Erzieherinnenausbildung über berufsfeldbezogene Kompetenzen setzt keine unmittelbare Forderung nach einer hochschulische Ausbildung in diesem Feld.

5.1.3 Professionstheoretischer Zugang

Professionen sind „Berufe eines besonderen Typs" (Combe / Helsper. 1996. S. 9; Stichweh. 1996. S. 51). Von Profession oder Professionalität kann gesprochen werden, „wenn eine für ein Funktionssystem typische kulturelle Tradition und Problemperspektive handlungsmäßig und interpretativ durch eine auf diese Aufgabe spezialisierte Berufsgruppe" (Combe. 1996. S.13) „für die Bearbeitung von Problemen der Strukturänderung, des Strukturaufbaus und der Identitätserhaltung von Personen eingesetzt wird" (Stichweh. 1992. S. 43). Daraus kann man allgemein vier Kennzeichen von Professionen entnehmen, welche in dieser allgemeinen Formulierung auch auf pädagogische Berufe zutreffen (vgl. Eberle / Pollak. 2006. S. 565). Professionen sind Berufe,

- in denen spezifische Probleme der „personale[n] Umwelt des Gesellschaftssystems" (Combe /Helsper. 1996, S. 14) in einem „Professionellen-Klienten-Verhältnis" (Stichweh. 1996, S. 60) bearbeitet werden.
- deren Mitglieder ein spezifisches Professionswissen („Wissenskorpus" (Stichweh 1996, S. 53)) besitzen müssen, das sie in die Lage versetzt, die in ihrem funktional-ausdifferenzierten und verberuflichten spezifischen Interaktionssystem anfallende Aufgaben so zu handhaben, dass damit
- „die gesellschaftlichen Ansprüche an dieses System,
- die individuellen Erwartungen der Klienten und anderer Personen des Interaktionsfelds auf Hilfe,
- die Standards und Kriterien derjenigen wissenschaftlichen Disziplinen, die das Leitwissen durch Forschung generieren und für Handlungsbezüge normieren, gleichermaßen erfüllt werden" (Eberle / Pollak. 2006. S. 565).
- deren Praxis durch „ein Technologiedefizit und damit durch Ungewissheitshorizonte belastet" (vgl. Combe u.a. 1996, S. 12) ist und somit maßgeblich mit Kontingenz belastet ist.
- deren Mitgliedern ein spezifisches Berufsethos abverlangt wird, das sicherstellen soll, dass die unter dem Ungewissheitshorizont stehenden Anforderungen an das berufliche Handeln unter eine verantwortungsethische Reflexion gestellt werden.

Es lassen sich also fünf Merkmale ausweisen: Berufswissen, Berufsethik, Berufsrolle, Klientenbezug und Kontingenz.

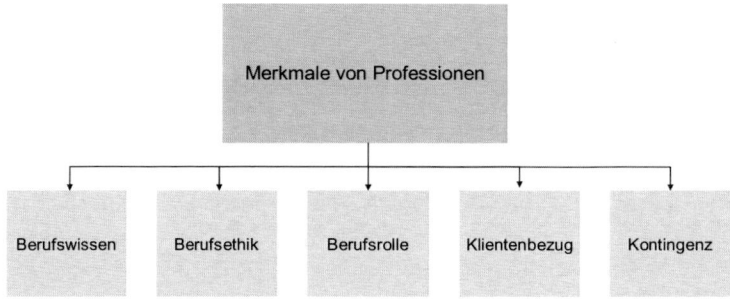

Abbildung 34 Professionsmerkmale (eigene Darstellung)

Die allgemeinen Bestimmungen von Combe und Stichweh (1996) bedürfen zur Beantwortung der Frage: ‚Benötigen wir eine wissenschaftliche Ausbildung für den Erzieherinnenberuf?' eine genauere Betrachtung.

Zu den Merkmalen von Professionen zählt zunächst „systematisches, in der Regel wissenschaftliches Wissen" (Combe / Helsper. 1996. S. 9) als Berufswissen. Stichweh schreibt: „Sie unterscheiden sich dadurch, dass sie die Berufsidee reflexiv handhaben, also das Wissen und das Ethos eines Berufs bewusst kultivieren, kodifizieren, vertexten und damit in die Form einer akademischen Lehrbarkeit führen. Die reflexive Handhabung der Berufsidee schließt das Wissen um den sozialen Anspruch ein, der sich mit dem jeweiligen Beruf verbindet" (1996. S. 51). Die professionelle Tätigkeit bedarf somit „besonderer ethischer Vorkehrungen, die die Interessen und das investierte Vertrauen des Klienten schützen" (Stichweh. 1996. S. 62). Im Bereich der Medizin ist der damit verbundene Hippokratische Eid allseits bekannt, die Vereinigung NASW – National Association of Social Workers - hat einen Code of Ethics (1999) entwickelt, der ebenfalls international angesehen und akzeptiert wird.

Ein professionalisiertes Funktionssystem zeichnet sich dadurch aus, „dass das Verhältnis von Leistungs- und Komplementärrollen als Professionellen / Klienten-Verhältnis institutionalisiert ist" (Stichweh. 1996. S. 60). Das bedeutet unter anderem, dass die Leistungsrolle des Systems als Berufsrolle definiert wird und als Profession eine strategische Stellung einnimmt (vgl. Stichweh 1996). Das Los einer Profession ist, dass sie mit Kontingenz zu tun hat. „Der Professionelle ist für das Differenzproblem nicht verantwortlich, bietet aber Problemlösungen an" (Combe / Helsper. 1996. S. 12), wobei „das Erreichen des anderen Zustandes oder der anderen Welt von ihm nicht mit Sicherheit garantiert werden kann" (Luhmann. 1982. S. 192).

Die fünf Merkmale für eine Profession treffen für den Bereich der Elementarpädagogik zu. Wenn sich die Erzieherinnentätigkeit als eine Profession versteht, ist eine akademische Lehre gerechtfertigt - ja sogar notwendige Voraussetzung. Die Zusammenführung des berufsfeld-, kompetenz- und professionstheoretischen Zugangs kann der Profession der Erzieherin dazu verhelfen, sich finden, entwickeln und vertreten zu können. Was bedeutet dies für die Profession? Was ist wissenschaftliches Wissen bzw. Wissenschaft? Und wie weit ist die Wissenschaftlichkeit im Erziehungsbereich bereits ausgebaut?

5.1.4 Wissenschaftlichkeit

Im Rahmen der Ausbildungsreform für Erzieherinnen wird immer wieder die Verwissenschaftlichung gefordert, doch was bedeutet dies überhaupt? Wissenschaft war zunächst nur ein allgemeineres Wort für Wissen (vgl. Duden 2007).

Brockhaus definiert Wissenschaft als „durch Forschung, Lehre und überlieferte Literatur gebildetes, geordnetes und begründetes, für sicher erachtetes Wissen einer Zeit." Als Voraussetzungen nennt es „notwendige und für ihren Erwerb typische systematische, Thesen aufstellende und überprüfende, forschende und in einem institutionalisierten Rahmen verlaufende Tätigkeit" (Brockhaus. 1984. S. 761).

Der rechtliche Rahmen besteht durch Artikel 5 Abs. 3 des Grundgesetzes, der in der Bundesrepublik Deutschland den Schutz der Wissenschaftsfreiheit gewährleistet. Im Hochschulurteil des Bundesverfassungsgerichts wird dabei Wissenschaft wie folgt charakterisiert: „Der gemeinsame Oberbegriff „Wissenschaft" bringt den engen Bezug von Forschung und Lehre zum Ausdruck. Forschung als „die geistige Tätigkeit mit dem Ziel, in methodischer, systematischer und nachprüfbarer Weise neue Erkenntnisse zu gewinnen" (Bundesbericht Forschung III BTDrucks. V/4335 S. 4). Sie „bewirkt angesichts immer neuer Fragestellungen den Fortschritt der Wissenschaft; zugleich ist sie die notwendige Voraussetzung, um den Charakter der Lehre als der wissenschaftlich fundierten Übermittlung der durch die Forschung gewonnenen Erkenntnisse zu gewährleisten. Andererseits befruchtet das in der Lehre stattfindende wissenschaftliche Gespräch wiederum die Forschungsarbeit" (BVerfGE 35,79. 2006. C-II). Die Wissenschaft setzt sich somit aus Forschung und Lehre zusammen, weswegen auch diese beiden Begriffe genauer betrachtet werden sollten.

Unter Forschung versteht man „das wissenschaftliche Ergründen, Untersuchen, Streben nach neuen Erkenntnissen [und] Methoden" (Brockhaus. 1981. S. 818) Lehre hingegen ist eine organisierte und systematische Weitergabe von Wissen, insbesondere von Grundlagen des wissenschaftlichen Forschens, die Vermittlung eines Überblicks über ein Forschungsfeld sowie dem aktuellen Stand der Forschung (vgl. Brockhaus 1982; Duden 2007).

Forschung und Lehre finden an Hochschulen statt. Sie ist eine „Bildungseinrichtung höchster Stufe, in der der wissenschaftliche Charakter in Forschung, Lehre, Berufsausbildung dominiert" (Brockhaus. 1981. S. 620).

Eine Abgrenzung sollte im Zusammenhang der Diskussion der Erzieherinnenausbildung zur Berufsbildung stattfinden. Unter Berufsbildung versteht man nach § 1 Berufsbildungsgesetz (BBiG):

(1) „Berufsbildung im Sinne dieses Gesetzes sind die Berufsausbildungsvorbereitung, die Berufsausbildung, die berufliche Fortbildung und die berufliche Umschulung.

(2) (…)

(3) Die Berufsausbildung hat die für die Ausübung einer qualifizierten beruflichen Tätigkeit in einer sich wandelnden Arbeitswelt notwendigen beruflichen Fertigkeiten, Kenntnisse und Fähigkeiten (berufliche Handlungsfähigkeit) in einem geordneten Ausbildungsgang zu vermitteln. Sie hat ferner den Erwerb der erforderlichen Berufserfahrungen zu ermöglichen" (BMBF. 2005. S. 4).

Wissenschaft als Erwerb von Wissen durch Forschung steht der Berufsausbildung als Vermittlung von Handlungsfähigkeit gegenüber, oder wie Wildgruber / Nagel (2007) schreiben: „Will man generelle Kriterien einer Unterscheidung heranziehen, ist bei Fachakademien davon auszugehen, dass sie Wissen auf der Grundlage von wissenschaftlichen Erkenntnissen vermitteln, ohne dass die Studierenden die Generierung der wissenschaftlichen Erkenntnis nachvollziehen müssen. Hochschulen müssen dagegen dem Anspruch der ausgeprägten wissenschaftlichen Grundlegung bei der Vermittlung von Kompetenzen und vor allem dem Anspruch des wissenschaftlichen Charakters der Ausbildung genügen. Dieser drückt sich aus in der Befähigung zur wissenschaftlichen Wissenserzeugung und in der Beteiligung an der Generierung neuer Erkenntnisse im Rahmen der Ausbildung" (S. 7).

Wildgruber und Nagel (2007. S. 7) stellten die beiden Bildungsstätten in einzelnen Bereichen gegenüber:

Fachschule / Fachakademie	Hochschule
Absolventin: „muss in der Lage sein, das Erlernte qualifiziert umzusetzen"	*Absolventin:* muss „befähigt sein, das Erlernte kritisch nach wissenschaftlichen Kriterien zu hinterfragen
Ziel der Ausbildung: „Sicherheit für das Handeln in der Praxis zu schaffen"	*Ziel der Ausbildung:* „qualifizieren mit Komplexität und Uneindeutigkeit umzugehen und damit auch das Vorhan-densein unterschiedlicher Lösungsansätze für ein
Lehre: „Ausbildung hat einen stärker schulischen Charakter"	Problem und eventuell keiner eindeutigen Lösung zu akzeptieren"; „Rezeptunabhängigkeit" Lehre: „der Anteil selbständiger Arbeit und Wissensan-eignung außerhalb von Lehrveranstaltungen [ist] ... deutlich höher

Strebt man die Verwissenschaftlichung der Erzieherausbildung an, muss klar zwischen Fachschul- und Hochschulausbildung unterschieden werden, um zum einen nicht als Hochschule den Anschein zu verbreiten Berufsausbildung zu übernehmen und damit abgewertet zu werden. Aber auch für die Fachschulen, um nicht den Auftrag für eine wissenschaftliche Ausbildung zu bekommen, dem sie von ihren Voraussetzungen her nicht gerecht werden können. Ob dies gelingt, soll eine Prüfung einiger neuer Ausbildungs- und Studiengangsmodelle zeigen.

5.2 Studiengänge in Deutschland

Durch die Hochschulreform – ausgelöst durch den Bologna-Prozess – wurde „zunächst außerhalb und jenseits der an der Fachschulen angesiedelten Ausbildung" (Diller / Rauschenbach. 2006. S. 15) die Debatte um die Erzieherinnenausbildung wieder eröffnet (vgl. Bartosch / Weigert 2005). Im Sommersemester 2004 wurde in Deutschland der erste Studiengang für den Elementarbereich an der Alice-Salomon-Fachhochschule in Berlin gestartet. Seitdem entstehen weitere Studienangebote, die auf die Klientel der frühen Kindheit zielen. Sie unterscheiden sich hinsichtlich folgender Dimensionen:

136

- aufbauend auf Erzieherinnen-Ausbildung vs. grundständiges Angebot
- Generalisierung vs. Spezialisierung der Inhalte
- Vollzeit- vs. berufsbegleitenden Studium
- reiner Hochschulstudiengang vs. Kooperationen mit anderen Partnern (vgl. Knauer 2007; Wildgruber / Nagel 2007)

Die Entwicklung lässt sich nicht mehr stoppen bzw. umkehren. In der folgenden Tabelle werden die Studienangebote bzgl. Hochschule, Abschluss, Art und Dauer des Studiums, Besonderheiten und Schwerpunkte, sowie des zukünftigen abgezielten Arbeitsmarkts erfasst. Die folgende Auflistung erhebt keinen Anspruch auf Vollständigkeit, da sich das Angebot in diesem Bereich stark verändert und weiterentwickelt (vgl. Knauer 2007; Kogel 2008; Wildgruber / Nagel 2007).

Tabelle 18 Bachelor- und Masterstudiengänge im Bereich Elementarpädagogik, (frühe) Kindheit Stand: 20.06.2008

Hochschule / Studiengang	B.A. M.A.	Art des Studiums / Dauer / Besonderheiten	Zukünftiger Arbeitsmarkt
Berlin, Alice-Salomon-Fachhochschule Erziehung und Bildung im Kindesalter[76]	B.A.	- Start: SoSe 2004 - 7 Semester - Zugangsvoraussetzung: allg. Hochschulreife, Fachhochschulreife oder Realschulabschluss mit einer geeigneten Berufsausbildung und 4jähriger Berufstätigkeit. Voraussetzung für die Aufnahme des Studiums ist ein 3monatiges Vorpraktikum - 40 Studierende / Jahr - Altersgruppe 0 – 14	bildet aus für die Arbeit mit Kindern von der Geburt bis zum Ende des Grundschulalters (in Berlin 12./13. Lebensjahr)
Berlin, Katholische Hochschule für Sozialwesen Bildung und Erziehung[77]	B.A.	- Start: WiSe 2007/08 - 7 Semester - Zugangsvoraussetzung: allg. Hochschulreife, Fachhochschulreife oder eine vom Senat von Berlin im Einzelfall anerkannte Fachhochschulzugangsberechtigung; Außerdem können Bewerberinnen vorläufig immatrikuliert wer-	qualifiziert für die Leitungsfunktion in Kindertagesstätten, Moderatorenfunktion (auch Fachberatung) in Kindertagesstätte, Schule und Hort, aber auch in vernetzender Perspektive zwischen Schule und Kinder- und Jugendhilfe

---

76 Alice Salomon Fachhochschule Berlin URL: http://www.asfh-berlin.de/index.php ?id=124 Stand: 29.05.2007
77 Katholische Hochschule für Sozialwesen, Berlin, URL: http://www.khsb-berlin.de/index.php?id=1513 Stand. 06.07.2007

		den, die einen Realschulabschluss oder eine gleichwertige Schulbildung besitzen und eine für das Studium geeignete abgeschlossene Berufsausbildung und danach eine mindestens 4jährige Berufserfahrung; Orientierungspraktikum: 12 Wochen - 33 Studierende / Jahr - Fakultatives Angebot: Theologische Ergänzungsstudien	
Bielefeld, Fachhochschule Pädagogik der Kindheit[78]	B.A.	- Start: WiSe 07/08 - 6 Semester - Zugangsvoraussetzung: Fachhochschulreife, gleichwertig anerkannte Vorbildung, 3 Monate Vorpraktikum vor Einschreibung; • Bei Abschluss der FOS Sozialpädagogik / Sozialarbeit entfällt das Grundpraktikum - 30 Studierende / Jahr - an das Hochschulstudium schließt ein berufspraktisches Jahr an. - Qualifizierungsschwerpunkte: Global Social Work/Interkulturelle Soziale Arbeit, Kultur und Medien, Bildung für eine nachhaltige Entwicklung - Studienbeginn: Winter- und Sommersemester	Berufsfelder in denen Bildungsprozesse von Kindern und Erziehungsfragen von Eltern und Professionellen im Zentrum stehen (inter-)national; Tätigkeitsfelder: Kinder ab Geburt (Familienzentren, Kinderhäuser, Kitas, Schulen, Kinderdörfer, Heime) offen Kinderarbeit sowie Projektarbeit (Genderarbeit, Interkulturalität); Bildung von Erwachsenen rund um Kindheit (Fachberatung und Fort- und Weiterbildung z. B. für Erzieherinnen, Tagespflegeeltern, Müt-ter in Eltern-/ Familienbildungsstätten; Beratung von Müttern, Eltern, Lehrern, Erziehern, Tagesfamilienbetreuern; Kinderrechte/ -schutz
Bochum, Evangelische Fachhochschule Elementarpädagogik[79]	B.A.	- Start: SoSe 2008 - 6 Semester - Zugangsvoraussetzung: Erzieherinnenausbildung und Fachhochschulreife - Kooperationsverträge: 2 Semester anerkannt durch Fachschule - k.A. Studierende/Jahr	Leitungstätigkeit

---

78 Fachhochschule Bielefeld, URL: http://www.fh-bielefeld.de/article/fh/5803 Stand: 06.07.2007
79 Evangelische Fachhochschule Bochum, URL: http://www.efh-bochum.de/studium/studiengaenge/baelepaed.html Stand: 19.06.2008

Bremen, Universität Fachbezogene Bildungswissen-schaften Elemen-tarbereich[80]	B.A.	- Start: WiSe 2005/06 - 6 Semester - Zugangsvoraussetzung: Abitur, fachgebundene Hochschulreife - 25 Studierende / Jahr - Schwerpunktwahl: Elementarbe-reich, Grund-, Sekundarschule	Qualifiziert für Tätigkeit im Elementarbereich, Hort, Grund- , Sekundarschulen (Betreuung), in anderen außerschulischen Bildungs-einrichtungen für Altersstufe 3 – 16 Jahre Voraussetzung für Master of Education (Elementarbe-reich, Lehramt u.a.)
Darmstadt, Evangelische Hochschule für Soziale Arbeit und Pädagogische Akademie Elisabethenstift Bildung und Erziehung in der Kindheit[81][82]	B.A.	- Start: WiSe 07/08 - 6 Semester + 2 Semester Berufs-praktikum - Zugangsvoraussetzung: entsprech-end einer Fachschule für Sozialpä-dagogik + die Fachhochschulreife - 25 Studierende / Jahr - Semester 1 – 3, +Berufsprakti-kum:Fachschulen Hessen; Semes-ter 4 – 6; Evang. Hochschule - mit B.A. wird Abschluss staatl. anerkannte Erzieherin verliehen	k. A.
Dresden, Evangelische Hochschule für Soziale Arbeit Elementar- und Hortpädagogik[83]	B.A.	- Start: WiSe 05/06 - 8 Semester - Zugangsvoraussetzung: Abschluss staatlich anerkannte Erzieherin, einschlägige Berufstätigkeit + Hochschulzugangsberechtigung - 25 Studierende / Jahr - berufsbegleitender Studiengang (fünf Blockwochen pro Semester); Voraussetzung ist 50 % Tätigkeit in Kindertageseinrichtung oder Hort	Vermittlung einer professio-nellen, auf wissenschaft. Er-kenntnissen basierenden Er-ziehungs- und Bildungskom-petenz in Kindertageseinrich-tungen; Studiengang baut auf Fachschulqualifikation für Erzieherinnen auf, entspricht der Sächsischen Qualifika-tionsverordnung

---

80 Universität Bremen, URL: http://www.fruehpaedagogik.uni-bremen.de/BA.html Stand: 06.07.2007
81 Evangelische Fachhochschule Darmstadt. URL: http://www.bek.efhd.de/bek_entwicklung.php Stand: 07.01.2008
82 Pädagogische Akademie Elisabethenstift Darmstadt. URL: http://www.elisabethenstift.de /akademie/news/meldung_8.htm Stand: 07.01.2008
83 Evangelische Hochschule für Soziale Arbeit Dresden. URL: http://www.ehs-dresden.de /index.php?id=150 Stand: 12.07.2007

Dresden, Technische Universität Childhood research and education/ Kindheitsforschung Beratung und Bildung[84]	M.A.	- Start: WiSe 2007/08 - 4 Semester - Zugangsvoraussetzung: Absolventin mit überdurchschnittlichen Studienabschlüssen aus Bachelor-, sozialpäd. Studiengängen sowie aus höheren Lehramt an berufsbilden-den Schulen mit beruflicher Fach-richtung Sozialpädagogik - 20 Studierende / Jahr	Praxis- und Begleitforschung Erforschung Frühpädagogik insbesondere institutionelle Ebene; Qualitätsentwicklung, Evaluation und wissenschaft. Dokumentation im Bereich Pädagogik, Institutionen und Methoden der frühen / mittle-ren Kindheit;für päd. Lei-tungsfunktion in großen Kindertageseinrichtungen, Trägerverbänden,Weiter- bildungsakademien
Erfurt, Fachhochschule Bildung und Erziehung von Kindern[85]	B.A.	- Start: WiSe 2007/08 - 6 Semester - Zugangsvoraussetzung: mind. fachgeb. Fachhochschulreife oder Abitur und Erzieherinnenausbildung mit staatl. Anerkennung + Be-rufserfahrung in Kindertagesein-richtungen - 35 Studierende / Jahr - Präsenzstudiengang, berufsbegleitend (Online-Studium mit Präsenz-phasen und Praktika)	k. A.
Erfurt, Universität Pädagogik der Kindheit[86]	B.A.	- Start: WiSe 2004/05 - 6 Semester - Zugangsvoraussetzung: allge. Hochschulreife, fachgebundene Hochschulreife, ein als gleichwertig anerkanntes Zeugnis - 180 Studierende / Jahr	Tätigkeiten in vor-, außer-, schulischen Bildungsbereichen, Kindermedien-Institutionen, Freizeiteinrichtungen für Kinder / Familien; Masterstudiengang Grundschullehramt

---

84 Technische Universität Dresden. URL: http://www.profis-in-kitas.de/programm/ partnerhochschulen/technische-universitaet-dresden Stand: 12.07.2007
85 Fachhochschule Erfurt. URL: http://www.erato.fh-erfurt.de/so/studium/dokus/BA_Bildung_Erziehung.pdf Stand: 07.01.2008
86 Universität Erfurt. URL: http://www.uni-erfurt.de/lehre/studiengaenge/ba/doc/PaedKind.pdf Stand: 06.07.2007

Esslingen, Hochschule Bildung und Erziehung in der Kindheit[87]	B.A.	- Start: WiSe 06/07 - 7 Semester - Zugangsvoraussetzung: allge. Hochschulreife, Fachhochschulreife; Vorpraktikum (6 Wochen); ggf. Auswahlverfahren - 25 Studierende / Jahr - 6 Theoriesemester +1 Praxissemester im Ausland oder besonders profilierten Einrichtungen in Deutschland - Schwerpunkte: Entwicklungs- und Bildungsprozesse von Kindern, Bildungsmanagement in Leitungs- und Führungspositionen	Tätigkeiten im Bereich Kindertageseinrichtungen, außerunterrichtlichen Arbeit in Grundschulen; Gruppen-, Einrichtungsleitung, Management von außerunterrichtlichen / unterrichtserweiternden Bildungs-, Erziehungs-,Betreuungsangeboten an / in Schulen, Frühförderung, Elternbildung, -beratung, Auswahl / Qualifizierung von Tagesmüttern, außerschulischen Aus-, Fort-; Weiterbildung, Fachberatungs-, Bereichsleitungs- und Abteilungsleitungsaufgaben
Freiburg, Evangelische Fachhochschule Pädagogik der frühen Kindheit[88]	B.A.	- Start: WiSe 2004/05 - 6 Semester - Zugangsvoraussetzung: Abitur, Fachhochschulreife oder Eignungsprüfung Baden-Württemberg, mind. 6monatiges Praktikum - 25 Studierende / Jahr	Tätigkeiten in Institutionen der Elementarpädagogik
Freiburg, Katholische Fachhochschule Management von Erziehungs- und Bildungseinrichtungen[89]	B.A.	- Start SoSe2007 - 6 Semester; berufsbegleitend - Zugangsvoraussetzung: Hochschul- oder Fachhochschulreife + abgeschlossener Berufsausbildung im sozialen Bereich - 20 Studierende / Jahr	Fachkräfte der Erziehungsberufe für Management und Leitungsaufgaben in Erziehungs- und Bildungseinrichtungen

---

87 Hochschule Esslingen, URL: http://www.hs-esslingen.de/dc/31952 Stand: 06.07.2007
88 Evangelische Fachhochschule Freiburg URL: http://www.efh-freiburg.de/early_childhood.htm Stand: 29.05.2007
89 Katholische Fachhochschule Freiburg. URL: http://www.kfh-freiburg.de/cms/kfh/index.php? idcatside=44 Stand: 29.05.2005

Gera, SRH Fachhochschule für Gesundheit Gera GmbH i.G. Interdisziplinäre Frühförderung[90]	B.A.	- Start: WiSe 2007/08 - 6 Semester - Zugangsvoraussetzung: Vollzeitstudiengang: allge. / fachgeb. Hochschulreife oder Fachhochschulreife gemäß § 60 ThürHG; mind. 3monatiges Vorpraktikum; Teilzeitstudiengang: allge. / fachgeb. Hochschulreife oder Fachhochschulreife gemäß § 60 ThürHG; abgeschlossene Berufsausbildung in sozialpäd. / therapeutischen Beruf, mindestens 1 Jahr Tätigkeit in Frühfördereinrichtung / vergleichbaren Einrichtung (zugelassen werden folgende Abschlüsse: Logopäde, Ergotherapeut, Physiotherapeut, (Kinder-) Krankenschwester, Hebamme, Erzieher, Heilpädagoge, Heilerziehungspfleger, Motopäde, Familienpfleger; - 25 Studierende / Jahr - Vollzeit- und Teilzeitstudium möglich	Leitungs- und Organisationstätigkeiten, international ausgerichtet, erweitert spezifische Ausbildung derzeitiger Fachkräfte im Feld frühkindlicher Erziehung durch fachübergreifenden Fokus familienorientierter Förderung
Gießen, Universität Bildung und Förderung in der Kindheit[91]	B.A.	- Start: WiSe 2007/08 - 6 Semester - Zugangsvoraussetzung: allge. / fachgeb. Hochschulreife /Fachhochschulreife, Meisterprüfung, Hochschulzugang für beruflich Qualifizierte - 60 Studierende / Jahr	Frühförderung, Leitung / Supervision von Kindergärten, -tagesstätten, Institutionen der Beratung / Förderung von Kindern im Vor- /Grundschulalter, Vernetzung von Vor- und Grundschule
Hamburg, Hochschule für Angewandte Wissenschaften Erziehung und Bildung[92]	B.A.	- Start: k.A. - 7 Semester - Zugangsvoraussetzung: Fachhochschulreife, allge. / fachgeb. Hochschulreife. Bewerberinnen ohne Hochschulreife: "Besonderen Hochschulzugang für Berufstätige" nach § 38 Ham. Hochschulgesetz - k.A. Studierende / Jahr	alle Arbeitsfelder, in denen professionell mit Kindern bildend und erzieherisch gearbeitet wird

90 SRH Fachhochschule für Gesundheit Gera. URL: http://www.gesundheitshochschule.de/de/fhg-gera/2596.html Stand: 07.01.2008
91 Universität Gießen. URL: http://www.uni-giessen.de/cms/studium/studienangebot/bachelor/kindheit Stand: 07.01.2008
92 Hochschule für Angewandte Wissenschaften Hamburg. URL: http://www.haw-hamburg.de/9269.0.html Stand: 07.01.2008

Heidelberg, Pädagogische Hochschule Frühkindliche und Elementarbildung[93]	B.A.	- Start: WiSe 07/08 - 6 Semester - Zugangsvoraussetzung: allge. / fachgeb. Hochschulreife, besonders befähigte Berufstätige mit Berufsausbildung, umfangreicher Weiterbildung und mindestens 4 Jahren Berufspraxis - 35 Studierende / Jahr	Arbeit mit Kindern von 1 - 6 Jahren in unterschiedlichsten Einrichtungen des Elementarbereichs (Kinderkrippe, Kindergarten); in Institutionen, die Kindern von Geburt bis 12Jahren Bildungsangebote machen (Kinderkrippen, Horte, Schulbetreuung, Kindertagesstätten, Bildungshäuser); insbesondere leitende Funktionen
Heidelberg, Pädagogische Hochschule Pädagogik für Kinder und Jugendliche der Straße[94]	M.A.	- Start: WiSe 2007/08 - 4 Semester - Zugangsvoraussetzung: neben allge. Hochschulreife ein mit überdurchschnittlichem Ergebnis abgeschlossenes adäquates Studium - 35 Studierende / Jahr	Programme und Projekte der Freien Wohlfahrt und NGOs, der staatlichen Entwicklungshilfe, kommunale, kirchliche Jugendhilfe, die mit schulfernen Kindern arbeiten; Schulen mit kulturell stark heterogenen Klassen und Schulverweigerern
Hildesheim / Holzminden / Göttingen (Hildesheim), Hochschule für angewandte Wissenschaft und Kunst – Fachhochschule Bildung und Erziehung im Kindesalter[95]	B.A.	- Start: WiSe 2006/07 - 6 Semester - Zugangsvoraussetzung: Hochschulzugangsberechtigung + 10wöchiges Praktikum; staatlich anerkannte Erzieherinnen, die in Kooperation mit der HAWK besondere zusätzliche Angebote für Studieninteressenten absolvieren; für andere staatlich anerkannte Erzieherinnen, die durch eine Einstufungsprüfung ihre Eignung nachweisen. - 30 Studierende / Jahr - Altersgruppe 0 - 12 - Verzahnung mit Studiengang Soziale Arbeit, Kooperationsstudiengang, Berufsbegleitendes Teilzeit-	Erziehung und Bildung von Kindern; ist jedoch nicht eng auf den Bereich der Elementarerziehung beschränkt

---

93 Pädagogische Hochschule Heidelberg. URL: http://www.ph-heidelberg.de/org/felbi/ Stand: 06.07.2007
94 Pädagogische Hochschule Heidelberg. URL: http://www10.ph-heidelberg.de/org/allgemein/ 492.0.html#c3674 Stand: 07.01.2008
95 Hochschule für angewandte Wissenschaft und Kunst (HAWK) – Fachhochschule Hildesheim, Holzminden, Göttingen. URL: http://www.hawk-hhg.de/hawk/fk_soziale_arbeit/129367.php Stand: 29.05.2007

		studium, in Aufbauphase Abschluss als Erzieherin Voraussetzung: Anerkennung von 60 CP	
Karlsruhe, Pädagogische Hochschule Sprachförderung und Bewegungserziehung[96]	B.A.	- Start: WiSe 2007/08 - 6 Semester - Zugangsvoraussetzung: allge. / fachgeb. Hochschulreife, die die Studienberechtigung an Pädagogischen Hochschule in Baden-Württemberg einschließt - 25 Studierende / Jahr	Bildungsinstitutionen wie Kindergarten, Schule; kommunalen Einrichtungen, Sportvereinen und Sportfachverbänden, NGO's, anderen Selbsthilfevereinigungen; mit der Tätigkeit stellt man Entwicklung, Implementierung, Evaluation von Maßnahmen der Sprachförderung und Bewegungserziehung in entsprechenden Bildungseinrichtungen
Kiel, Fachhochschule Erziehung und Bildung im Kindesalter[97]	B.A.	- Start: WiSe 2007/08 - 6 Semester - Zugangsvoraussetzung: Fachhochschulreife, Abitur, abgeschlossene Erzieherinnenausbildung - 24 Studierende / Jahr - Altersgruppe 0 – 14; Verzahnung mit Studiengang Sozialwesen, Kooperationsstudiengang: Anerkennung von 60 CP nach Prüfung	Leitung oder Fachberatung in allen Feldern der Kinder- und Jugendhilfe, z.B. Bildung / Erziehung in Kindertageseinrichtungen, Betreuung von Kindern in der Schule, offene Kinder- und Jugendarbeit, erzieherische Hilfe für Kinder, Hilfe für Eltern in der Erziehung (Elternschule), Einrichtungen der Schulkindbetreuung, Kooperationsangebote, Jugendhilfe / Schule, Ganztagsschulangebote
Koblenz, Fachhochschule Bildungs- und Sozialmanagement mit Schwerpunkt frühe Kindheit[98]	B.A.	- Start: WiSe 2005/06 - 6 Semester - Zugangsvoraussetzung: Erzieherin[99] - 70 Studierende / Jahr (Aufnahme 2mal jährlich) - Studiengang für Leitungskräfte - berufsbegleitender Fernstudiengang	Leitung: Kindertageseinrichtungen, Trägerorganisationen, Bildungs- / Betreuungsmanagement an / in Schulen (Ganztagsschulen), öffentliche Jugendhilfe (Jugendamt), Fachberatung, Wissenschaft / Forschung

---

96 Pädagogische Hochschule Karlsruhe, URL: http://www.ph-karlsruhe.de/org/sport/sub/index.html Stand: 06.07.2007

97 Fachhochschule Kiel URL: http://www.soziale-arbeit-und-gesundheit.fh-kiel.de/Neu_SUG_ Home/Studium/STG_Erziehung_Bildung_BA/index.php Stand: 29.05.2007

98 Fachhochschule Koblenz, Standort RheinAhrCampus Remagen URL: http://www.rheinahr campus.de/Bildungs-und_Sozialmanagement.741.0.html Stand: 29.05.2007

Lüneburg, Universität Bildungswissen-schaften[100]	B.A.	- Start: WiSe 2007/08 - 6 Semester - Zugangsvoraussetzung: Erzieherin[101] - k.A. Studierende / Jahr	pädagogisch relevante Handlungsfelder: Bildungs-Kultureinrichtungen, Unternehmen, Verbänden, öffentlicher Dienst, Forschungseinrichtungen, selbstständige Tätigkeit in Erwachsenenbildung, betrieblichen Aus- / Weiterbildung, Durchführung von Bildungsveranstaltungen, Qualitätsmanagement, Organisationsberatung für Bildungseinrichtungen, Masterstudium
Magdeburg-Stendal, Hochschule Angewandte Kindheitswissenschaften[102]	B.A.	- Start: 2005 - 6 Semester - Zugangsvoraussetzung: allge. / fachgeb. Hochschulreife / Fachhochschulreife, vergleichbare Abschlüsse - derzeit 50 Studierende / Jahr; soll auf 60 ausgebaut werden	"Kindheitswirte": Belange / Bedürfnisse der Kinder auf einer breiten wissenschaftlichen Grundlage kennen, in bestehende Teams hineintragen / gegenüber zuständigen Instanzen vertreten; in allen Bereichen der Gesellschaft für die Belange von Kindern / Familien tätig werden; verschiedene Einrichtungen für Kinder / Jugendliche, Bildungs-, Erziehungs-, Gesundheitsinstitutionen, Industrie

99 Laut § 11 Absatz 7 Schulgesetz (SchulG) vom 30. März 2004 für das Land Rheinland-Pfalz berechtigt der Abschluss einer Fachschule in Vollzeitunterricht mit der Dauer von mindestens zwei Schuljahren oder in Teilzeitunterricht mit entsprechender längerer Dauer zum Studium an Fachhochschulen in Rheinland-Pfalz und ist der Fachhochschulreife gleichwertig.

100 Universität Lüneburg: URL: http://www.leuphana.de/uni/index.php?id=biwi_ba Stand: 19.06.2008

101 Laut § 11 Absatz 7 Schulgesetz (SchulG) vom 30. März 2004 für das Land Rheinland-Pfalz berechtigt der Abschluss einer Fachschule in Vollzeitunterricht mit der Dauer von mindestens zwei Schuljahren oder in Teilzeitunterricht mit entsprechender längerer Dauer zum Studium an Fachhochschulen in Rheinland-Pfalz und ist der Fachhochschulreife gleichwertig.

102Hochschule Magdeburg. URL: http://www.hs-magdeburg.de/studium/s-studienangebot/b_kindheitswissenschaft Stand: 29.05.2007

München, Fachhochschule Bildung und Erziehung im Kindesalter[103]	B.A.	- Start: WiSe 07/08 - 7 Semester - Zugangsvoraussetzung: abgeschlossene Ausbildung Erzieherin + Fachhochschulreife, allge. / fachgeb. Hochschulreife + schriftliche Bewerbung, Einzelgespräch - 40 Studierende / Jahr - bis zu 3 Semester (75 - max. 90 CP) der Ausbildung zur Erzieherin an einer bay.FakS können angerechnet werden	auf der Grundlage eines wissenschaftlich fundierten Wissens über die Bildungsfähigkeit von Kindern Bildungs- / Erziehungsprozesse in verschiedenen Sozialräumen / Institutionen qualifiziert zu initiieren, begleiten, dokumentieren, evaluieren
München, Katholische Fachhochschule Bildung und Erziehung im Kindesalter[104]	B.A.	- Start: WiSe 07/08 - 8 Semester, berufsbegleitend - Zugangsvoraussetzung: fachgeb. / allge. Fachhochschulreife, / Hochschulreife, Abschluss staatlich anerkannte Erzieherin + berufliche Tätigkeit in einem Arbeitsfeld der Bildung / Erziehung - 30 Studierende / Jahr - berufsbegleitende Studiengang; anrechenbare Leistungen: erfolgreich abgelegte Ausbildung an einer FakS mit 60 CP (zwei Semes-tern); Praxiserfahrung in den Bereichen Bildungsmanagement / Bildungsplanung, integrative / interkulturelle, religionssensible Pädagogik mit bis 15 CP	Leitung von Kindertageseinrichtungen und übergeordneten Einrichtungsverbünden (Gesamtleitung); Referentin in Verbänden,Trägerorganisationen, Bildungsmanagement; Beratungsaufgaben im (außer)schulischen Kontext; Fachberatung in Bildungs- / Erziehungseinrichtungen; Zugang zu Master-Studiengängen
Neubrandenburg, Fachhochschule Early Education - Bildung und Erziehung im Kindesalter[105]	B.A.	- Start: WiSe 2005/06 - 6 Semester - Zugangsvoraussetzung: allge. Hochschulreife, Fachhochschulreife, Berufsabschluss staatlich anerkannte Erzieherin + Auswahlverfahren seitens der Hochschule - 20 Studenten / Jahr - Kinder von 0 – 10 Jahre	Gruppenarbeit mit Jungen und Mädchen, Leitung von Kindertagesstätten, außerunterrichtliche Tätigkeiten im Grundschulbereich

---

103 Fachhochschule München. URL: http://www.fh-muenchen.de/fb11/BA/beki/beki.html Stand: 07.01.2008
104 Katholische Fachhochschule München, URL: http://193.174.158.225:12080/ksfh/fachbereiche/Erz_Bild/ Stand: 06.07.2007
105 Fachhochschule Neubrandenburg URL: http://www.hs-nb.de/sbe-early-education.html Stand: 29.05.2007

Nordrhein-Westfalen Köln / Paderborn, Katholische Fachhochschule Bildung und Erziehung im Kindesalter[106]	B.A.	- Start: k.A. - 6 Semester - Zugangsvoraussetzung: erfolgreicher Abschluss einer auf das Studium vorbereitenden schulischen Bildung sowie eine abgeschlossene Fachschulausbildung als Erzieherin + angemessene Berufserfahrung - k.A. Studierende / Jahr	leitende Tätigkeiten im Bereich von Tageseinrichtungen für Kinder, im Übergang zur Schule, mit Kindern mit besonderem Förderbedarf und ihren Bezugspersonen, Beratung von Einrichtungen
Oldenburg / Ostfriesland / Wilhelmshaven (Emden), Fachhochschule Integrative Frühpädagogik[107]	B.A.	- Start: WiSe 2004/05 - 6 Semester - Zugangsvoraussetzung: abgeschlossene Erzieherausbildung (Anerkennung von 3 Semester möglich) - 35 Studierende / Jahr - Inklusionspädagogik, Schwerpunkt: Elementarbereich	Unterstützung von Kindern mit besonderem Förderbedarf, Förderung / Erweiterung sprachlicher Kompetenzen, Leitungsaufgaben
Potsdam, Fachhochschule Bildung und Erziehung in der Kindheit[108]	B.A.	- Start: WiSe 2005/06 - 6 Semester - Zugangsvoraussetzung: allge. / fachgeb. Fach- / Hochschulreife, oder eine durch Rechtsvorschrift als gleichwertig anerkannte Zugangsberechtigung - 25 Studierende / Jahr - Psychoanalytische Schwerpunktsetzung, Kooperation mit Universität Potsdam	Befähigung zur Anwendung wissenschaftlicher Methoden / Erkenntnisse, professionelle Handlungskompetenzen in den Berufsfeldern der erzieherischen /pädagogischen Arbeit mit Kindern
Reutlingen-Ludwigsburg, Evangelische Fachhochschule (EFH) und Ludwigsburg, Pädagogische Hochschule (PH) Frühkindliche	B.A.	- Start: WiSe 2007/08 - 6 Semester - Zugangsvoraussetzung: EFH: Fachhochschulreife, PH: allg. Hochschulreife; für Abiturienten (Voraussetzung: 4wöchiges Vorpraktikum) und berufserfahrene Erzieherinnen; Für Nichtabiturienten: Eignungsprüfung - 75 Studierende / Jahr	Mit dem neuen Studienangebot soll die Ausbildung von Erzieherinnen in einen gleichwertigen Zusammenhang mit der Ausbildung von Lehrerinnen gestellt werden

106 Katholische Fachhochschule Nordrhein-Westfalen, URL http://www.kfhnw.de/zentrale/ sozialwesen/Z-100_FB_SW_BEIK.php Stand: 07.01.2008
107 Fachhochschule Oldenburg Ostfriesland Wilhelmshaven URL: http://www.fh-oow.de/sowe/ index.php?id=85 Stand: 29.05.2007
108 Fachhochschule Potsdam. Bachelor of Arts: Bildung und Erziehung in der Kindheit. Ausbildung von Fachkräften für eine qualifizierte psychologischpädagogische Arbeit mit Kindern. URL: http://www.fh-potsdam.de/fileadmin/fhp_zentrale/dokumente/studienangelegenheiten/Flyer FHP/FL_10_BABEK_v04.pdf Stand: 29.05.2007

Bildung und Erziehung[109]		- Kooperationspartner: PH Lud-wigsburg, EFH Reutlingen-Lud-wigsburg und FakS; Studien-schwerpunkte: erziehungswissen-schaft. Grundlagen, kindliche Weltzugänge, berufsbegleitend möglich	
Rheinland-Westfalen-Lippe, Evangelische Fachhochschule Elementar-pädagogik[110]	B.A.	- Start: SoSe 2008 - 6 Semester - Zugangsvoraussetzung: allge. / fachgeb. Fach- /Hochschulreife, staatl. Anerkennung als Erzieherin - 30 Studierende / Jahr -Semester 1 + 2: Fachschule; Kooperationsstudiengang: Auf-nahme nur in 3. Fachsemester (2 Studienjahr) eingestuft werden kann; Konzept für Teilzeitberuf geplant	leitende Tätigkeit u. a. in folgenden Arbeitsfeldern: Tageseinrichtungen für Kinder (Kindergärten, al-tersgemischte Gruppen), Familienzentren, Familien-bildungsstätten, Verbände der freien / öffentlichen Wohlfahrtspflege (Fachbe-ratung, Fortbildung, Pro-jektentwicklung), Qualifi-zierung von Tagesmüttern
Saarland, Hochschule für Technik und Wirtschaft Soziale Arbeit und Pädagogik der Kindheit[111]	B.A.	- Start: WiSe 2006/07 - 7 Semester - Zugangsvoraussetzung: allge. Fachhochschulreife oder ein vom Ministerium für Bildung, Kultur und Wissenschaft als gleichwertig anerkannter Abschluss; 12 Wochen Vorpraktikum; - 65 Studierende / Jahr	klassische sozialarbeiter-ische/ -pädagogische Hand-lungsfelder, Leitungsfunk-tion von Kindertagesein-richtungen, Horten und Kindergärten
Schwäbisch Gmünd, Pädagogische Hochschule Frühe Bildung[112]	B.A.	- Start: WiSe 2007/08 - 6 Semester - Zugangsvoraussetzung: allge. Hochschulreife, Erzieherinnen mit abgeschlossener Ausbildung + Eig-nungsprüfung - 35 Studierende / Jahr - Studienschwerpunkte: Spracher-werb, Sprachförderung, Fremd-sprachenlernen im Kindesalter;	Leitungsfunktionen in Insti-tutionen der frühen Bil-dung, Beratertätigkeit bei frühpädagogischen, ent-wicklungspsychologischen, fachdidaktischen und orga-nisatorischen Fragen für Eltern, Erzieherinnen, Lehrkräfte, Träger

109 Evangelische Fachhochschule Reutlingen-Ludwigsburg, URL: http://www.efh-reutlingen-ludwigsburg.de/index2.php?p=studienangebote/index.htm Stand: 06.07.2007; Pädagogische Hochschule Ludwigsburg, URL: http://www.ph-ludwigsburg.de/5591.html Stand: 06.07.2007

110 Evangelische Fachhochschule Rheinland-Westfalen-Lippe, URL: http://www.efh-bochum.de /studium/studiengaenge/baelepaed.html Stand: 06.07.2007

111 HTW – Hochschule für Technik und Wirtschaft des Saarlandes, URL: http://www.htw-saarland.de/bewerber/studienangebot/bachelor/sozialearbeit/ Stand: 06.07.2007

112 Pädagogische Hochschule Schwäbisch Gmünd, URL: http://www.ph-gmuend.de/ deutsch/studium/studiengaenge/bachelor_fruehe_bildung.php?navanchor=1010130 Stand: 06.07.2007

		mathematische Grundbildung, Förderung naturwissenschaftlich-technischer Interessen und Fähigkeiten	
Weingarten, Pädagogische Hochschule Elementarbildung [113]	B.A.	- Start: WiSe 2007/08 - 6 Semester, - Zugangsvoraussetzung: allge. Hochschulreife oder Berufsab-schluss staatlich anerkannte Erzie-herin mit 4jähr. Berufserfahrung	Lernbegleitung, Entwick-lungsförderung von Kin-dern, Leitungsfunktion, Beratungsaufgaben, außer-unterrichtliche Arbeit im Grundschulbereich

Ähnlichkeiten und Unterschiede der bisherigen Studiengangsmodelle werden kurz erläutert.

5.2.1 Wie sind die Ausbildungs- und Studiengangsmodelle konzipiert?

Bei der Entwicklung der Studiengänge für die Frühpädagogik wurden bisher primär Bachelorangebote entwickelt (vgl. Knauer 2007). Formal bedeutet ein Bachelorstudiengang laut der ländergemeinsamen Strukturvorgaben[114] (KMK. 2005), dass eine Studiendauer von sechs bis acht Semestern möglich ist, bis ein erster berufsqualifizierender Abschluss bzw. der Zugang zu einem Masterstu-dium erreicht wird. Der durch einen konsekutiven Bachelorstudiengang verlie-hene Abschluss ist ein Bachelor of Arts (B.A.)[115], wohingegen die Be-rufsbezeichnung noch nicht festgelegt ist. Die Abschluss- bzw. Berufsbezeich-nung des pädagogischen Personals in Kindertageseinrichtungen geriet im Laufe der Jahrzehnte immer wieder in Diskussion (vgl. Minz 1973; Berg 1978) Auch jetzt wird wieder überlegt, wie das zukünftige pädagogische Fachpersonal mit einem Bachelorabschluss bezeichnet werden soll. Die Abschlussbezeichnungen sind unter anderem: „Erzieherin BA", „Elementarerzieherin", „Vorschulpäda-gogin", „Frühpädagoge" (BDA. 2006. S. 37), „Sozialarbeiterin – Bereich Frühe Erziehung und Bildung". Dafür, dass eine einheitliche Berufsbezeichnung festgelegt wird, sprechen sich auch 10 von 14 (7 „trifft voll zu", 3 % „trifft zu") der befragten Akkreditierungsgutachter aus.

---

113 Pädagogische Hochschule Weingarten, URL: http://www.ph-weingarten.de/zep/Projekte/ Studiengang_Elementarbildung.php Stand: 06.07.2007

114 Ländergemeinsame Strukturvorgaben gemäß § 9 Abs. 2 HRG für die Akkreditierung von Bachelor- und Masterstudiengängen, Beschluss der Kultusministerkonferenz vom 10.10.2003

115 Die korrekte Abschlussbezeichnung eines Bachelorstudiengangs nach dem KMK-Beschluss (KMK. 2005) lautet „Bachelor of Arts" und nicht wie häufig genutzt „Bachelor of Education". Ein Bachelor oder Master of Education (B.Ed. / M.Ed.) weist auf Studienabschlüsse hin, "mit denen die Voraussetzung für ein Lehramt vermittelt" wird. (KMK. 2005. S. 14)

Es soll eine einheitliche Berufbezeichnung festgelegt werden
(z. B. Erzieherin FH, Frühpädagogin)

- keine Antwort
- trifft voll zu
  trifft zu
  teils / teils
- trifft weniger zu
- trifft gar nicht zu

Abbildung 35 einheitliche Berufsbezeichnung für Absolventinnen elementarpädagogischer Studiengängen (eigene Darstellung)

Die Bologna Reform sieht vor, dass Im Anschluss an das Bachelorstudium die Absolventinnen entweder in die Berufstätigkeit gehen, einen konsekutiven[116] Studiengang unmittelbar bzw. zu einem späteren Zeitpunkt (mit einer eingefügten Berufstätigkeit) anschließen, einen nicht-konsekutiven[117] oder einen Weiterbildungsstudiengang[118] absolvieren. Der Abschluss eines Masterstudiengangs berechtigt die Personen, eine Promotion anzutreten, wenn am Ende des Masterstudiums 300 Kreditpunkte erreicht werden.

---

116 Konsekutive Studiengänge „sind Studiengänge, die nach Maßgabe der Studien- und Prüfungsordnung inhaltlich aufeinander aufbauen und sich i.d.R. in den zeitlichen Rahmen 3 + 2 oder 4 + 1 Jahren einfügen bzw. einen Gesamtrahmen von 5 Jahren Regelstudienzeit bis zum Masterabschluss nicht überschreiten" (KMK. 2005. S. 6)

117 „Nicht-konsekutive Masterstudiengänge sind Masterstudiengänge, die inhaltlich nicht auf dem vorangegangenen Bachelorstudiengang aufbauen. Sie entsprechen in den Anforderungen ... den konsekutiven Masterstudiengängen und führen zu dem gleichen Qualifikationsniveau und zu denselben Berechtigungen" (KMK. 2005. S. 7)

118 Weiterbildungsstudiengänge bzw. „weiterbildende Studiengänge setzten nach einem qualifizierten Hochschulabschluss qualifizierte berufspraktische Erfahrung von i.d.R. nicht unter einem Jahr voraus. Die Inhalte des weiterbildenden Masterstudiengangs sollen die beruflichen Erfahrungen berücksichtigen und an diese anknüpfen. (....) Weiterbildende Masterstudiengänge entsprechen in den Anforderungen (...) den konsekutiven Masterstudiengängen und führen zu dem gleichen Qualifikationsniveau und zu denselben Berechtigungen" (KMK. 2005. S. 7)

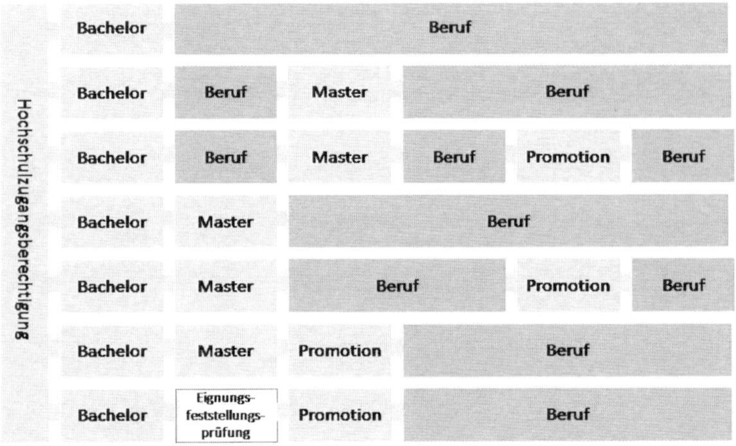

Hochschulzugangsberechtigung

Bachelor	Beruf				
Bachelor	Beruf	Master	Beruf		
Bachelor	Beruf	Master	Beruf	Promotion	Beruf
Bachelor	Master	Beruf			
Bachelor	Master	Beruf	Promotion	Beruf	
Bachelor	Master	Promotion	Beruf		
Bachelor	Eignungs- feststellungs- prüfung	Promotion	Beruf		

Abbildung 36 Mögliche Bildungswege im Rahmen der Bologna-Reform (Grafik angelehnt an HRK 2007)

Die derzeit entwickelten Studiengänge im Bereich der Frühpädagogik zielen fast alle auf eine anschließende Berufstätigkeit ab. Wenn ein Hinweis auf ein weiterführendes Studium - beispielsweise für einen Master of Education (Lehramtsstudium) oder wissenschaftliche Karriere - besteht, dann nur bei einigen Universitäten und bei der Pädagogischen Hochschule Freiburg. Es fällt auf, dass die Fachhochschulen keinen hervorgehobenen Verweis auf ein weiterführendes Studium in ihr Informationsmaterial aufgenommen haben. (Was aber auch daran liegen kann, dass sie diesen Weg als bekannt voraussetzen.)

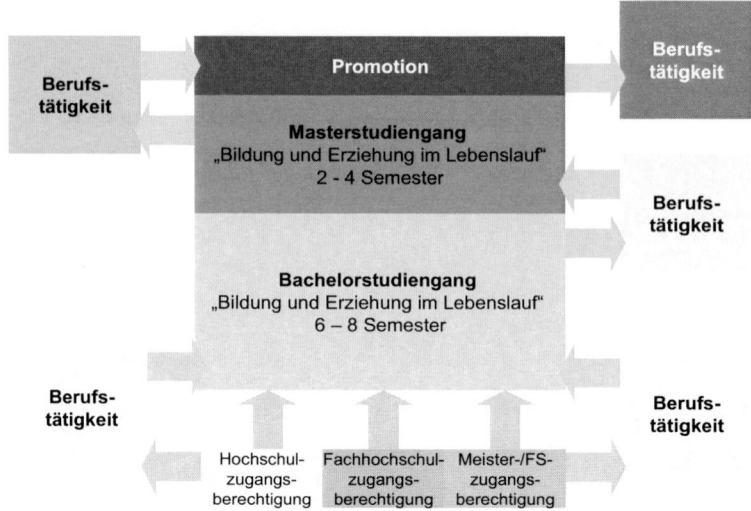

Abbildung 37 Bildungswege im Bereich der Elementarpädagogik (eigene
Darstellung)

Am häufigsten wird in Bezug auf den zukünftigen Arbeitsmarkt der Absolventinnen auf Leitungs- und Managementfunktionen in Kindertagesstätten bzw.
Horten verwiesen (z B. Katholische Fachhochschule Freiburg) sowie auf eine
Tätigkeit als Fachberaterin (z. B. Kath. Hochschule Berlin). Betreuungsaufgaben könnten lt. Studiengangsverantwortlichen im Schulbereich und außerschulischen Bereich übernommen werden (z. B. Universität Bremen). Einige sehen
auch den Bereich der Fort- und Weiterbildung von Erzieherinnen und Eltern als
Tätigkeitsfeld (z. B. FH Bielefeld). Eher selten wird auf Trägerorganisationen
und –verbände als mögliche Arbeitgeber verwiesen (z. B. Fachhochschule
Koblenz). Zum Teil erkennt man an den beispielhaften Tätigkeitsfeldern auch
die Spezialisierung eines Studiengangprogramms: z. B. der Bachelorstudiengang Integrative Frühpädagogik mit der beruflichen Beschreibung „Unterstützung von Kindern mit besonderem Förderbedarf". Im Rahmen der Befragung
der Akkreditierungsgutacher waren die Rückmeldungen für die drei Bereiche
„Gruppendienst" (Kinderkrippe- / Kita-Gruppenleitung, Leitung einer bis zu
3gruppigen Einrichtung), „Beratungs-„ (Kita-Beraterin, Kita-Referentin, Kita-
Koordinatorin, Mitarbeiterin im Kita-Management, Dozentin / Fortbildnerin)
oder „Führungsbereich" (Leitung einer Kita / Kinderkrippe / Beratungsstelle),

152

ebenfalls alle drei als „sehr wichtig"(Gruppendienst 5, Beratungsbereich 5, Führungsbereich 9) bzw. „wichtig" (Gruppendienst 3, Beratungsbereich 5, Führungsbereich 3) bewertet worden, wobei eine deutliche Tendenz (12) zur Qualifizierung im Führungsbereich ersichtlich wurde.

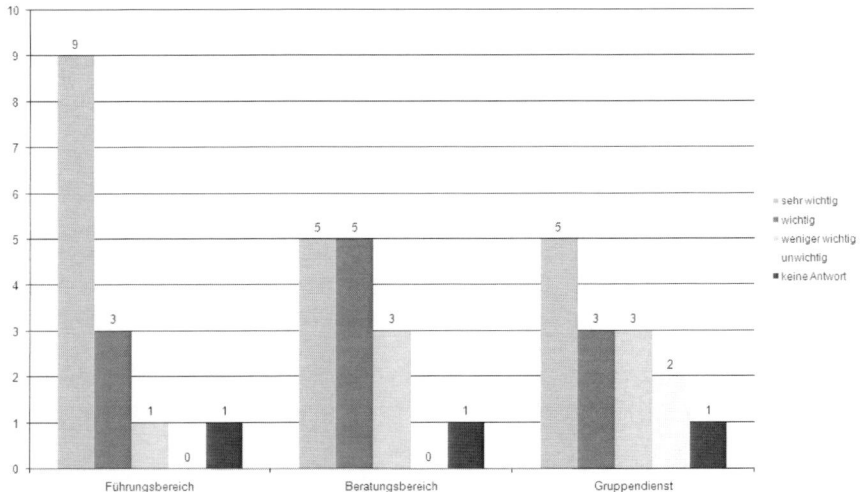

Abbildung 38 Auswertung der Befragung: Tätigkeitsbereiche nach dem Bachelorabschluss. (eigene Darstellung)

Die Bachelorstudiengänge im Bereich Frühpädagogik dauern zwischen drei[119] [120], dreieinhalb[121] und vier[122] Jahren und werden mit Ausnahme der Studienorte Hildesheim/Holzminden/Göttingen, Koblenz und Dresden, als Vollzeitstudium angeboten.

119 Ein dreijähriges BA-Studium bieten an: FH Bielefeld, Universität Bremen, Universität Erfurt, Evang. FH Freiburg, Kath. FH Freiburg, PH Freiburg, Universität Gießen, PH Heidelberg, PH Karlsruhe, FH Kiel, HS Magdeburg, Kath. FH. München, FH Neubrandenburg, Kath. FH Nordrhein-Westfalen, FH Oldenburg/ Ostfriesland/ Wilhelmshaven, FH Potsdam, Evang. FH Reutlingen-Ludwigsburg mit der PH Ludwigsburg, Evang. FH Rheinland-Westfalen-Lippe, PH Schwäbisch-Gmünd, PH Weingarten.
120 Ein berufsbegleitendes, dreisemestriges BA-Studium bieten die HAWK, FH Koblenz an.
121 Ein dreieinhalbjähriges BA-Studium bieten an: Alice-Salomon-FH Berlin, Kath. Hochschule für Sozialwesen Berlin, Hochschule Esslingen, HS für Technik und Wirtschaft des Saarlandes.
122 Ein vierjähriges, berufsbegleitendes BA-Studium bietet die Evang. Hochschule für Soziale Arbeit Dresden an.

5.2.2 Kooperative Studiengangsmodelle

Die verschiedenen Ausbildungsstätten Fachschulen, Fachhochschulen und Universitäten haben sich zum Großteil auf kooperative Studiengangsmodelle geeinigt (vgl. Bauer 2006; Knauer 2007). Die Notwendigkeit einer Kooperation zeigt sich aus institutioneller Sicht, dass das deutsche Sondermodell „Fachschule / Fachakademie für Sozialpädagogik" Ressourcen und Kompetenzen bietet, die nicht einfach gestrichen werden sollten (vgl. Knauer 2007; Rauschenbach 2007). „Vergleichbare Reibungsverluste gab es bei der Integration der Pädagogischen Hochschulen in die Erziehungswissenschaftlichen Fakultäten" (Knauer. 2007. S. 376). Auch die individuellen Bildungsverläufe der Fachkräfte führen zur notwendigen Entwicklung von Kooperationsmodellen (vgl. BETA / KTK 2004). Anschlussmöglichkeiten und Anrechnungswege sollten einen übergangslosen und optimalen Weg ermöglichen, um unnötige Doppelungen von Lernzeiten und –inhalten zu verhindern, wenn diese den Kompetenzen eines Hochschulstudiums vergleichbar sind. Zu guter Letzt sind Kooperationen auch für Arbeitgeberentscheidungen hilfreich. Die Anerkennung bereits erworbener Kenntnisse und Einbringung der beruflichen Erfahrungen der Fachkräfte bieten einen Mehrwert für die jeweilige Einrichtung und kürzen Freistellungszeiten, die für das Studium notwendig werden. Die Absolventinnen stehen dem Arbeitsmarkt früher zur Verfügung und erhalten gegebenenfalls größere Akzeptanz, da sie „Kenntnisse aus der Innensicht mitbringen" (Knauer. 2007. S. 377) und sich weiterbilden (vgl. Kogel 2007).

Unter den kooperativen Modellen sind Bachelorstudiengänge zu verstehen, die mit Fachakademien / Fachschulen für Sozialpädagogik zusammenarbeiten und einen Teil der Kreditpunkte im Vorfeld anerkennen. Diese Kreditpunkte werden mit der bereits absolvierten Ausbildung an der Fachschule verrechnet. Meist wird eine Anerkennung von 60 Kreditpunkten, was zwei Studiensemestern entspricht, ermöglicht. Einige Hochschulen haben Kooperationsfachschulen, bei denen eine pauschale Anerkennung möglich ist (z. B. FH München). Kommen Studieninteressierte von anderen Fachschulen, wird weiterhin individuell geprüft. Eine Anerkennung kann jedoch auch an eine erfolgreich absolvierte Eingangsklausur am Fachbereich geknüpft sein (z. B. FH Kiel).

Vorteile dieser Kooperationsmodelle sind, dass das Ausbildungssystem flexibilisiert wird und die Durchlässigkeit zwischen (Hoch-)Schultypen - aber auch zum Arbeitsmarkt - verbessert wird (vgl. HRK 2004a). Individuelle Lernpfade werden ermöglicht (vgl. Rehn 2006), so dass bereits fertig ausgebildete und berufstätige Erzieherinnen ein Studium absolvieren und dabei ihre bereits außerhalb der Hochschule erworbenen Kenntnisse anrechnen lassen können (vgl.

154

KMK. 2002). Die Hochschulen müssen jedoch abwägen, wie viel Leistung und somit Kreditpunkte anerkannt werden können, da „die Universitäten (...) noch deutlicher als jetzt dem Fachhochschulstudium einen wissenschaftlichen Dünnbrettcharakter zuschreiben können. Für die Träger wiederum ergibt sich aus einer solchen Verknüpfung der beiden Ausbildungen ein weiterer guter Grund, Bachelors gehaltlich niedriger einzustufen als bisherige Fachhochschuldiplom-Inhaber" (Müller. 2001. S. 214). Gerade bei diesen Modellen muss beachtet werden, dass Wissenschaftlichkeit vermittelt wird und dadurch der Anspruch eines Hochschulstudiums erreicht wird. Um gegebenenfalls übertragbare Modelle zur Anerkennungsfrage zu erhalten hat 2005 das BMBF die Initiative „ANKOM – Anrechnung beruflicher Kompetenzen auf Hochschulstudiengänge"[123] gestartet.

Doch bevor Leistungen anerkannt werden, muss erst der Zugang zu einem Hochschulstudium geklärt werden.

5.2.3 Zugangsmöglichkeiten

Zugangsberechtigt sind generell Personen mit einer Hochschulzugangsberechtigung, was prinzipiell dazu führen würde, dass die Zugangsberechtigung im Rahmen der Bachelor-Erzieherausbildung erhöht würde (vgl. Schmidt u.a. 2005), da bisher der Abschluss der Mittleren Reife (Realschulabschluss) für den Beginn der Ausbildung zur Erzieherin Bedingung war. Für das Einstiegsalter in den Beruf der Erzieherin würde der Ausbildungsortswechsel somit zu keinen Änderungen führen, da sich zwar zunächst das Einstiegsalter ins Studium erhöhen würde, jedoch diese zwei Jahre durch das Wegfallen der zweijährigen Vorbildung im sozialpädagogischen Praktikum wieder neutralisiert wären.

---

123 URL: http://ankom.his.de/ Stand: 27.02.2008

Fachakademie für Sozialpädagogik	Hochschule
Anerkennungsjahr / Berufspraktium	3. Studienjahr
2. Theoretisches Jahr	2. Studienjahr
1. Theoretisches Jahr	1. Studienjahr
2. Sozialpädagogisches Praktikum mit Sozialpädagogischem Seminar	12. Klasse Gymnasium
1. Sozialpädagogisches Praktikum mit Sozialpädagogischem Seminar	11. Klasse Gymnasium
10. Klasse Realschule	10. Klasse Gymnasium

Abbildung 39 Übergänge und Ausbildungswege: Im Vergleich Fachakademie für Sozialpädagogik und Hochschule (eigene Darstellung)

Die Minimalvoraussetzung ist die Fachhochschulreife, fachgebundene oder allgemeine Hochschulreife. Bei einem kooperativen Studiengangmodell wird auf eine Erzieherinnenausbildung aufgebaut und macht diese als zusätzliches Kriterium für die Zugangsberechtigung fest. Dass in der Realität auf das ganze Potpourri zurückgegriffen wird, zeigt folgende Grafik, wobei bei den meisten Hochschulen Mehrfachnennungen vorhanden waren.

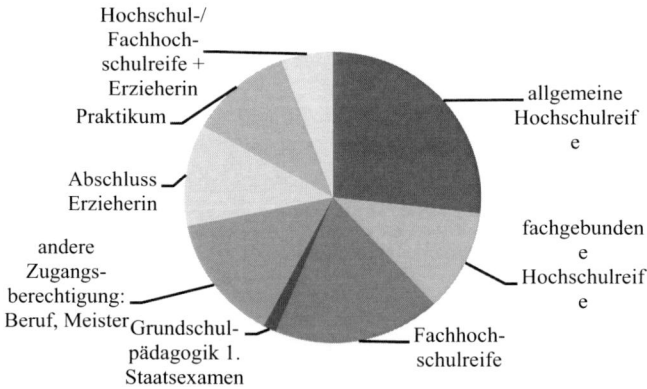

Abbildung 40 Verteilung der Zugangsvoraussetzung zu Bachelor-Studiengänge im Bereich der frühen Bildung (eigene Darstellung)

156

Aufgrund hochschulrechtlicher Regelungen haben mittlerweile alle Bundesländer Wege eröffnet[124], dass die beruflich qualifizierten Bewerber ohne schulische Hochschulzugangsberechtigung die Möglichkeiten eines Hochschulzugangs erhalten (vgl. KMK. 2006). Alle Länder öffnen den Zugang zu Fachhochschulen und Universitäten für diese spezielle Zielgruppe. Voraussetzungen für den Zugang sind meist: erfolgreicher Abschluss einer Meisterprüfung, mittlere Reife, einige Jahre Berufstätigkeit und der Erstwohnsitz im entsprechenden Bundesland. Über die Hälfte der Hochschulangebote im Bereich der frühen Bildung hat diese Möglichkeit auch in ihrem Informationsmaterial bezüglich der Zugangsvoraussetzungen aufgenommen und weist explizit darauf hin.

Diese unterschiedlichen Zugangsvoraussetzungen führen dazu, dass für die „unterschiedlichen Interessen der angehenden Studierenden und die Bedürfnisse der Praxis" Angebote vorhanden sind. Es hat aber auch zur Folge, dass an den Hochschulen Studenten anzutreffen sind, die ungleiches Vorwissen / Bildungsniveau mitbringen und dadurch auf verschiedenen Ebenen einsteigen werden.

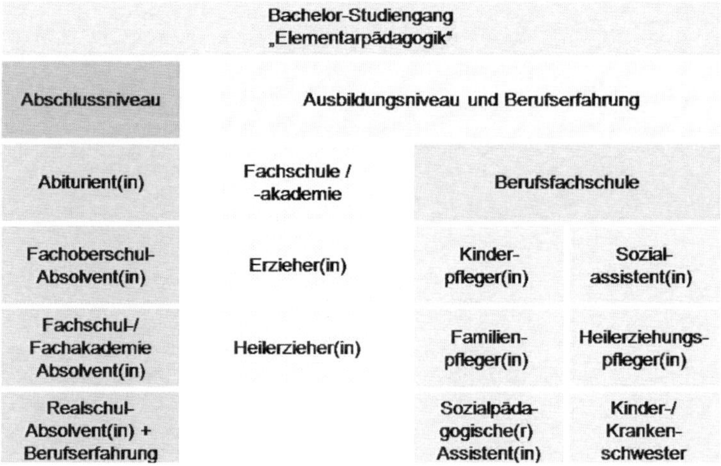

Bachelor-Studiengang „Elementarpädagogik"			
Abschlussniveau	Ausbildungsniveau und Berufserfahrung		
Abiturient(in)	Fachschule / -akademie	Berufsfachschule	
Fachoberschul-Absolvent(in)	Erzieher(in)	Kinder-pfleger(in)	Sozial-assistent(in)
Fachschul-/ Fachakademie Absolvent(in)	Heilerzieher(in)	Familien-pfleger(in)	Heilerziehungs-pfleger(in)
Realschul-Absolvent(in) + Berufserfahrung		Sozialpäda-gogische(r) Assistent(in)	Kinder-/ Kranken-schwester

Abbildung 41 Abschluss und Ausbildungsniveaus bei zukünftigen Studentinnen im Bereich "Elementarpädagogik" (eigene Darstellung)

---

124 Übersicht in der Anlage VI: „Synoptische Darstellung der Länder bzgl. bestehender Möglichkeiten des Hochschulzugangs für beruflich qualifizierte Bewerber ohne Hochschulzugangsberechtigung" dieser Arbeit

Stellt man die Zugangsvoraussetzungen der bisher bestehenden Bachelor-Studiengänge für den Bereich der Elementarpädagogik zusammen, werden folgende Gruppen zur Hochschule zugelassen: Abiturientinnen[125], Fachoberschülerinnen[126], Fachschul-/Fachakademie-Absolventinnen[127] und Realschülerinnen mit einer bestimmten Anzahl an Berufsjahren. Bremen bietet den Weiterbildungsstudiengang auch für Grundschulpädagoginnen mit erstem Staatsexamen bzw. Bachelorabschluss an. Die Gruppe der Personen mit Berufserfahrung unterteilt sich in Fachschulabschlüsse und damit verbundener Berufserfahrung, wie z. B. Erzieherinnen[128] und Heilerzieherinnen[129]. Einige spezialisieren sich auf Leitungsfunktionen[130] und Berufsfachabschlüsse wie Kinderpflegerin[131], Sozialassistentin[132], Familienpflegerin[133], Heilerziehungspflegerin[134], sozialpädagogische Assistentin[135] und Kinder-/Krankenschwester[136]. Diese Vielfalt muss den Hochschulen bewusst und in der Lehrplanung bedacht werden.

---

125 ASFH Berlin, HS Magdeburg, FH Potsdam, FH Neubrandenburg; Kath. FH Freiburg; Evang. FH Freiburg;
126 ASFH Berlin; HS Magdeburg, FH Potsdam; FH Neubrandenburg; Evang. FH Freiburg
127 ASFH Berlin, FH Potsdam; FH Oldenburg Ostfriesland Wilhelmshaven; FH Neubrandenburg; FH Hildesheim Holzminden Göttingen; Kath. FH Freiburg; U Bremen
128 ASFH Berlin, FH Potsdam; FH Oldenburg Ostfriesland Wilhelmshaven; FH Neubrandenburg; FH Hildesheim Holzminden Göttingen; Kath. FH Freiburg;
129 ASFH Berlin, Kath. FH Freiburg;
130 Fachhochschule Koblenz
131 ASFH Berlin; Kath. FH Freiburg;
132 ASFH Berlin; Kath. FH Freiburg;
133 ASFH Berlin; Kath. FH Freiburg;
134 ASFH Berlin; FH Oldenburg Ostfriesland Wilhelmshaven; Kath. FH Freiburg;
135 ASFH Berlin; Kath. FH Freiburg;
136 ASFH Berlin

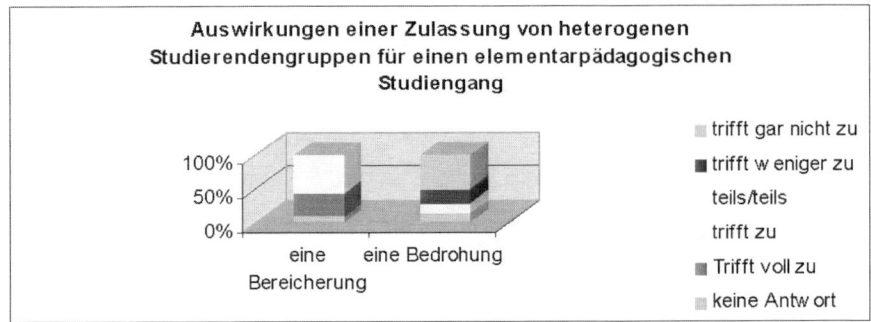

Abbildung 42 Auswirkungen einer Zulassung von heterogenen Studierendengruppen für einen elementarpädagogischen Bachelor-Studiengang
(eigene Darstellung)

Die Befragten Peer-Vertreter sind davon überzeugt, dass die Zulassung von
heterogenen Studierendengruppen eine Bereicherung und weniger eine Bedrohung für einen elementarpädagogischen Studiengang sein wird. Bezüglich einer
Einschätzung, ob durch die Heterogenität das Niveau eines Studiengangs beeinflusst wird (gleich – steigen – sinken) war keine klare - jedoch eine kleine -
Tendenz ersichtlich wird: wenn es sich ändern wird, dann wird das Niveau eher
steigen.

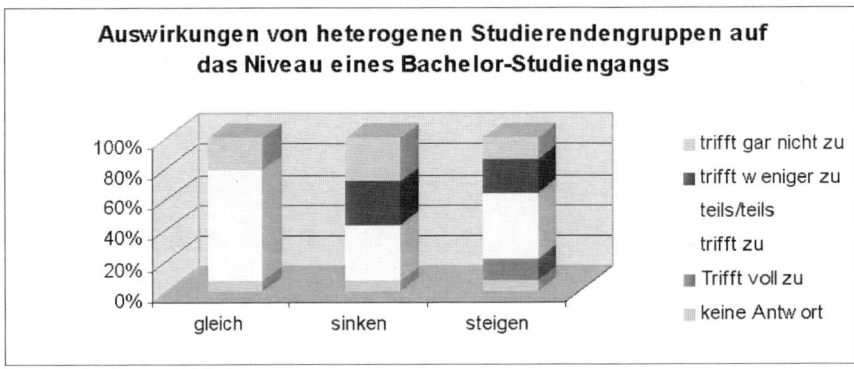

Abbildung 43 Auswirkungen von heterogenen Studierendengruppen auf das
Niveau eines Bachelor-Studiengangs (eigene Darstellung)

159

5.2.4 Welche Kompetenzen werden vermittelt?

Bei genauerer Betrachtung der Bedarfe wird eine Vielzahl von zusätzlichen und neuen Kompetenzen für das pädagogische Personal in Kindertageseinrichtungen deutlich. Immer wieder wird im Besonderen die wissenschaftliche Kompetenz gefordert. Im Rahmen der Peer-Befragung wurde die wissenschaftliche Kompetenz in zwei Bereiche gegliedert, zum einen das wissenschaftliche Reflexionsniveau und zum anderen die Beherrschung von wissenschaftlichen Methoden und Techniken.

Bei der Frage, ob das wissenschaftliche Reflexionsniveau für die Bewältigung des beruflichen Alltags in Kindertageseinrichtungen notwendig wird sind zehn der Befragten der Meinung, dass dies (voll) zutrifft.

Abbildung 44 Wissenschaftliches Reflexionsniveau wird notwendig (eigene Darstellung)

Bei der Frage nach der Beherrschung von wissenschaftlichen Techniken und Methoden, um den beruflichen Alltag in Kindertagesstätten bewältigen zu können, waren es immerhin noch acht Personen, die diese Aussage als (voll) zutreffend fanden.

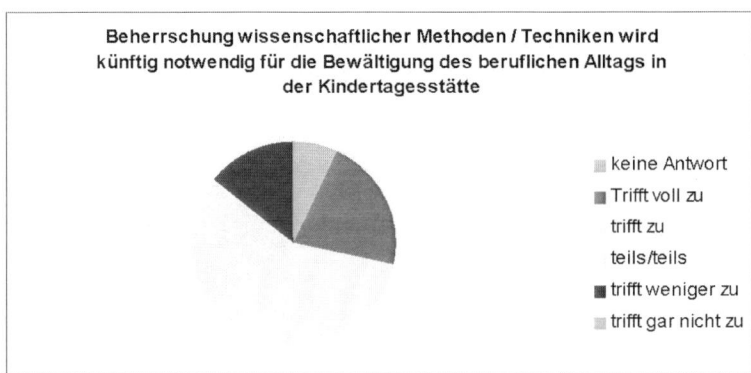

Abbildung 45 Beherrschung wissenschaftlicher Methoden und Techniken zur Bewältigung des beruflichen Alltags in Kindertagesstätten (eigene Darstellung)

Doch diese Aussagen, sowie die Darlegung der notwendigen Kompetenzen aus den Bedarfen in Deutschland sagen noch nichts darüber aus, was zukünftig in den Elementarpädagogischen Studiengängen vermittelt wird. Das Potpourri an Studiengängen, Zugangsvoraussetzungen und somit Zielgruppen führt zu der Vermutung, dass unterschiedlichste Lehrinhalte und somit pädagogisches Personal mit ungleichen Kompetenzen ausgebildet wird. Laut Knauer (2007. S. 375) haben die Studiengänge der Erziehung und Bildung ein „eigenständiges Studienprofil" und ein „eigenständiges Kompetenzprofil".

Die Studiengänge beinhalten alle das Thema der Bildungsförderung unter Berücksichtigung der Bildungsungleichheit und der Lebenswelten (vgl. Knauer 2007; Zink / Lechner 2007). Die schulische Bildung wird aufgegriffen und beispielsweise durch „kompetente Übergangsbegleitung" (Zink / Lechner. 2007. S. 12) thematisiert. Auch die Fokussierung auf sozialarbeiterische Aufgaben und Themen, z. B. Gemeinwesen (Hochschule Esslingen), Sozialraum (Fachhochschule Erfurt), ist deutlich erkennbar. Die Unterstützung in besonderen Lebenslagen (z. B. Evang. Hochschule Dresden), Begleitung und Förderung der Eltern (z. B. Päd. Hochschule Schwäbisch-Gmünd) sind nur ein paar Beispiele aus den Modulhandbüchern der Studiengänge.

Das Kompetenzprofil ist dahingehend eigenständig, da es zwar Parallelen zu Sozialarbeiterinnen, Sozialpädagoginnen und Lehramtsstudentinnen gibt, sich dieses jedoch deutlich unterscheidet (vgl. Knauer 2007). Wie sich dies weiterentwickelt wird sich zeigen. Strukturelle Kooperationen mit Sozialarbeits- und Grundschulstudiengänge sind zum einen durch die Angliederung der jeweiligen Fakultäten / Fachbereiche gegeben und auch für die spätere

Zusammenarbeit und Kooperationen der Berufsgruppen sinnvoll (vgl. BETA / KTK 2004).

Um eine einheitliche Ausbildung zu erlangen, kam es zur Entwicklung von Rahmencurricula. Zwei Modelle sollen kurz dargestellt werden.

Rauschenbach entwickelte ein Rahmencurriculum, dass er in zwei Ausbildungsphasen teilte. Ob dies eine Gliederung in Bachelor- und Masterstudium ist oder innerhalb eines Bachelorstudiengang sein soll wird nicht deutlich. Er greift hierbei Themenschwerpunkte auf, die aus den Bedarfen der Kinder abzuleiten sind und die sich aus den Bildungs- und Erziehungsplänen ergeben. Was er nicht explizit als Thema aufzeigt ist die wissenschaftliche Bildung der Studierenden.

Rahmencurriculum nach Rauschenbach:
(a) „Als modulare Themenschwerpunkte wären (...) u.a. für die erste Ausbildungsphase denkbar:
- Frühkindliche Bildungsprozesse (Bindungstheorien, Identitätstheorien)
- Entwicklung und Förderung des Spracherwerbs bei Kindern
- Bedeutung der Gleichaltrigen und sozialen Prozesse in altersgemischten Gruppen
- Geschlechterkonstruktionen und die Entwicklung von Geschlechtsrollen
- Umgang mit kultureller Vielfalt
- Gesundheitsförderung/-bildung in Kindertageseinrichtungen, Bewegung und Motorik
- Chancen und Grenzen kompensatorischer Bildungsansätze
- Bedeutung des Spiels für das frühkindliche Lernen
- Alltagslernen und curriculares Lernen
- Zusammenwirken von privater und öffentlicher Erziehung
- Bildung und Lernen im Kleinkindalter
- Kinder mit besonderem Förderbedarf (z.B. Behinderungen, Entwicklungsverzögerungen, Hochbegabung)
- Einsatz von Medien zu Lern- und Bildungszwecken
- Entwicklungseffekte familien- und einrichtungszentrierter Förderkonzepte
- Diagnostik, Selbst- und Fremdbeobachtung
- Bildungs- und Lerngeschichten von Kindern/Bildungsdokumentation
- Institutionen des Sozial- und Bildungswesens
- Kindheit in der Moderne/soziale Lage von Kindern
(b) Im zweiten Teil der Ausbildungsphase sollten drei thematische Schwerpunkte mit den aufgeführten inhaltlichen Spezifizierungen im Vordergrund stehen:
1. Die Gestaltung von Lernorten und Lerngelegenheiten
- Raumgestaltung
- Lehr-/Lernformen
- Lebenswelt- und alltagsnahe Inszenierungen
- Lernen nach Maß/individualisiertes Lernen
- Erfahrungsintensive/beziehungsinduzierte Lernarrangements
- Selbstlernen
- Zusammenarbeit unterschiedlicher „Lernhelfer"
- Teamarbeit und Supervision

---

2. Die materielle und soziale Umwelt der gestalteten Lernorte
- Elternangebote und integrative Konzepte im Sinne von Eltern-Kind-Zentren
- Qualifizierte Tagespflege und Verbundangebote
- Zusammenarbeit mit Eltern, Eigenbeteiligung von Eltern
- Entwicklung und Einbindung eines bildungsrelevanten Sozialraums
- Einbindung von externen „ExpertInnen", anderen Berufsgruppen und Ehrenamtlichen
- Kooperation mit sozialen Diensten und Behörden, Vernetzung
- Gestaltung der Übergänge zwischen privaten und öffentlichen Betreuungs-, Erziehungs- und Bildungssettings
- Die rechtliche Rahmung von Arbeit mit Kindern
3. Die Organisation der Kindertageseinrichtungen
- Das „Unternehmen Kindertageseinrichtung"
- Finanzen, Sponsoring, Rechnungswesen
- Öffentlichkeitsarbeit/Marketing
- Bedarfsplanung
- Controlling
- Verfahren der Fremd- und Selbstevaluation, Qualitätsentwicklung"
(Rauschenbach. 2005. S. 18 – 19)

Das Rahmencurriculum nach Schmidt, Rossbach und Erning (2005) ist in die zwei Ebenen Bachelor- und Masterstudiengang gegliedert, wobei sie bei der Entwicklung davon ausgingen, dass ein Bachelorstudium mehr auf eine berufliche Tätigkeit in Kindertageseinrichtungen zielt, ein Masterstudium hingegen auf Leitungs- und Organisationsbereiche. Hier wird jedoch deutlich, dass die von Hochschulseite vertretenen Ziele angestrebt werden. „Kritische Reflexion", „selbständige Aneignung komplexer (...) Wissensbestände" sind Teilbereiche der einzelnen Kernbereiche und werden verstärkt durch den Kernbereich 5 „Forschung und Evaluation" im Bachelorstudiengang, der im Masterstudium wieder aufgegriffen und vertieft werden soll.

Rahmencurriculum nach Schmidt, Rossbach und Erning:
Bachelorstudiengang:
Kompetenzprofil der Studierenden
- Zu erwerbende Kompetenzen sind insbesondere die Fähigkeit zur:
- Beobachtung, Diagnose und Dokumentation von Entwicklungs- und Lernfortschritten von Kindern,
- Beobachtung und Analyse von Bildungs- und Erziehungssituationen und pädagogischen Handlungen,
- Benennung, Einordnung, Unterscheidung und kritischen Reflexion insbesondere frühkindlicher, aber auch sozialpädagogischer und grundschulpädagogischer Bildungs- und Erziehungskonzepte unter Berücksichtigung der internationalen Perspektive,
- Anwendung praxisbezogener Fertigkeiten,
- Planung, situationsgerechte Umsetzung und Evaluation eines theoriegeleiteten und wissenschaftlich fundierten frühpädagogischen Konzepts für Praxiseinrichtungen,
- Übernahme von Leitungsaufgaben in frühpädagogischen Einrichtungen,

- Analyse von sozialen und sozialpolitischen Entwicklungen im historischen und gesellschaftlichen Kontext
- Orientierung innerhalb der Strukturen und Arbeitsfelder der Frühpädagogik
- selbständige Aneignung komplexer frühpädagogischer Wissensbestände anhand wissenschaftlicher Fachliteratur.

Kernbereich 1: Theorie frühkindlicher Bildung und Erziehung
- historische Entwicklung der Frühpädagogik und Einordnung in das Bildungssystem
- Theorie von Übergängen (Transitionen)
- Geschichte von Kindheit und Familie
- pädagogische Konzepte und didaktische Ansätze v.a. frühkindlicher Bildung und Erziehung
- Grundfragen der Familien- und Grundschulpädagogik
- ökonomische, soziale und kulturelle Heterogenität von Familien
- Förderung von Kindern mit besonderen Bedürfnissen
- Bildungs-, Familien- und Sozialpolitik

Kernbereich 2: Theorie und Praxis bereichsspezifischer und bereichsübergreifender Kompetenzentwicklung und ihrer Förderung
- Entwicklungsprozesse von Kindern
- die Beobachtung, Diagnose und Dokumentation von Entwicklungsfortschritten
- von Kindern
- Fördermöglichkeiten von Kindern
- deren praktische Umsetzung
- Kommunikation, Sprache und Textverständnis (literacy)
- mathematische und naturwissenschaftliche Grundbildung
- Kunst und Musik
- Ernährung, Bewegung, Sport und Gesundheit
- Ethik/Religion
- Umwelt, Kultur und Soziales

Kernbereich 3: Leitung, Organisation, Recht
- Leiten und Anleiten
- Verwalten
- Teamentwicklung
- Elternarbeit
- Netzwerk- und Öffentlichkeitsarbeit
- Evaluation und Qualitätsentwicklung
- rechtliche Grundlagen, v.a. Kinder- und Jugendhilferecht und Arbeitsrecht

Kernbereich 4: Arbeit und Beruf
- Aufgabenbereiche und Arbeitsfelder der Frühpädagogik
- berufliches Selbstverständnis und berufliche Identität
- berufliche Perspektiven und berufliche Interessenvertretung
- Die Inhalte sollten in enger Anbindung an berufliche Praktika vermittelt werden

Kernbereich 5: Forschung und Evaluation
- Umgang mit einschlägigen wissenschaftlichen Texten
- Einführung in Forschung und Forschungsmethodik im Bereich der Frühpädagogik
- Anwendung von Methoden der Evaluation im Bereich der Frühpädagogik

Masterstudiengang:
Kompetenzprofil der Studierenden

- theoriegeleiteten Bearbeitung komplexer frühpädagogischer Fragestellungen unter Maßgabe wissenschaftlicher Kriterien
- wissenschaftlich fundierten Analyse und Reflexion insbesondere frühkindlicher aber auch sozialpädagogischer und grundschulpädagogischer Bildungs- und Erziehungskonzepte unter Einbezug der internationalen Perspektive
- Übernahme von Planungs-, Leitungs- und Steuerungsfunktionen in Institutionen der Frühpädagogik
- Planung und Durchführung von Forschungsvorhaben im Bereich der Frühpädagogik
Bereich 1: Theorie frühkindlicher Bildung und Erziehung
- historische und systematische Kindheits- und Familienforschung
- historische und systematische Bildung- und Erziehungstheorie
- nationale und internationale Entwicklungen in der frühpädagogischen Praxis und Forschung
- Transitionen im Bildungssystem
Bereich 2: Steuerung des Früherziehungssystems
- Systemorganisation: Träger, Recht, Finanzierung, Personal, Klientel, Programme u.a.
- Internationale Systemvergleiche
- Verwaltungs- und Leitungsmanagement
- Qualitätsmanagement und –entwicklung
- Bildungs-, Familien-, und Sozialpolitik
Bereich 3: Forschung und Forschungsmethodik
- Theorien der Auswertung und Forschungsmethodik
- Forschungsmethoden in der Frühpädagogik
- Evaluationstechniken
- Durchführung von Forschungsvorhaben
- scientific writing

Diese beiden Modelle haben vor allem den Bereich der Früh-/Elementarpädagogik im Blick, sprich den Bereich der Bildung und Erziehung von 0 – 12 Jahren. Ist dies im Vergleich zur bisherigen Breitbandausbildung der Erzieherin ein Vorteil oder entstehen dadurch mögliche Einschränkungen?

5.2.5 Von der Frühpädagogik zur Erziehung und Bildung im Lebenslauf

Derzeitige politische Entwicklungen erklären die Fokussierung bei der Studiengangsentwicklung auf die Bereiche der Kinderkrippen und Kindertagesstätten. Vorteile auf diese Reduzierung ergeben sich dadurch, dass man durch die Aktualität und Brisanz des Themas eher finanzielle Unterstützung erhält und von allen Seiten die Professionalisierung dieses Bereichs erwünscht und damit gefördert wird. Dabei darf jedoch nicht vergessen werden, dass die bisherigen Erzieherinnen neben diesem Bereich auch viele weitere Felder in der Kinder-

und Jugendarbeit sowie im heilpädagogischen Feld übernommen haben. Die Flexibilität der bisherigen Erzieherinnenausbildung wird durch diesen Fokus drastisch eingeschränkt und ein Weg außerhalb der Kindertageseinrichtungen bzw. Kindertageseinrichtungen naher Institutionen erschwert. Es darf nicht übersehen werden, dass die Erzieherinnen neben den Sozialarbeiterinnen im Arbeitsfeld „Hilfen zur Erziehung" die zweitgrößte Gruppe bilden.

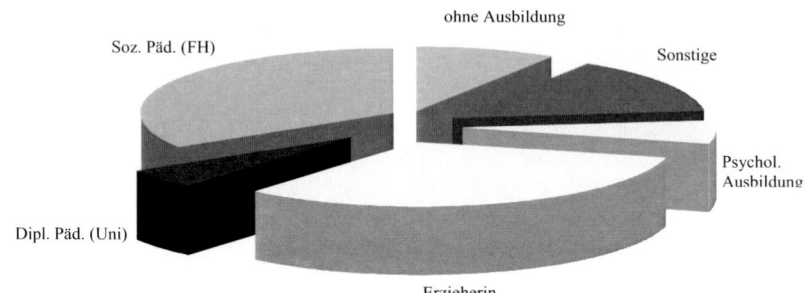

Abbildung 46 Personal im Feld Hilfen zur Erziehung nach Berufsabschlüssen – alte Bundesländer (Beher / Gragert. 2004. S. 201)

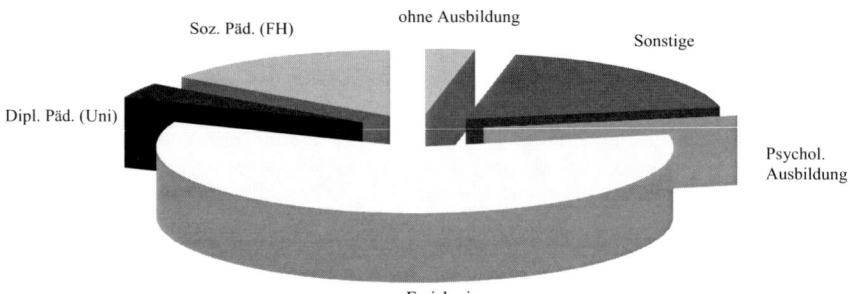

Abbildung 47 Personal im Feld Hilfen zur Erziehung nach Berufsabschlüssen – neue Bundesländer (Beher / Gragert. 2004. S. 201)

Da die Studiengangsentwicklung jedoch nicht nur für die (politische) Gegenwart, sondern vor allem auch mit Blick in die Zukunft entwickelt werden soll, muss eine Öffnung der Studiengänge auf dieses Breitband möglich sein. Eine Chance dabei wäre, wie bisher auch in den Studiengängen der Sozialen Arbeit umgesetzt, eine Schwerpunktwahl zu ermöglichen, die sich beispielsweise vom Lebenslauf und den damit verbundenen Tätigkeitsfeldern ableiten lässt.

Mögliche Schwerpunkte könnten dabei sein: Kinderkrippe und Kindertageseinrichtungen, Schule und Jugendarbeit, heil- und sonderpädagogische Arbeitsfelder[137]. Bei Blick auf den demographischen Wandel sollte mit bedacht werden, dass dies nicht nur auf die Arbeitsfelder der Kinder- und Jugendhilfe Auswirkung haben wird (vgl. Fendrich / Schilling. 2004) sondern auch im Gebiet der Seniorenarbeit vielfältige Möglichkeiten der Betreuung und Förderung entstehen werden, so dass die Erzieherinnenausbildung auch dahingehend geöffnet werden könnte.

Geht man über das erste berufsqualifzierende Level hinweg, kann im Anschluss daran eine Vertiefung dieser Schwerpunkte ermöglicht oder auch die Bildung des Lehrpersonals für Fachschulen mit berücksichtigt werden.

An den Hochschulen werden derzeit vielfältige und neue Studiengänge für den Bereich der Elementarpädagogik entwickelt. Überlegungen dabei sollten sein, wie eine bisherige Breitbandausbildung oder auch eine Ausweitung des Tätigkeitsfeldes auch auf Hochschulebene realisiert werden kann, da gerade dieser Faktor für Erzieherinnenanwärterinnen interessant war. Bereits berufstätigen Erzieherinnen müssen attraktive Angebote zur Verfügung stehen, mit denen sie sich weiterentwickeln können, ohne auf bereits erreichte Lebensstandards in Gänze verzichten zu müssen. Die berufsbegleitende Studierbarkeit wird noch einmal ein wichtiges Thema sein.

Ausschlaggebend für diese Entwicklungen war und ist der Bologna Prozess, der im nächsten Kapitel genauer betrachtet wird. Dabei wird nicht mehr der Prozess im Detail beschrieben, sondern vielmehr auf für die Professionalisierung der Erzieherinnenausbildung nützliche Elemente eingegangen.

---

137 Ein derartiges Konzept wurde für die Katholische Universität Eichstätt-Ingolstadt von Prof. Dr. Ulrich Bartosch und der Autorin dieser Arbeit entwickelt (Bartosch / Speth. 2008).

6. Chancen für die Frühpädagogik durch den Bologna Prozess

Im Jahr 1999 beschließen einige Bildungsminister in Bologna die "Errichtung eines europäischen Hochschulraums" (HRK. 2005. S. 278 "Bologna Erklärung"). Ziele des europäischen Hochschulraums sind die:

- Einführung eines Systems leicht verständlicher und vergleichbarer Abschlüsse (Diploma Supplement)
- Schaffung eines zweistufigen Studiensystems (Bachelor- und Masterlevel)
- Einführung eines Leistungspunktesystems nach dem ECTS-Modell
- Förderung größtmöglicher Mobilität von Studierenden, Lehrer/innen, Wissenschaftler/innen und Verwaltungspersonal
- Förderung der europäischen Zusammenarbeit in der Qualitätssicherung
- Förderung der europäischen Dimension im Hochschulbereich (vgl. HRK 2005).

Der Harmonisierungsprozess innerhalb Europas ergibt einen Anpassungsdruck innerhalb Deutschlands. In allen europäischen Staaten ist die Erzieherausbildung im Hochschulbereich angesiedelt – mit der Ausnahme Deutschlands und Österreichs. Besagte Studien der OECD verweisen das Bildungs- und Erziehungssystem Deutschlands auf die hinteren Rangplätze. Der Veränderungsdruck ist zwar enorm, sollte jedoch nicht als Bedrohung gesehen, sondern als Chance genutzt werden.

Die Organisation von Wissenschaft und Bildung wird neu strukturiert. Geht man davon aus, dass Forschung und Entwicklung eine Bedeutung für die Erzieherausbildung haben, dann greift hier der Bologna Prozess. Er bietet die Chance, Ausbildungsstätten mit den wissenschaftlichen Institutionen konstruktiv zu verknüpfen (vgl. Bartosch 2004) und ermöglicht damit lebenslanges Lernen, das zu einer ständigen Verbesserung der individuellen beruflichen Qualifikation führen kann. Das Ziel eines erfolgreichen beruflichen Anforderungs- und Qualifikationsprofils schließt die Kluft zwischen Theorie und Praxis.

Eine erfolgreiche Realisierung dieses Vorhabens ist durch einen geplanten und konzipierten Einsatz einzelner Instrumente des Bologna Prozesses möglich. Besonderes Augenmerk soll in diesem Zusammenhang auf die Modularisierung und das Leistungspunktesystem, die Akkreditierung, Employability und den Qualifikationsrahmen gerichtet sein.

6.1 Modularisierung und Leistungspunktesystem

Zur „Stärkung der internationalen Wettbewerbsfähigkeit des Studienstandortes Deutschland" (KMK. 1997) hat die Kultusministerkonferenz im September 2000 (i.d.F. vom 22.10.2004) die „Rahmenvorgaben für die Einführung von Leistungspunktesystemen und die Modularisierung von Studiengängen" beschlossen. Damit folgte sie dem Beschluss der HRK vom 07.07.1997 „zu Kredit-Punkt-Systemen und Modularisierung", um unter anderem eine nationale und internationale Anerkennung von absolvierten Studienabschnitten ("Modulen") gewährleisten zu können. Die „Ländergemeinsamen Strukturvorgaben" der KMK vom 10.10.2003 i.d.F. vom 22.09.2005 geben vor, „dass der Studiengang modularisiert und mit einem Leistungspunktsystem ausgestattet ist" (KMK. 2005. S. 10) um Transparenz und Mobilität zu ermöglichen.

Modularisierung „ist die Zusammenfassung von Stoffgebieten zu thematisch und zeitlich abgerundeten, in sich abgeschlossenen und mit Leistungspunkten versehenen abprüfbaren Einheiten" (KMK. 2004. S. 2). Ein Modul kann aus verschiedenen Lehr- und Lernformen bestehen, Inhalte innerhalb eines Semester oder Studienjahres umfassen und werden grundsätzlich mit Prüfungen abgeschlossen, auf deren Grundlage Leistungspunkte vergeben werden (vgl. KMK. 2004. S. 2).

Leistungspunkte, häufig auch als Kreditpunkte bezeichnet, sind „ ein quantitatives Maß für die Gesamtbelastung des Studierenden." Sie schließen den unmittelbaren Unterricht (Präsenzzeit) wie auch die Zeit für die Vor- und Nachbereitung des Lehrstoffes (Selbststudium), Prüfungsaufwand und -vorbereitungen einschließlich Abschluss- und Studienarbeiten sowie gegebenenfalls Praktika ein (vgl. KMK 2004). In der Regel werden 60 Kreditpunkte im Studienjahr vergeben. Auf der Grundlage des KMK-Beschlusses vom 24.10.1997 wird für einen Kreditpunkt eine Arbeitsbelastung (workload) von durchschnittlich 30 Stunden angenommen, was zu einem Arbeitsaufwand von 1800 Stunden in einem Studienjahr führt (vgl. HRK 2004b).

Die Leistungspunkte basieren auf dem European Credit Transfer System (ECTS), das 1989 im Rahmen von ERASMUS eingeführt wurde. „Es ist das

170

einzige Credit System, das mit Erfolg getestet wurde und in ganz Europa verwendet wird" (HRK. 2005. S. 125). Das System wurde für die Erleichterung einer Anerkennung von Studienaufenthalten im Ausland und Verbesserung der Qualität und Umfang von Studierendenmobilität in Europa entwickelt. Das ECTS wird als ein zentrales Instrument zur Erreichung der Zielsetzung der Bologna Erklärung gesehen und nimmt angesichts der steigenden Zahlen von Teilzeitstudierenden und Lebenslangem Lernen an Bedeutung zu (vgl. HRK 2004b).

Durch diese Neuerungen ändert sich nicht nur die Organisation des Studiums, sondern auch sein Charakter (vgl. Kreuzer 2007). Nicht mehr Lehrende, Semesterwochenstunden und Input stehen im Zentrum, sondern der Studierende mit Lernaufwand und Outcomes. Aus dem fächer- und disziplinorientiertem Stoff werden Module entwickelt.

Um Anschluss- und Anrechnungsmöglichkeiten ihrer Absolventinnen zu erleichtern, sollten auch die Fachschulen die Lernfelder umstrukturieren und Module mit ihren Outcomes definieren (vgl. Knauer 2007, Kogel 2008, Kreuzer 2007). Aufgrund der Lernfeldorientierung (Zusammenfassung von Fächern in übergreifende Lernfelder) der Fachschulen dürfte die Vergleichbarkeit zu den Hochschulmodulen nicht mehr schwierig sein, sobald die Outcomes ausformuliert sind.

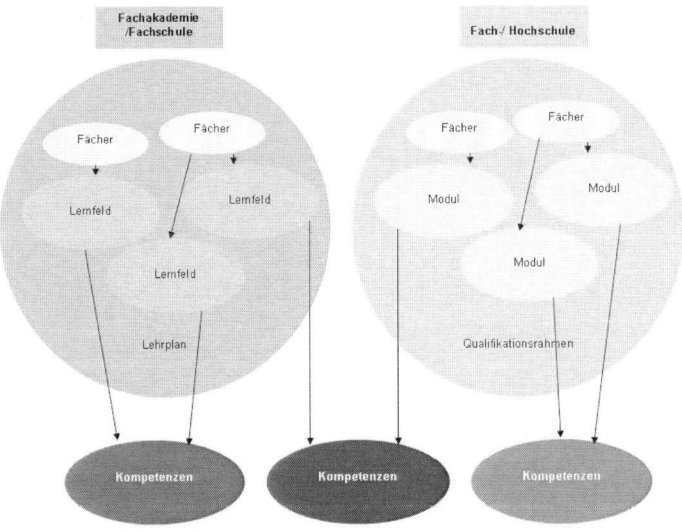

Abbildung 48 Lernfeld- und Modulstruktur (eigene Darstellung)

Die Strukturvorgaben der KMK für die Einführung von Bachelor- und Masterstudiengängen legen fest, dass die Modularisierung und Leistungspunktvergaben angewandt werden müssen, um einen Studiengang erfolgreich zu akkreditieren.

6.2 Akkreditierung

„Zur länder- und hochschulübergreifenden Sicherung der Qualität der Hochschulausbildung" (Beschluss der KMK vom 24.05.2002 i.d.F.v. 05.02.2004) beschloss die KMK im Mai 2002 die Einrichtung von Akkreditierungsverfahren. Darin wird festgestellt, ob ein Studiengang in fachlich inhaltlicher Hinsicht und der Berufsrelevanz den Mindestanforderungen entspricht. Grundlage für ein Akkreditierungsverfahren sind unter anderem die „Ländergemeinsamen Strukturvorgaben gemäß § 9 Abs. 2 HRK für die Akkreditierung von Bachelor- und Masterstudiengängen" (Beschluss der KMK vom 10.10.2003 i.d.F.v. 22.09.2005), in denen festgelegt ist, dass in Bachelorstudiengängen „wissenschaftliche Grundlagen, Methodenkompetenz und berufsfeldbezogene Qualifikationen" (S. 6) vermittelt werden. Beim Master wird noch gesondert zwischen „stärker anwendungsorientiert" und „stärker forschungsorientiert" unterschieden. Bachelor- und Masterstudiengänge sind somit weiterhin wissenschaftliche Studiengänge. Zur Sicherung dieser Vorgaben wurden vom Akkreditierungsrat Akkreditierungskriterien verabschiedet, die folgende Bereiche umfassen:

- „Systemsteuerung der Hochschule
- Qualifikationsziele des Studiengangkonzeptes
- konzeptionelle Einordnung des Studiengangs in das Studiensystem
- Studiengangkonzept
- Durchführung des Studiengangs
- Prüfungssystem
- Transparenz und Dokumentation
- Qualitätssicherung" (Akkreditierungsrat. 2008b. S. 1ff)

Mit Einführung des Akkreditierungsverfahrens wurden „die alten Rahmenprüfungsordnungen als Steuerungssysteme und Garanten der Einheitlichkeit außer Kraft gesetzt" (Schneider. 2007. S. 75). Auch hier waren die Ziele der Ermöglichung von Vielfalt, Transparenz und Vergleichbarkeit sowie Mobilität und Qualitätssicherung angestrebt.

Die Akkreditierung findet in Deutschland als zweistufiges System statt, was in der internationalen Ebene immer wieder zu Schwierigkeiten führt, da sich die

172

beteiligten Gremien, deren Zusammensetzung und das Verfahren unterscheiden. Die erste Stufe - die strategische Verantwortung - übernimmt der Akkreditierungsrat, während auf der zweiten Stufe die Agenturen in operativer Verantwortung die Studiengänge akkreditieren (vgl. Schneider 2007). Durchgeführt werden Akkreditierungen von Akkreditierungsagenturen, von denen in Deutschland derzeit sechs existieren.

Das meist verbreitete Verfahren ist die Programmakkreditierung. „Diese entspricht hinsichtlich ihres Gegenstandes (Studiengänge) und ihres Ablaufmusters (drei Stufen) weitgehend der Studienfachevaluation, ist aber hinsichtlich ihrer Zielausrichtung vornehmlich nicht auf Qualitätsverbesserung, sondern auf Überprüfung der Qualität und deren Zertifizierung (Akkreditierung) ausgerichtet" (Winter. 2008. S.1). Diese läuft in der Regel so ab, dass eine Hochschule eine Agentur mit der Akkreditierung eines Studiengangs beauftragt und einen Bericht, orientiert an den Kriterien des Akkreditierungsrates zur Erläuterung des Studiengangs, erstellt. Im Rahmen einer Vor-Ort-Begehung durch eine Gutachtergruppe aus Wissenschaft, Berufspraxis und Studierenden – peer group - wird der Studiengang genauer geprüft. Auf Grund der Erkenntnisse aus dem Bericht der Hochschule und den Gesprächen mit den Hochschulvertretern spricht die Gutachtergruppe eine Empfehlung bzgl. der Akkreditierung aus. Eine Kommissionsgruppe der Agentur prüft dies erneut und spricht abschließend eine Akkreditierung, eine Akkreditierung mit bestimmten Auflagen oder Versagung der Akkreditierung aus. Da sich die Anforderungen an die Hochschulen / Studiengänge verändern werden, findet nach fünf Jahren eine Re-Akkreditierung statt, die dann noch zusätzlich den Verbleib der Studierenden im Arbeitsmarkt und die Studierbarkeit der Studiengänge überprüft (vgl. Akkreditierungsrat 2007).

Die mit diesem Vorgehen erwarteten Ziele bleiben zum Teil aus. Die Begehung durch die peer group sollte ursprünglich eine Möglichkeit sein, um Anregungen, Unterstützung und produktive Kritik aus den eigenen Reihen zu erhalten. Da diese im Gutachterbericht jedoch meist als Auflagen formuliert werden, wird versucht, diesen Punkt so weit wie möglich zu vermeiden und kritische Punkte bereits im Vorfeld aus dem Programm zu streichen bzw. gut zu verstecken, um keinen Makel bei der Akkreditierung zu erhalten (vgl. Winter 2008). Auch die Wahl und Urteilsfällung der Gutachter kommt immer wieder in die Diskussion, da zum Einen Kollegenempfehlungen als Vetternwirtschaft gesehen werden und subjektive Urteile ein Risiko für den Start eines Studiengangs sein können (vgl. Schneider 2007). Hinzu kommt ein immenser finanzieller[138] und zeitlicher Aufwand. Im Grunde benötigt eine Hochschule, je nach Anzahl der Studiengangsangebote, mindestens eine Fachkraft in der Verwaltung, die die Prinzipien und Vorgaben der Akkreditierung kennt und bestenfalls selbst als Gutachter bereits ein Verfahren begleitet hat. Zusätzlich ist die Mitarbeit der Fakultäten für die Entwicklung der Akkreditierungsunterlagen unerlässlich (vgl. Müller 2007). Entscheidender Vorteil der Programmakkreditierung ist jedoch, dass die Studiengänge einer Hochschule ausführliche programmspezifische Informationen über Zielsetzungen, Konzepte, Ressourcen und mögliche Resultate geben und dem Urteil der Gutachter aus dem Hochschulbereich, aber auch aus der Berufspraxis und der Studierenden bestehen müssen (vgl. Müller 2007).

Aus den durch die Programmakkreditierungen gemachten Erfahrungen wurde das Verfahren weiterentwickelt und nach einer Projektphase[139] die Systemakkreditierung zugelassen. Dabei werden nicht mehr einzelne Studienprogramme geprüft, sondern die internen Qualitätssicherungssysteme der jeweiligen Hochschule, in deren Rahmen Bachelor- und Masterstudiengänge entwickelt und somit auch ihre Qualität gesichert werden. Das Verfahren läuft ähnlich wie bei einer Programmakkreditierung statt, nur dass der Fokus auf die Qualität der Prozesse, also der Entscheidungsstrukturen, Abläufe und Verantwortlichkeiten der Hochschule liegt. Ergänzt wird die Systemakkreditierung durch „Programmstichproben"[140] (Akkreditierungsrat. 2008a. S. 3).

Auch die Systemakkreditierung wird seit der Projektphase intensiv diskutiert. Kritikpunkt an diesem System ist, dass die erwartete Finanzersparnis nicht

---

138 Ein derartiges Verfahren kostet derzeit zwischen 12.000 und 13.000 Euro (vgl. Schneider 2007; Winter 2008).

139 Im Januar 2005 ist das vom BMBF (mit 1,1 Mio. €) geförderte und bei der Hochschulrektorenkonferenz (HRK) angesiedelte zweijährige Pilotprojekt zur Optimierung von Prozessqualität im Bereich Lehre und Studium sowie zur Konzeption und Implementierung eines Verfahrens der Prozessakkreditierung gestartet. Die Projektleitung lag bei dem Projekt Qualitätssicherung der Hochschulrektorenkonferenz (Projektnehmer) und beim Akkreditierungs-, Certifizierungs- und Qualitätssicherungs-Institut ACQUIN e.V. (Wissenschaftliche Leitung). ACQUIN hatte entsprechende Pilotvorhaben mit den beteiligten Hochschulen, der Universität Bayreuth, der Universität Bremen, der Fachhochschule Erfurt sowie der Fachhochschule Münster, konzipiert und durchgeführt (vgl. HRK. 2008)

140 Programmstichprobe: „vertiefte Begutachtungen von 15 % der Studiengänge, mindestens aber drei Studiengänge ... Bei der Auswahl der Programmstichproben berücksichtigt die Agentur neben den Ergebnissen der Systembegutachtung und der Merkmalsstichprobe das gesamte Fächerspektrum der Hochschule in der Lehre, die Relation von Bachelor- und Masterstudiengängen sowie kleine und große Studiengänge. Bietet die Hochschule reglementierte Studiengänge an, ist hiervon einer in die Programmstichprobe einzubeziehen. Im Fall von Lehramtsstudiengängen ist jeweils ein Studiengang von jedem angebotenen Lehramtstyp einzubeziehen. Im Übrigen entscheidet die Agentur nach dem Zufallsprinzip" (Akkreditierungsrat. 2008a. S. 3)

eintreten wird (vgl. HRK 2007a), da weiterhin auch Programmakkreditierungen stattfinden müssen und auch zusätzliches Fachpersonal notwendig sein wird. Die Befürchtungen sind, dass es zu „einen neuen Schub der hochschulinternen Bürokratisierung" (Müller. 2007. S. 104) und „der Staat wieder in die Rolle einer Genehmigungsbehörde für die Qualität der Studiengänge eintreten" (HRK. 2007a. S.2) könnte. Würde dies geschehen, wäre das Ziel der Stärkung der universitären Autonomie (vgl. Reil 2006) ins Gegenteil gewandelt.

Im Rahmen dieser Arbeit werden generelle Einschätzungen zum Akkreditierungs-verfahren abgefragt und spiegeln auch die aufgezeigte Diskussion wieder. Neun der Befragten geben an, dass das „Akkreditierungsverfahren (...) für die Prüfung und Bewertung eines Studiengangs gut geeignet" ist, drei finden diese Aussage (gar) nicht zutreffend. Auch wenn über die Hälfte das Verfahren als geeignet sehen sind zwölf Personen davon überzeugt, dass „das Akkreditierungsverfahren generell weiter entwickelt werden" soll. In Bezug auf die Zusammensetzung der Gutachtergruppe – eine Überlegung wäre Fachschulvertreter als weitere Peers mit aufzunehmen – wird von den bisher tätigen Vor-Ort-Begehern, die bisherige Zusammensetzung als ausreichend für eine professionelle Begutachtung angesehen. Die Aufnahme einer Fachschulvertretung wird sehr unterschiedliche bewertet. Für sechs Befragte ist diese Aussage „(voll) zu treffend", drei sind unentschlossen und für vier Personen trifft dies „weniger" bis „gar nicht" zu.

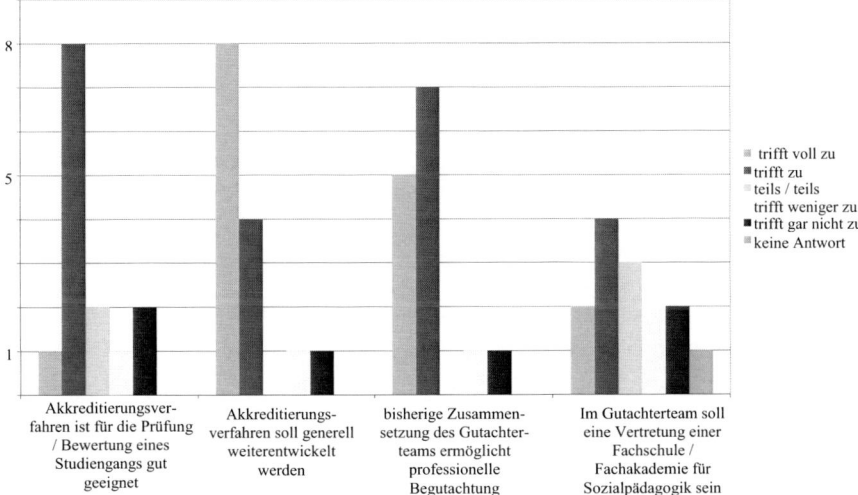

Abbildung 49 Einschätzung der Befragten zum Akkreditierungsverfahren (eigene Darstellung)

Die Befragung zeigt, dass die Akkreditierung als Instrument anerkannt - jedoch eine Weiterentwicklung wünschens- und empfehlenswert - ist. Ob diese positive Gesinnung daran liegt, dass die Gutachter aktive Akkreditierer sind, bleibt offen. Tatsache ist, dass dieses Instrument und beide Verfahrensarten zukünftig nebeneinander existieren werden (vgl. HRK 2007a). Akkreditierungen gelten als Sicherungssysteme für die Qualität der Hochschulausbildung und bekommen dadurch für die Entwicklung der Studiengänge im Bereich Elementarpädagogik eine große Bedeutung.

6.3 Kriterien für die Akkreditierung eines Studiengangs im Bereich Frühpädagogik

Im Rahmen der Befragung der peer groups von Vor-Ort-Begehungen werden für die Bereiche „gesetzliche Vorgaben" der Akkreditierung in Bezug auf den Studiengang, zu dessen „Konzept", den „Modulen" und der „Praxis" Fragen gestellt. Außerdem werden Einschätzungen zu den Punkten „Voraussetzungen für Studierende", „Evaluation / Qualitätssicherung", „Qualifikation" und „Didaktik" abgefragt. Die Oberkategorien entstehen durch die Orientierung an den Fragekatalogen der verschiedenen, für den Studienbereich relevanten, Akkreditierungsagenturen[141]. Auch wenn einige der Fragen banal erscheinen bzw. als grundsätzliche Voraussetzung für eine erfolgreiche Akkreditierung dienen und somit davon ausgegangen werden könnte, dass diese vorhanden sein sollten, wird bei der Sichtung der Gutachterbericht deutlich, dass grundlegende Papiere und Überlegungen fehlen bzw. unvollständig sind.

Das ist Anlass genug, um im ersten Bereich zunächst die Relevanz der diversen Papiere bei den Gutachtern abzufragen. Bei dieser Abfrage erhalten die Punkte „Studierende mit Fachschulausbildung sollen auf die gesetzliche Situation des jeweiligen Bundeslandes schriftlich hingewiesen werden" und dass „eine verabschiedet Prüfungsordnung (...) vorhanden sein" soll die höchste Zustimmung (sehr wichtig: 11; wichtig: 3; weniger wichtig: 0; unwichtig: 0; keine Antwort: 0). Unmittelbar darauf folgt die Vorgabe, dass eine „Zulassungsordnung (...) vorhanden sein" soll (sehr wichtig: 10; wichtig: 3, weniger wichtig: 0; unwichtig:1; keine Antwort: 0).

141ACQUIN 2007; AHPGS: URL: http://www.ahpgs.de/ Standards/ Kriterien (Stand: 13.05.2008); AQAS: URL: http://www.aqas.de/leitfaden/ (Stand: 13.05.2008); ZEVA URL: http://www. zeva.uni-hannover.de/akkred/verfahrensablauf.htm (Stand: 13.05.2008)

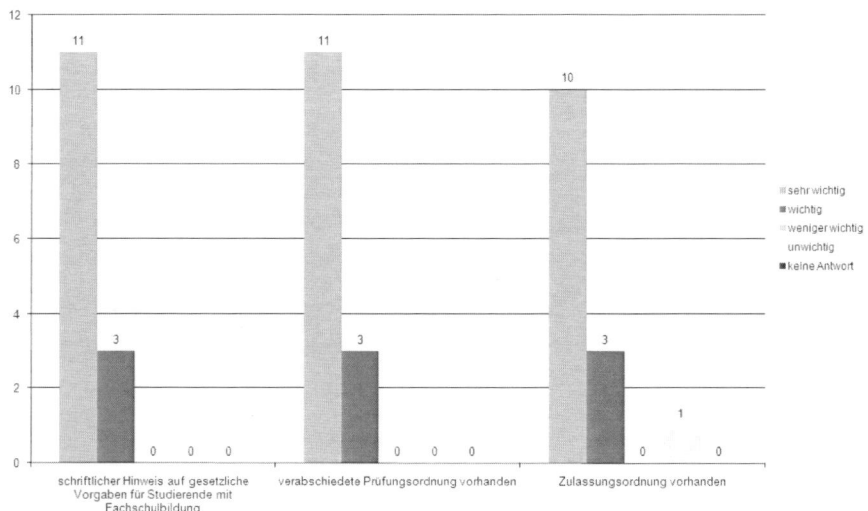

Abbildung 50 Relevanz von geforderten Verordnungen im Akkreditierungsverfahren (eigene Darstellung)

Eine hohe Zustimmung in Bezug auf die Berücksichtigung bei der Akkreditierung von elementarpädagogischen Studiengängen erhalten noch folgende Bereiche:

- „Die in den Modulbeschreibungen genannten Prüfungsformen sollen in der Prüfungsordnung für den Studiengang spezifiziert werden" (sehr wichtig: 9; wichtig: 3; weniger wichtig: 1; unwichtig: 0; keine Antwort: 1)
- „Ein Diploma Supplement soll vorhanden sein" (sehr wichtig: 8; wichtig: 1; weniger wichtig: 3; unwichtig: 1; keine Antwort: 1)
- „Das Modulhandbuch soll den KMK Vorgaben (vom15.09.2000 i.d.F. vom 22.10.2004) entsprechen" (sehr wichtig: 7; wichtig: 5; weniger wichtig: 2; unwichtig: 0; keine Antwort: 0)

177

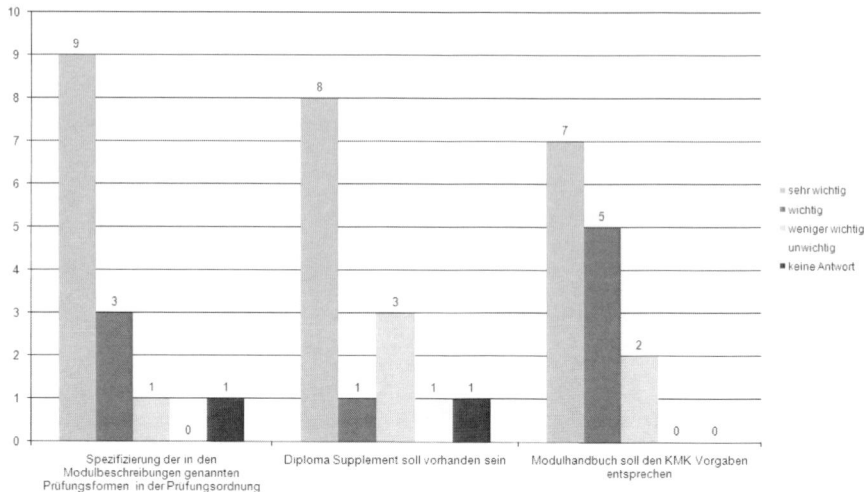

Abbildung 51 Relevanz von geforderten Verordnungen im Akkreditierungsverfahren II. Teil (eigene Darstellung)

Weniger einig sind sich die Befragten bei der Bewertung folgender Punkte:

- „Anrechnung von außerhalb des Hochschulwesens erbrachter Leistungen" (sehr wichtig:6; wichtig: 5; weniger wichtig: 3; unwichtig: 0; keine Antwort: 0)
- „Das Diploma Supplement soll dem HRK-Modell angepasst sein"(sehr wichtig: 4; wichtig: 5; weniger wichtig: 3; unwichtig: 1; keine Antwort: 1)
- „Es soll für die Anrechnung von außerhalb des Hochschulwesens erbrachter Leistungen auf das Hochschulstudium ein entsprechendes Konzept bestehen" (sehr wichtig: 3; wichtig: 5; weniger wichtig: 4; unwichtig: 1; keine Antwort: 1)

178

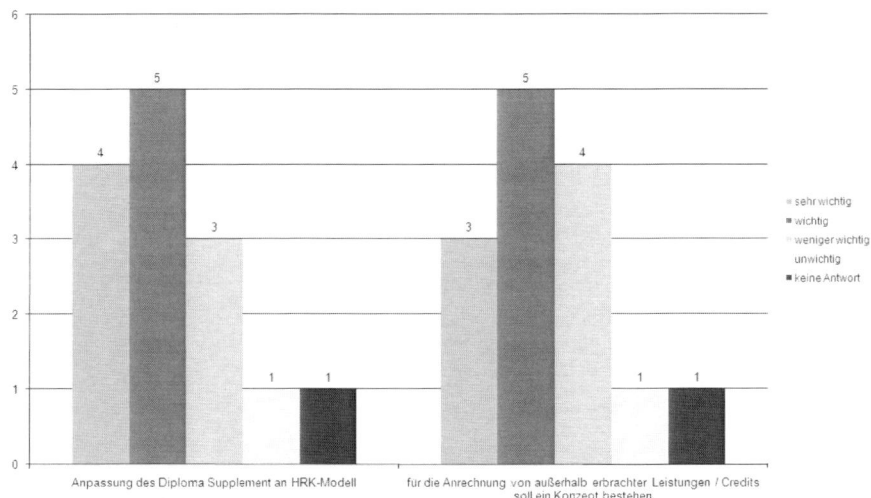

Abbildung 52 Relevanz von geforderten Verordnungen im Akkreditierungsverfahren III Teil (eigene Darstellung)

Generell werden die gesetzlichen Vorgaben für die Akkreditierung sehr hoch
eingestuft, was zu einem sehr engen Ranking führt. Deutlich wird dies, wenn
man bedenkt, dass auch bei der schlechtesten Einstufung („Es soll für die Anrechnung von außerhalb des Hochschulwesens erbrachten Leistungen und Kreditpunkten auf das Hochschulstudium ein entsprechendes Konzept bestehen")
acht der Befragten die Relevanz als „sehr wichtig" bzw. „wichtig" ansehen.
    Der zweite Block nimmt das „Gesamtkonzept" eines elementarpädagogi-
schen Studiengangs in den Fokus. Durchwegs mit „sehr wichtig" bzw. „wichtig" werden folgende Punkte angesehen:

- „Die Grobstruktur des Curriculums soll mit der Zielstellung des Studiengangs korrespondieren" (sehr wichtig: 12; wichtig: 2; weniger wichtig: 0;
  unwichtig: 0; keine Antwort: 0).
- „Das Gesamtkonzept soll transparent im Hinblick auf das Profil des Studiengangs sein" (sehr wichtig: 11; wichtig: 3; weniger wichtig: 0; unwichtig: 0; keine Antwort: 0)

179

- Das Gesamtkonzept „soll transparent im Hinblick auf die zu erwerbenden Kompetenzen sein" (sehr wichtig: 11; wichtig: 3; weniger wichtig: 0; unwichtig: 0; keine Antwort: 0).
- „Ausgewogene Ausrichtung auf Wissenschaftlichkeit und Anwendungsorientierung" (sehr wichtig: 10; wichtig: 3; weniger wichtig: 1; unwichtig: 0; keine Antwort: 0).

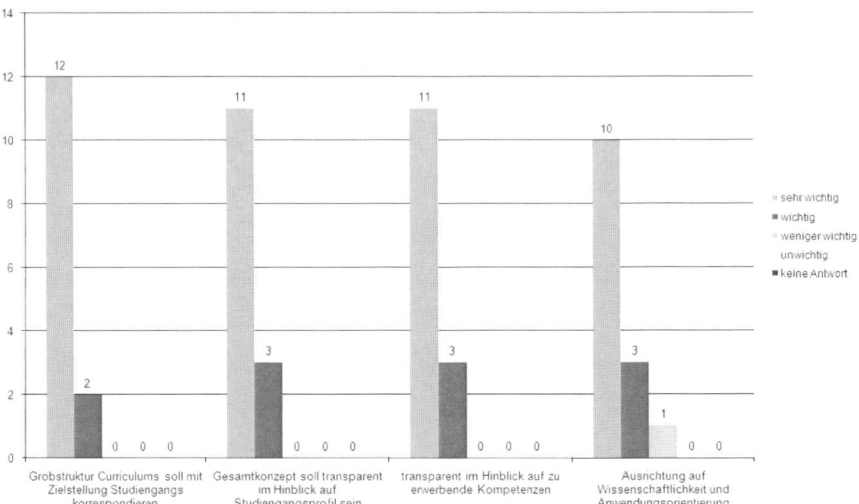

Abbildung 53 Konzeptentwicklung bei elementarpädagogischen Studiengängen (eigene Darstellung)

Die Ausrichtung auf Wissenschaftlichkeit und / oder Anwendungsorientierung wird detaillierter nachgefragt. Die Mehrheit (10) der Akkreditierungsgutachter hat eine „ausgewogene Ausrichtung auf Wissenschaftlichkeit und Anwendungsorientierung" als „sehr wichtig" (7) bzw. „wichtig" (3) eingestuft. Die „Ausrichtung auf Anwendungsorientierung / Praxis" stuft zwar nur ein Befragter als „sehr wichtig" ein, jedoch sieben als „wichtig". Als „weniger wichtig" oder „unwichtig" sehen sechs Personen die anwendungsorientierte Ausrichtung (weniger wichtig: 4; unwichtig: 2). Bei der „Ausrichtung auf Wissenschaftlichkeit / Forschung und Entwicklung" ist das Verhältnis umgekehrt. Acht der Befragten ordnen die wissenschaftliche Ausrichtung als „weniger wichtig", sechs als „sehr wichtig" bzw. „wichtig" (sehr wichtig: 2; wichtig: 4) ein.

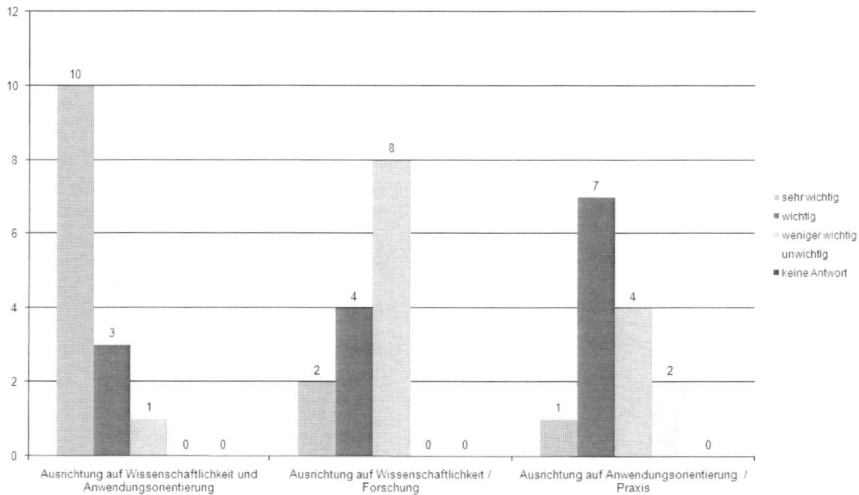

Abbildung 54 Ausrichtung von elementarpädagogischen Studiengängen (eigene Darstellung)

Auch als sehr hoch eingestuft werden nachfolgende Bereiche, obwohl hierbei eine Häufung in der Kategorie „wichtig" bzw. auch einige Stimmen „weniger wichtig" bzw. „unwichtig" erkennbar ist:

- „Die Einrichtung des Studiengangs lässt Innovationen hinsichtlich der beruflichen Professionalisierung im Elementarbereich erwarten" (sehr wichtig: 8; wichtig: 5; weniger wichtig: 1; unwichtig: 0; keine Antwort: 0).

- Das Konzept „soll im Hinblick auf Kooperationen zwischen den beteiligten Institutionen und Lehr-, Lern- und Prüfungsformen transparent dargestellt werden" (sehr wichtig: 7; wichtig: 6; weniger wichtig: 1; unwichtig: 0; keine Antwort: 0).

- „Das Studium soll berufsbegleitend oder in Vollzeit stattfinden" (sehr wichtig: 6; wichtig: 4; weniger wichtig: 3; unwichtig: 1; keine Antwort: 0).

181

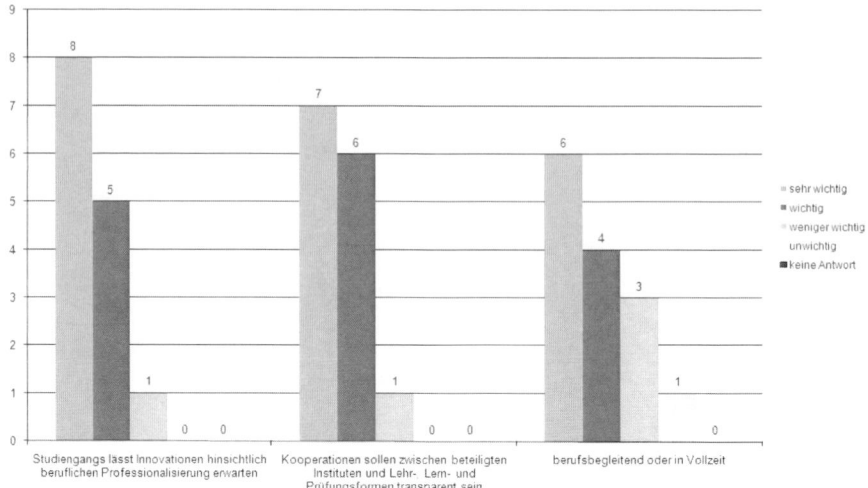

Abbildung 55 Konzeptionelle Überlegungen bei der Entwicklung eines elementarpädagogischen Studiengangs (eigene Darstellung)

Die zeitliche Struktur eines elementarpädagogischen Studiengangs wurde ebenfalls genauer nachgefragt, da davon ausgegangen werden muss, dass zukünftige Studierende gerade im elementarpädagogischen Bereich berufstätig sind (siehe „Studiengänge in Deutschland" S. 136) und somit ein berufsbegleitendes Studium notwendig wäre. Bei der Auswertung der Befragung zeigt sich eine Tendenz für die Variante, dass das Studium „berufsbegleitend oder in Vollzeit stattfinden" soll. Eine eindeutige Festlegung auf ein reines Vollzeitstudium oder ein reines berufsbegleitendes Studium findet nicht statt.

182

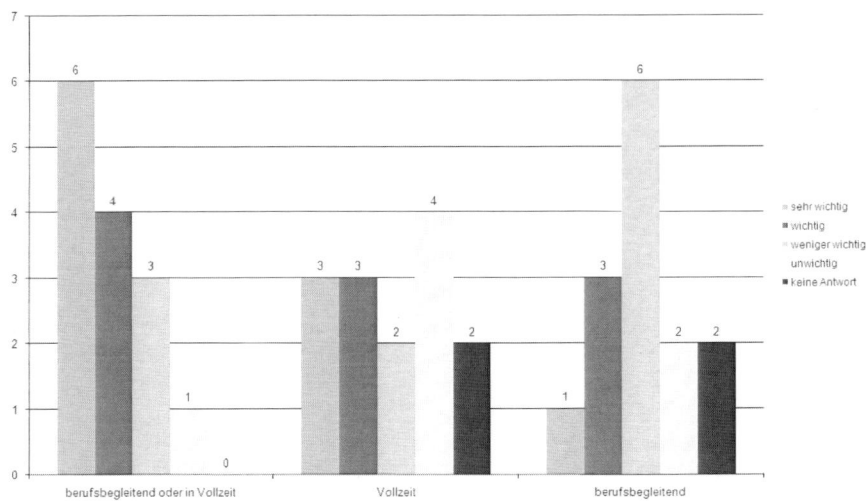

Abbildung 56 Konzeptionelle Überlegungen bei der Entwicklung eines elementarpädagogischen Studiengangs: Vollzeit / Berufsbegleitung (eigene Darstellung)

Ein weiteres Element das in den Akkreditierungen intensiv geprüft wird, sind die Module eines Studiengangs. Sie gelten als Basis für die Studierbarkeit. Eine besondere Bedeutung kommt für die befragten Akkreditierungsgutachter folgenden Aussagen zu:

* „Es soll die Modulanzahl hinsichtlich der Studierbarkeit geprüft werden" (sehr wichtig: 9; wichtig: 4; weniger wichtig: 1; unwichtig: 0; keine Antwort: 0).
* „Es soll die Modulgröße hinsichtlich der Studierbarkeit geprüft werden" (sehr wichtig: 8; wichtig: 5; weniger wichtig: 0; unwichtig: 0; keine Antwort: 1).
* „Die Lehr- und Lerninhalte sollen stimmig mit den angestrebten Zielen und Kompetenzen korrespondieren" (sehr wichtig: 8; wichtig: 6; weniger wichtig: 0; unwichtig: 0; keine Antwort: 0).

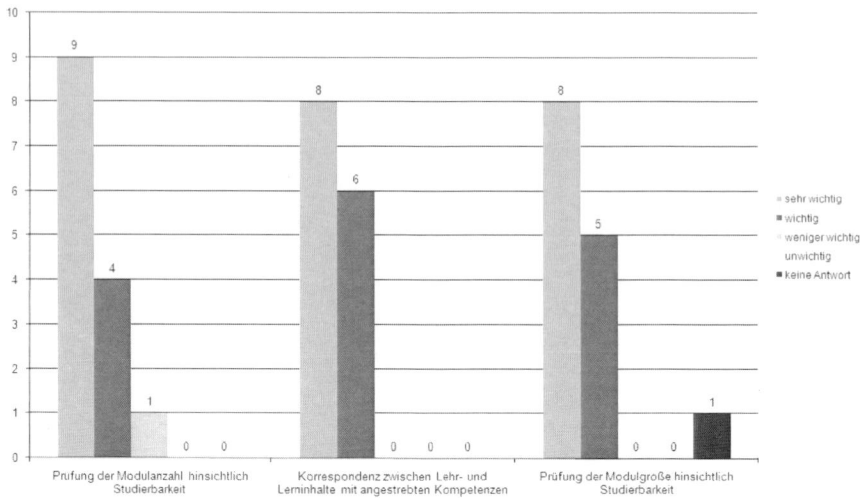

Abbildung 57 Modularisierung bei elementarpädagogischen Studiengängen (eigene Darstellung)

Die Prüfung der Module innerhalb der Vor-Ort-Begehungen wird intensiv betrieben und als wichtiges Element gesehen. Dies zeigen auch die Ergebnisse zu den weiteren Fragen im Bereich „Module", die alle eine hohe Zuordnung zu den Kategorien „sehr wichtig" und „wichtig" aufzeigen. Im Detail sind dies:

- „Modulbeschreibungen sollen sich als detailliert und umfassend auch auf die jeweils zu erwerbenden Kompetenzen erweisen" (sehr wichtig: 5; wichtig: 8; weniger wichtig: 1; unwichtig: 0; keine Antwort: 0).
- „Der Titel des Studiengangs soll im Verhältnis zu den Studiengangsinhalten stehen" (sehr wichtig: 5; wichtig: 6; weniger wichtig: 3; unwichtig: 0; keine Antwort: 0).
- „In den Modulbeschreibungen soll Interdisziplinarität erkennbar sein" (sehr wichtig: 4; wichtig: 7; weniger wichtig: 3; unwichtig: 0; keine Antwort: 0).
- „Die modulare Umsetzung der von der Hochschule formulierten Kompetenzziele soll überprüft werden" (sehr wichtig: 4; wichtig: 6; weniger wichtig: 4; unwichtig: 0; keine Antwort: 0).
- „Jedes Modul soll eine Prüfung(sform) ausweisen" (sehr wichtig: 2; wichtig: 11; weniger wichtig: 1; unwichtig: 0; keine Antwort: 0).

184

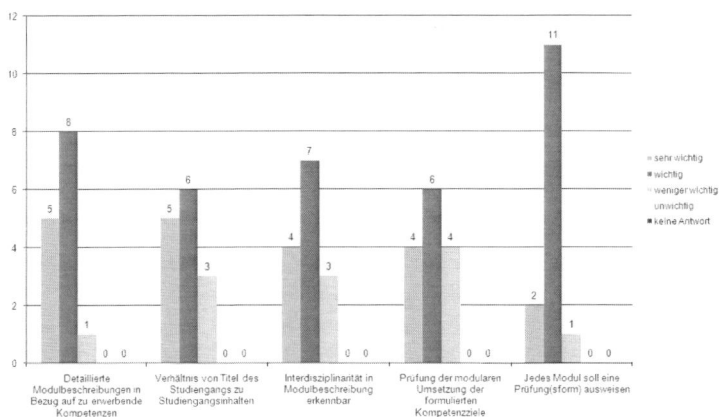

Abbildung 58 Modularisierung bei elementarpädagogischen Studiengängen Teil II (eigene Darstellung)

Hinsichtlich der Abfolge der Module haben neun der Befragten angegeben, dass es „sehr wichtig" bzw. „wichtig" sei das die Module unabhängig voneinander studierbar sein sollten. Fünf Personen haben hingegen angegeben, dass die „im Curriculum festgelegten Module der jeweils nachfolgenden Semester (...) thematisch und inhaltlich auf die Vorangegangenen aufbauen" sollen „(sehr) wichtig" sei.

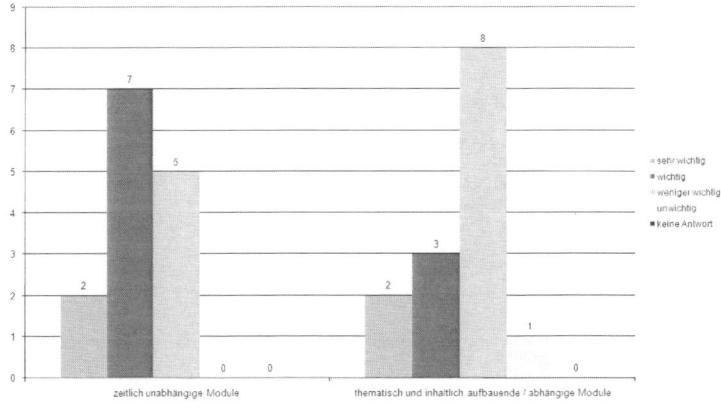

Abbildung 59 zeitliche Struktur der Module (eigene Darstellung)

Praxiselemente und Praxisphasen werden als wichtige Bausteine innerhalb eines elementarpädagogischen Studiengangs gesehen. Dass sie nicht vom theoretischen Teil des Studiums abgelöst sein dürfen zeigen nachfolgende Ergebnisse:

- „Eine Verzahnung von Praxisorientierung und der Vermittlung wissenschaftlicher Kompetenzen und berufsfeldbezogener Kompetenzen soll sichergestellt werden" (sehr wichtig: 8; wichtig: 5; weniger wichtig: 1; unwichtig: 0; keine Antwort: 0).
- „Das Potential der Erfahrungen aus der Berufspraxis soll genutzt und unmittelbar in die Studieninhalte einfließen" (sehr wichtig: 6; wichtig: 6; weniger wichtig: 2; unwichtig: 0; keine Antwort: 0).
- „Das Berufsumfeld soll gezielt als zusätzliches Lernsetting genutzt werden" (sehr wichtig: 5; wichtig: 5; weniger wichtig: 3; unwichtig: 1; keine Antwort: 0).
- „Die Orientierung auf die berufliche Praxis während des gesamten Studienverlaufs soll eine Grundlage des Studiums sein" (sehr wichtig: 3; wichtig: 6; weniger wichtig: 2; unwichtig: 2; keine Antwort: 1).

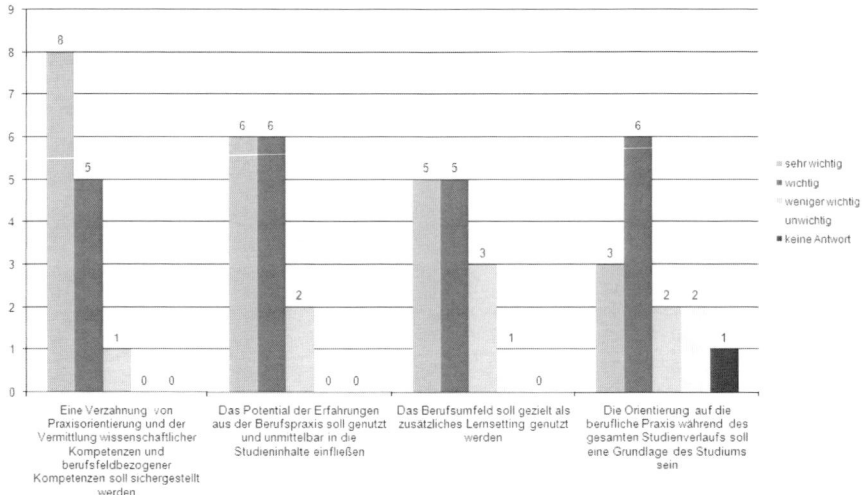

Abbildung 60 Verknüpfung von Theorie und Praxis in elementarpädagogischen Studiengängen (eigene Darstellung)

Dass die Praxisorientierung nicht unbedingt einem praktischen Studiensemester entsprechen muss, zeigt die Rückmeldung der Gutachter in nachfolgender Grafik. Für sechs Personen ist die Ausweisung eines praktischen Studiensemester „unwichtig", zwei sehen es als „weniger wichtig" an, vier als „wichtig" und nur zwei der Befragten als „sehr wichtig".

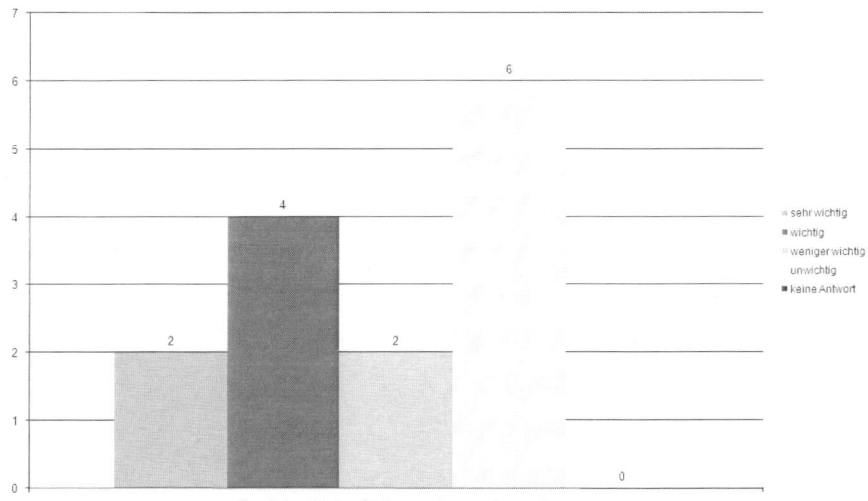

Abbildung 61 Ausweisung eines praktischen Studiensemesters in elementarpädagogischen Studiengängen (eigene Darstellung)

Zur Frage, ob die Praxisphase bei einer parallelen Berufstätigkeit der Studierenden innerhalb der eigenen Einrichtung oder außerhalb absolviert werden soll, besteht keine eindeutige Aussage. Es zeigt sich ein leichter Trend dazu, dass eher eine andere Einrichtung genutzt werden sollte:

- „Die Praxisphasen sollen in einer anderen Einrichtungen durchgeführt werden" (sehr wichtig: 2; wichtig: 4; weniger wichtig: 6; unwichtig: 1; keine Antwort: 1).
- „Die Praxisphasen sollen in der eigenen Einrichtungen durchgeführt werden" (sehr wichtig: 0; wichtig: 4; weniger wichtig: 6; unwichtig: 3; keine Antwort: 1).

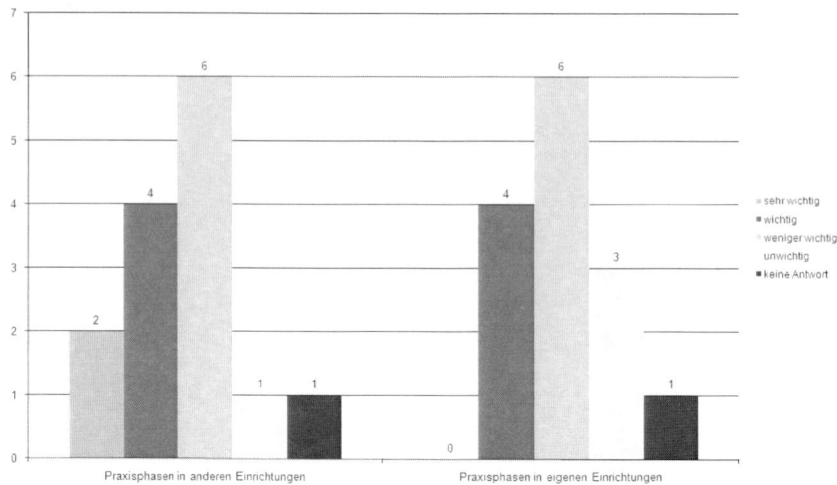

Abbildung 62 Institutionelle Ansiedlung von Praxisphasen (eigene Darstellung)

Die Akkreditierung prüft als weiteres Element Instrumente der Evaluation und Qualitätssicherung der neuen Studiengänge. Vor allem in der Reakkreditierung wird dabei auf den Verbleib der Absolventen – als Qualitätsmerkmal des Studiengangs – geachtet. Die elementarpädagogischen Studiengänge haben voraussichtlich mit einer heterogenen Studierendengruppe bzgl. der Zugangsvoraussetzungen zu tun, weswegen auch bei der Erhebung dieser Bereich nachgefragt werde:

- „Es soll ein Evaluationskonzepts zur Bewertung der Lehre dargelegt werden" (sehr wichtig: 10; wichtig: 3; weniger wichtig: 1; unwichtig: 0; keine Antwort: 0).
- „Es sollen regelmäßig und dezidiert der Verbleib der Absolventen erhoben werden – Absolventenerhebung" (sehr wichtig: 5; wichtig: 8; weniger wichtig: 1; unwichtig: 0; keine Antwort: 0).
- „Es soll regelmäßig und dezidiert der Zugang - je nach Gruppe der Zugangsvoraussetzungen - zum Studiengang erhoben werden" (sehr wichtig: 5; wichtig: 6; weniger wichtig: 3; unwichtig: 0; keine Antwort: 0).

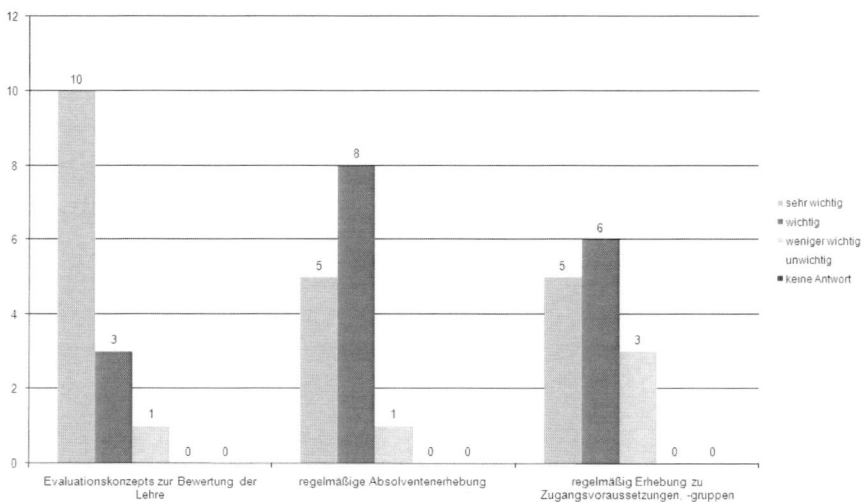

Abbildung 63 Evaluation und Qualitätssicherung von elementarpädagogischen Studiengängen (eigene Darstellung)

Die Employability (Beschäftigungsfähigkeit) ist ein entscheidendes Kriterium für die Akkreditierung von Studiengängen. Für welchen Bereich soll ein Bachelorabschluss der Elementarpädagogik qualifizieren? Neun der Befragten sehen als „sehr wichtiges" Tätigkeitsfeld den Leitungsbereich, danach folgen der Beratungsbereich und der Gruppendienst mit jeweils fünf Stimmen bei „sehr wichtig". Jedoch wird hierbei deutlich, dass der Gruppendienst auch von fünf Personen als „weniger wichtig" oder „unwichtig" eingeschätzt wird. Im Einzelnen sind die Antworten wie folgt:

- „Der BA-Abschluss soll für einen Tätigkeitsbereich im Führungsbereich der frühkindlichen Bildung (Leitung einer Kita / Kinderkrippe / Beratungsstelle) qualifizieren" (sehr wichtig: 9; wichtig: 3; weniger wichtig: 1; unwichtig: 0; keine Antwort: 1).
- „Der BA-Abschluss soll für einen Tätigkeitsbereich im Beratungsbereich der frühkindlichen Bildung (Kita-BeraterIn, Kita-ReferentIn, Kita-KoordinatorIn, MitarbeiterIn im Kita-Management, DozentIn/FortbildnerIn) qualifizieren" (sehr wichtig: 5; wichtig: 5; weniger wichtig: 3; unwichtig: 0; keine Antwort: 1).

- „Der BA-Abschluss soll für einen Tätigkeitsbereich im Gruppendienst der frühkindlichen Bildung (Kinderkrippe- / Kita-Gruppenleitung, Leitung einer bis zu 3gruppigen Einrichtung) qualifizieren" (sehr wichtig: 5; wichtig: 3; weniger wichtig: 3; unwichtig: 2; keine Antwort: 1).

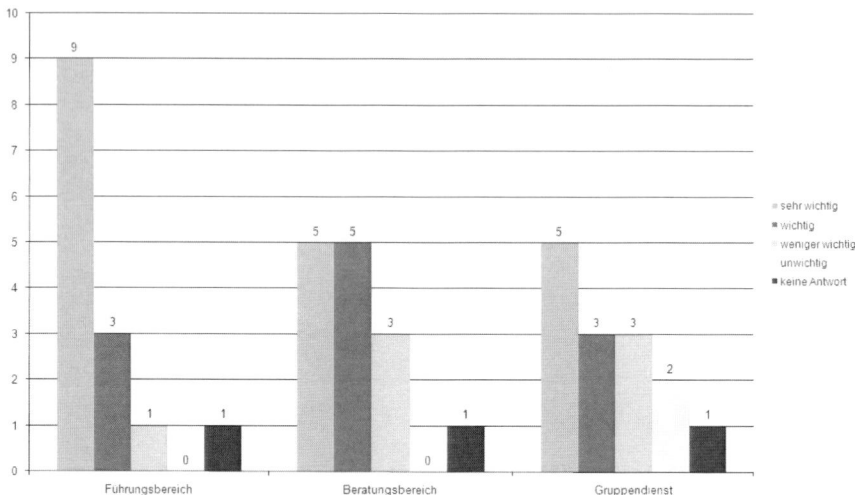

Abbildung 64 Tätigkeitsbereiche für Absolventen elementarpädagogischer Studiengänge (eigene Darstellung)

Die didaktische Ausgestaltung wird unter anderem bei den elementarpädagogischen Studiengängen von großer Bedeutung für den Erfolg der Studierenden sein. Die vielfältigen landesspezifischen Regelungen für Fachschul- und Meisterabsolventen führen zu heterogenen Studierendengruppen. Es können zukünftig - noch mehr als bisher - engagierte Hauptschülerinnen durch eine Kinderpflege- und anschließende Erzieherinnenausbildung, neben Realschülerinnen mit Fachschulausbildung und Abiturientinnen studieren. Dies soll keine Bewertung der unterschiedlichen Bildungswege sein, sondern die verschiedenen Ausgangsniveaus und Wissensstände der Studierenden betonen. Ein Studiengang kann nur erfolgreich sein, wenn dies berücksichtigt und im jeweiligen didaktischen Konzept berücksichtigt wird. Mögliche Vorgehensweisen, welche die Befragten einstufen können, sind:

- „Der Studiengang soll eine Berufsqualifizierung mit einer theoretischen Grundierung und praktischen Handlungsfähigkeit vorsehen, die durch Praktika, Studienprojekte, wissenschaftliches Arbeiten und der engen Verknüpfung von theoretischen Erkenntnissen der Frühpädagogik mit dem künftigen Arbeitsfeld verbunden sind" (sehr wichtig: 9; wichtig: 2; weniger wichtig: 1; unwichtig: 0; keine Antwort: 2).

- „Die zu erwartenden heterogenen Studienkohorten (durch unterschiedliche berufliche oder schulische Vorqualifikation) sollen durch ein flexibles, methodisch-didaktisches Konzept (Binnendifferenzierung) unterstützt werden" (sehr wichtig: 8; wichtig: 5; weniger wichtig: 1; unwichtig: 0; keine Antwort: 0).

- „Es soll eine enge Verknüpfung von herkömmlichen wissenschaftlichen Lehrmethoden und Blended-Learning stattfinden" (sehr wichtig: 2; wichtig: 4; weniger wichtig: 5; unwichtig: 1; keine Antwort: 2).

Nimmt man die Kategorien „sehr wichtig" und „wichtig" zusammen (13) sehen die Gutachter als entscheidend an, dass ein flexibles, methodisch-didaktisches Konzept unumgänglich ist. Elf Personen sehen auch eine Ausrichtung auf eine theoretische Grundierung verknüpft mit praktischer Handlungsfähigkeit als entscheidend. Bei der Verknüpfung von herkömmlichen Lehrmethoden mit blended-learning[142] gehen die Meinungen auseinander: sechs Befragte sind der Ansicht, dass diese Verbindung „sehr wichtig" bzw. „wichtig" ist, dies sehen jedoch ebenso viele (6) als „weniger wichtig" oder „unwichtig" an.

---

142 Blended-Learning bedeutet, „the use of two or more distinct methods of training" (Masie. 2002. S. 59). Die bekannteste Kombination ist die reale Lehre im Klassenzimmer mit e-Learning Elementen.

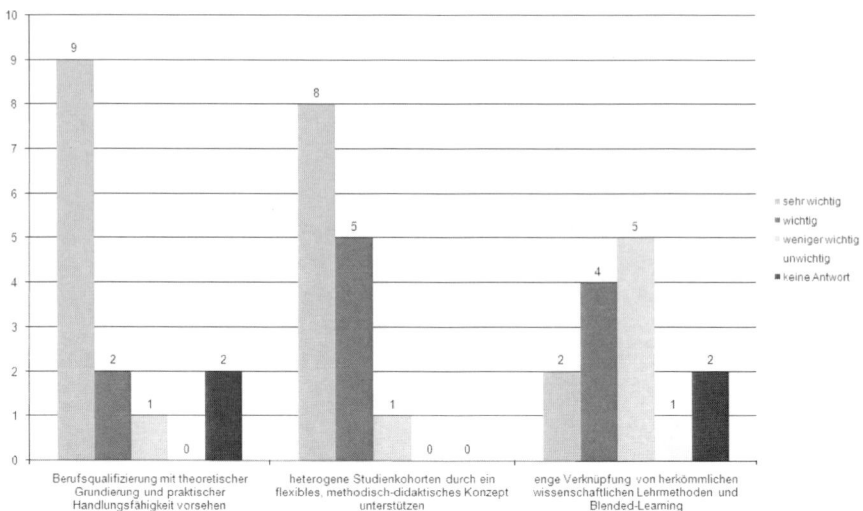

Abbildung 65 Didaktisches Konzept eines elementarpädagogischen Studiengangs (eigene Darstellung)

Die Rückmeldungen zum Akkreditierungsverfahren elementarpädagogischer Studiengänge spiegelt die derzeitige Diskussion deutlich. An manchen Punkten ist sich die Mehrheit einig, bei anderen geht die Meinung sehr weit auseinander.

Der erste Probelauf des Fragebogens führte zu einigen Diskussionen im Feld der Gutachterinnen und Gutachter sowie in den Akkreditierungsagenturen. Rückmeldungen wie „die Befragung ist eine Bedrohung für die Akkreditierung" kam ebenso wie der Verweis auf eine „Schweigepflicht bzgl. der Bekanntgabe von Gutachtern" – obwohl seit Februar 2008 vom Akkreditierungsrat die Veröffentlichung der Gutachtergruppe verbindlich festgelegt wurde (Akkreditierungsrat 2008c). Da der Fragebogen die allgemeinen Kriterien einer Akkreditierung abfragt, ist dieser sicherlich mit kleinen Änderungen auch für andere Fächer geeignet und könnte durch Vergleichsstudien aufzeigen, wo die Präferenzen der einzelnen Fächer und Studienbereiche sein könnten. Eine erneute Durchführung – zu einem Zeitpunkt, wenn beispielsweise noch mehr elementarpädagogische Studiengänge akkreditiert sind – könnte eine breitere Rückmeldung ermöglichen und ggf. die Ergebnisse bestätigen bzw. Veränderungen und Entwicklungen aufzeigen.

Die Akkreditierung ist aber nicht das alleinige Instrument des Bologna Prozesses. Als weiteres Merkmal des Bologna Prozesses wird der Bereich

„Employability" betrachtet. Er ist für die Fachhochschulen durch die bereits im Diplomstudium enge Anbindung an die Berufspraxis ein vertrauter Bereich, für Universitäten kann er als Herausforderung gesehen werden.

6.4 Employability als erreichbare Kompetenz in einem Studium?

Die Entwicklung zur Wissensgesellschaft, Verringerung der Halbwertzeit durch dessen explosionsartige Vermehrung und dem Bedeutungszuwachs von Wissen führen dazu, dass damit eine neue Umgangsform notwendig wird. Ebenso führen der technologische und gesellschaftliche (Werte-)Wandel, die Globalisierung und die demografische Entwicklung zu einer Veränderung der Ausgangssituation für Arbeitnehmer, Arbeitgeber und den Staat, was zur Folge hat, dass dementsprechende Kompetenzen in der Ausbildung zukünftiger Arbeitnehmer vermittelt werden.

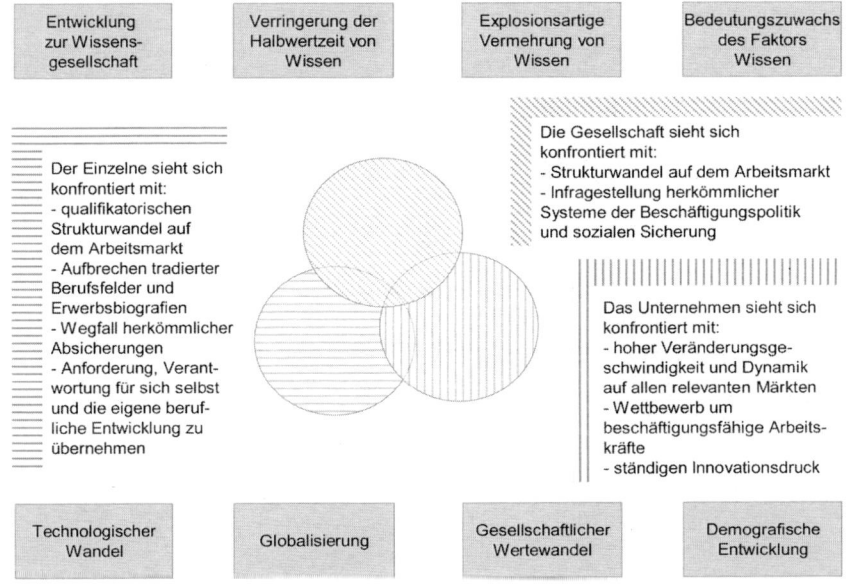

Abbildung 66 Ausgangssituation für Arbeitnehmer, Arbeitgeber und Staat (nach Rump / Eilers. 2006. S. 18)

193

Diese Anforderungen müssen auch von den Ausbildungsstätten berücksichtigt und integriert werden. Mit der Bologna Reform kam der Begriff „employability" an die Hochschulen und wurde als Kompetenz zukünftiger Absolventen gefordert. „Employability" heißt wörtlich aus dem englischen übersetzt: „die Arbeitsmartkfähigkeit / Beschäftigungsfähigkeit" und nicht wie immer wieder im deutschen Sprachgebrauch genutzt „Berufsfähigkeit". Es gibt vielfältige Umschreibungen der Employability ohne eine greifbare Definition zu erhalten. Sie „wird so als Chiffre für eine ‚gute Sache' verwendet, die offensichtlich im Kontext von Qualifizierung, Betrieb und Arbeitsmarkt genügend Plausibilität besitzt, um ohne eine genaue Erläuterung ihres Gegenstandes auszukommen" (Kraus. 2006. S.57). Es wird zum Teil nur mit Beispielen umschrieben was erwartet wird:

- ❖ Kategorien, die ein Mitarbeiter benötigt:
    - „Learning to learn
    - Competence in reading, writing and computation
    - Communication skills: listening and oral communication
    - Adaptability: creative thinking and problem solving
    - Personal management: self-esteem, motivation and goal setting, and employability and career development
    - Group effectiveness: interpersonal skills, negotiation and teamwork
    - Influence: organizational effectiveness and leadership" (Carnevale, Gainer und Meltzer. 1999. S. 17 – 36)
- ❖ Kategorien für Studenten, die einen Zusammenhang zwischen Ausbildung und späterer beruflicher Tätigkeit zeigen:
    - „Developing competence
    - Managing emotions
    - Moving through autonomy tonward independence
    - Developing mature interpersonal relationships
    - Establishing identity
    - Developing purpose
    - Developing integrity" (Chickering / Reiser. 1993. S. 45 – 52)

Um jedoch den Diskurs zu Employability in Deutschland aufzuzeigen, werden im Folgenden einige Definitionen dargestellt:

- ❖ Beschäftigungsfähigkeit ist "kein irgendwie fertigzustellendes Produkt, sondern ein immer wieder in Gang zu bringender und zu haltender Prozess" (Richter. 2004. S. 1).

194

❖ „Beschäftigungsfähigkeit beschreibt die Fähigkeit einer Person, auf der Grundlage ihrer fachlichen und Handlungskompetenzen, Wertschöpfungs- und Leistungsfähigkeit ihre Arbeitskraft anbieten zu können und damit in das Erwerbsleben einzutreten, ihre Arbeitsstelle zu halten oder, wenn nötig, sich eine neue Erwerbsbeschäftigung zu suchen" (Blancke / Roth / Schmid. 2000. S. 9).

❖ „Um im Rennen zu bleiben, sind – so abgegriffen es auch klingen mag – Flexibilität, eine ‚Antenne' für neue Trends und ein Faible für lebenslanges Lernen wichtige Eigenschaften, um in einem sich ständig wandelnden Markt bestehen zu können. Diese Kernkompetenz wird in Fachkreisen als Employability diskutiert. Gemeint ist damit, daß ein jeder von uns dafür zu sorgen hat, daß er oder sie ‚einstellungsfähig' wird und bleibt. Für den betrieblichen Einsatz müssen Erwerbstätige bestimmte (Mindest-)Voraussetzungen erfüllen" (Ratzek. 1999.S. 112).

❖ „Es muss die Erkenntnis reifen, dass eine sichere Erwerbsquelle heute und in der Zukunft abhängig ist von der unbedingten und steten Bereitschaft zur Weiterbildung, zu Flexibilität und zum Wechsel, den Schlüsselkriterien der individuellen Beschäftigungsfähigkeit" (Fischer / Brümmer. 2001. S. 158).

❖ „Unternehmerin bzw. Unternehmer in eigener Sache sein" (Küpper / Ehlers. 2001. S. 127)

❖ „Beschäftigungsfähigkeit muss (...) immer von zwei Seiten her betrachtet werden: von der Anforderungssituation (Arbeitsmarkt) und den individuellen Ressourcen (Subjektivität der Mitarbeiterinnen und Mitarbeiter). Der Begriff Beschäftigungsfähigkeit beinhaltet daher nach unserem Verständnis auch den Bildungs- als den individuellen Entwicklungsaspekt. Die Beschäftigungsfähigkeit basiert auf den individuellen Kompetenzen. Sie ist damit ein wesentlicher Bestandteil der biographieorientierten Kompetenzentwicklung" (Wittwer. 2001. S. 121).

❖ „Kerngedanke der Employability ist ein neuer sozialer Kontrakt zwischen Unternehmen und Mitarbeitern. In Zukunft werden der Erwerb und die Förderung der Beschäftigungsfähigkeit im Mittelpunkt stehen. Der Mitarbeiter wird zum Unternehmer der eigenen Sache. Durch permanente Erweiterung seines Kompetenzportfolios erhält er sich dauerhaft seine Marktfähigkeit" (Speck. 2004. S. 31).

❖ Employability als „die Fähigkeit, fachliche, soziale und methodische Kompetenzen unter sich wandelnden Rahmenbedingungen zielgerichtet und eigenverantwortlich anzupassen und einzusetzen, um eine Beschäftigung zu erlangen oder zu erhalten" (Rump / Eilers. 2006. S. 21).

Die Schaffung und der Erhalt von Beschäftigungsfähigkeit werden als zentrales Ziel einer dynamischen Arbeitsmarktstrategie gesehen und sind Aufgabe des Mitarbeiters, aber auch des Unternehmens.

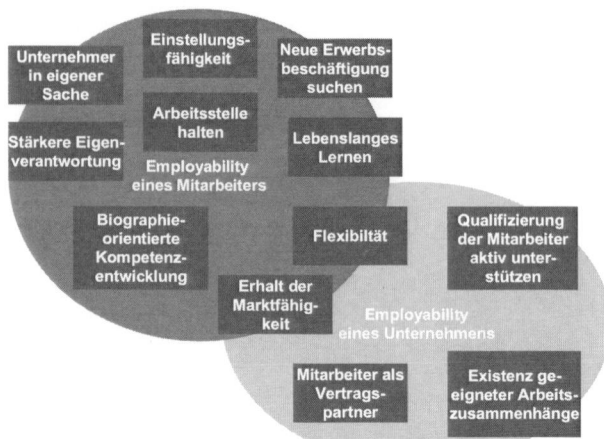

Abbildung 67 Employability als Aufgabe eines Mitarbeiters und Unternehmens (eigene Darstellung)

Nimmt man die aufgelisteten Definitionen und daraus ableitbaren Aufgaben als Ausgangspunkte, erhält man als übergeordnetes Ziel, die Beteiligung aller in einem wandelnden Arbeitsmarkt sicherzustellen und möglichst allen Erwerbspersonen fachliche, kognitive und soziale Kompetenzen für eine Beschäftigung zu geben. Dabei darf nicht nur ein Beruf bei einem Arbeitgeber im Mittelpunkt stehen, sondern vor allem wechselnde Arbeitgeber, Arbeitsverhältnisse und Tätigkeitsprofile (vgl. Blancke / Roth / Schmid 2000; Johnston 1998; McKenzie / Wurzburg 1997; Rump / Eilers 2006). Daneben geht es aber auch um Einstellungen und Mentalitäten (vgl. Rump / Eilers 2006).

Auch wenn einfache Tätigkeiten nie ganz bedeutungslos werden, so hat sich das Angebot an Tätigkeiten in der Industrie und in vielen Bereichen der Dienstleistungen, für die niedrige Qualifikationen ausreichen erheblich reduziert (vgl. Coleccia / Papaconstantinou 1996; Rump / Schmidt. o. A.). Auch in diesem Feld muss Employability verfolgt und gefördert werden.

Employability kann jedoch nicht nur aus Sicht des Einzelnen / Arbeitnehmers betrachtet werden, sondern auch mit Blick auf wirtschaftliche und gesellschaftliche Institutionen. Arbeitgeber müssen ebenfalls Beschäftigungsfähigkeit ermöglichen, indem sie geeignete Arbeitszusammenhänge ermöglichen, Mitarbeiter aktiv zur Weiterbildung bringen und somit Personalarbeit durchführen (vgl. Knutz 1998; Kraus 2006). Sie wird als Voraussetzung für ökonomische

Flexibilität und Sicherung der Wettbewerbsfähigkeit von Unternehmen gesehen (vgl. Benner / Carnoy / Castells 1997; Hank 1995; Knuth 1998).

Die in diesem Zusammenhang zu stellende Frage ist, ob ein Studium Employability vermitteln kann, so wie dies unter anderem durch den Bologna Prozess und Arbeitgebern (vgl. Rehburg 2007)[143] gefordert wird? Es soll das Ziel erreicht werden, „Studierende auszubilden, die neben einer exzellenten fachlichen Ausbildung auch die Kompetenzen besitzen, unvorhergesehene und unbekannte Situationen und Anforderungen im beruflichen und privaten Leben erfolgreich zu bewältigen und sich ständig neues Wissen anzueignen, um den Anforderungen der modernen Lebenswelt und Gesellschaft gerecht zu werden" (Kleindienst. 2007. S. 373).

Ein Studium kann Wissen und fachliche Qualifikation vermitteln, es kann eine Qualifikationsbasis vermitteln, das zu methodischem Handeln befähigt, jedoch kann es nicht garantieren, dass beispielsweise Sozial- und Selbstkompetenzen erlangt werden, da dabei die Persönlichkeit des jeweiligen Individuums eine entscheidende Rolle spielen.

---

143 Rehburg (2007) stellt in ihrem Beitrag die Erwartungen an Bachelor- und Masterabsolventen dar. Sie bringt unterschiedliche Studien zum Thema „Hochschulreform und Arbeitgeberwartungen" in Verbindung und zeigt auf, dass immer wieder gefordert wird, dass eine berufspraktische Ausrichtung mit Methoden- und Sozialkompetenz vor speziellen Fachkenntnissen gefordert wird um, besser und schneller in ein Unternehmen integriert werden zu können.

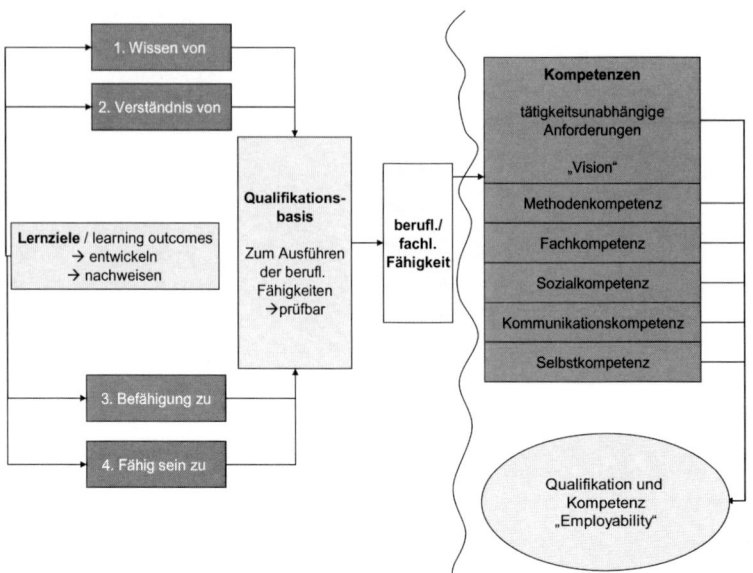

Abbildung 68 Vermittlung von Wissen und Kompetenzen (nach Bartosch, Speth)

Die Vermittlung von Employability in einem Studium bedeutet somit nicht, kurzfristige Arbeitsmarktinteressen (vgl. Richter 2004) zu vermitteln, sondern die Absolventinnen auf einen flexiblen, mobilen Arbeitsmarkt mit unterschiedlichen Laufbahnperspektiven vorzubereiten (vgl. DAAD 2008). „Educators can provide the foundation for employability, and employers can provide training and resources, but ultimately the responsibility rests with the individual" (Evers / Rush / Berdrow. 1998. S. 144). Die hochschulische Ausbildung kann durch die Vermittlung von Wissen, Methoden und Strategien eine Unterstützung bei der Entwicklung von Employability anbieten.

6.5 Aspekte eines Qualifikationsrahmens

Der Bologna Prozess zielt auf einen harmonisierten Hochschulraum, der es ermöglicht, einzelne Studienprogramme vergleichbar zu machen. Im Berlin Kommuniqué (2001) empfehlen die Minister, „einen Rahmen vergleichbarer und kompatibler Hochschulabschlüsse für ihre Hochschulabschlüsse" sowie einen „übergreifenden Rahmen für Abschlüsse im Europäischen Hochschulraum" zu entwickeln (HRK. 2004. S. 295).

Ein Qualifikationsrahmen umfasst nicht nur den Hochschulbereich, sondern den gesamten Bildungsbereich. Das „Kommuniqué von Maastricht zu den künftigen Prioritäten der verstärkten Europäischen Zusammenarbeit in der Berufsbildung" (2004) ist eine Fortschreibung der „Kopenhagener Erklärung" (2002) und verfolgt unter anderem das Ziel, „ihre Zusammenarbeit zu verstärken, um insbesondere ihre Berufsbildungssysteme zu modernisieren und damit einen Beitrag zu leisten, um Europa zum wettbewerbsfähigsten Wirtschaftsraum zu entwickeln" (Kommuniqué Maastricht. 2004. S. 2).

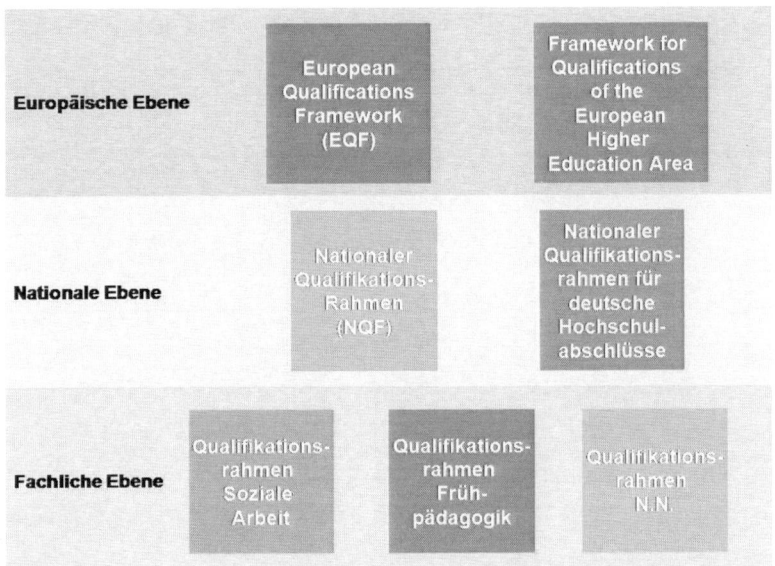

Abbildung 69 Qualifikationsrahmen - Übersicht der Ebenen (eigene Darstellung)

Die Ausformulierung von Qualifikationsrahmen fand auf europäischer Ebene sowie auf nationalen und fachlichen Ebenen statt. Im besten Fall beziehen sich die einzelnen Rahmenwerke aufeinander, zumindest sind sie alle miteinander in Bezug zu setzen.

6.5.1 Europäischer Qualifikationsrahmen

Der Europäische Qualifikationsrahmen, kurz EQF (European Qualification Framework), „ist ein europäischer Rahmen, der die Zuordnung von Bildungsabschlüssen zu europäischen Niveaustufen ermöglichen soll" (Fahle / Hanf 2005). Der Vorschlag für einen EQF sieht acht Niveaustufen, die sowohl die berufliche wie auch die Hochschulbildung umfassen. Es findet eine Orientierung an Lernergebnissen statt, die anhand der Begrifflichkeiten „Kenntnisse, Fertigkeiten und Kompetenzen" beschrieben werden. Zusätzlich werden informell erworbene Kompetenzen mit einbezogen (vgl. KOM 2005; Rathjen 2007). Die Kommission der Europäischen Gemeinschaften hat in ihren Arbeitsunterlagen zum EQF eine Grafik integriert, die das Prinzip verdeutlichen soll.

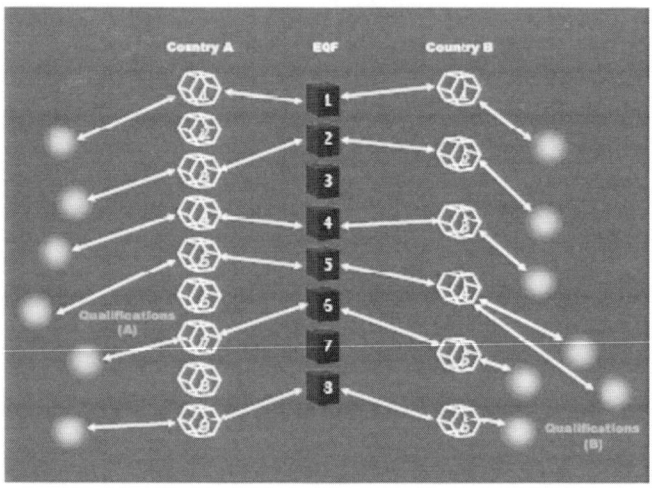

Abbildung 70 Prinzip des EQF. (KOM. 2005. S. 16)

Der europäische Qualifikationsrahmen für Hochschulabschlüsse - Framework for qualifications of the European Higher Education Area – definiert detaillierter die Niveaus „first, second and third cycle" (Ministry of Science, Technology and Innovation. 2005. S. 193ff), die dann den acht Niveaustufen des EQF zugeordnet werden können.

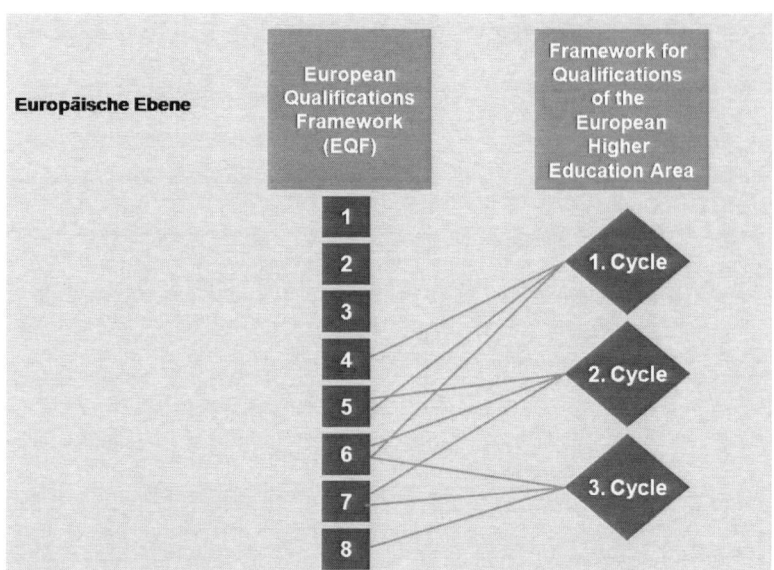

Abbildung 71 Qualifikationsrahmen: Europäische Ebene (eigene Darstellung)

Mit dem Europäischen Qualifikationsrahmen „liegen zum ersten Mal Emp-fehlungen für ein bildungsbereichübergreifendes Bezugssystem vor, das zu mehr Transparenz und Vergleichbarkeit von Kompetenzen und Qualifikationen in Europa beitragen soll" (Schavan. 2008. S. 2). Wodurch er Mobilität und le-benslanges Lernen fördern soll (vgl. Tauch. 2007), die zwar anerkannt, jedoch in der Umsetzungspraxis immer wieder mit erheblichen Erschwernisse und Hürden verbunden sind. Doch nicht nur auf der Ebene der internationalen Ver-gleichbarkeit treten Schwierigkeiten auf, sondern auch beim Übergang zwischen verschiedenen Bereichen (z.B. Übergang Berufsausbildung – Hochschulausbil-dung; Erstausbildung – Weiterbildung). Außer-dem ist er ein „Meta-Rahmen" (KOM. 2005. S. 17), der eine Verbindung von nationalen und sektoralen / fach-spezifischen Qualifikationsrahmen ermöglicht. Nicht die Vereinheitlichung, sondern die Vergleichbarkeit und Transparenz verschiedener Abschlüsse ist das Ziel der Qualifikationsrahmen.

6.5.2 Nationaler Qualifikationsrahmen

Die 2006 verabschiedeten EQF-Empfehlungen definieren einen nationalen Qualifikationsrahmen wie folgt:

> "'National qualifications framework' means an instrument for the classification of qualifications according to a set of criteria for specified levels of learning achieved. This aims to integrate and coordinate national qualifications subsystems and improve the transparency, access, progression and quality of qualifications in relation to the labour market and civil society" (Commission of the European Communities. 2006. S. 16)

Die inhaltlichen und zeitlichen Entwicklungen nationaler Rahmenwerke sind in den einzelnen Mitgliedsländern des Bologna-Prozesses äußerst unterschiedlich. Trotz der verschiedenen Formen und Funktionen (vgl. Coles 2006) haben sie doch alle vier grundsätzliche Zielsetzungen:

- "to establish national standards for learning outcomes (competences);
- to promote through regulation the quality of education and training provision;
- to act as a way of relating qualifications to each other; and
- to promote access to learning, transfer of learning and progression in learning" (Bjornavold / Coles. 2006. S. 4)

Bezugnehmend auf die zeitliche Entwicklung, waren erste eingeführte nationale Qualifikationsrahmen der Mitgliedsländer in Irland und Großbritannien (England, Schottland, Wales). Aber auch außerhalb der ‚Bologna-Länder', z. B. in Australien und Südafrika, gab und gibt es Qualifikationsrahmen.

1st generation (implemented since 1995)	2nd generation (implementation and development started in the late 1990s, early 2000s)	3rd generation (currently under consideration)
Australia; England, Wales and Northern Irland; Irland; New Zealand; Scotland; South Africa	Mauritius; Malaysia; Mexico; Namibia; Singapore; Trinidad and Tobago	Angola; Barbados; Botswana; Brazil; Chile; China; Colombia; Caribbean (regional); Democratic Republic of Congo; EU (regional); France; Jamaica; Lesotho; Macedonia; Malawi; Mozambique; Pacific Island (regional); Philippines; SADC (Southern African Development Community) (regional); Slovenia; Uzbekistan; Tanzania; Turkey; Uganda; Zambia; Zimbabwe

Tabelle 19 Einführung von nationalen Qualifikationsrahmen (Keevy. 2006. S. 2)

Die Entwicklung des nationalen Qualifikationsrahmen in Deutschland über alle Bildungsstufen hinweg wurde im Januar 2007 gestartet und nahm sich den bereits existierenden Rahmen für die Hochschulabschlüsse als Grundlage (vgl. BMBF / KMK 2007). Vertreter des BMBF, KMK und HRK wollen gemeinsam mit Arbeitgebervertretern und sonstigen Akteuren dieser Bereiche einen nationalen Qualifikationsrahmen für lebenslanges Lernen entwickeln. Die Entwicklung eines deutschen Qualifikationsrahmens gehört zu den vier „parlamentarischen Baustein[en], den die Großen Koalition auf dem Weg zu verbesserten Bildungschancen hinzufügte. Die Förderung des lebenslangen Lernens, (...) die Überarbeitung des Ausbildungspakts, die Verbesserung der Startchancen für benachteiligte Jugendliche" (Lührig. 2008. S. 2) sind die anderen drei Bausteine. Dabei sind in Deutschland unter anderem folgende Schnittstellen zu berücksichtigen:

- allgemeinbildende Schule und Berufsvorbereitung / vollzeitschulische und duale Berufsausbildung
- innerhalb der dualen Berufsausbildung (z. B. zwischen verschiedenen Angeboten, sektorübergreifend)
- zwischen dualer Berufsausbildung, beruflicher Nachqualifizierung, beruflicher Weiterbildung
- zwischen beruflicher Fort- / Weiterbildung und hochschulischen Bereich
- hochschulischer Bildungsbereich (vgl. Mucke 2007)

Der EQR und seine Umsetzung in einen Nationalen Qualifikationsrahmen bietet neben Transparenz der Qualifikationen und Anschlussmöglichkeiten insbesondere für die duale Berufsausbildung in Deutschland große Chancen (vgl. BMBF 2008; Hanf / Rein 2006), aber auch die Schwierigkeit einen „Exoten" (Lührig. 2008. S.5) zu integrieren[144]. Ein Arbeitskreis aus insgesamt 40 Vertreterinnen von Bund, Ländern, Hochschulen und Sozialpartnern brachte einen ersten Vorschlag aus den Reihen der Kultusministerkonferenz vor, die obersten drei Niveaustufen den Hochschulen vorzubehalten. Für die Berufe sollen die Stufen zwei bis fünf des achtstufigen DQR genutzt werden. Wodurch nur Teile der ErzieherInnenausbildung demnach auf der Stufe sechs verortet, und damit auf

---

144 „Exot Berufsausbildung: Das erklärte Ziel des EQR ist die Bewertung dessen, was jemand tatsächlich kann und nicht der Vergleich von formalen Bildungsabschlüssen. Die allgemeine Bildung tut sich genau damit schwer. Allerdings hat sie nicht den Nachteil der Sozialpartner, die mit dem deutschen System der dualen Berufsausbildung einen echten Exoten in den EQR einzubringen haben. Außer in der Schweiz und Österreich liegt die Fachkräfteausbildung europaweit viel stärker in der Verantwortung der Hochschulen" (Lührig. 2008. S. 5).

einen Bachelor-Studiengang angerechnet werden könnten. Dagegen sprechen sich jedoch Arbeitgeber und Gewerkschaften aus und vertreten die Meinung, dass auch die höchste Stufe für Personen erreichbar sein muss, die keinen Hochschulabschluss besitzen (vgl. Lührig 2008).

> Ein nationaler Qualifikationsrahmen (NQR) ist „ein Instrument für die Klassifizierung von Qualifikationen anhand eines Kriteriensatzes zur Bestimmung des jeweils erreichten Lernniveaus. Ziel ist die Integration und Koordination nationaler Teilsysteme von Qualifikationen und die Verbesserung der Transparenz, des Zugangs, des aufeinander Aufbauens und der Qualität von Qualifikationen im Hinblick auf den Arbeitsmarkt und die Zivilgesellschaft" (KOM. 2006. S. 17).

Er soll dabei auch den „deutschen Besonderheiten" (Schavan. 2008. S. 2) der Berufs- und Hochschulausbildung gerecht werden.

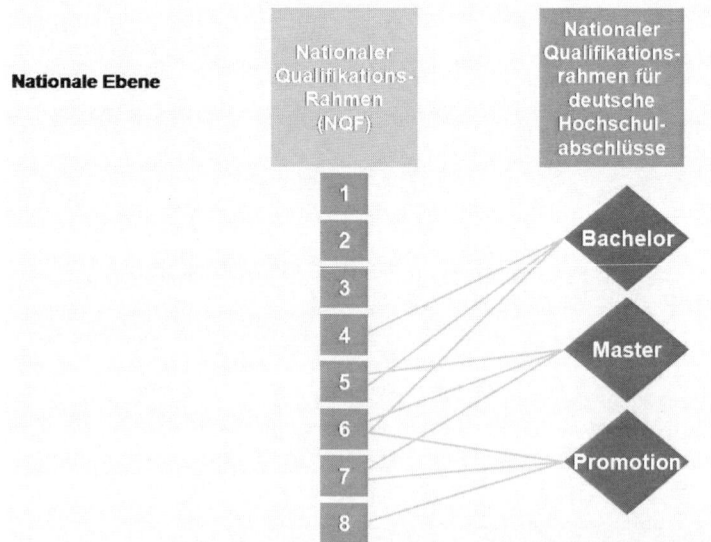

Abbildung 72 Qualifikationsrahmen: Nationale Ebene (eigene Darstellung)

Die Einführung des zweistufigen Systems an den Hochschulen führte zu der Herausforderung, eine „grundsätzliche Einigung über die mit einem Studienabschluss zu erwerbenden Qualifikationsprofil sowie eine allgemein verständliche Form der Beschreibung (einheitliche Terminologie) derselben" zu erreichen

204

(BMBF / KMK / HRK. 2005. S. 1), weswegen 2005 BMBF, KMK und HRK den „Qualifikationsrahmen für Deutsche Hochschulabschlüsse" entwickelt und durch die KMK beschlossen hat. Dadurch wurden die formalen und inhaltlichen Vorgaben für das Bachelor- und Master- sowie für das Doktoratslevel für Deutschland festgelegt.

Der „Nationale Qualifikationsrahmen für Deutsche Hochschulabschlüsse" beinhaltet

- „eine allgemeine Darstellung des Qualifikationsprofils eines Absolventen, der den zugeordneten Abschluss besitzt, eine Auflistung der angestrebten Lernergebnisse (Outcomes), eine Beschreibung der Kompetenzen und Fertigkeiten, über die der Absolvent verfügen sollte, eine Beschreibung der formalen Aspekte eines Ausbildungslevels" (BMBF / KMK / HRK. 2005. S. 2f).

Durch die Beschreibung der angestrebten Kompetenzen und Fertigkeiten – „learning outcomes" - kommt es in Deutschland zu einem Perspektivenwechsel und einer Abkehr von den bisherigen Kennzeichen „Studieninhalte, Zulassungskriterien, Studienlänge" (BMBF / KMK / HRK. 2005. S. 3).

Die Zielsetzungen des Nationalen Qualifikationsrahmens für deutsche Hochschulabschlüsse gelten auch für den Nationalen Qualifikationsrahmen und umfassen:

- eine „erhöhte Transparenz, Verständlichkeit und bessere Vergleichbarkeit der angebotenen Ausbildungsgänge – national und international - durch die explizite Darlegung der Qualifikationsprofile, durch die Definition von Zugangs- und Ausgangspunkten sowie Überlappungen zwischen Studien- und Ausbildungsverläufen, durch Verdeutlichung von alternativen Bildungsverläufen, der relativen Positionierung von Qualifikationen zueinander und der Entwicklungsmöglichkeiten im Bildungssystem. Verbesserte Information für Studieninteressierte und Arbeitgeber. Unterstützung der Evaluation und Akkreditierung durch Definition von Referenzpunkten. Erleichterung der Curriculumentwicklung durch die Bereitstellung eines Referenzrahmens, den es fachspezifisch zu füllen gilt. Höhere Vergleichbarkeit der Qualifikationen im europäischen und internationalen Kontext" (BMBF / KMK / HRK. 2005. S. 3)

Diese und ähnliche Ziele sind in den unterschiedlichen nationalen Qualifikationsrahmen zu finden. Doch wie auch bei den anderen Instrumenten des Bologna Prozesses arbeiten auch hier die einzelnen Länder mit unterschiedlichen Stufungen und nationalen Besonderheiten. Dabei bietet sich der Qualifikationsrahmen jedoch geradezu an, um – wie in den Zielsetzungen gefordert – Vergleichbarkeit zu ermöglichen. Dies kann man sich wie folgt vorstellen: Die Levels der deutschen Hochschulabschlüsse werden dem nationalen Qualifikationsrahmen zugeordnet, der wiederum eine Zuordnung im Europäischen Qualifikationsrahmen ermöglicht. Andere Länder agieren z. T. mit anderen Stufungen, habe mehr oder weniger Stufen, können sich aber trotzdem orientiert an den Kompetenzbeschreibungen einer Qualifikationsebene zuordnen. Die folgende Grafik soll dies noch verdeutlichen.

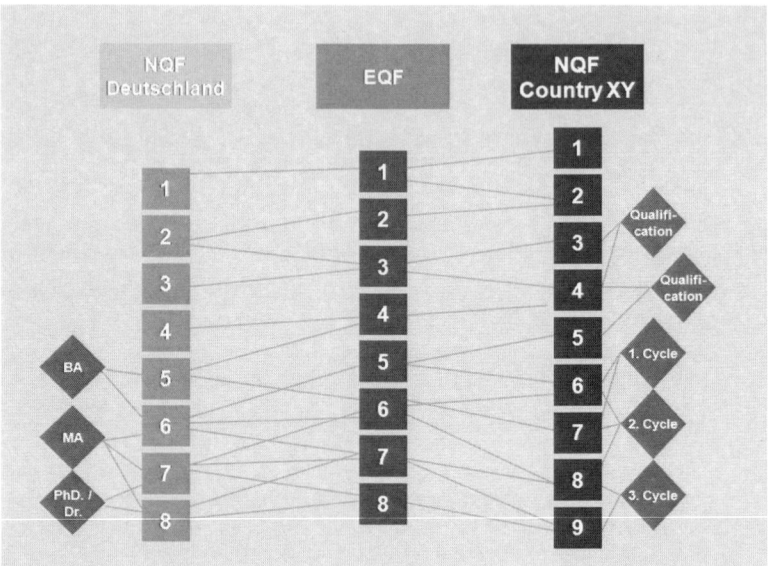

Abbildung 73 Der Qualifikationsrahmen als Metarahmen und internationales Ordnungsinstrument (eigene Darstellung)

Der nationale Qualifikationsrahmen für Deutsche Hochschulabschlüsse beinhaltet die Aufforderung, dass „die fachspezifische Ausgestaltung des Qualifikationsrahmens (...) bei den Fächern und den Hochschulen" (BMBF / KMK / HRK. 2005. S. 4) liegt. Was das bedeuten kann, zeigt der nächste Bereich ‚fachspezifische Qualifikationsrahmen'.

6.5.3 Fachspezifische Qualifikationsrahmen

Fachspezifische Qualifikationsrahmen, auch sektorale Qualifikationsrahmen genannt, stehen in Beziehung zum EQR und NQR und werden in der Zukunft für den individuellen Antragsteller die „wichtigste Rolle" spielen (Tauch. 2007. S. 46), da sie Studiengänge vergleichbar und kompatibel machen (vgl. Tuning-Projekt 2006).

Im Bereich der Hochschulbildung wurde im Rahmen des von der EU geförderten Projekts „Tuning Educational Structures in Europe"[145] eine gute Vorarbeit geleistet. Es wurden gemeinsame europäische Curricula, auf der Grundlage von Kompetenzen und Deskriptoren für die verschiedenen Studienniveaus in über 25 Disziplinen entwickelt (vgl. Tauch 2007), an denen angeknüpft werden kann.

Fachspezifische Qualifikationsrahmen dürfen nicht als neue Form der Rahmenprüfungsordnung verstanden werden (vgl. Winter. 2007), sondern als gemeinsames, „allgemeines Ausbildungsversprechen" (Bartosch / Maile / Speth. 2007. S. 217) eines Fachbereichs durch die Entwicklung von Referenzpunkten.

Vorteile eines fachspezifischen Qualifikationsrahmens sind:

* die europäische Vergleichbarkeit von Studienangeboten;
* die Nutzung der Beschreibungen der Qualifikationsstufen zur Entwicklung eines Curriculums genutzt werden können;
* die Einstufung der individuellen Qualifikationen und deren Anerkennung / Anrechnung;
* eine Transparenz für Studierende und Arbeitgeber über Qualifikationen der Absolventen in den jeweiligen Niveaustufen;
* die Nutzung der Beschreibungen für Akkreditierungen und Qualitätssicherungsmaßnahmen (vgl. Bartosch / Maile / Speth 2007; Tauch 2007; Tuning-Projekt 2006).

Fachspezifische Qualifikationsrahmen können je nach Level-Beschreibung dem EQR, NQR für Deutsche Hochschulabschlüsse sowie zukünftig dem NQR zugeordnet werden.

---

145 Siehe: http://tuning.unideusto.org/tuningeu/ Stand: 10.03.2008

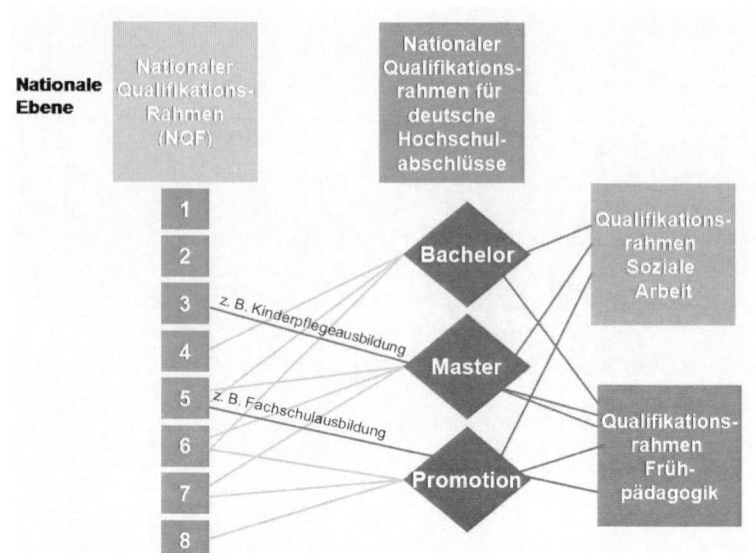

Abbildung 74 Zuordnung NQR, NQR für deutsche Hochschulabschlüsse und fachlicher QR (eigene Darstellung)

Der Qualifikationsrahmen Soziale Arbeit Version 4.0 (QR SArb) wurde 2006 als erster fachlicher Qualifikationsrahmen in Deutschland vom Fachbereichstag Soziale Arbeit ohne Gegenstimmen verabschiedet und als Grundlage für die Entwicklung zukünftiger Bachelor- und Masterstudiengänge anerkannt (vgl. Bartosch / Maile / Speth. 2006b. S. 296). In einem Grußwort der Generalsekretärin der HRK, Fr. Dr. Gaethgens, ist zu lesen, dass ein Qualifikationsrahmen für ein einzelnes Fach „zwangsläufig ein Kompromissbündel" darstellt, gleichzeitig aber einen „Diskussionsrahmen mit wichtigen Impulsen über die Grenzen des eigenen Faches hinaus" ermöglicht (HRK. 2007. S. 281).

In seiner Logik hat der QR SArb den Prozess für die Durchführung professioneller Sozialer Arbeit als Ausgangspunkt (vgl. Bartosch / Maile / Speth. 2006. S. 282).

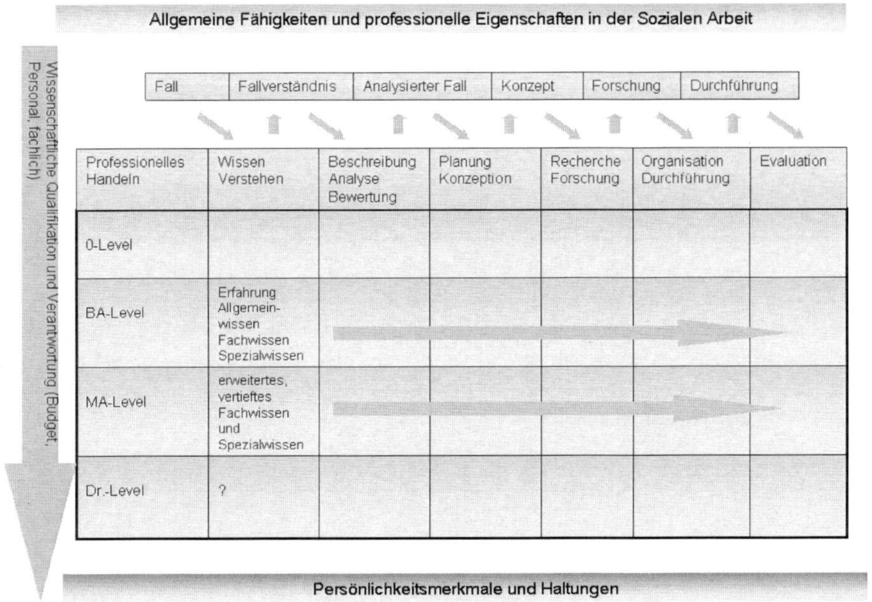

	Fall	Fallverständnis	Analysierter Fall	Konzept	Forschung	Durchführung	
Professionelles Handeln	Wissen Verstehen	Beschreibung Analyse Bewertung	Planung Konzeption	Recherche Forschung	Organisation Durchführung	Evaluation	
0-Level							
BA-Level	Erfahrung Allgemein-wissen Fachwissen Spezialwissen						
MA-Level	erweitertes, vertieftes Fachwissen und Spezialwissen						
Dr.-Level	?						

(Left vertical axis: Wissenschaftliche Qualifikation und Verantwortung (Budget, Personal, fachlich))

Persönlichkeitsmerkmale und Haltungen

Abbildung 75 Prozesslogik des QR SArb (Bartosch / Maile / Speth. 2006. S. 283)

Dabei wird davon ausgegangen, dass am Anfang eines jeden Prozesses ein Fall (Aufgaben- / Problemstellung) steht, der professionell behandelt werden soll. Dafür ist ‚Wissen und Verstehen' notwendig, um ein Fallverständnis zu errei-chen. Durch die Fähigkeiten der ‚Beschreibung, Analyse und Bewertung' kann eine Aufgabenanalyse stattfinden und mit Hilfe der Fertigkeiten ‚Planung und Konzeption' geplant werden. Die Möglichkeiten von ‚Recherche und For-schung' ermöglichen den professionellen Sozialarbeiterinnen, weitere oder neue Erkenntnisse zu berücksichtigen, um eine Weiterentwicklung der Profession zu erlangen. ‚Organisationskenntnisse' erlauben eine ‚Durchführung / Bearbeitung' des Falls, was durch ‚Evaluation' zu einer Überprüfung des Arbeitserfolges führt (vgl. Bartosch / Maile / Speth. 2007. S. 297).

Für die Professionalisierung der Schulsozialarbeit wurde im Auftrag des Kooperationsverbunds Schulsozialarbeit ein Qualifikationsrahmen Schulsozial-arbeit entwickelt. Dieser orientiert sich am Qualifikationsrahmen Soziale Arbeit und hat nicht den Anspruch, vollständige und eigenständige Bachelor- und

Masterstudiengänge zu verfolgen, sondern das notwendige Profil und die damit verbundenen Kompetenzen einer Schulsozialarbeiterin zu definieren. Er verfolgt damit die Ziele:

- die Qualifikationselemente zu beschreiben, die bei den Absolventinnen hochschulischer Studiengänge vorausgesetzt werden müssen, um erfolgreiche, professionelle Schulsozialarbeit leisten zu können;
- als Übersetzungsinstrument für die Anerkennung von Qualifikationen, die außerhalb der Hochschule erworben worden sind zu dienen um beispielsweise für spezifische Nachqualifizierungen (z.b. von Erzieherinnen und Erziehern) konkrete Anhaltspunkte zu gegeben;
- Entwicklungsperspektiven des Berufs- und Arbeitsfeldes in Richtung einer erweiterten Verantwortung für die Schul- und Sozialraumentwicklung (Schul-Quartiersmanagement) zu zeigen (vgl. Bartosch / Maile / Speth. 2007a).

Aber auch in anderen Fächern gibt es erste Entwicklungen. Im Bereich Wirtschaftswissenschaften wurde ein „Orientierungsrahmen für betriebswirtschaftliche Studiengänge" entwickelt (Gehmlich 2007). Die Gesellschaft für Informatik, (bundesweite Fachvertretung der Informatik) hat Empfehlungen zu Bachelor- und Masterprogramme veröffentlich, die eine inhaltliche Gestaltung sowie, welche Kompetenzen erreicht werden sollen, beinhaltet (GI. 2005). Für die Verfahrensingenieure wurden die Bachelor- und Masterebene bis auf die Unterscheidung „eher anwendungs-„ oder „eher forschungsorientiert" ausdefiniert (Hampe 2007).

Fachspezifische Qualifikationsrahmen werden dazu beitragen, dass es nicht nur zu einer Angleichung der europäischen Strukturen kommen wird, sondern dass lesbare und vergleichbare Abschlüsse entstehen.

6.5.4 Aspekte eines Qualifikationsrahmens für den Bereich der Frühpädagogik

Gerade dadurch, dass der Bereich Frühpädagogik an Hochschulen neu geplant wird und sich die bisherigen Strukturen an den Ausbildungsstätten verändern, wäre die Heranziehung eines Qualifikationsrahmens sehr hilfreich und förderlich. Eine erste Initiative wurde dazu bereits gestartet.

6.5.4.1 Robert Bosch Stiftung: Profis in Kitas

Um die Erkenntnisse aus Forschung und Wissenschaft in die Professionalisierung der Frühpädagogik zu erreichen wurde von der Robert Bosch Stiftung ein nationales Projekt gestartet.

Die Robert Bosch Stiftung als eine der größten unternehmensverbundenen Stiftungen in Deutschland startete 2005 das Programm „PiK – Profis in Kitas" mit der Zielsetzung, innerhalb von fünf Jahren für die „Professionalisierung der Frühpädagogen in Deutschland" die „nötigen Reformen" zu formulieren und „Standards der Qualifikation" zu finden (Robert Bosch Stiftung. 2006b. S. 6). Mit dem Programm soll die Erarbeitung eines „Kerncurriculum für die Aus- und Weiterbildung frühpädagogischer Fachkräfte an Hochschulen" erreicht werden. „In einem bundesweiten Netzwerk aus zwei Universitäten und drei Fachhochschulen sowie weiteren Vertretern aus Praxis, Fachschulen, Wissenschaft und Politik entstehen international anschlussfähige Bildungsinhalte und Vermittlungsmethoden für die frühkindliche Förderung in Deutschland" (Robert Bosch Stiftung. 2006b. S. 6). Die Ergebnisse sollen zukünftig interessierten Hochschulen, Fachschulen und Weiterbildungsakademien Orientierung bei der Gestaltung neuer Bildungsangebote bieten (vgl. Robert Bosch Stiftung 2006b).

Eine daraus gegründete Arbeitsgruppe hat die Prozesslogik des QR SArbs für die Entwicklung eines Qualifikationsrahmens für Frühpädagogik genutzt und im Juni 2007 in einer Workshop-Tagung diskutiert.

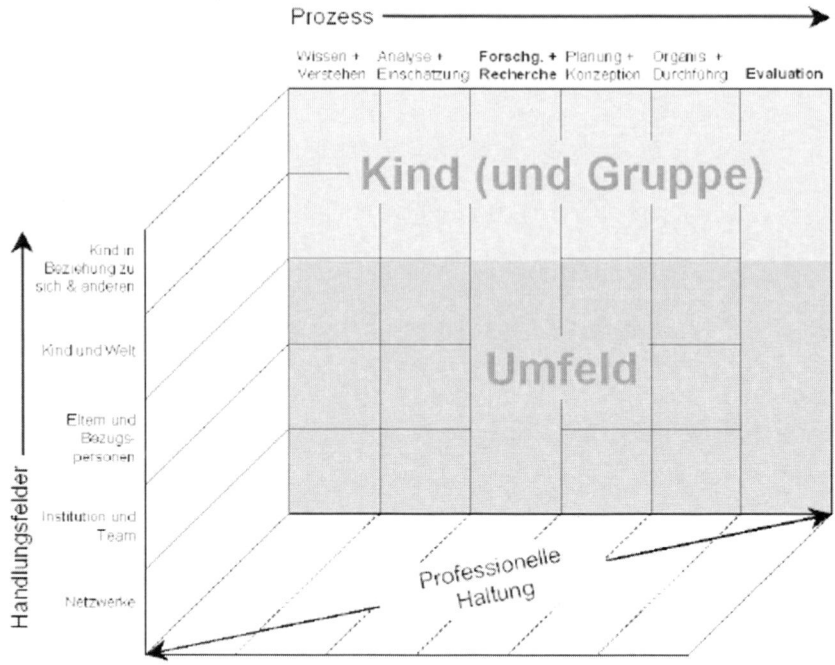

Abbildung 76 Qualifikationsrahmen Elementarpädagogik (Bachelor-Ebene).
Robert Bosch Stiftung. 2007a. S. 1.

Neben dem Unterschied, dass die Ebene „Handlungsfelder" eingeführt wurde, verfolgt er ansonsten die Logik des Qualifikationsrahmens Soziale Arbeit. Ursprüngliche Überlegungen, die Bereiche Forschung und Evaluation aus dem Prozess herauszunehmen, wurden nach intensiven Diskussionen überarbeitet. Die dadurch entstandene Heraustrennung des wissenschaftlichen Handelns aus dem professionellen Handeln hätte dazu geführt, dass das professionelle Handeln als lediglich wissenschaftlich begründet und auf wissenschaftlicher Grundlage vorbereitend gezählt werden könnte. Bartosch (2007. S. 6) sah darin die Gefahr, dass dies „die frühpädagogische Qualifikation auf BA Level gegenüber anderen Hochschulabschlüssen abwerten und die Vergleichbarkeit (und Anrechenbarkeit) verschiedener Qualifikationswege und –level erschweren." würde. Seiner Meinung nach würden „durch die Reform der ErzieherInnenausbildung (...) beruflich-schulische und fachhochschulische und universitäre

Bildungswege verknüpft" (ebd. S. 6) werden. Zu beachten ist, dass die PIK-Arbeitsgruppe bei der Entwicklung des Qualifikationsrahmens Frühpädagogik ausschließlich die Bachelorebene entwickelt hat und Master- und Promotions-level bisher nicht definiert.

Die vorgenommene Orientierung der Arbeitsgruppe PiK am QR SArb ist dahingehend sinnvoll, da dadurch Anschlussmöglichkeiten und Anerkennungs-fragen vereinfacht werden können. Der Übergang der Studierenden aus dem Bereich Soziale Arbeit und Frühpädagogik könnten dadurch um einiges er-leichtert werden. Auch wenn keine Module und Kreditpunkte eins zu eins ange-rechnet werden, ermöglichen die beiden Rahmenwerke eine Vergleichsebene, die diesen Prozess vereinfacht und erzielen Anrechnungsmöglichkeiten durch vergleichbare Kompetenzbeschreibungen.

6.5.4.2 Anknüpfungspunkte und Besonderheiten des Bereichs Frühpädagogik

EQF und NQF sind bei der korrekten Anwendung des Instruments generell als Anschlussinstanzen gedacht. Sinnvoll ist auch – wie bereits angemerkt – eine Orientierung am Qualifikationsrahmen Soziale Arbeit. Dabei kann die Prozesslogik des QR SArb für den Bereich der Frühpädagogik ebenso über-nommen werden wie die Vorgaben für die staatliche Anerkennung, die vermut-lich auch im Zusammenhang mit Neuerungen der Erzieherinnenausbildung diskutiert wird, so wie es bei der Sozialen Arbeit bereits der Fall ist (vgl. JMK 2005a; JMK 2006a; Schmitt 2007; Speth / Bartosch 2007).

Am Beispiel der Erzieherinnenqualifikation kann ein Qualifikationsrahmen über alle Ausbildungsinstanzen hinweg entwickelt werden. Es wir also kein rein hochschulischer Qualifikationsrahmen, sondern kann als lebenslanger Qualifi-kationsrahmen im Bereich Erziehung und Bildung gesehen werden.

Eine Besonderheit im Tätigkeitsfeld der Kindertageseinrichtungen muss in diesem Zusammenhang erwähnt werden. Die Realität im Bereich ‚Einrichtungs-leitung' zeigt, dass bisher Erzieherinnen von Fachschulen kleinere Einrichtun-gen, d. h. Einrichtungen von bis zu drei Gruppen mit ca. sechs bis acht fest angestellten Fach- und Pflegekräften, leiten (vgl. Beher 2004). Diese Ein-richtungsgröße ist damit verbunden, dass von einer pädagogischen Fachkraft neben der Gruppenleitung auch die Einrichtungsleitung übernommen wird, es findet somit keine Freistellung vom Gruppendienst statt. Es sollte somit darauf geachtet werden, dass auch weiterhin Fachschulabsolventinnen die Fähigkeiten der Gruppen- sowie Einrichtungsleitung vermittelt bekommen. Das in diesem Tätigkeitsfeld eingestellt akademisch ausgebildete Personal war meist in größe-ren Einrichtungen in der Leitungsfunktion, ggf. kann dies zu einer Zuordnung zum Bachelor- oder Master-Level gesehen werden, da mit Zunahme der Einrichtungsgröße auch die Personal-, Finanzverantwortung usw. zunimmt (vgl. Beher 2004).

Aus den Erkenntnissen dieser Arbeit und in Anlehnung an den QR SArb kann ein Qualifikationsrahmen für den Bereich „Bildung und Erziehung im Lebenslauf" entwickelt werden. Da es sich dabei um ein Modell handelt, das weiterentwickelt werden soll (siehe Kapitel „Blog: Diskussionsplattform für die Entwicklung eines QR BEL" S. 236) und nicht den Anspruch erhebt, vollständig und in endgültiger Fassung zu sein, wird hier die Version 1.0 dargestellt.

7. Entwicklung eines Qualifikationsrahmens „Bildung und Erziehung im Lebenslauf" (Version 1.0)

In Anlehnung an den QR SArb folgt der Qualifikationsrahmen Bildung und Erziehung im Lebenslauf (QR BEL, Version 1.0) einer Prozesslogik für die Aus- bzw. Durchführung professioneller Bildung und Erziehung. Ausgangspunkt kann auch hierbei ein Fall oder eine Aufgabe sein, dessen Bearbeitung durch Fachkräfte erfolgen soll.

Dabei wird unterstellt, dass Fachkräfte der Bildung und Erziehung nicht nur individuell, sondern in professioneller und gesellschaftlicher Verantwortung tätig werden. Sie reagieren nicht nur auf bestehende, allgemein erkannte Aufgabenstellungen, sondern agieren auch durch die Bearbeitung ‚von gesellschaftlich und/oder professionell als relevant angesehenen Problemlagen'. Die für die Bearbeitung von solchen Aufgabenstellungen notwendigen allgemeinen Fähigkeiten und professionellen Eigenschaften sind einerseits individuell verortet. Andererseits sind sie auch Teil des kollektiven Wissens- und Fähigkeitskanons sowie eines grundlegend geteilten Selbstverständnisses der Mitglieder der Profession. Die Mitglieder der Profession können auf dieser Basis und damit im Bewusstsein der Folgen ihrer Tätigkeit für Klientinnen und Klienten - wie unterschiedlich komplexe soziale Zusammenhänge und in kritischer Reflexion gesellschaftlicher Funktionszusammenhänge - handeln. Die Tätigkeitsfelder können alle Bereiche der Bildung und Erziehung sein. Der Klientenkreis kann Kinder, Jugendliche und Erwachsene umfassen und erstreckt sich somit über den gesamten Lebenslauf eines Menschen.

Der QR BEL folgt der gedanklichen Linie von Erweiterung und Vertiefung von Wissen, Fähigkeiten, Fertigkeiten, Kompetenzen und Haltungen mit der Möglichkeit zur Spezialisierung im Arbeits- und Forschungsgebiet der Pädagogik im Lebenslauf.

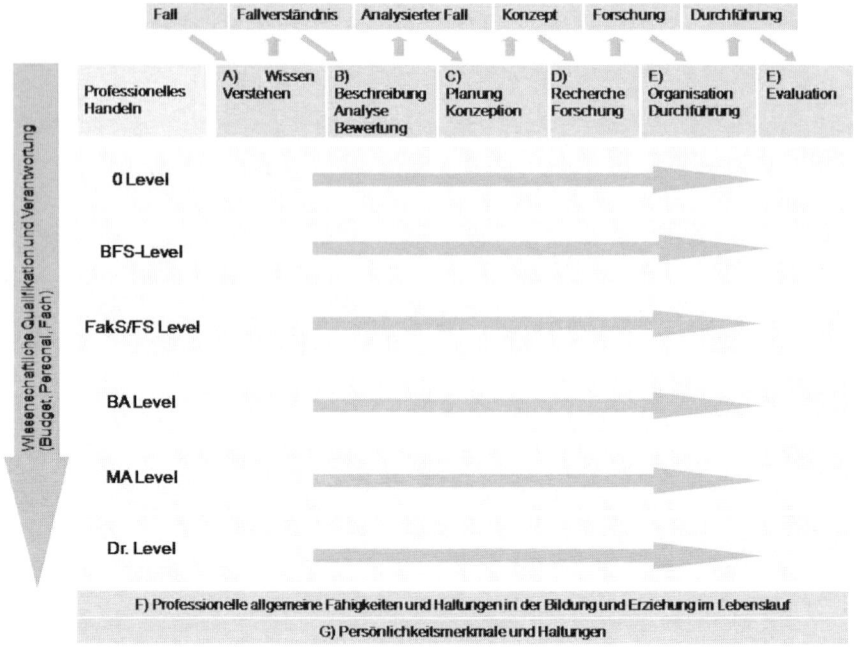

Abbildung 77 Qualifikationsrahmen Bildung und Erziehung im Lebenslauf (eigene Darstellung)

Die Erweiterung und Vertiefung in wissenschaftlicher Befähigung und Erfahrung ist dabei zwingend angenommen. So ist auch die Vorbereitung zur weiteren wissenschaftlichen Qualifikation und beruflichen Orientierung eine zentrale Aufgabe des Masterstudiums. Dies alles berührt die Unterscheidung von anwendungs- oder forschungsorientierten Masterstudiengängen in keiner Weise. Jedes Masterstudium muss wissenschaftlich qualifizieren und jedes Bachelorstudium muss auch diese Qualifikationswege eröffnen und vorbereiten.

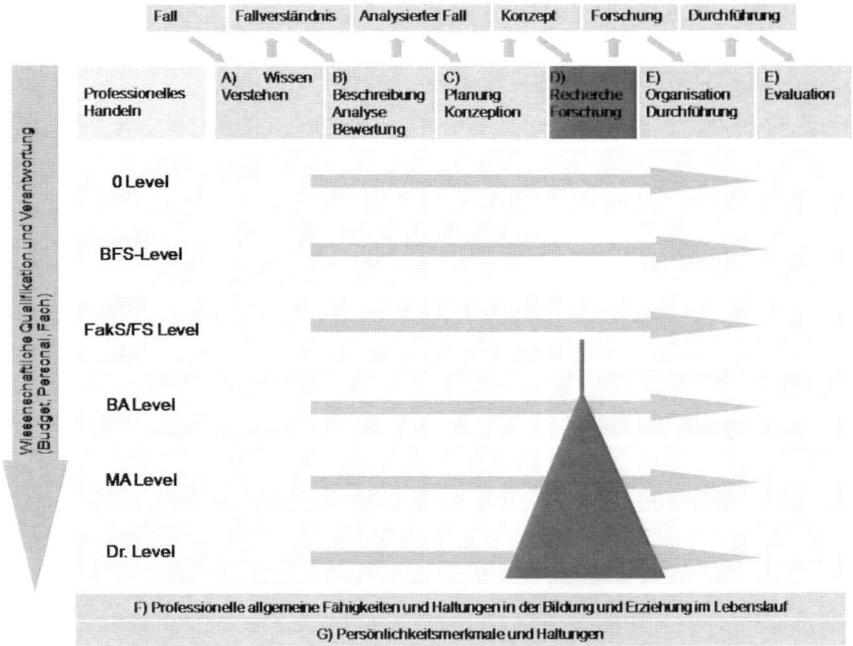

| Fall | Fallverständnis | Analysierter Fall | Konzept | Forschung | Durchführung |

| Professionelles Handeln | A) Wissen Verstehen | B) Beschreibung Analyse Bewertung | C) Planung Konzeption | D) Recherche Forschung | E) Organisation Durchführung | E) Evaluation |

O Level

BFS-Level

FakS/FS Level

BA Level

MA Level

Dr. Level

F) Professionelle allgemeine Fähigkeiten und Haltungen in der Bildung und Erziehung im Lebenslauf

G) Persönlichkeitsmerkmale und Haltungen

Abbildung 78 Wissenschaftliche Ausbildung im Qualifikationsrahmen BEL (eigene Darstellung)

Der QR BEL bezieht sich auf vergleichbaren Rahmenwerke[146]. Explizit folgt er dem QR SArb, um Absolventinnen eine mögliche Anschlussfähigkeit zu ermöglichen. Der QR BEL ist ein Angebot, die einzelnen Levels zu bestimmen, ohne die Absolventinnen in „mehr oder weniger kompetent" einteilen zu müssen. Die Ausweisung von vermittelten Kompetenzen im Kontext der Selbstbeschreibung der Ausbildungs- und Studiengänge bleibt jeder Institution erhalten. Hier ist auch die Bezugnahme auf alle anderen Rahmenwerke möglich.

---

146 Vergleichbare Frameworks: *Internationale Initiativen:* EQF, Joint Quality Initiative "Dublin Descriptors", European Consortium for Accreditation, Tuning Project, Bachelor-Master Generic Qualification Initiatives, EUA Master degrees Survey, MARIC-ENIC Meeting, Jan. 2003, Transnational, European Evaluation Project (TEEP), *Weitere Qualifikationsrahmen*: Scottish Credit and Qualifications Framework, *Fachliche Qualifikationsrahmen*: Qualifikationsrahmen Soziale Arbeit, Qualifikationsrahmen Elementarpädagogik (Robert Bosch Stiftung), *Kompetenzbeschreibungen:* Bay. SMUK. 2006. Lehrplan für die Berufsfachschule für Kinderpflege. 1.und 2. Studienjahr.

Der QR BEL ist mit den bestehenden internationalen Rahmenwerken kompatibel und selbstverständlich der internationalen (europäischen wie außereuropäischen) Frühpädagogik referentiell verpflichtet.

7.1 Anspruch

Der QR BEL (Version 1.0) nimmt für sich in Anspruch, ein praktikabler Versuch zu sein, die Frage der Level-Bestimmung für den Bereich der Bildung und Erziehung in Deutschland und - in Kompatibilität mit europäischen und außereuropäischen Rahmenwerken - zu beantworten. Er beinhaltet keine Festlegungen auf inhaltliche oder fachpolitische Ebenen. Als Rahmen muss er Grenzen der disziplinären Verständigung markieren, innerhalb derer eigenständige Entwicklungen stattfinden kann und muss. Immerhin soll er die unterschiedlichen Orientierungsinteressen von Lehrenden, Studierenden oder Praktikern mit weiterführenden, individuellen Bildungsplanungen und schließlich der Arbeitgeberseite berücksichtigen und bedienen. Das differenzierte Ausbildungsversprechen für Berufsfachschul- und Fachakademie/Fachschul-Absolventen geschieht im Rahmen des Kopenhagen Prozesses. Für die Bachelor- und Master-Absolventen geschieht es im Referenzrahmen des Bologna Prozesses und mit der selbstbewussten Inanspruchnahme der wissenschaftlichen Ausbildungs- und Forschungsebene an den deutschen Hochschulen.

7.2 Staatliche Anerkennung

Bisher wurde dem Personal im Bereich Bildung und Erziehung der Abschluss mit dem Verweis „staatlich geprüft"[147] oder „staatlich anerkannt"[148] verliehen. Ziel einer Staatlichen Anerkennung sind das Erreichen des Ausbildungszieles der jeweiligen Ausbildungsstätte und damit der Erwerb und Nachweis der erforderlichen Kompetenzen für die Tätigkeit. Es werden Qualifikationen zertifiziert, die Voraussetzung für eine hoheitliche Tätigkeit im Bereich der Bildung und Erziehung sind (vgl. Speth / Bartosch 2007).

Die derzeitige Diskussion bezüglich neuer Ausbildungswege im Bereich der Erzieherinnenausbildung berücksichtigt den Umgang mit der staatlichen Anerkennung noch nicht. Um dieser Diskussion vorzugreifen werden in diesem Entwurf des QR BEL Kriterien auf dem Niveau eines Minimalkonsenses

---

147 Staatlich geprüfte Kinderpflegerin
148 Staatlich anerkannte Kinderpflegerin, staatlich anerkannte Erzieherin

beschrieben, die in direkter Korrespondenz zum QR SArb formuliert sind. Zugleich wird die staatliche Anerkennung als eigenständige Fragestellung ausgewiesen, deren Beantwortung unterschiedlich vollzogen werden kann.

Die Voraussetzungen zur staatlichen Anerkennung können innerhalb der Ausbildung oder auch im Anschluss daran erworben werden. Bisher wird die staatliche Anerkennung von den einzelnen Bundesländern verliehen. Eine Vereinfachung und Vereinheitlichung würde dies vereinfachen. Bezüglich des Verfahrens wäre es beispielsweise auf dem BA-Level möglich im Rahmen der Akkreditierung des Studienganges die staatliche Anerkennung zu beantragen, prüfen und festzulegen (vgl. Speth / Bartosch 2007). Die inhaltlichen Voraussetzungen zur staatlichen Anerkennung auf den unterschiedlichen Ausbildungsebenen sind im Bundesländervergleich sehr ähnlich und ließen sich auf folgenden Minimalvoraussetzungen formulieren, ohne große Veränderungen für die einzelnen Landesvorgaben auszulösen.

Voraussetzungen für die Erteilung der staatlichen Prüfung auf *Berufsfachschul-Level* und somit zur Erteilung der staatlichen Anerkennung sind:

- Erfolgreicher Abschluss an einer Berufsfachschule für Kinderpflege oder vergleichbare Abschlüsse.
- Angeleitete und reflektierte Praxistätigkeit in von der Schule / zuständigen Behörde anerkannten, fachlich ausgewiesenen Einrichtungen der Kinderpflege.
- Nachgewiesene Kenntnisse im Bereich Deutsch, Sprache und Kommunikation, sowie in sozialpflegerischem Handeln.

Voraussetzungen für die Erteilung der staatlichen Prüfung auf *Fachakademie-/Fachschul-Level* und somit zur Erteilung der staatlichen Anerkennung sind:

- Erfolgreicher Abschluss an einer Fachakademie / Fachschule für Sozialpädagogik oder vergleichbare Abschlüsse.
- Angeleitete und reflektierte Praxistätigkeit in von der Schule / zuständigen Behörde anerkannten, fachlich ausgewiesenen Einrichtungen der Sozialpädagogik.
- Nachgewiesene Kenntnisse im Bereich Deutsch, erzieherisches Handeln und dem relevanten deutschen Rechtsgebiet mit exemplarischer Vertiefung auf Landesebene.
- Reflexion des erworbenen Fachwissens und der erzieherischen Praxis.

Voraussetzungen für die Erteilung der staatlichen Anerkennung auf *Bachelor-Level* sind:

- Bachelorabschluss in einem Studiengang des Bereichs Bildung und Erziehung.
- Ausgewiesene Kenntnisse der relevanten deutschen Rechtsgebiete mit exemplarischer Vertiefung auf Landesebene.
- Angeleitete Praxistätigkeit in von der Hochschule/zuständigen Behörde anerkannten, fachlich ausgewiesenen Einrichtungen der Sozialen Arbeit im Umfang von mindestens 100 Tagen.
- Eine kritische Reflexion erworbenen Fachwissens unter den Bedingungen angeleiteter Praxis.

Die Voraussetzungen auf dem Bachelor-Level orientieren sich stark an den Vorgaben des Qualifikationsrahmen Soziale Arbeit, da diese intensiv in den Gremien als allgemeingültige Richtlinie für die staatliche Anerkennung der Sozialen Arbeit diskutiert werden (vgl. JMK 2006a; Speth / Bartosch 2006).

7.3 Mögliche Formulierungen für einen Qualifikationsrahmen Bildung und Erziehung und deren Verknüpfungspunkte zu den einzelnen existierenden Qualifikationsrahmen

Eine Orientierung am fachlich sehr nahen Qualifikationsrahmen Soziale Arbeit würde dazu führen, ebenfalls die acht Prozessschritte zu übernehmen und diese auf den unterschiedlichen Ausbildungslevels zu definieren.

Die acht Prozessschritte sind:
A) Wissen und Verstehen
B) Beschreibung, Analyse und Bewertung
C) Planung, Konzeption
D) Recherche und Forschung
E) Organisation, Durchführung und Evaluation
F) Professionelle allgemeine Fähigkeiten und Haltungen
G) Persönlichkeit und Haltungen

Eine Definierung der Qualifikationen würde dann für folgende Level stattfinden:

0 Level:	Beschreibung von Qualifikationen, die für alle Ausbildungslevel zutrifft und als Grundsatz gilt.

0 Level: Beschreibung von Qualifikationen, die für alle Ausbildungs-
         level zutrifft und als Grundsatz gilt.

BFS Level: Berufsfachschullevel (z. B. Kinderpflegeausbildung)

FS Level: Fachschul-/Fachakademielevel (z. B. Erzieherinnenausbildung
         an einer Fachschule für Sozialpädagogik)

BA Level: Bachelorlevel (z. B. Bachelorstudiengang Elementarpädago-
         gik)

MA Level: Masterlevel (z. B. Masterstudiengang Elementarpädagogik)

Dr. Level: Doktoratslevel

	A) Wissen Verstehen	B) Beschreibung Analyse Bewertung	C) Planung Konzeption	D) Recherche Forschung	E) Organisation Durchführung Evaluation	F) Professionelle allg.Fähigkei-ten/Haltungen	G) Persönlichkeit / Haltungen
0 Level							
BFS Level							
FS Level							
BA Level							
MA Level							
Dr. Level							

Abbildung 79 Prozessschritte und Ausbildungslevel (eigene Darstellung)

A Wissen und Verstehen/Verständnis

Allgemein gilt für Absolventinnen und Absolventen der Bildung und Erziehung

A 0	Das Wissen und Verstehen der Absolventinnen und Absolventen baut auf unterschiedlichen Zugangsberechtigungen auf, verbunden mit praktischen, fachlichen Vorerfahrungen unterschiedlicher Tiefe. Dies bildet die Grundlage, um die anderen Qualifikationsziele erreichen zu können. Absolventinnen und Absolventen können ihr Wissen und Verstehen in einem spezialisierten Gebiet der Bildung und Erziehung sowie über die ganze Breite des Faches nachweisen.	Referenzrahmen: QR SArb[149]

BFS-Level-Absolventinnen und –Absolventen besitzen

A-BFS-1	Kenntnisse von Fakten, Grundsätzen, Verfahren und allgemeinen Begriffen im Arbeits- und Lernbereich.	Referenzrahmen: EQF[150].2006. S. 20 - Niveau 3
A-BFS-2	einen Überblick über Entwicklungsverläufe und sind entsprechend fähig, den Entwicklungsstand und die Entwicklungsdynamik einzelner Kinder und Jugendlicher zu erfassen und Entwicklungsabweichungen bzw. -risiken wahrzunehmen.	Referenzrahmen: Bay SMUK151.2006. S. 7 - Lernfeld 1
A-BFS-3	im Rahmen der Auseinandersetzung mit dem Bildungsbegriff die Fähigkeit, Bildung als individuellen, lebenslangen und kulturschaffenden Prozess zu verstehen. Sie akzeptieren die Abhängigkeit der Bildung vom Wertesystem der Gesellschaft und können die Bildungsaufträge unterschiedlicher Institutionen, die in den Konzeptionen festgeschrieben sind, unterscheiden. Dabei sind sie sich der Bedeutung von Werten für das sozialpädagogische Handeln bewusst.	Referenzrahmen: Bay SMUK. 2006. S. 11 - Lernfeld 4

---

149 QR SArb = Qualifikationsrahmen Soziale Arbeit Version 4.0
150 EQF = European Qualifications Frameworks, Stand: 2006
151 Bay SMUK = Bayrisches Staatsministerium für Unterricht und Kultus. Lehrplan für die Berufsfachschule für Kinderpflege. Lehrplan für das 1. und 2. Schuljahr. Stand: 2006

FS-Level-Absolventinnen und –Absolventen besitzen

A-FS-1	ein breites Spektrum an Wissen und Verständnis wichtiger Theorien, Modelle und Methoden im Bereich Bildung und Erziehung im nationalen Rahmen.	Referenzrahmen: EQF. 2006. S. 20 -Niveau 4, vgl. QR SArb A-BA-2
A-FS-2	ein Verständnis der Schlüsselprobleme, Konzepte und best-practice-Beispiele eines Spezialgebiets und der Bildung und Erziehung im Allgemeinen.	Referenzrahmen: QR SArb A-BA-3
A-FS-3	das Bewusstsein für die Grenzen ihres Theorie- und Faktenwissen.	Referenzrahmen: EQR Niveau 5

BA-Level- Absolventinnen und -Absolventen besitzen

A-BA-1	ein grundlegendes, sicheres Wissen und Verständnis der theoretischen und angewandten frühpädagogischen Wissenschaften sowie mindestens der relevanten Wissensbestände der korrespondierenden Wissenschaftsbereiche.	Referenzrahmen: NQF HS152 BA-Ebene; QR SArb A-0; QR FrühPäd (PiK-AG)153 S. 4
A-BA-2	Wissen und Verständnis der allgemeinen wissenschaftlichen Grundlagen und Methoden der Frühpädagogik und eines exemplarischen Lernfeldes.	Referenzrahmen: NQF HS BA-Ebene; QR SArb A-BA-1; QR FrühPäd (PiK-AG) S. 4-6
A-BA-3	systematische Kenntnisse wichtiger Theorien, Modelle und Methoden der Frühpädagogik im nationalen sowie internationalen Rahmen.	Referenzrahmen: EQF.2006. S. 21 - Niveau 6; NQF HS BA-Ebene; QR SArb A-BA-2

---

152 NQF HS = National Qualifications Framework für Deutsche Hochschulabschlüsse. Stand: 2005
153 QR FrühPäd (PiK AG) = Qualifikationsrahmen Frühpädagogik BA der PiK-AG Qualifikation, Robert Bosch Stiftung, Stand: 06.11.2007

A-BA-4	kritisches Verständnis der Schlüsselprobleme, Konzepte und best-practice-Beispiele eines Spezialgebietes und der Bildung und Erziehung im Allgemeinen.	Referenzrahmen: EQF.2006. S. 21 - Niveau 6; NQF HS BA-Ebene; QR SArb A-BA-3; QR FrühPäd (PiK AG) S. 4
A-BA-5	ein integriertes Verständnis der Methoden, Verfahrensweisen und der beruflichen Ethik von Bildung und Erziehung und vor dem Hintergrund reflektierter Erfahrung methodischen Handelns in bestimmten Arbeitsfeldern der Bildung und Erziehung und auf dem aktuellen Stand der Fachliteratur.	Referenzrahmen: EQF.2006. S. 21 - Niveau 6; QR SArb A-BA-4; QR FrühPäd (PiK-AG) S. 2
A-BA-6	einen exemplarischen Einblick und ausgewählte vertiefte, aktuelle Kenntnisse in einem Forschungs- und Entwicklungsgebiet der Bildung und Erziehung.	Referenzrahmen: QR SArb A-BA-5; QR FrühPäd (PiK AG) S. 4
A-BA-7	kritisches Bewusstsein für den umfassenden multidisziplinären Kontext der Bildung und Erziehung.	Referenzrahmen: EQF.2006. S. 21 - Niveau 7; QR SArb A-BA-6; QR FrühPäd (PiK AG) S. 5

MA-Level-Absolventinnen und Absolventen besitzen

A-MA-1	umfassendes Wissen und Verständnis der wissenschaftlichen Grundlagen der Bildung und Erziehung und eines exemplarischen Lernfeldes, ein-schließlich ausgewählter Methoden qualitativer und quantitativer Sozialforschung.	Referenzrahmen: NQF HS MA-Ebene; QR SArb A-MA-1
A-MA-2	vertieftes Wissen und Verständnis von Theorien, Modellen und Methoden der Frühpädagogik im nationalen sowie internationalen Rahmen entsprechend der aktuellen fachwissenschaftlichen Diskussion.	Referenzrahmen: EQF.2006. S. 21 - Niveau 7; NQF HS MA-Ebene; QR SArb A-MA-2

A-MA-3	Überblick zur aktuellen nationalen und internationalen Forschung und Entwicklung in der Bildung und Erziehung.	Referenzrahmen: EQF.2006. S. 21 - Niveau 7; NQF HS MA-Ebene; QR SArb A-MA-3

B Beschreibung, Analyse und Bewertung
Allgemein gilt für Absolventinnen und Absolventen der Bildung und Erziehung

B-0	Absolventinnen und Absolventen sind in der Lage, Aufgabenstellungen in der Bildung und Erziehung in Übereinstimmung mit ihrem professionellen Wissen und Verstehen zu bestimmen und ggf. definierten Aufgaben-/ Problemfeldern zuzuordnen.	Referenzrahmen: QR SArb B-0

BFS-Level-Absolventinnen und –Absolventen besitzen

B-BFS-1	kognitive und praktische Fertigkeiten zur Erledigung von Aufgaben und zur Lösung von Problemen, wobei grundlegende Methoden, Werkzeuge, Materialien und Informationen ausgewählt und angewandt werden können.	Referenzrahmen: EQF.2006. S. 20 - Niveau 3
B-BFS-2	die Fähigkeit, das Verhalten und die Interaktion einzelner Kinder und Jugendlicher, deren Bezugspersonen, des Teams sowie der Anleitung wahrzunehmen und zu beobachten.	Referenzrahmen: Bay SMUK. 2006. S. 7 - Lernfeld 1
B-BFS-3	die Kenntnis über verschiedene Beobachtungsverfahren und Dokumentationsformen, sowie die Problematik der subjektiven Wahrnehmung und Beobachtung. Sie können verschiedene Beobachtungsergebnisse miteinander vergleichen, bewerten und interpretieren sie vor dem Hintergrund fachlicher Kenntnisse.	Referenzrahmen: Bay SMUK. 2006. S. 7 - Lernfeld 1

FS-Level-Absolventinnen und –Absolventen besitzen

B-FS-1	die Fähigkeit durch Beschreibung, Analyse und Bewertung die Identifikation einer Aufgabe und die Abklärung der spezifischen Aufgabenstellung zu erreichen.	Referenzrahmen QR SArb B-0

B-FS-2	die Fähigkeit verschiedene Beobachtungsverfahren und Dokumentationsformen einzusetzen, sowie die Problematik der subjektiven Wahrnehmung und Beobachtung zu berücksichtigen. Sie können verschiedene Beobachtungsergebnisse miteinander vergleichen, bewerten, interpretieren sie vor dem Hintergrund fachlicher Kenntnisse und können sie für die Lösung spezieller Probleme nutzen.	Referenzrahmen EQF.2006. S. 21 - Niveau 6
B-FS-3	umfassende kognitive und praktische Fähigkeiten die notwendig sind, um kreative Lösungen für abstrakte Probleme zu entwickeln.	Referenzrahmen EQF.2006. S. 20 - Niveau 5
B-FS-4	die Fähigkeit, Kollegen in Ausbildung bei neuen, unklaren und ungewöhnlichen Aufgabenstellungen fachlich anzuleiten.	Referenzrahmen EQF.2006. S. 21 - Niveau 6
BA-Level- Absolventinnen und -Absolventen besitzen		
B-BA-1	die Fähigkeit, ihr Wissen und Verständnis gezielt anzuwenden, um typische Aufgabenstellungen unter Berücksichtigung gesicherter wissenschaftlicher Erkenntnisse und Methoden der Bildung und Erziehung zu identifizieren und zu formulieren.	Referenzrahmen: QR SArb B-BA-1; NQF HS BA-Ebene; QR FrühPäd (PiK AG) S. 8
B-BA-2	die Fähigkeit, neue, unklare und ungewöhnliche Aufgabenstellungen als solche zu erkennen und zu ihrer Bearbeitung weiterführende Hilfestellung in Anspruch zu nehmen.	Referenzrahmen: EQF.2006. S. 21 - Niveau 6; QR SArb B-BA-2
B-BA-3	die Fähigkeit, ihr Wissen und Verständnis gezielt für die kritische Analyse von Dienstleistungen, Prozessen und Methoden der Bildung und Erziehung und ihrer Rahmenbedingungen zu nutzen.	Referenzrahmen: QR SArb B-BA-3; NQF HS BA-Ebene; QR FrühPäd (PiK AG) S. 7
B-BA-4	die Fähigkeit zur sicheren Auswahl analytischer Methoden und ihrer Instrumente.	Referenzrahmen: QR SArb B-BA-4
B-BA-5	die Fähigkeit, Kollegen in Ausbildung bei der Analyse neuer, unklarer und ungewöhnlicher Aufgabenstellungen fachlich anzuleiten.	Referenzrahmen: EQF.2006. S. 21 - Niveau 6; NQF HS BA-Ebene

MA-Level-Absolventinnen und -Absolventen besitzen

B-MA-1	die Fähigkeit, sich eigenständig die aktuelle wissenschaftliche Diskussion anzueignen und zu prüfen, wie weit sie zur Beschreibung und Analyse hilfreich ist.	Referenzrahmen NQF HS MA-Ebene; QR SArb B-MA-1
B-MA-2	die Fähigkeit, mit wissenschaftlichen Methoden auch neue, unklare und untypische Aufgabenstellungen in der Bildung und Erziehung vor dem Hintergrund der aktuellen wissenschaftlichen Diskussion eigenständig zu beschreiben und zu analysieren.	Referenzrahmen NQF HS MA-Ebene; QR SArb B-MA-2
B-MA-3	die Fähigkeit, Kollegen bei der Analyse neuer, unklarer und untypischer Aufgabenstellungen fachlich anzuleiten.	Referenzrahmen EQF. 2006. S. 21 - Niveau 6; NQF HS MA-Ebene; QR SArb B-MA-3
B-MA-4	die Fähigkeit zur umfassenden Analyse von internen und externen sich gegenseitig beeinflussenden Faktoren und zur verantwortlichen Einbindung anderer Fachdisziplinen in die eigene fachliche analytische Arbeit.	Referenzrahmen QR SArb B-MA-4

C Planung und Konzeption

Allgemein gilt für Absolventinnen und Absolventen der Bildung und Erziehung

C-0	Absolventinnen und Absolventen sind in der Lage, in Übereinstimmung mit ihrem professionellen Wissen und Verstehen, spezifische Prozesse, Hilfesysteme, Dienstleistungen der Bildung und Erziehung zu planen. Dazu gehört die Abwägung möglicher Lösungsstrategien, Methoden und die kritische Auswahl der am besten geeigneten Strategien und Methoden. Planungen und Konzeptionen berücksichtigen individuelle, lebensweltbezogene und gesellschaftliche Bedarfslagen, deren Rahmenbedingungen und Folgen der geplanten Durchführung. Sie verfügen über die Fähigkeiten, in interdisziplinären Kontexten zu handeln /	Referenzrahmen: QR SArb C-0

	arbeiten.	

BFS-Level-Absolventinnen und –Absolventen besitzen

C-BFS-1	die Fähigkeit, bei der Lösung von Problemen das eigene Verhalten an die jeweiligen Umstände anzupassen.	Referenzrahmen: EQF. 2006. S. 20 - Niveau 3;
C-BFS-2	das Verständnis über die Bedeutung strukturierten erzieherischen Handelns und setzen sich mit didaktischen Alternativen, methodischen Maßnahmen und sozialpädagogischen Prinzipien auseinander.	Referenzrahmen: Bay SMUK. 2006. S. 9 - Lernfeld 3
C-BFS-3	die Fähigkeit, ihre Planung auf unterschiedliche pädagogische Konzepte unter Berücksichtigung der Zielgruppen abzustimmen.	Referenzrahmen: Bay SMUK. 2006. S. 9 - Lernfeld 3
C-BFS-4	die Fähigkeit, die Situationsanalyse als Ausgangspunkt für Planungen zu setzen, die sich sowohl auf die Zielgruppe als auch auf die Rahmenbedingungen bezieht.	Referenzrahmen: Bay SMUK. 2006. S. 9 - Lernfeld 3

FS-Level-Absolventinnen und –Absolventen besitzen

C-FS-1	die Fähigkeit, ihr Wissen und Können anzuwenden, um Planungen und Konzepte im Team mit zu entwickeln, die den fachlichen und professionellen Standards entsprechen.	Referenzrahmen QR SArb C-BA-1
C-FS-2	die Fähigkeit, ihre Planungen und Konzepte kritisch zu reflektieren und zu vertreten.	Referenzrahmen QR SArb C-BA-1

BA-Level- Absolventinnen und -Absolventen besitzen

C-BA-1	die Kenntnis von Methoden der Planung und Konzepterstellung und die Fähigkeit, diese auch in unvollständig definierten, komplexen Aufgabenstellungen anzuwenden.	Referenzrahmen: NQF HS MA-Ebene; QR SArb C-BA-2; QR FrühPäd (PiK AG) S. 12
C-BA-2	Kenntnisse relevanter anderer Disziplinen und die Kompetenzen, deren Beitrag zur gesuchten Problemlösung/-bearbeitung zu nutzen. Sie können die eigene Tätigkeit in diesem Kontext planen, konzipieren und steuern.	Referenzrahmen: NQF HS BA-Ebene; QR SArb C-BA-3

C-BA-3	die Fähigkeit, Konzeptionen im Team zu entwickeln und umzusetzen.	Referenzrahmen: NQF HS BA-Ebene; QR SArb C-BA-4; QR FrühPäd (PiK AG) S. 13

MA-Level-Absolventinnen und –Absolventen besitzen

C-MA-1	das Wissen und die Fertigkeit, komplexe Lösungsstrategien für neue, unbekannte Aufgabenstellungen auf der Basis wissenschaftlicher Methodik und aktueller sowie teilweise neuester Forschungsergebnisse zu entwickeln, zu reflektieren und gegenüber relevanten Zielgruppen zu vertreten.	Referenzrahmen: NQF HS MA-Ebene; QR SArb C-MA-1
C-MA-2	die Fähigkeit, interprofessionelle/-disziplinäre Forschungs- und Entwicklungsprozesse in Planungen und Konzeptionen zu integrieren.	Referenzrahmen: NQF HS MA-Ebene; QR SArb C-MA-2
C-MA-3	die Fähigkeit, innerhalb von Planungen und Konzeptionen im Arbeitsfeld Bildung und Erziehung die Anforderungen an gesamtverantwortliche Steuerung und Leitung komplexer Prozesse eigenständig zu bestimmen.	Referenzrahmen: EQF.2006. S. 21 - Niveau 7; NQF HS MA-Ebene; QR SArb C-MA-3

D Recherche und Forschung

Allgemein gilt für Absolventinnen und Absolventen der Bildung und Erziehung:

D-0	Absolventinnen und Absolventen sollten in der Lage sein, in Übereinstimmung mit ihrem professionellen Wissen und Verstehen unter Anwendung geeigneter Methoden, Forschungsfragen zu bearbeiten und andere Methoden fachlicher Informationsbeschaffung anzuwenden. Die Informationsbeschaffung kann z.B. als Literaturauswertung, als Praxisforschung mit quantitativen und / oder qualitativen Methoden, als Interpretation empirischer Daten oder als Recherche mit elektronischen Medien gestaltet sein. Sie tragen Sorge, dass die erhobene Daten- und Faktenlage unter Wahrung der professionellen, fachlichen Standards in der praktischen Arbeit berücksichtigt wird.	Referenzrahmen: QR SArb D-0

BFS-Level- Absolventinnen und –Absolventen besitzen

D-BFS-1	die Fähigkeit zur Informationsbeschaffung Literatur zu bearbeiten und kleinere Recherchen mit elektronischen Medien durchzuführen.	Referenzrahmen: EQF. 2006. S. 20 - Niveau 3;

FS-Level-Absolventinnen und –Absolventen besitzen

D-FS-1	die Fähigkeit, Recherchen zu Fragestellungen und Inhalten des Tätigkeitsfeldes vorzunehmen.	Referenzrahmen: EQF. 2006. S. 20 - Niveau 5; QR FrühPäd (PiK AG) S. 10
D-FS-2	die Fähigkeit zur Informationsbeschaffung ,Literatur auszuwerten und Recherchen mit elektronischen Medien durchzuführen.	Referenzrahmen: QR SArb D-0
D-FS-3	die Fähigkeit, diese Ergebnisse im Team vorzustellen.	Referenzrahmen: -

BA-Level- Absolventinnen und –Absolventen besitzen

D-BA-1	die Fähigkeit, über wissenschaftliche Recherche fachliche Literatur und Datenbestände zu identifizieren, interpretieren und integrieren.	Referenzrahmen NQF HS BA-Ebene; QR SArb D-BA-1; QR FrühPäd (PiK AG) S. 10
D-BA-2	die Kenntnisse von fachlichen Kompendien, Periodika, Datenbanken und Fachforen und die Fähigkeit, sich klassischer und moderner Rechercheverfahren zu bedienen.	Referenzrahmen NQF HS BA-Ebene; QR SArb D-BA-2
D-BA-3	die Fähigkeit, angeleitete Praxisforschung zu betreiben und mit qualitativen und quantitativen Methoden empirische Datenbestände zu erstellen und zu interpretieren.	Referenzrahmen QR SArb D-BA-3; QR FrühPäd (PiK AG) S. 10

MA-Level-Absolventinnen und -Absolventen besitzen

D-MA-1	die Fähigkeit, die benötigten Informationen und Daten zu identifizieren, ihre Quellen zu be-stimmen und sie zu erheben.	Referenzrahmen: NQF HS MA-Ebene; QR SArb D-MA-1
D-MA-2	die Fähigkeit, Forschungsdesigns zu ent-wickeln und (Praxis-)Forschung zu betreiben.	Referenzrahmen: NQF HS MA-Ebene; QR SArb D-MA-2
D-MA-3	die Fähigkeit zur kritischen Analyse und Be-wertung eigener und fremder Forschungs-ergebnisse bzw. Informationen.	Referenzrahmen: EQF.2006. S. 21 - Niveau 7; NQF HS MA-Ebene; QR SArb D-MA-3
D-MA-4	die Fähigkeit, innovative Methoden und Strate-gien auf der Basis von wissenschaftlicher Ana-lyse zu entwickeln.	Referenzrahmen: NQF HS MA-Ebene; QR SArb D-MA-4

D-MA-5	die Fähigkeit, an der praktischen, metho-dischen und wissenschaftlichen, theoretischen Entwicklung des Faches teilzunehmen und diese zu verfolgen.	Referenzrahmen: EQF.2006. S. 22 - Niveau 8; NQF HS MA-Ebene; QR SArb D-MA-5

E Organisation, Durchführung und Evaluation

Allgemein gilt für Absolventinnen und Absolventen der Bildung und Erziehung

E-0	Absolventinnen und Absolventen sind befähigt, auf der Grundlage ihres Wissens und Könnens, Konzepte und Planungen zu organisieren, durchzuführen und zu evaluieren. Sie haben ihr Wissen und Können in der Praxis erprobt, reflektiert und evaluiert.	Referenzrahmen: QR SArb E-0

BFS-Level-Absolventinnen und -Absolventen besitzen:

E-BFS-1	die Fähigkeit, Verantwortung für die Erledi-gung von Arbeitsaufgaben zu übernehmen und das eigene Verhalten an die jeweiligen Um-stände anzupassen.	Referenzrahmen: EQF. 2006. S. 20 - Niveau 3;
E-BFS-2	die Fähigkeit, sich bei eigenen pädagogischen Aktivitäten für Ziele, Inhalte und Themen sowie Methoden zu entscheiden und diese schriftlich zu fixieren.	Referenzrahmen: Bay SMUK. 2006. S. 9 - Lernfeld 3
E-BFS-3	die Fähigkeit zur persönlichen und fachlichen Reflexion. Sie berücksichtigen ihre Reflexions-ergebnisse bei künftigen Planungen und strukturieren so ihre eigenen Lernprozesse.	Referenzrahmen: Bay SMUK. 2006. S. 9 - Lernfeld 3

FS-Level-Absolventinnen und –Absolventen besitzen:

E-FS-1	die Kenntnisse und Fertigkeiten der Recherche, Didaktik und Methodik sowie der Evaluation.	Referenzrahmen: QR SArb E-0
E-FS-2	die Fähigkeit, sächliche und personelle Ressourcen einzuschätzen, verantwortlich einzusetzen und zu lenken.	Referenzrahmen: QR SArb E-0
E-FS-3	die Fähigkeit, die individuellen, lebenswelt-lichen und gesellschaftlichen Bedarfslagen, Rahmenbedingungen und die engeren und weiteren Folgen ihres Handelns kritisch zu reflektieren und zu berücksichtigen.	Referenzrahmen: QR SArb E-0

BA-Level- Absolventinnen und -Absolventen besitzen:

E-BA-1	die Fähigkeit, Konzeptionen und Planungen konstruktiv und innovativ, theoretisch fundiert und reflektiert zu organisieren, durchzuführen und zu evaluieren.	Referenzrahmen: EQF.2006. S. 21 - Niveau 6; NQF HS BA-Ebene; QR SArb E-BA-1; QR FrühPäd (PiK AG) S. 13
E-BA-2	das Können, Ressourcen zu erschließen und einzubringen.	Referenzrahmen: QR SArb E-BA-2; QR FrühPäd (PiK AG) S. 13
E-BA-3	theoriegeleitete, reflektierte Erfahrung einschlägiger, praktischer Tätigkeit im Bereich Bildung und Erziehung.	Referenzrahmen: QR SArb E-BA-3; QR FrühPäd (PiK AG) S. 12
E-BA-4	reflektierte Erfahrungen mit unterschiedlichen Methoden und deren Reichweite in verschiedenen Settings.	Referenzrahmen: NQF HS BA-Ebene; QR SArb E-BA-4
E-BA-5	die Fähigkeit, den Bereich Bildung und Erziehung mit unterschiedlichen Methoden zu evaluieren.	Referenzrahmen: NQF HS BA-Ebene; QR SArb E-BA-5; QR FrühPäd (PiK AG) S. 17

MA-Level-Absolventinnen und Absolventen besitzen

E-MA-1	die Fähigkeiten und Fertigkeiten, Methoden in der Bildung und Erziehung zu erproben, weiterzuentwickeln und bezüglich ihrer Wirksamkeit und Reichweite zu überprüfen.	Referenzrahmen: QR SArb E-MA-1; QR FrühPäd (PiK AG) S. 17
E-MA-2	Fähigkeiten und Fertigkeiten zur Einrichtung, Betreuung und Weiterentwicklung umfassender Qualitätsmanagementsysteme auf Grundlage wissenschaftlicher Methodik.	Referenzrahmen: QR SArb E-MA-2
E-MA-3	Kenntnisse relevanter wissenschaftlicher Diskurse in anderen wissenschaftlichen Disziplinen und kritische Reflexion der verflochtenen Abhängigkeiten und Auswirkungen von Sozialarbeit.	Referenzrahmen: NQF HS MA-Ebene; QR SArb E-MA-3
E-MA-4	Fähigkeiten und Fertigkeiten selbstverantwortlich zu organisieren, durchzuführen und zu evaluieren.	Referenzrahmen: EQF.2006. S. 21 - Niveau 7; NQF HS MA-Ebene; QR SArb E-MA-4

F Professionelle allgemeine Fähigkeiten und Haltungen

Allgemein gilt für Absolventinnen und Absolventen der Bildung und Erziehung

F-0	Absolventinnen und Absolventen verfügen über weitere, nicht fachspezifische Fähigkeiten, die für die erfolgreiche professionelle Bildung und Erziehung als Vorbedingung gelten müssen.	Referenzrahmen: QR SArb F-0

BFS-Level-Absolventinnen und –Absolventen besitzen:

F-BFS-1	die Fähigkeit, durch Selbstbeobachtung ihre Fähigkeiten und Grenzen hinsichtlich der eigenen beruflichen Eignung und ihres erzieherischen Handelns einzuschätzen.	Referenzrahmen: Bay SMUK. 2006. S. 7 - Lernfeld 1
F-BFS-2	die Fähigkeit, einen Beitrag zu konstruktiven Lösungen zu leisten.	Referenzrahmen: Bay SMUK. 2006. S. 12 - Lernfeld 6

234

F-BFS-3	Fertigkeiten, ihre eigene Bildungsbiografie zu reflektieren. Sie entwickelt für sich persönliche und berufsbezogene Bildungsziele und das Bewusstsein für die Notwendigkeit von Fort- und Weiterbildung.	Referenzrahmen: Bay SMUK. 2006. S. 10 - Lernfeld 4
F-BFS-4	die Fähigkeit, ihre Stellung im Team ebenso wie die Rahmenbedingungen, die die Institution setzt, versteht. Die pädagogische Konzeption der Einrichtung und die Pflichten und Handlungsspielräume kennt. Als Teammitglied erfährt sie Grenzsetzungen, Kritik und Konflikte als Elemente der Zusammenarbeit und entwickelt die Fähigkeit, sich damit konstruktiv und professionell auseinander zu setzen. Auf diese Weise erwirbt sie ihr berufliches Rollenverhalten.	Referenzrahmen: Bay SMUK. 2006. S. 12 - Lernfeld 6
F-BFS-5	Kenntnisse, offen für die Kooperation mit verschiedenen Institutionen zu sein und kennt Hilfseinrichtungen, Fachdienste und andere sozialpädagogische Einrichtungen.	Referenzrahmen: Bay SMUK. 2006. S. 12 - Lernfeld 6

FS-Level-Absolventinnen und –Absolventen besitzen

F-FS-1	die Fähigkeit zur Kommunikation und Interaktion mit allen fachlichen und nichtfachlichen Akteuren des Arbeitsfeldes und ihres gesellschaftlichen Umfeldes unter Nutzung unterschiedlicher Medien.	Referenzrahmen: QR SArb F-BA-2
F-FS-2	die Fähigkeit, kleinere Teams und Einrichtungen alleinverantwortlich zu leiten und zu führen.	Referenzrahmen: EQF. 2006. S. 20 - Niveau 5
F-FS-3	Verantwortung und ausgeprägtes Bewusstsein für die Risiken ihres Handelns für sich und andere.	Referenzrahmen: QR SArb F-BA-4
F-FS-4	Die Fähigkeit, die Interessen von Klienten , Klientengruppen oder Systemen sowie die unterschiedlichen gesellschaftlichen Bedürfnisse und Interessenlagen zu erkennen und abzuwägen.	Referenzrahmen: QR SArb F-BA-5

F-FS-5	die Fähigkeit, unter Berücksichtigung professioneller und ethischer Standards sowie der beruflichen Rolle, Lösungsstrategien zu entwickeln und zu vertreten.	Referenzrahmen: QR SArb F-BA-6
F-FS-6	Einsicht in die Notwendigkeit von und Bereitschaft zur ständigen Weiterbildung und die Fähigkeit zur Aktualisierung des eigenen fachlichen Wissens und Könnens.	Referenzrahmen: QR SArb F-BA-7

BA-Level- Absolventinnen und Absolventen besitzen

F-BA-1	die Kompetenzen, die als Ergebnis des akademischen Studiums gelten müssen und üblicherweise durch das Formulieren und Untermauern von Argumenten und das Lösen von Aufgaben in ihrem Studienfach demonstriert werden.	Referenzrahmen: NQF HS BA-Ebene; QR SArb F-BA-0
F-BA-2	die Fähigkeit zur kreativen, verantwortlichen Mitwirkung in Projektmanagement, Personalführung und Gesamtleitung.	Referenzrahmen: EQF.2006. S. 21 - Niveau 6; NQF HS BA-Ebene; QR SArb F-BA-6; QR FrühPäd (PiK AG) S. 2
F-BA-3	die Fähigkeit zu alleinverantwortlicher Leitung und Führung.	Referenzrahmen: EQF.2006. S. 21 - Niveau 7; NQF HS MA-Ebene; QR SArb F-MA-3

MA-Level-Absolventinnen und -Absolventen besitzen

F-MA-1	Fähigkeiten zur effektiven Führung von Teams in Forschung und Praxis, die aus unterschiedlichen Disziplinen und mit unterschiedlichen Ausbildungsniveaus besetzt sind.	Referenzrahmen: EQF.2006. S. 21 - Niveau 7; NQF HS MA-Ebene; QR SArb F-MA-2
F-MA-2	die Fähigkeit, in nationalen und internationalen Kontexten zu forschen und zu arbeiten.	Referenzrahmen: NQF HS MA-Ebene; QR SArb F-MA-4

G Persönlichkeit und Haltungen

Allgemein gilt für Absolventinnen und -Absolventen der Bildung und Erziehung

G-0	Sie sollen über eine stabile, belastungsfähige und ausgeglichene Persönlichkeit mit ausgeprägter Empathie für soziale Aufgabenstellungen und darin beteiligte Personen verfügen. Ihre selbstkritische und reflektierte Haltung ermöglicht ihnen die Ausübung einer professionellen, distanzierten Berufsrolle unter Einbeziehung der eigenen Persönlichkeitsmerkmale und auf der Basis eines reflektierten Welt- und Menschenbildes. Sie definieren selbständig Grenzen und Möglichkeiten ihres Handelns.	Referenzrahmen: QR SArb G-0; QR FrühPäd (PiK AG) S. 2

7.4 Beteiligte Partner bei der Entwicklung

Um eine breite Anerkennung eines Qualifikationsrahmens Bildung und Erziehung im Lebenslauf zu erhalten sollten alle in diesem Feld tätigen Partner bei der Entwicklung und Installierung beteiligt sein. Dies könnten unter anderem sein:

- Abnehmer, z. B.
  - Arbeitgeber
- Ausbildungsstätten, z. B.
  - Berufs-, Fach-, Fachhochschulen und Universitäten
    - Schüler / Studierende, Lehrende, (Hoch-)Schulleitungen
  - Weiterbildungseinrichtungen
- Ministerien und Interessensvertreter, z. B.
  - Bundesinstitut für Berufsbildung
  - Bundesministerium für Bildung und Forschung
  - Bundesministeriums für Familie, Senioren, Frauen und Jugend
  - Hochschulrektorenkonferenz
  - Jugendministerkonferenz
  - Kultusministerkonferenz
  - Sozialministerium
  - Wissenschaftsministerium

- Träger, z. B.
  - ○ Wohlfahrtsverbände
  - ○ private Träger
  - ○ staatliche und kommunale Träger
- Verbände, Institute, Interessensvertreter und Gewerkschaften, z. B.
  - ○ Arbeitsgemeinschaft der Jugendhilfe
  - ○ Bosch Stiftung
  - ○ Bundesarbeitsgemeinschaft Frühpädagogik
  - ○ Deutsche Berufsverband für Soziale Arbeit
  - ○ Deutsches Jugendinstitut
  - ○ Deutsche Verein für öffentliche und private Fürsorge
  - ○ Fachbereichstag Soziale Arbeit
  - ○ Gewerkschaft für Erziehung und Wissenschaft
  - ○ Institut für Frühpädagogik
  - ○ Verband Katholischer Tageseinrichtungen für Kinder (KTK) - Bundesverband e.V.
  - ○ Verband Evangelischer Kindertageseinrichtungen

Um diese große Gruppe miteinander ins Gespräch und zur Zusammenarbeit zu bringen, kann das Internet einen virtuellen Diskussionsraum bieten. Ein mögliches Instrument dafür wäre ein Blog.

7.5 Blog: Diskussionsplattform für die Entwicklung eines QR BEL

Blogs (engl. Internet-Tagebücher) stammen ursprünglich aus „Sammlungen von kommentierten Links" und „Logbücher von Netzreisenden" (Borchert. 2005. S. 154). Neben einer Vielzahl von persönlichen Blogs gibt es auch unzählige themenfokussierte Blogs, wie z. B. für die Bereich Hard- und Software, Medien, Automobile, Fotografisches und Politik (vgl. Borchert 2005; Huffacker 2005; West / Wright / Graham 2005;).

Beim Bloggen geht es nicht mehr nur darum, seine Gedanken ins Web zu stellen, sondern mit anderen in Kontakt zu treten, sich auszutauschen und die Inhalte weiterzuverarbeiten (vgl. Braun / Weber 2006; Lee 2005;).

An amerikanischen Hochschulen beschreiben Blogger weitgehend ungefiltert das Campus-Leben und werden dafür genutzt, „die Aufmerksamkeit der MySpace-Generation zu gewinnen" (Welsh-Huggins / Leffers. 2007. S. 1). Es soll ein erster, vertrauensvoller Eindruck über die Hochschule und den Campus vermittelt werden (vgl. Scoble / Israel 2006). Einige amerikanische Hochschulen honorieren mittlerweile die Blogger-Aktivitäten ihrer Studierenden, da

238

gerade Studieninteressierte das Studenten-Blog als wichtiges Entscheidungsinstrument für die Hochschulwahl nutzen (vgl. Scoble / Israel 2006). Die deutschen Hochschulen sind mit ersten Versuchen dabei, dieses Kommunikationsinstrument zu nutzen. Die Freie Universität Berlin hat ein allgemeines Blog[154] entwickelt, in dem Lehrende, Studierende und Mitarbeiter ihr persönliches Blog führen und sich untereinander austauschen. Inhaltlich geht es dabei unter anderem um Studiengebühren, Elitewettbewerb und Bachelorstudiengänge (vgl. Reinbold 2007). Das FUwatch[155] ist ein *studentisches* Watchblog[156], das sich mit „studentischer und nicht-studentischer Hochschulpolitik"[157] an der FU Berlin auseinandersetzt.

Um die Diskussion mit den Peers eines Qualifikationsrahmen Bildung und Erziehung im Lebenslauf so breit wie möglich zu machen und für alle zu öffnen, ist das Blog eine mögliche Kommunikationsform, da darauf von jedem PC und somit Standort zugegriffen werden kann und ohne großen Aufwand eine Kommentierung möglich ist (vgl. Kammerl / Pannarale 2007). Obwohl das Instrument im Hochschulraum – und vermutlich auch im Erziehungs- und Bildungsbereich - noch sehr neu und gegebenenfalls eine Herausforderung ist (vgl. Kammerl / Lang-Wojtasik 2006), bietet es doch eine Chance, lange Verhandlungs- und Diskussionsrunden von ‚Auserwählten' zu vermeiden und für alle am Thema beteiligten Personen zu öffnen (vgl. Chuang / Liu 2008; Wang / Hsu 2007). Um die Peers zu informieren, könnten im Vorfeld diverse Artikel in Fachzeitschriften veröffentlicht, sowie die beteiligten Partner informiert werden.

Die Schwierigkeit der Attraktivität (vgl. Welsh-Huggings / Leffers 2007) und somit Nutzung einer derartigen Seite kann hierbei durch das gemeinsame Interesse am Thema und der Entwicklung eines gemeinsamen Qualifikationsrahmens für den Bereich Bildung und Erziehung verringert werden. Auf das Blog ‚Qualifikationsrahmen Bildung und Erziehung' - *www.qr-erziehung.de* - sind die in dieser Arbeit aufgezeigten Formulierungsvorschläge für einen Qualifikationsrahmen Bildung und Erziehung im Lebenslauf eingestellt und zur Diskussion und Kommentierung frei gegeben.

Auf der Startseite befindet sich in der rechten Bildschirmhälfte der Bereich „Blog-Archiv" in dem unter der Rubrik „2008 – März" die einzelnen Kategorien abgelegt sind.

---

154 Blog der FU Berlin: URL: http://blogs.fu-berlin.de/ Stand: 18.03.2008
155 FUwatch: URL: http://fuwatch.wordpress.com/ Stand: 18.03.2008
156 Ein Watchblog grenzt sich von der Mehrheit der Blogs dadurch ab, dass sie ausgewählte Firmen, Organisationen oder Themen kritisch beobachten, statt über persönliche Erfahrungen zu berichten. (Beispiele unter URL: http://www.watchblog.de Stand: 19.06.2008)
157 Zitat aus URL: http://fuwatch.wordpress.com/about/ Stand: 18.03.2008

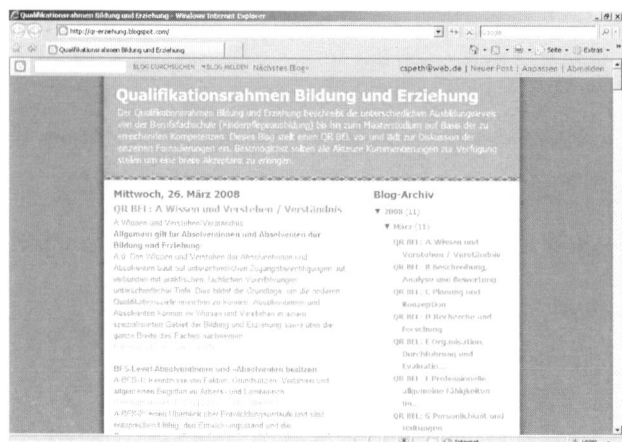

Abbildung 80 Screenshot: Blog "Qualifikationsrahmen Bildung und Erziehung"
– Startseite (Stand: 26.03.2008)

Am Ende jeder Seite befindet sich ein Button ‚Kommentar veröffentlichen'.
Klickt man diesen an, öffnet sich eine neue Seite. Hier können zu dem gewähl-
ten Bereich Kommentare, Vorschläge, Ideen und Anregungen eingefügt und
diskutiert werden.

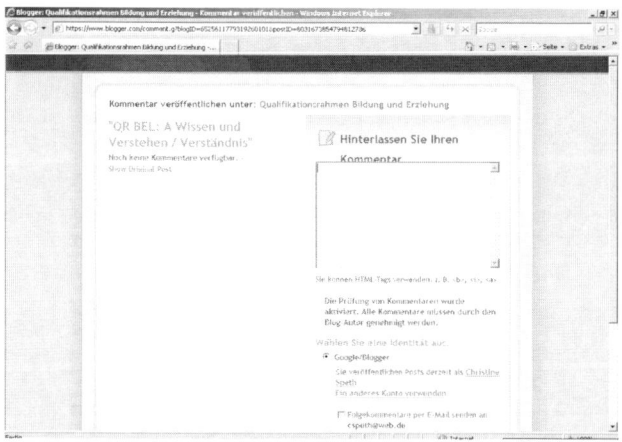

Abbildung 81 Screenshot: Blog "Qualifikationsrahmen Bildung und Erziehung -
Kommentare einfügen

240

Neben dem QR BEL sind im Blog-Archiv noch alle relevanten Qualifikations-rahmen mit einer kurzen Beschreibung und einem Link zur Originalquelle ab-gelegt.

Der QR BEL ist wie alle anderen Qualifikationsrahmen ein dynamisches In-strument, dass durch Diskussionen und Anmerkungen im Blog weiterentwickelt werden soll. Ein Austausch in realen Fachforen, Workshops und Fachzeit-schriften kann dies unterstützen und beleben. Der Qualifikationsrahmen BEL (Version 1.0) wird dadurch ausgebaut und kann durch das Mitwirken der unter-schiedlichen Partner ein anerkanntes Instrument für den (Aus-)Bildungsbereich der Erziehung und Bildung werden.

8. Akademisierung der Erzieherinnenausbildung?
Ein abschließender Ausblick

‚Akademisierung der Erzieherinnenausbildung? Beziehung zur Wissenschaft'
Die übergeordnete Frage dieser Arbeit scheint unumgänglich und notwendig zu
sein. Was nicht heißen wird, dass die Fachschulausbildung vollständig abgelöst,
sondern dass ein weiterer Ausbildungsbereich ergänzend dazu kommen wird.
Die JFMK betont in ihrer Sitzung im Mai 2008 ausdrücklich, wie wertvoll die
bisherige Ausbildung an den Fachschulen war, hält es aber auch für erforderlich,
dass an beiden Ausbildungsmodellen – Fachschul- und Hochschulausbildung –
festgehalten wird (vgl. JFMK 2008; ZWD 2008). Die Beziehung zur Wissenschaft zeigt sich zur Beziehung zwischen Fachschulen und Hochschulen. Das
Kerngeschäft im Elementarbereich ist die Beziehungsarbeit, die weiterhin bestehen bleibt, jedoch einen Wandel dahingehen erlebt, dass es zu einer wissenschaftlich fundierten Förderung kommen wird.

Die Vielfalt an Ausbildungen muss positiv genutzt werden. Das bedeutet,
sie dürfen nicht in unmittelbarer Konkurrenz zueinander stehen, sondern müssen
sich ergänzen. Dafür ist Durchlässigkeit eine bedeutende Bedingung (vgl. JFMK
2008). Die Transparenz, Durchlässigkeit und Anschlussfähigkeit kann durch
einen Qualifikationsrahmen Bildung und Erziehung deutlich gemacht werden.
Der in dieser Arbeit entwickelte Rahmen, der zur Diskussion und Weiterentwicklung der Fachöffentlichkeit zur Verfügung steht, ist ein mögliches Instrument, diesen Forderungen nachzukommen. Der QR BEL (Version 1.0) ist der
erste Qualifikationsrahmen in Deutschland, der Berufsfach-, Fach- und Hochschulausbildung in Verbindung setzt und die Ebenen der qualifikatorischen
Entwicklung aufzeigt. Er ist für die zukünftigen Anwärterinnen und für Arbeitgeber gleichermaßen ein Ausbildungsversprechen und kann zugleich Hilfestel-
lung bieten, in welchen Praxisfeldern die verschiedenen Levels einsetzbar
sind[158] (vgl. JFMK 2008). Zusätzlich können auf Grundlage eines

---

158 Die JFMK hat sich gerade dazu in der Berliner Sitzung im Mai 2008 geäußert „Die JFMK hält
es für die Zukunft für notwendig, den Status und den Einsatz akademisch ausgebildeter Fachkräfte und an Fachschulen/Fachakademien ausgebildeter Fachkräfte im Elementarbereich und
ihren Einsatz in den verschiedenen Praxisfeldern klar zu regeln" (JFMK. 2008. S. 10).

Qualifikationsrahmens (Aus-)Bildungsmodelle entwickelt werden, die zueinander stimmig sind und dadurch Anrechenbarkeit von bereits erworbenen Kenntnissen und Fähigkeiten ermöglichen, was gerade in diesem Feld notwendig ist, wenn man die „besondere Biografie weiblicher Fachkräfte" (JFMK. 2008. S. 10) durch Seiteneinstieg oder ähnlichem berücksichtigt.

Eine Professionalisierung des Erzieherinnenberufs – und in diesem Zusammenhang sehe ich auch die Kinderpflegeausbildung[159] – wird dazu führen, dass die Ausbildung den Bedarfen in Deutschland gerecht werden kann. Die bisherige „hervorragende Arbeit" (JFMK. 2008. S.11) der Fachkräfte bedarf eines lebenslangen Lernens, um den Ansprüchen gerecht zu werden.

Inwieweit die neu entstandenen elementarpädagogischen Studiengänge diesen Forderungen gerecht werden, wird weiterhin zu prüfen sein. Eine intensive Auseinandersetzung mit den Studiengangkonzepten sowie der Überprüfung der Akkreditierungskriterien wird nicht zu vermeiden sein, um den Qualitätsansprüchen einer Hochschulausbildung gerecht zu werden. Der hier erstmalig eingesetzte Fragebogen kann dafür ein Instrument sein.

Die Ergebnisse dieser Arbeit und der durchgeführten Befragung spiegeln die derzeitige Diskussion. Die Entwicklungen im Bereich der Elementarpädagogik sind nicht mehr rückgängig zu machen. Politik und Gesellschaft muss die Notwendigkeit und Bedeutsamkeit der Professionalisierung - und somit die Stärkung dieses Bereichs - klar und wichtig sein, um den Ruf eines Bildungslandes nicht zu verlieren (vgl. VBE 2007).

---

159 Die Kinderpflegeausbildung wird derzeit von der Professionalisierungsdiskussion komplett herausgehalten. Dies muss sich dringend ändern, damit dieser Bereich, der den Großteil an Zweitkräften im elementarpädagogischen Bereich stellt, nicht abgehängt wird und ein wichtiger Sektor im Bereich der Frauenberufe nicht verloren geht.

Abbildungsverzeichnis

Tabellenverzeichnis

Literaturverzeichnis

Abi Berufswahl Magazin. 1989. Für alle Lebenslagen. In: Abi Berufswahl Magazin. Heft 5. S. 24 – 26.

Acquin. 2007. Leitfaden für Verfahren der Programmakkreditierung. Beschluss der Akkreditierungskommission von ACQUIN vom 14.12.2007 URL: http://www.acquin.org/doku_serv/LeitfadenProgrammakkreditierung.pdf Stand: 13.05.2008.

Aden-Gossmann, Wilma. 2002. Kindergarten. Eine Einführung in seine Entwicklung und Pädagogik. Beltz Verlag: Weinheim, Basel.

AGJ – Arbeitsgemeinschaft für Jugendhilfe. 1982. Positionspapier der Arbeitsgemeinschaft für Jugendhilfe zur „Rahmenvereinbarung über die Ausbildung und Prüfung von Erziehern/Erzieherinnen" der Ständigen Konferenz der Kultusminister der Länder in der Bundesrepublik Deutschland (KMK). Bonn.

AGJJ – Arbeitsgemeinschaft für Jugendpflege und Jugendfürsorge. 1966a. Empfehlungen – Ausbildung sozialpädagogischer Fachkräfte. In: Mitteilungen der Arbeitsgemeinschaft für Jugendpflege und Jugendfürsorge. Heft 43, Mai 1966. S. 33.

AGJ – Arbeitsgemeinschaft für Jugendhilfe. 2004. Qualifizierung von Fachkräften für die Kinder- und Jugendhilfe. Bestandsaufnahme und Anregungen zur Diskussion der Arbeitsgemeinschaft für Jugendhilfe (AGJ). URL: http://www.agj.de/pdf/5/2004 /Qualifizierung%20von%20Fachkraeften.pdf (Stand: 14.09.2005), 10 Seiten.

Ahnert, Jutta / Bös, Klaus / Schneider; Wolfgang. 2003. Motorische und kognitive Entwicklung im Vorschul- und Schulalter: Befunde der Münchner Längsschnittstudie LOGIK. In: Zeitschrift für Entwicklungspsychologie und Pädagogische Psychologie. 35 (4), S. 185 – 199.

Ahnert, Jutta. 2003. Frühe Kindheit: Bindungs- und Bildungsgrundlagen. Vortrag auf der Tagung der Arbeitsgemeinschaft der deutschen Familienorganisationen „Kindgerechte Bildungs- und Betreuungskonzepte" 24. und 25. Juni 2003 in Berlin.

Ahnert, Lieselotte. 2006. Anfänge der frühen Bildungskarriere: Familiäre und institutionelle Perspektiven. Beitrag auf der Jahrestagung der Liga für das Kind „Familie allein genügt nicht. Frühe Entwicklung und Bildung in Familien und Tageseinrichtungen" am 1./2. September 2006 in Berlin In: frühe Kindheit – die ersten sechs Jahre. Ausgabe 06/06.

Ahnert, Lieselotte / Pinquart, Martin / Lamb, Michael E. 2006. Security of children's relationships with nonparental care providers: A meta-analysis. Child Development, 77, 664–679.

Akkreditierungsrat. 2007. Allgemeine Regeln zur Durchführung von Verfahren zur Akkreditierung und Reakkreditierung von Studiengängen (beschlossen auf der 54. Sitzung des Akkreditierungsrates am 08.10.2007 geändert am 29.02.2008.). Drs. AR 85/2007.

Akkreditierungsrat. 2008. Kriterien für die Systemakkreditierung (beschlossen auf der 54. Sitzung am 08.10.2007, geändert am 29.02.2008). DRS 11/2008.

Akkreditierungsrat. 2008a. Allgemeine Regeln für die Durchführung von Verfahren der Systemakkreditierung (beschlossen auf der 54. Sitzung am 08.10.2007, geändert am 29.02.2008). DRS 12/2008.

Akkreditierungsrat. 2008b. Kriterien für die Akkreditierung von Studiengängen (beschlossen am 17.07.2006, geändert am 08.10.2007 und 29.02.2008). DRS 15/2008.

Akkreditierungsrat 2008c. Allgemeine Regeln zur Durchführung von Verfahren zur Akkreditierung und Reakkreditierung von Studiengängen (beschlossen auf der 54. Sitzung des Akkreditierungsrates am 08.10.2007 geändert am 29.02.2008.). Drs. AR 85/2007.

Aktionsbündnis „Kinder brauchen Qualität". 2003. Qualitäts- und Finanzierungskonzept für Kindertagesstätten in Bayern. 2. Auflage Stand Februar 2003. URL: http://www.bayern.gew.de/jugendhilfe/Die_Alternative.pdf Stand: 11.01.2007.

Alice Salomon Fachhochschule Berlin
    URL: http://www.asfh-berlin.de/index.php?id=124 Stand: 29.05.2007.

Allmendinger, Jutta / Nikolai, Rita. 2006. Bildung und Herkunft. In: APuZ 44-45/2006 URL:http://www.bpb.de/publikationen/65TIEL,0,0,Bildung_und_Herkunft.html#art0 Stand: 16.05.2007.

Andermann, Hilke / Dippelhofer-Stiem, Barbara / Kahle, Irene. 1996. Erzieherinnen vor dem Eintritt in das Berufsleben. Zu ihren beruflichen Orientierungen und zur Beurteilung ihrer Ausbildung an der Fachschule für Sozialpädagogik. In: Zeitschrift für Frauenforschung, 1/2/1996. S. 138 – 151.

Artelt, Cordula / Baumert, Jürgen / Klieme, Eckhard / Neubrand, Michael / Prenzel, Manfred / Schiefele, Ulrich / Schneider, Wolfgang / Schümer, Gundel / Stanat, Petra / Tillmann, Klaus-Jürgen / Weiß, Manfred (Hrsg.) (2001): PISA 2000, Zusammenfassung zentraler Befunde. Berlin, URL: http://www.mpibberlin.mpg.de/pisa/ ergebnisse.pdf (Stand 05.09.2005), 51 Seiten.

Artelt, Cordula / Baumert, Jürgen / Julius – McElvany, Nele / Peschar, Jules (2003): Das Lernen lernen. Voraussetzungen für Lebensbegleitendes Lernen, Ergebnisse von Pisa 2000. Internationale Schulleistungsstudie. Paris.

Atteslander, Peter (2003): Methoden der empirischen Sozialforschung. Unter der Mitarbeit von Cromm, Jürgen; Grabow, Busso; Klein, Harald; Maurer, Andrea; Siegert, Gabriele. Berlin.

Autorengruppe Bildungsberichterstattung (Hrsg.). Im Auftrag der KMK – Kultusministerkonferenz. Ständigen Konferenz der Kultusminister der Länder in der Bundesrepublik Deutschland und des Bundesministeriums für Bildung und Forschung. 2008. Bildung in Deutschland 2008. Ein indikatorengestützter Bericht mit einer Analyse zu Übergängen im Anschluss an den Sekundarbereich I. Bielefeld Bertelsmann-Verlag. Oder URL: www.bildungsbericht.de Stand: 18.06.2008.

Backes, Helmut. 1998. Orte für Kinder. In: Fthenakis, Wassilios E. (Hsrg.) 1998. Erziehungsqualität im Kindergarten. Forschungsergebnisse und Erfahrungen. Freiburg: Lambertus. S. 38 – 41.

Bader, Kurt. 1978. Öffentliche Erziehung: Kinder und ihre Erzieher in Kindergärten. Frankfurt/Main, New York: Campus Verlag.

Bader, R. / Schäfer, B. 1998. Lernfelder gestalten. Vom komplexen Handlungsfeld zur didaktisch strukturierten Lernsituation. In: Die berufsbildende Schule, 50. Jahrgang. Heft 7 – 8. S. 229 – 234.

BAGKAE (Hrsg.). 2003. Professionalisierung des Erzieherinnen-Berufs Fachschulausbildung und/oder Bachelor of education. Direktorenkonferenz der Bundesarbeitsgemeinschaft katholischer Ausbildungsstätten für Erzieherinnen / Er-zieher 26./27.11.2003. Würzburg.

BAGKAE / BeA / BöfAE. 2004. Zukunftsfähigkeit der Ausbildung von Erzieherinnen und Erziehern in der Bundesrepublik Deutschland. Gemeinsamen Positionspapier. Freiburg, Lotte, Stuttgart URL: http://www.boefae.de/index.php?menu= dokumente&viewdoku=1&topicID=5 (Stand: 24.11.2004), 4 Seiten.

Balachamis, Panagiotis. 1971. Die griechische Volksschullehrerbildung unter besonderer Berücksichtigung des Einflusses der deutschen Pädagogik. München.

Ballod, Georg. 2004. Erfolgreich Bilden und Entfalten. Heinrich Jacobys Erkenntnisse über Verhalten und Enfaltung des Menschen. Marnheim: Berg Verlag.

Balluseck, Hilde von / Metzner, Helga / Schmitt-Wenkebach, Barbara. 2003. Ausbildung von Erzieherinnen und Erziehern in der Fachhochschule. In: Fthenakis, Wassillios E. (Hrsg.) Elementarpädagogik nach Pisa. Wie aus Kindertagesstätten Bildungseinrichtungen werden können. Freiburg: Herder. S. 317 - 331.

Bartosch, Ulrich (2004): Die Fachakademien auf dem „Bologna-Weg"? In: Arbeitsgemeinschaft der katholischen Fachakademien für Sozialpädagogik in Bayern (Hrsg.), 1974 bis 2004 – 30 Jahre Arbeitsgemeinschaft katholischer Fachakademien für Sozialpädagogik in Bayern. Festschrift und Chronik. Ensdorf.

Bartosch, Ulrich (2005): Bildung à la Bolognese. Vom Wert des Bachelor/Master-Studiums der Soziale Arbeit und den Herausforderungen einer ökonomisierten Bildungspolitik. In: Bergmann, Stephan / Stegemann, Wolfgang / Wagner, Jochen (Hrsg.), Werte bilden, Politik, Kultur, Wirtschaft, Kirche, Hochschule im Diskurs. Stuttgart.

Bartosch, Ulrich. 2007. Statement zum QR FrühPäd. Im Rahmen der Workshop-Tagung der Robert Bosch Stiftung. PiK – Profis in Kitas. Programm zur Professionalisierung von Frühpädagogen in Deutschland. Workshop-Tagung der Innovationswerkstatt „Qualifikationsrahmen für die Ausbildung von FrühpädagogInnen" 27. Juni 2007, Berlin (bisher unveröffentlich; Stand: 29.08.2007).

Bartosch, Ulrich / Maile, Anita / Speth, Christine. 2006. Qualifikationsrahmen Soziale Arbeit. In: HRK – Hochschulrektorenkonferenz. 2007. Bologna Reader II. Neue Texte und Hilfestellungen zur Umsetzung der Ziele des Bologna-Prozesses an deutschen Hochschulen. Service-Stelle Bologna. Beiträge zur Hochschulpolitik 5/2007. S. 280 – 295.

Bartosch, Ulrich / Maile, Anita / Speth, Christine. 2006b. Wie kann der nationale Qualifikationsrahmen auf ein Fach übertragen werden?. In: HRK – Hochschulrektorenkonferenz. 2007. Bologna Reader II. Neue Texte und Hilfestellungen zur Umsetzung der Ziele des Bologna-Prozesses an deutschen Hochschulen. Service-Stelle Bologna. Beiträge zur Hochschulpolitik 5/2007. S. 296 - 300.

Bartosch, Ulrich / Maile, Anita / Speth, Christine. 2007. Der Qualifikationsrahmen für Soziale Arbeit (QRSArb 4.0). In: Buttner, Peter (Hrsg.). 2007. Das Studium des Sozialen. Aktuelle Entwicklungen in Hochschule und sozialen Berufen. Berlin: Eigenverlag des Deutschen Vereins für öffentliche und private Fürsorge e. V., S. 215 – 220.

Bartosch, Ulrich / Maile, Anita / Speth, Christine. 2007a. Qualifikationsrahmen Schulsozialarbeit (QR SchulSArb, Version 4.2). (Bisher unveröffentlicht; Stand: 10.03.2008)

Bartosch, Ulrich / Weigert, Hans (Hrsg.) Elementarpädagogik an bayerischen Fachhochschulen. DVD – Dokumentation der Dialogtagung der Bayerischen Dekanekonferenz Sozialwesen.

Bartosch, Ulrich / Speth, Christine. 2008. Konzeption (Stand:06.06.08) Bachelorstudiengang für den Bereich Elementarpädagogik an der KUE Fakultät Soziale Arbeit in Kooperation mit Fakultät für Religionspädagogik (Anfrage), weiteren Lehrstühlen und Professuren der Universität (Anfrage), sowie einem ausgewählten Netzwerk an Kindergärten und Fortbildungsstellen und Fachakademien für Sozialpädagogik (unveröffentlichtes Konzept).

Bauer Jost. 2006. Ausbildung zur Erzieherin – ein alt-neuer Auftrag für Fachhochschulen? In: Diller Angelika, Rauschenbach Thomas. Reform oder Ende der Erzieherinnenausbildung? Beiträge zu einer kontroversen Fachdebatte. Wiesbaden: Verlag für Sozialwissenschaften. S. 111 – 132.

Bay. Staatsministerium. 1991. Richtlinien zum Vollzug der Verordnung über die Förderungsfähigkeit der Personalkosten anerkannter Kindergärten (VR 3. DVBayKiG). Bekanntmachung des Bayerischen Staatsministeriums für Unterricht und Kultus vom 3. Oktober 1986 (StAnz. Nr. 41), zuletzt geändert durch Bekanntmachung vom 11. Juni 1991 (StAnz. Nr. 25).

Bay. Staatsministerium für Arbeit und Sozialordnung, Familie und Frauen / Staatsinstitut für Frühpädagogik. 2004. Der Bayerische Bildungs- und Erziehungsplan für Kinder in Tageseinrichtungen bis zur Einschulung. Entwurf für die Erprobung. Weinheim.

Bay EUG – Bayerisches Erziehungs- und Unterrichtsgesetz mit Berufsfachschulen für Hauswirtschaft und Kinderpflege. 1988. Schulordnung für die Berufsfachschule für Hauswirtschaft und Kinderpflege. Textausgabe mit Stichwortverzeichnis. 6. geänderte Auflage. Kronach, München: Link.

Bay STMUK – Bayerisches Staatsministerium für Unterricht und Kultus. 2007. Grundschule. Stand: Juli 2007.

Bay STMUK – Bayerisches Staatsministerium für Unterricht und Kultus. 2006. Lehrplan für die Berufsfachschule für Kinderpflege, 1. und 2. Schuljahr. München.

Bayerischer Landtag. 2002. Zukunft der Kindergärten I - Finanzierung auf drei Säulen stellen. Antrag der Abgeordneten Stahl Christine, Dr. Dürr, Schopper, Gote, Kellner, Münzel, Paulig, Scharfenberg, Sprinkart und Fraktion BÜNDNIS 90 DIE GRÜNEN vom 23.05.2002. Drucksache 14/9604. URL: http://www.adi-sprinkart .de/archive/ sozial/020523a1.htm Stand: 15.11.2007.

BDA – Bundesvereinigung der Deutschen Arbeitgeberverbände. 2006a. Integration durch Bildung. Potenzial von Migrantenkindern entfalten. Reihe: Bildung schafft Zukunft.

BDA – Bundesvereinigung der Deutschen Arbeitgeberverbände. 2006b. Bessere Bildungschancen durch frühe Förderung. Positionspapier zur Frühkindlichen Bildung. Reihe: Bildung schafft Zukunft.

Bay. Staatsministerium. 2007. Bayerisches Kinderbildungs- und -betreuungsgesetz Allgemeines zur Förderung von Kindertageseinrichtungen. URL: http://www.arbeits ministerium.bayern.de/kinderbetreuung/baykibig/foerderung.htm Stand: 24.05.2007.

Becker-Stoll, Fabienne / Textor, Martin R. 2007. Die Erzieherin-Kind-Beziehung. Zentrum von Bildung und Erziehung. Berlin, Düsseldorf, Mannheim: Cornelsen Verlag Scriptor.

Becker-Stoll, Fabienne. 2007a. Früheste Kindheit: Schutz- und Risikofaktoren für die Entwicklung. Anforderungen an Eltern und Pädagoginnen. In Rieder-Aigner, Hildegard (Hrsg.), Zukunfts-Handbuch Kindertageseinrichtungen. Bildungsarbeit im Mittelpunkt. Regensburg: Walhalla Fachverlag (55. Aktualisierung, Juli 2007).

Beelmann, Wolfgang. Entwicklungsrisiken und –chancen bei der Bewältigung normativer sozialer Übergänge im Kindesalter. In: Leyendecker, Christopf / Horstmann, Tordis. (Hrsg.). Große Pläne für kleine Leute – Grundlagen, Konzepte und Praxis der Frühförderung. München: Ernst Reinhardt. S. 71 – 77.

Beelmann, Wolfgang. 2006. Normative soziale Übergänge im Kindesalter. Differentielle Anpassungsverläufe bei Eintritt in den Kindergarten, die Grundschule oder die weiterführende Schule. Hamburg: Kovac.

Beer, Peter / Langenmayr, Margret. 2003. Lernfeldorientierung in der Erzieherinnenausbildung: Vorschläge für die Unterrichtspraxis. München: Don Bosco.

Beher, Karin / Knauer, Detlef / Rauschenbach, Thomas. 1996. Beruf: ErzieherIn – Daten, Studien und Selbstbilder – zur Situation der ErzieherInnen in Kindertageseinrichtungen und in Heimen. In: Böttcher, Wolfgang (Hrsg.). Die Bildungsarbeiter: Situation – Selbstbild – Fremdbild. Weinheim, München: Juventa. S. 11 – 49.

Beher, Karin / Hoffmann, Hilmar / Rauschenbach, Thomas. 1999. Das Berufsbild der ErzieherInnen. Vom fächerorientierten zum tätigkeitsorientierten Ausbildungskonzept. Neuwied und Berlin.

Beher, Karin. 2004. Das Arbeitsfeld Tageseinrichtungen für Kinder. In: Rauschenbach, Thomas / Beher, Karin / Gragert, Nicola. 2004. Aufgabenprofile und Qualifikations-anforderungen in den Arbeitsfeldern der Kinder- und Jugendhilfe. Tageseinrich-tungen für Kinder, Hilfen zur Erziehung, Kinder- und Jugendarbeit, Jugendamt. Ab-schlussbericht Band 1. Auftraggeber: Ministerium für Bildung, Jugend und Sport des Landes Brandenburg im Auftrag der Arbeitsgemeinschaft der Obersten Landesjugendbehörde (AGOLJB). Dortmund, München. Forschungsverbund Deutsches Jugendinstitut / Universität Dortmund. S. 103 – 192.

Behler, Gabriele. 2005. Irrwege und Perspektiven. Die Ziele der SPD-Bildungspolitik sind zeitlos modern – doch in der Praxis wurde mancher Unsinn getrieben. In: Die Zeit. 11.05.2005. Nr. 20.

Behr, Michael / Walterscheid-Kramer, Judith. 1992. Einfühlendes Erzieherverhalten. Weinheim, Basel: Belz.

Belle, Deborah. 1989. Children's Socials Networks and Social Supports. New York: Wiley.

Benner, Chris / Carnoy, Martin / Castells, Manuel. 1997. Labour Markets and Employ-ment Practices in the Age of Flexibility: A Case Study of Silicon Valley. In: Inter-national Labour Review, Vol. 136, 1997, S. 26 – 49.

Benz, Winfried (Hrsg.). 2004. Handbuch Qualität in Studium und Lehre. Evaluation nutzen, Akkreditierung sichern, Profil schärfen. Stuttgart.

Berg, Rudolf. 1978. Kindergärtnerinnen, Qualifikation und Selbstbild. Weinheim, Basel: Beltz.

Berg-Lupper, Ulrike. 2007. Kinder mit Migrationshintergrund. Bildung und Betreuung von Anfang an? In: Bien, Walter / Rauschenbach, Thomas / Riedel, Birgit (Hrsg.). 2007. Wer betreut Deutschlands Kinder? DJI-Kinderbetreuungsstudie. Berlin, Düs-seldorf, Mannheim: Cornelsen Verlag. S. 83 – 104.

Bertelsmann Stiftung. 2005. Dreikäsehoch 2005. KiTa-Preis zum Thema: „Von der Kita in die Schule.

Bertelsmann Stiftung. 2006a. Integration braucht Bildung. Policy Paper der Bertelsmann Stiftung.

Bertelsmann Stiftung. 2006b. Bildung als Schlüssel zu erfolgreicher Integration. URL: http://www.bertelsmann-stiftung.de/cps/rde/xchg/SID-0A000F0A-CD9A1D43/bst/hs .xsl/nachrichten_30105.htm Stand: 05.12.2006.

Bertelsmann Stiftung. 2006c. Familien im Zentrum – Öffentliche Erziehung und Bildung zwischen Angebot und Nachfrage – Gutachten. Gütersloh.

Bertelsmann Stiftung. 2008. Länderreport Frühkindliche Bildungssysteme 2008. Güters-loh.

Bertram, Tony. / Pascal, Christine. / Bokhari, Sophia / Gasper, Mike / Holterman, Sally. 2002. Early Excellence Centre Pilot Programme – Second Evaluation Report 2000-2001. DfES Research Report No. 361. London: Department for Education and Skills.

Bertram, Hans / Rösler, Wiebke / Ehler, Nancy. 2005. Nachhaltige Familienpolitik. Zukunftssicherung durch einen Dreiklang von Zeitpolitik, finanzieller Transferpolitik und Infrastrukturpolitik. Berlin: Bundesministerium für Familie, Senioren, Frauen und Jugend.

Berwanger, Dagmar / Reis, Katrin. 2006. Der Bildungs- und Erziehungsplan für Kinder von 0 bis 10 Jahren in Hessen. Wiesbaden: Muhr.

Berwanger, Dagmar. 2007. Der Bildungs- und Erziehungsplan für Kinder von 0 bis 10 Jahren in Hessen, IFP-Infodienst (1/2), 41-42.

Berwanger, Dagmar / Griebel, Wilfried / Hellfritsch, Magdalena / Kieferle, Christa / Reichert-Garschhammer, Eva / Schnabel, Michael / Winterhalter-Salvatore, Dagmar. (2007). Fachkongress „Bildung und Erziehung in Deutschland". IFP-Infodienst (1/2), 43-53.

BETA - Bundesvereinigung Evangelischer Tageseinrichtungen für Kinder e.V. / KTK – Verband Katholischer Tageseinrichtungen für Kinder– Bundesverband e. V. (Hrsg.). 2004. Perspektiven zur Weiterentwicklung des Systems der Tageseinrichtungen für Kinder in Deutschland. 29.06.2004. Bad Langensalza: Druckhaus »Thomas Müntzer«.

BDA – Bundesvereinigung der Deutschen Arbeitgeberverbände. 2006. Bessere Bildungschancen durch frühe Förderung – Positionspapier zur frühkindlichen Bildung.

Bien Walter. 2005. DJI-Kinderbetreuungsstudie – Erste Ergebnisse. URL: http://www.dji .de/bibs/390_1_Ergebnisse_Kinderbetreuungsstudiekorr5TR.pdf Stand: 17.08.2007

Bien, Walter / Rauschenbach, Thomas / Riedel, Birgit (Hrsg.). 2007. Wer betreut Deutschlands Kinder? DJI-Kinderbetreuungsstudie. Berlin, Düsseldorf, Mannheim: Cornelsen Verlag.

Bierl, Peter. 2004. Hinterfragt: Das neue Fördermodell. In: Bayerische Schule. Zeitschrift des Bayerischen Lehrer- und Lehrerinnenverbandes e.V., BLLV im VBE. 57. Jahrgang, Heft 5: 13-14.

Bjornavold, Jens / Coles, Mike. 2006. Governing education and training; the case of qualifications frameworks. Draft. November 2006. URL: http://www.berlin.de/ imperia/md/content/mk/eqf/veroeff_nqf/nqfdoku_200611.pdf Stand: 06.03.2008.

Blancke, Susanne / Roth, Christian / Schmid, Josef. 2000. Employability ("Beschäftigungsfähigkeit") als Herausforderung für den Arbeitsmarkt – Auf dem Weg zur flexiblen Erwerbsgesellschaft – Eine Konzept- und Literaturstudie. Akademie für Technikfolgenabschätzung in Baden-Württemberg. Nr. 157 / Mai 2000.

BLK – Bund-Länder-Kommission (Hrsg.). 2002. Modularisierung in Hochschulen. Handreichung zur Modularisierung und Einführung von Bachelor- und Master-Studiengängen. Erste Erfahrungen und Empfehlungen aus dem BLK-Programm „Modularisierung". Materialien zur Bildungsplanung und zur Forschungsförderung. Heft 101. Bonn.

BMAF. 2005. Integration. URL: http://www.bamf.de/cln_043/nn_564242/SharedDocs/A nlagen/DE/DasBAMF/Downloads/Statistik/statistik-auflage14-3integration,templateI d=raw,property=publicationFile.pdf/statistik-auflage14-3-integration.pdf Stand: 19.05.2007.

BMAF. 2007. Vorläufiges Konzept für einen bundesweiten Frauen- bzw. Elternintegrationskurs. URL: http://www.bamf.de/cln_043/nn_566316/SharedDocs/Anla gen/DE/Integration/Downloads/Integrationskurse/Kurstraeger/KonzepteLeitfaeden/k onzept-fuer-inetgrationskurs-fuer-eltern,templateId=raw,property=publication File.pdf/konzept-fuer-inetgrationskurs-fuer-eltern.pdf Stand: 19.08.2007.

259

BMBF. 2005. Berufsbildungsgesetz. (BBiG). URL: http://www.bmbf.de/pub/bbig_20050323.pdf Stand: 25.05.2007.

BMBF / KMK / HRK. 2005. Qualifikationsrahmen für deutsche Hochschulabschlüsse. Im Zusammenwirken von BMBF, KMK, HRK erarbeitet und von der KMK am 22.04.2005 beschlossen.

BMBF / KMK. 2007. Bund und Länder geben Startschuss für die Erarbeitung eines Deut-schen Qualifikationsrahmens. Gemeinsame Arbeitsgruppe von Bund und Ländern nehmen ihre Arbeit auf. Pressemitteilung vom 26.01.2007, 013/2007.

BMBF. 2007a. Rahmenprogramm zur Förderung der empirischen Bildungsforschung. November 2007.

BMBF. 2008. Kindliche Kompetenzen im Elementarbereich: Förderbarkeit, Bedeutung und Messung. Bildungsforschung Band 24. Berlin.

BMFSFJ (Hrsg.). 2002. Elfter Kinder- und Jugendbericht. Bericht über die Lebenssituation junger Menschen und die Leistungen der Kinder- und Jugendhilfe in Deutschland. Berlin.

BMFSFJ (Hrsg.). 2002a. Zivilgesellschaft und soziale Nachhaltigkeit – Forum zur nationalen Nachhaltigkeitsstrategie. 12. Februar 2002. Bank für Sozialwirtschaft - Centre Monbijou, Oranienburger Str. 13–14, 10178 Berlin. URL: http://www.bmfsfj.de/bmfsfj/generator/RedaktionBMFSFJ/Broschuerenstelle/Pdf-Anlagen/PRM-20793-Broschure-Zivilgesellschaft-un,property=pdf,bereich=,sprache=de,rwb=true.pdf Stand: 20.02.2008.

BMFSFJ (Hrsg.). 2003. Auf den Anfang kommt es an! Perspektiven zur Weiterentwicklung des Systems der Tageseinrichtungen für Kinder in Deutschland. Weinheim, Basel, Berlin: Beltz Verlag.

BMFSFJ (Hrsg.). 2003a. Perspektiven zur Weiterentwicklung des Systems der Tageseinrichtungen für Kinder in Deutschland. Zusammenfassung und Empfehlungen. URL: http://www.bmfsfj.de/RedaktionBMFSFJ/Internetredaktion/Pdf-Anlagen/gutachten-perspektiven-zur-weiterentwicklung,property=pdf.pdf Stand: 24.05.2007.

BMFSFJ (Hrsg.) 2004. Tagesbetreuungsausbaugesetz (TAG).Gesetz zum qualitätsorientierten und bedarfs-gerechten Ausbau der Tagesbetreuung und zur Weiterentwicklung der Kinder- und Jugendhilfe. Berlin.

BMFSFJ (Hrsg.). 2005. Zwölfter Kinder- und Jugendbericht. Bericht über die Lebenssituation junger Menschen und die Leistungen der Kinder- und Jugendhilfe in Deutschland. Berlin.

BMFSFJ (Hrsg.) 2005a. Monitor Familiendemographie. Deutschland: Kinderlos trotz Kinderwunsch? 1/2005. Berlin 2005.

BMFSFJ (Hrsg.). 2005b. Monitor Familienforschung. Mütter und Beruf: Realitäten und Perspektiven. 4/2005. Berlin 2005.

BMFSFJ (Hrsg.). 2006. Für ein kindergerechtes Deutschland 2005 – 2010 – Ein Kinder- und Jugendreport zum Nationalen Aktionsplan (NAP). Berlin.

BMFSFJ (Hrsg.). 2007. Monitor Familienforschung. Auf den Anfang kommt es an – Familien mit kleinen Kindern wirksam fördern. Ausgabe Nr. 9/2007. URL: http://www.bmfsfj.de/bmfsfj/generator/RedaktionBMFSFJ/Abteilung2/Newsletter/Monitor-Familienforschung/2007-01/Medien/monitor-nr-9,property=pdf,bereich=,rwb=true.pdf Stand: 16.05.2007.

BMFSFJ (Hrsg.). 2007a. Familienatlas 2007 – Information, Standortbestimmung, Potenziale, Handlungsfelder.

BöfAE. 1994. Positionspapier zur Ausbildung von Erzieherinnen und Erziehern. In: Forum Jugendhilfe. 1994/1. S. 41 – 43.

Borchert, Katharina. 2005. Planet Blog. Rundgang durch die Blogosphäre. In: c't Magazin für Computertechnik. Heft 19/2005. S. 154 – 156.

Bönisch, Julia. 2008a. Fernbeziehung und Karriere. Arbeiten statt glücklich sein. URL: http://www.sueddeutsche.de/jobkarriere/artikel/845/160408/ Stand: 02.06.2008. 28.02.2008, 10:27 Uhr. 3 Seiten.

Bönisch, Julia. 2008b. Vom sozialen Abstieg bedroht URL: http://www.sueddeutsche.de/jobkarriere/artikel/905/177368/. Stand: 02.06.2008. 30.05.2008, 11:25 Uhr. 2 Seiten.

Bönisch, Julia. 2008c. Flexibilität und Beruf. "Akademiker pendeln, um nicht abzusteigen. URL: http://www.sueddeutsche.de/jobkarriere/artikel/60/177522/ Stand: 02.06.2008. 30.05.2008, 13:58 Uhr, 2 Seiten.

Böttcher, Wolfgang / Klemm, Klaus / Rauschenbach, Thomas. 2001. Bildung und Soziales in Zahlen. Statistisches Handbuch zu Daten und Trends im Bildungsbereich. Juventa.

Bowlby, John. 1969. Attachment and loss. New York: Basic books.

Braun, Herbert / Weber, Volker. 2006. Mehr als ein Hype. Web 2.0 im Praxiseinsatz. In: c't Magazin für Computertechnik. Heft 14/2006. S. 92 - 94.

Brazelton, Thomas Berry. 1987. Die ganz normalen Katastrophen. Das gesunde und das kranke Kind in den ersten Lebensjahren. München. Piper.

Brazelton, Thomas Berry. 1992. Mein Kind verstehen. Entwicklungsprobleme der ersten Lebensjahre. München. Piper.

Brazelton, Thomas Berry / Greenspan, Stanley I. 2002. Die sieben Grundbedürfnisse von Kindern. Was jedes Kind braucht, um gesund aufzuwachsen, gut zu lernen und glücklich zu sein. Weinheim, Basel: Beltz Verlag. 2. Auflage.

Bremmer, Peter. 2000. Ausgrenzungsprozesse und die Spaltung der Städte. Opladen. Leske + Budrich.

Brenmann / Vorwerk / Schönemark. 1897. Die Ausbildung von Kindergärtnerinnen. In: Allgemeine Schulzeitung: ein Archiv für die neueste Geschichte des gesamten Schul-, Erziehungs- und Unterrichtswesens der Universitäten, Gymnasien, Volksschulen und aller höheren und niederen Lehranstalten ; 46(1869)38, S. 299 – 300. URL: http://www.bbf.dipf.de/cgi-shl/digibert.pl?id=BBF0642442&c=309f. Stand: 27.04.2007.

Breuksch, Bernt-Michael. 2000. Erziehung und Bildung als Aufgabe des Kindergartens. In: SPI – Sozialpädagogisches Institut NRW (Hrsg.). 2000. Lebensort Kindertageseinrichtung. Bilden – Erziehen – Fördern. Erziehung und Bildung als Aufgabe des Kindergartens. Veränderungen der Lebenswelten – Neue Herausforderungen? 1. Workshop – Dokumentation. S.   5 – 6.

Brockhaus / Wahrig. 1981. Deutsches Wörterbuch in sechs Bänden. Zweiter Band: BU - FZ. Stuttgart: Deutsche Verlags-Anstalt; Wiesbaden: F. A. Brockhaus

Brockhaus / Wahrig. 1981. Deutsches Wörterbuch in sechs Bänden. Dritter Band: G – JZ. Stuttgart: Deutsche Verlags-Anstalt; Wiesbaden: F. A. Brockhaus

Brockhaus / Wahrig. 1982. Deutsches Wörterbuch in sechs Bänden. Vierter Band: K – OZ. Stuttgart: Deutsche Verlags-Anstalt; Wiesbaden: F. A. Brockhaus.

Brockhaus / Wahrig.1984. Deutsches Wörterbuch in sechs Bänden. Sechster Band: STE – ZZ. Stuttgart: Deutsche Verlags-Anstalt; Wiesbaden: F. A. Brockhaus.

Bründel, Heidrun / Hurrelmann, Klaus. 2003. Chancen des Kindergartens nach PISA. In: frühe Kindheit – die ersten sechs Jahre. Ausgaben 05/03. S. 13 - 15.

Budde, Hildegard / Bata, Asad. 1990. Für interkulturelle Erziehung qualifizieren: Handreichung für die Ausbildung sozialpädagogischer Fachkräfte. Unterrichtsmaterialien für die Fachschule – Band 1. Berlin: VWB, Verlag für Wissenschaft und Bildung.

Bundesagentur für Arbeit. 2007a. Fachwirtin – Erziehungswesen. URL: http://infobub.arbeitsagentur.de/berufe/start?dest=profession&prof-id=14804 Stand: 30.04.2007.

Bundesagentur für Arbeit. 2007b. Kinderpflegerin. URL: http://infobub.arbeits agentur.de/berufe/start?dest=profession&prof-id=9170 Stand: 30.04.2007.

Bundesagentur für Arbeit. 2007c. Heilpädagogin. URL: http://infobub.arbeits agentur.de/berufe/start?dest=profession&prof-id=9129 Stand: 30.04.2007.

Bundesgesetzblatt. 2004. Gesetz zum qualitätsorientierten und bedarfsgerechten Ausbau der Tagesbetreuung für Kinder (Tagesbetreuungsausbaugesetz – TAG) Bundesgesetzblatt Teil I. Ausgegeben zu Bonn am 31.12.2004. Nr. 76.

Bundespräsidialamt. 2006. „Bildung für alle" Berliner Rede 2006 von Bundespräsident Horst Köhler am 21. September 2006. URL: http://www.bundespraesident.de/ Anlage/original_636861/Bildung-fuer-alle-Berliner-Rede-von-Bundespraesident-Horst-Koehler.pdf Stand: 19.05.2007.

Burtscheidt, Christine. 2006. Schule in Bayern: Kindergarten im Klassenzimmer. In: Süddeutsche Zeitung vom 20.09.2006 URL: http://www.sueddeutsche.de/jkm5/ jobkarriere/berufstudium/special/571/43528/index.html/jobkarriere/berufstudium/arti kel/425/86339/article.html Stand: 20.09.2006.

BVerfGE 35,79 – Hochschulurteil. 2006. Entscheidungen des Bundesverfassungsgerichts. URL: http://sorminiserv.unibe.ch:8080/tools/ainfo.exe?Command=Show PrintText&Name=bv035079 Stand: 25.05.2007.

Cairns Robert. 1994. Lifelines and risks. Pathways of youth in our time. New York: Harvester Weatsheaf.

Carnevale, Anthony P. / Gainer, Leila J. / Meltzer, Ann S. 1990. Workplace Basics: The Essential Skills Employers Want. San Francisco: Jossey-Bass.

Carnoy, Martin. 2000. Sustaining the new economy. New York. Russell Sage Foundation.

Chickering, Arthur W. / Reisser Linda. 1993. Education and Identity. 2. Auflage. San Francisco: Jossey-Bass.

Chuang, Hsueh-Hua / Liu, Han-Chin. 2008. The Use of Weblog-Based Portfolios in Teacher Education. In K. McFerrin et al. (Eds.), Proceedings of Society for Information Technology and Teacher Education International Conference 2008. Chesapeake, VA: AACE. S. 4068 – 4071.

Claßen, H. 1973. Der Elementarbereich im Bildungsgesamtplan. IN: Bildung und Politik. 9. Jahrgang. Heft 11, November 1973. S. 238.

Clinton, Hillary. 2008. Eine Welt für Kinder. Hamburg: Hoffmann und Campe.

Colberg-Schrader, Hedi / Krug, Marianne. 1999. Arbeitsfeld Kindergarten. Planung, Praxisgestaltung, Teamarbeit. München.

Colberg-Schrader, Hedi. 2000. Erzieherin – Berufsbild mit neuen Konturen. Aufgabenprofil, Selbstverständnis und Zukunftschancen. München: Don Bosco Verlag.

Colberg-Schrader, Hedi. 2003. Informelle und institutionelle Bildungsorte: Zum Verhältnis von Familie und Kindertageseinrichtungen. In: Fthenakis, Wassillios E. (Hrsg.) Elementarpädagogik nach Pisa. Wie aus Kindertagesstätten Bildungseinrichtungen werden können. Freiburg im Breisgau: Herder. S. 266 – 284.

Colecchia, Alessandra / Papaconstantinou, G. 1996. The evolution of skills in OECD countries and the role of technology. STI working papers. 1996/8. OCDE/ GD(96)183. Paris.

Coles, Mike. 2006. A review of international and national developments in the use of qualificiations frameworks. EFT. Turin.

Combe, Arno / Helsper, Werner. (Hrsg.) 1996. Pädagogische Professionalität. Untersuchungen zum Typus pädagogischen Handelns. Frankfurt am Main. Suhrkamp.

Commission of the European Communities. 2006. Recommendation of the Euroean Parliament and of the Council - on the establishment of the European Qualifications Framework for lifelong learning. Brüssel, 5.9.2006. URL: http://ec.europa .eu/education/policies/educ/eqf/com_2006_0479_en.pdf Stand: 06.03.2008.

DAAD – Deutscher Akademischer Austauschdienst (Hrsg.). 2008. Lernergebnisse (Learning Outcomes) in der Praxis. Ein Leitfaden. Originatext: Dr. Declan Kennedy; Deutsche Version: Prof. Dr. Terence Mitchell, Prof. Dr. Volker Gehmlich, Marina Steinmann M.A.; Bonn.

Dannhäuser, Albin. 2007. Bessere Bildung für alle. Rede von Dr. h.c. Albin Dannhäuser gehalten am 18.05.2007 in Würzburg anlässlich der 51. Landesdelegiertenversammlung des BLLV. URL: http://www.bllv.de/standpunkte/reden/dannhaeuser/20070518_wuerzburg.shtml Stand: 24.05.2007.

DDS. 2006. Petition des Forums Bildungspolitik an den Bayerischen Landtag: Verstärkter Ausbau interkultureller Erziehung für Kinder und Jugendliche in Bayern. Zeitschrift der Gewerkschaft Erziehung und Wissenschaft Landesverband Bayern.

Dichans, Wolfgang. 1996. Vor welchen Aufgaben stehen Kindereinrichtungen heute? In: Bundesverband Neue Erziehung e. V. (Hrsg.). Elternzusammenarbeit – Stiefkind in der Aus- und Weiterbildung von ErzieherInnen. Dokumentation der Fachtagung am 5./6. September 1996 in Leipzig; zum Projekt des Bundesverband Neue Erziehung (BNE) e.V. „Aufbau und Entwicklung von Familienarbeit und Familienbildung in den neuen Bundesländern" / Bundesverband Neue Erziehung e.V. Verantwortlich: Wolf Brühan. Grafschaft: Vektor-Verlag. S. 9 . 19.

Diller Angelika, Rauschenbach Thomas (Hrsg.). 2006. Reform oder Ende der Erzieherinnenausbildung? Beiträge zu einer kontroversen Fachdebatte. Wiesbaden: Verlag für Sozialwissenschaften.

Derschau, Dietrich von / Krause, Hans-Joachim / Steinmeier, Peter. 1974. Die Erzieherausbildung. Bestandsaufnahme und Vorschläge zur Reform. München: Juventa Verlag.

Derschau, Dietrich von / Krause, Hans-Joachim / Richter-Langenbehn, Rüdiger / Steinmeyer, Peter. 1975. Zur Entwicklung der Ausbildung zum Erzieher seit 1970. München: Bardtenschlager Verlag.

DeStatis. 2005. Bevölkerung mit Migrationshintergrund - Ergebnisse des Mikrozensus 2005 - Fachserie 1 Reihe 2.2 – 2005. URL: https://www-ec.destatis.de/csp/shop/sfg/bpm.html.cms.cBroker.cls?cmspath=struktur,vollanzeige.csp&ID=1020312 Stand: 21.05.2007.

Deutsches PISA-Konsortium (Hrsg.): PISA 2000. Basiskompetenzen von Schülerinnen und Schülern im internationalen Vergleich. Opladen: Leske+Budrich 2001.

Dewe, Bernd. 1999. Das Professionswissen von Weiterbildnern: Klientenbezug – Fachbezug. In: Combe, Arno / Helsper, Werner (Hrsg.). Pädagogische Professionalität. Untersuchungen zum Typus pädagogischen Handelns. Frankfurt am Main: Suhrkamp. S. 714 – 757.

DiCV für die Erzdiözese München-Freising, bay. Landesverband kath. Tageseinrichtungen für Kinder e.V. 2006. Positionspapier Ausbildung – Herausforderungen sehen – Profile schärfen. Stand: 05.2006. Positionspapier des DiCV der Erzdiözese München-Freising und bay. Landesverband katholischer Tageseinrichtungen für Kinder e.V.

Diller, Angelika / Rauschenbach, Thomas (Hrsg.). 2006. Reform der Ende der Erzieherinnenausbildung? Beiträge zu einer kontroversen Fachdebatte. München: DJI Verlag.

Dippelhofer-Stiem, Barbara. 1999. Fachschulen für Sozialpädagogik aus der Sicht der Absolventinnen. Ergebnisse einer empirischen Studie. In: Thiersch, Renate / Höltershinken, Dieter / Neumann, Karl (Hrsg.). Die Ausbildung der ErzieherInnen. Entwicklungstendenzen und Reformansätze. Weinheim, München: Juventa. S. 80 -92

Diskowski, Detlef / Hammes-Di Bernardo, Eva / Hebenstreit-Müller, Sabine / Speck-Hamdan, Angelika (Hrsg.), Übergänge gestalten. Wie Bildungsprozesse anschlussfähig werden. Jahrbuch 11 des Pestalozzi-Fröbel-Verbandes. Berlin: Das Netz.

Dittrich, Jochen. 1987. Zum Theorie-Praxis-Verhältnis in der Erzieherausbildung. Dissertation.

DJI – Deutsches Jugendinstitut in Kooperation mit der Dortmunder Arbeitsstelle Kinder- und Jugendhilfestatistik. 2005. Zahlenspiegel 2005 – Kindertagesbetreuung im Spiegel der Statistik. Müchen.

Droescher, Lili. 1910 / 11. Frauenschulen und Kindergärtnerinnen-Bildung. In: Die Lehrerin: Organ des Allgemeinen Deutschen Lehrerinnenvereins; 27(1910/11)5, S. 33 – 36. URL: http://www.bbf.dipf.de/cgi-shl/digibert.pl?id=BBF0527572&c=47 ff. Stand: 27.04.2007.

Droescher, Lili. 1911 / 12a. Der Erlaß zur Regelung der Kindergärtnerinnenausbildung an Frauenschulen in Preußen. In: Die Lehrerin: Organ des Allgemeinen Deutschen Lehrerinnenvereins; 28(1911/12)1, S. 3 – 6. URL: http://www.bbf.dipf.de/cgi-shl/digibert.pl?id=BBF0530009&c=7 ff. Stand: 27.04.2007.

Droescher, Lili. 19911 / 12b. Frauenschulen und Kindergärtnerinnen-Bildung. In: Die Lehrerin: Organ des Allgemeinen Deutschen Lehrerinnenvereins ; 27(1910/11)5, S. 33 – 36. URL: http://www.bbf.dipf.de/cgi-shl/digibert.pl?id=BBF0527572 ff. Stand: 27.04.2007

Duden. 2007. Duden Deutsches Universalwörterbuch. 6. überarbeitete und erweiterte Auflage. Herausgegeben von der Dudenredaktion. Mannheim, Leipzig, Wien, Zürich: Dudenverlag.

Dunlop, Aline-Wendy / Fabian, Hilary (Hrsg.) 2007. Informing transitions in the early years. Research, Policy and Practice. Maidenhead: Open University Press, McGraw-Hill Education.

Early Excellence. 2006. Early Excellence – Zentrum für Kinder und ihre Familien e.V. URL: http://www.early-excellence.de/de/index.html Stand: 15.05.2007.

Eberle, Thomas / Pollak, Guido. 2006. Professionalisierung durch berufsfeld-bezogene Kompetenzentwicklung. Vorüberlegungen für eine sozial-wissenschaftliche Theorie der Lehrerbildung und für empirische Lehrerbildungsforschung. In: Vierteljahresschrift für wissenschaftliche Pädagogik. Gesamtinhalt 2006. 82. Jahrgang. S. 559 – 580.

Ebert, Sigrid. 2002. Nach der KMK-Rahmenvereinbarung: Implikationen für einen erweiterten Bildungsbegriff in der Ausbildung von Erzieherinnen und Erziehern. In: Fthenakis, Wassilios / Oberhuemer, Pamela (Hrsg.) (2002).

Ebert, Sigrid. 2003. Zur Reform der Erzieher/innenausbildung. In: Fthenakis, Wassilios E. (Hrsg.) Elementarpädagogik nach Pisa. Wie aus Kindertagesstätten Bildungseinrichtungen werden können. Freiburg: Herder. S. 332 -351.

Ebert, Sigrid. 2006. Erzieherin – ein Beruf im Spannungsfeld von Gesellschaft und Politik. Freiburg, Basel, Wien: Herder.

Ecarius, Jutta. (Hrsg.)2007. Handbuch Familie. S. 366-386. Wiesbaden: VS Verlag für Sozialwissenschaften.

Eibeck, Bernhard (o.J.): PISA mach KITA neu. Zum Stand der Entwicklungen von Bildungsplänen für Tageseinrichtungen für Kinder. URL: http://www.gew.de/Binaries/Binary7359/PISA_macht_KITA_neu.pdf (Stand: 14.04.2005), 4 Seiten

Einsiedler, W.: Kleinkindforschung und Kleinkindbetreuung, Online-Familienhandbuch 2005

Elschenbroich, Donata. 2000. Kinder auf dem Weg in die Wissensgesellschaft: Neue Zugänge zu Lernen und Wissen. In: Wunderlich, Theresa / Hugoth, Matthias / Jansen, Frank. 2000. Themenwechsel. Die Zukunft lernt im Kindergarten. Positionen und Impulse. Herausgeber: Verband Katholischer Tagesein-richtungen für Kinder (KTK) – Bundesverband e.V. S. 260 – 265.

Elschenbroich, Donata. 2001. Weltwissen der Siebenjährigen. Wie Kinder die Welt entdecken können. München: Wilhelm Goldmann Verlag.

Engster, Heribert / Menning, Sonja. 2003: Die Familie im Spiegel der amtlichen Statistik. BMFSFJ.

Esch, Karin / Klaudy, Elke Katharina / Stöbe-Blossey, Sybille. 2005. Bedarfs- orientierte Kinderbetreuung. Gestaltungsfelder für die Kinder- und Jugendpolitik. Wiesbaden: Verlag für Sozialwissenschaften.

Europäische Kommission. 1990. Gemeinschaftscharta der sozialen Grundrechte der Arbeitnehmer. Amt für amtliche Veröffentlichungen. Brüssel. URL: http://www2.fh-fulda.de/CuRs/normenarchiv/internationalrecht/arbeitnehmersozialegrundrechte.htm Stand: 19.01.2007.

European Commission. 1996. Social Europe. Work and childcare: implementing the Counicl recommendation on childcare. A guide to good practice. Supplement 5/96.

European Commission Network on Childcare. (o.A.). Fathers, Nurseries and Childcare.

Evangelische Fachhochschule Freiburg URL: http://www.efh-freiburg.de/early_child hood.htm Stand: 29.05.2007.

Evers, Frederick T. / Rush, James C. / Berdrow, Iris. 1998. The Bases of Competence. Skills for Lifelong Learning and Employability. San Francisco: Jossey-Bass.

Fachhochschule Kiel URL: http://www.soziale-arbeit-und-gesundheit.fh-kiel.de/Neu_ SUG_Home/Studium/STG_Erziehung_Bildung_BA/index.php Stand: 29.05.2007.

Fachhochschule Koblenz, Standort RheinAhrCampus Remagen URL: http://www. rheinahrcampus.de/Bildungs-und_Sozialmanagement.741.0.html Stand: 29.05.2007.

Fachhochschule Münster URL: https://www.fh-muenster.de/master-sozialmanagement /index.php Stand: 29.05.2007.

Fachhochschule Neubrandenburg URL: http://www.hs-nb.de/sbe-early-education.html Stand: 29.05.2007.

Fachhochschule Oldenburg Ostfriesland Wilhelmshaven URL: http://www.fh-oow.de /sowe/index.php?id=85 Stand: 29.05.2007.

Fachhochschule Potsdam. Bachelor of Arts: Bildung und Erziehung in der Kindheit. Ausbildung von Fachkräften für eine qualifizierte psychologischpädagogische Arbeit mit Kindern. URL: http://www.fh-potsdam.de/fileadmin/fhp_zentrale/dokumente/ studienangelegenheiten/FlyerFHP/FL_10_BABEK_v04.pdf Stand: 29.05.2007.

Fahle, Klaus / Hanf, Georg. 2005. Der Europäische Qualifikationsrahmen – Konsultationsprozess läuft. URL: http://www.bibb.de/de/21696.htm#jump01 Stand: 30.08.2007.

Fegert, Jörg M. 2006a. Medienkonsum und Mediengewalt – ein Auslöser aggressiven und delinquenten Verhaltens. Interlaken. URL: http://www.uni-ulm.de/klinik/kjp/ poster/fe_interlaken_06.pdf Stand: 16.05.2007.

Fegert, Jörg M. 2006b. Abschätzung des Gefährdungsrisikos von Kindern und Jugendlichen. Ravensburg. URL: http://www.uni-ulm.de/klinik/kjp/poster/fe_Absch_Gef_Vernetzung_Mai06.pdf Stand: 16.05.2007.

Fegert ‚Jörg M. 2006c. Was hilft früh – Prävention, Therapie, Medikamente? "Guter Start ins Kinderleben" Eine Veranstaltung zum 5-jährigen Bestehen der Klinik für Kinder- und Jugendpsychiatrie/Psychotherapie am Universitätsklinikum Ulm. URL: http://www.uni-ulm.de/klinik/kjp/poster/fe_5_Jahre_KJPP_Ulm.pdf Stand: 16.05.2007.

Fend, Helmut. 1990. Bilanz der empirischen Bildungsforschung. In: Zeitschrift für Pädagogik. 36. Jahrgang, Heft 5/1990, S. 687 – 710.

Fendrich, Sandra / Pothmann, Jens. 2007. Zu wenig und zu unflexibel. Zum Stand öffentlicher Kinderbetreuung bei In-Kraft-Treten des TAG. In: Bien, Walter / Rauschenbach, Thomas / Riedel, Birgit (Hrsg.). 2007. Wer betreut Deutschlands Kinder? DJI-Kinderbetreuungsstudie. Berlin, Düsseldorf, Mannheim: Cornelsen Verlag. S. 25 – 42.

Fendrich, Sandra / Schilling, Matthias. 2004. Auswirkungen der Bevölkerungsvorausberechnung auf die Arbeitsfelder der Kinder- und Jugendhilfe bis zum Jahre 2012 in Niedersachsen. Im Auftrag des Niedersächsischen Ministeriums für Soziales, Frauen, Familie und Gesundheit. Erstellt von der Dortmunder Arbeitsstelle Kinder- und Jugendhilfestatistik. Dortmund. URL: http://cdl.niedersachsen.de/blob/images/C4824 224_L20.pdf Stand: 10.03.2008.

Fischer, Andreas. (Hrsg.). 2000. Nachhaltigkeit, Wissensgesellschaft und lebenslanges Lernen. Bielefeld. Bertelsmann.

Fischer, Birgit. 2002. Frühkindliche Bildung im Kindergarten – Chancen und Möglichkeiten. In: SPI – Sozialpädagogisches Institut NRW (Hrsg.). 2002. Lebensort Kindertageseinrichtung. Bilden – Erziehen – Fördern. Frähkndliche Bildung im Kindergarten – Chancen und Möglichkeiten nach der PISA-Studie. 5. Workshop am 14.02.2002 in Köln. - Dokumentation. S. 7 – 12.

Fischer, Heinz / Brümmer, Ralf. 2001. Von der Arbeitsplatzsicherheit zur Beschäftigungsfähigkeit – das Employability-Konzept der Deutschen Bank AG. In: Lombriser, Roman / Uepping, Heinz (Hrsg.). Employability statt Jobsicherheit Personalmanagement für eine neue Partnerschaft zwischen Unternehmen und Mitarbeitern. Neuwied: Luchterhand. S. 158 – 168.

Fokus. 2007. Familienpolitik: Merkel gibt Bischof Mixa Kontra. In: Fokus vom 24.02.2007. URL: http://www.focus.de/politik/deutschland/familienpolitik_nid_45254.html Stand: 24.05.2007.

Fried, Lilian / Roux, Susanna (Hrsg.). 2006. Pädagogik der frühen Kindheit. Weinheim, Basel: Beltz.

Fröhlich-Gildhoff, Klaus / Glaubitz, Daniela. 2006. Systematische Selbstreflexion als Alternative zum „Kindergarten-TÜV". In: frühe Kindheit – die ersten sechs Jahre. Ausgabe: 04/06.S. 26 – 27.

FTD - Financial Times Deutschland. 2006. Köhler fordert Kindergarten-Pflichtjahr. In: Financial Times Deutschland, 21. 09. 2006 URL: http://www.ftd.de/politik/deutschland/115136.html Stand: 19.05.2007.

Fthenakis, Wassilios E. 1995. Neue Konzepte für Kindertageseinrichtungen: eine empiri-sche Studie zur Situations- und Problemdefinition der beteiligten Interessens-gruppen. München.

Fthenakis, Wassilios E. (Hrsg.) 1998. Erziehungsqualität im Kindergarten. Forschungs-ergebnisse und Erfahrungen. Freiburg: Lambertus.

Fthenakis, Wassilios / Oberhuemer, Pamela (Hrsg.). 2002. Ausbildungsqualität. Strate-giekonzepte zur Weiterentwicklung der Ausbildung von Erzieherinnen und Erzie-hern. Neuwied, Kriftel, Berlin.

Fthenakis, Wassillios E. (Hrsg.). 2003. Elementarpädagogik nach Pisa. Wie aus Kinder-tagesstätten Bildungseinrichtungen werden können. Herder: Freiburg.

Fthenakis, Wassilios E., Berwanger, Dagmar., Reichert-Garschhammer, Eva. 2007. Auf den Anfang kommt es an. Der Bildungs- und Erziehungsplan für Kinder von 0 bis 10 Jahren in Hessen. Wiesbaden: Universum.

Fuchs-Rechlin, Kirsten. 2007. Wie geht's im Job? Schlaglichter GEW-Kita-Studie. In: Gewerkschaft Erziehung und Wissenschaft im Deutschen Gewerkschaftsbund (Hrsg.). 2007. Erziehung und Wissenschaft. Zeitschrift der Bildungsgewerkschaft GEW. Mehr Bildung für die Jüngsten. 9/2007. S. 12 – 13

Gaschke, Susanne. 2006. Die neue Kindheit. Aus Spielstätten werden Bildungs-einrichtungen. Schon die Jüngsten sollen lernen. Ist das der Erziehung zu viel? In: DIE ZEIT, 29.06.2006 URL: http://www.zeit.de/2006/27/B-Kita-1 Stand: 23.08.2006

Gaschke, Susanne 2006a. Die Emanzipationsfalle. Karriere oder Kinder? Warum wir neue Rollenbilder brauchen. Goldmann.

Gehmlich, Volker. 2007. Qualifikationsrahmen Betriebswirtschaftslehre. In: HRK. 2007. Bologna Reader II. Neue Texte und Hilfestellungen zur Umsetzung der Ziele des Bologna-Prozesses an deutschen Hochschulen. Service-Stelle Bologna. Beiträge zur Hochschulpolitik 5/2007. S. 2261 - 279.

Geißler, Rainer. 2002. Die Sozialstruktur Deutschlands. Die gesellschaftliche Entwick-lung vor und nach der Vereinigung.

Gesetz 4376/1929 „Gesetz über Didaskalien von Kindergärtnerinnen. 1929. Griechen-land.

Gesetz 3997/1959 „Gesetz über das Kindergärtnerinnenseminar in Kallithea". 1959. Griechenland.

Gesetz 1268/1982 „Gesetz über die Struktur und Funktion der Hochschulen". 1982. Griechenland.

GEW – Gewerkschaft Erziehung und Wissenschaft (Hrsg.). 2002. Erzieherinnen-ausbildung an die Hochschule bringen. 10 Antworten auf kritische Einwände. Rettet die Bildung. Qualität entwickeln – Arbeitsbedingungen verbessern. Frankfurt/Main

GEW – Gewerkschaft Erziehung und Wissenschaft – Hauptvorstand (Hrsg.). 2005. Er-zieherinnenausbildung an die Hochschule – Der Anfang ist gemacht. Frankfurt am Main.

GEW – Gewerkschaft Erziehung und Wissenschaft – Hauptvorstand Organisations-bereich Jugendhilfe und Sozialarbeit (Hrsg.). 2007. Wie geht's im Job? KiTa-Studie der GEW. Frankfurt am Main.

GI – Gesellschaft für Informatik e.V. 2005. Empfehlungen für Bachelor- und Master-programme im Studienfach Informatik an Hochschulen. Bonn. URL: http://www.gi-ev.de/fileadmin/redaktion/empfehlungen/GI-Empfehlung_BaMa2005.pdf Stand: 10.03.2008.

Gillmann, Barbara. 2005. Wahlkämpfer entdecken die Knirpse. Studie: Fachhochschul-ausbildung für Erzieherinnen wäre bezahlbar – Union warnt vor Kostenlawine. 17. August 2005, 4B. Handelsblatt.

Gierke, Hildegard von. 1915/16. Tagungen: Tagung des Deutschen Fröbelverbandes und des Allgemeinen Deutschen Kindergärtnerinnenvereins zu Mannheim vom 4.-6. Oktober 1915 In: Die Lehrerin: Organ des Allgemeinen Deutschen Lehrerinnen-vereins; 32(1915 / 16)32, S. 250 – 251. URL: http://www.bbf.dipf.de/cgi-shl/digibert.pl?id=BBF0540772 Stand: 27.04.2007.

Glöckner, Bertha. 1859. Bildungsanstalt für Kindergärtnerinnen und Erzieherinnen klei-ner Kinder. In: Allgemeine Schulzeitung : ein Archiv für die neueste Geschichte des gesamten Schul-, Erziehungs- und Unterrichtswesens der Universitäten, Gymnasien, Volksschulen und aller höheren und niederen Lehranstalten; 36(1859)5, S. 79 – 80. URL: http://www.bbf.dipf.de/cgi-shl/digibert.pl?id=BBF0622463 Stand: 27.04.2007.

Gopnik, Alison / Meltzoff, Andrew N. / Kuhl, Patricia K. 1999. The Scientist in the Crib. Minds, Brains and How Children Learn. New York.

Goutard, M. 1978. Die derzeitige Problematik der vorschulischen Erziehung in den Län-dern der Europäischen Gemeinschaft. Mimeo. Bonn: Bundesministerium für Bildung und Wissenschaft.

Greenspan, Stanley J. / Greenspan, Nancy T. 1985. Das Erwachen der Gefühle. Die emotionale Entwicklung des Kindes. München, Zürich. Piper.

Griebel, Wilfried. 2006. Alle an einem Strang! Schule, Kita und Eltern gemeinsam für einen guten Schulstart. Kinderzeit, 4, S. 8 - 10.

Griebel, Wilfried / Berwanger, Dagmar. 2007. Den Übergang erfolgreich bewältigen. Schulverwaltung NRW, Jhrg. 18 (1), 19-21. Nachdruck in: Schulverwaltung NI, Jhrg. 18 (3), 81-83; Schulverwaltung BY, Jhrg. 30 (2), 40-42.

Grossmann, Klaus E. 2003. Bindung und menschliche Entwicklung. Stuttgart: Klett-Cotta.

Grossmann, Klaus E. / Grossmann, Karin. 2004. Bindungen. Das Gefüge psychischer Sicherheit. Stuttgart: Klett-Cotta.

Grossmann, Klaus E. / Grossmann, Karin. 2006. Bindung und Bildung. Über das Zusam-menspiel von Psychischer Sicherheit und Kulturellem Lernen. In: frühe Kindheit – die ersten sechs Jahre. Zeitschrift der Deutschen Liga für das Kind in Familie und Gesellschaft e.V. Ausgabe 06/06 S. 10 – 17.

Grotz, Tanja. 2005. Die Bewältigung des Übergangs vom Kindergarten zur Grundschule zur Bedeutung kindbezogener, familienbezogener und institutionsbezogener Schutz- und Risikofaktoren im Übergangsprozess. Hamburg: Kovac.

Grotz, Tanja / Weigert, Hans. 2005. ErzieherInnenausbildung in Europa – eine Synopse. In: Bartosch, Ulrich / Weigert, Hans (Hrsg.) Elementarpädagogik an bayerischen Fachhochschulen. DVD – Dokumentation der Dialogtagung der Bayerischen Deka-nekonferenz Sozialwesen. S. 15 – 19.

Gruschka, Andreas. 1976. Ein Schulversuch wird überprüft. Das Evaluationsdesign für die Kollegstufe NW als Konzept handlungsorientierter Begleitforschung. Kronberg: Athenäum.

Gruschka, Andreas. 1985. Wie Schüler Erzieher werden. Studie zur Kompetenzentwicklung und fachlichen Identitätsbildung in einem doppeltqualifizierenden Bildungsgang des Kollegschulversuchs NW. Wetzlar.

Guzzetti, Barbara / Hynd, Cynthia (Hrsg.). 1998. Perspectives on Conceptual Change. Multiple Ways to Unterstand Knowing and Learning in a Complex World. Mahwah, New Yersey London: Lawrence Erlbaum Associates.

Haberkorn, Rita. 2002. Neue Herausforderungen für Erzieher/innen in der Praxis – wo sind die Antworten in der Ausbildung dieser Berufsgruppe? In: Fachzeitschrift der Aktion Jugendschutz Nr. 4 /38. Jahrgang: 18 –23.

Hamm-Brücher, Dr. Hildegard. 1970. Sieben Thesen zur vorschulischen Erziehung. In: Bildung und Politik. 5. Jahrgang. Heft 10, Oktober 1970. S. 197.

Hammes-Di Bernardo, Eva / Speck-Hamdan, Angelika (Hrsg.), Vom Kindergarten in die Grundschule: den Übergang gemeinsam gestalten. 60/60. Köln: Carl Link (Nachdruck).

Hampe, Manfred. 2007. Qualifikationsrahmen für Verfahrensingenieure. Vortrag im Rahmen einer DAAD Expertentagung, 12./13.02.2007 in Ingolstadt. (unveröffentlichtes Manuskript).

Hanf, Georg / Rein, Volker. 2006. Auf dem Weg zu einem Nationalen Qualifikationsrahmen - Überlegungen aus der Perspektive der Berufsbildung. URL: http://www.bibb.de/de/25722.htm Stand: 06.03.2008.

Hasenclever, Christa. 1968. Thesen zur Frage der Ausbildung hauptamtlicher Fachkräfte in der Jugendhilfe. In: Mitteilungen der Arbeitsgemeinschaft für Jugendpflege und Jugendfürsorge. Heft 52, Mai 1968. S. 25 – 27.

Hefty, Georg Paul. 2007. Kinderkrippen-Debatte. Nicht nur eine Finanzierungsfrage. In: FAZ. URL: http://www.faz.net/s/Rub7FC5BF30C45B402F96E964EF8CE790E1/Doc~E1FBCE6ABD44640EABA4BBA83E8F121A4~ATpl~Ecommon~Scontent.html Stand: 16.05.2007.

Heinz, Walter R. (Hrsg.) 2002. Lernen in der Wissensgesellschaft. München. Lit.

Hentig, Hartmut von. 1999: Bildung. Weinheim, Basel.

Hérdervári-Heller, Èva. 2005. Seelische Gesundheit von Kindern in den ersten Lebensjahren in Deutschland. In: frühe Kindheit – die ersten sechs Jahre. Zeitschrift der Deutschen Liga für das Kind in Familie und Gesellschaft e.V. Ausgabe 06/05. S. 22 – 25.

Hochschule für angewandte Wissenschaft und Kunst (HAWK) – Fachhochschule Hildesheim, Holzminden, Göttingen URL: http://www.hawk-hhg.de/hawk/fk_soziale_arbeit/129367.php Stand: 29.05.2007.

Hochschule Magdeburg. URL: http://www.hs-magdeburg.de/studium/s-studienangebot/b_kindheitswissenschaft Stand: 29.05.2007.

Hocke, Norbert. 1995. Personalentwicklung und Personalförderung. In: Forum Jugendhilfe. 1995/1. S. 50 – 52.

Hoffmann, Hilmar. 2000. Vernetzung in Kindertageseinrichtungen. In: SPI – Sozialpädagogisches Institut NRW (Hrsg.). 2000. Lebensort Kindertageseinrichtung. Bilden – Erziehen – Fördern. Öffnung und Vernetzung im Bereich der Kindertageseinrichtungen. Was müssen wir leisten? Was bringt es uns? 3. Workshop am 12.09.2000 in Dortmund – Dokumentation. S. 9 – 19.

Hoffmann, Hilmar / Cloos, Peter. 2001. Die Ausbildung der AusbilderInnen. Zum Studium des Lehramtes an Fachschulen/Fachakademien für Sozialpädagogik. In: S. 51-96.

Hoffmann, Hilmar (Hrsg.) (2001): Studien zur Qualitätsentwicklung von Tageseinrichtungen. Neuwied/Berlin.

Höhns, Martina. (Hrsg.) 2000. Chancen und Risiken der Mediengesellschaft. München. Bernward bei Don Bosco.

Hopmann, Werner. 1966. Berliner Neuordnung der Ausbildung für sozialpädagogische Berufe. In: Mitteilungen der Arbeitsgemeinschaft für Jugendpflege und Jugendfürsorge. Heft 45/46, Dezember 1966. S. 50 – 54.

Hoppe, Jörg Reiner. 1993. Polemische Anmerkungen zur Kindertagesstättenpraxis, ErzieherInnenausbildung, LehrerInnenfortbildung und zu Innovationsbestrebungen. In: Nachrichtendienst des deutschen Vereins für öffentliche und private Fürsorge, 73 Jg., Heft 3, S. 113 – 116.

Horn, Klaus-Peter. 2006. Professionalisierung durch Akademisierung? Erkenntnisse aus der Geschichte der Lehrerbildung. In: Diller Angelika, Rauschenbach Thomas. Reform oder Ende der Erzieherinnenausbildung? Beiträge zu einer kontroversen Fachdebatte. Wiesbaden: Verlag für Sozialwissenschaften. S. 35 – 46.

Hradil, Stefan. 2001. Soziale Ungleichheit in Deutschland. 8. Auflage, Opladen: Leske und Budrich.

HRK. 1997. Zu Kredit-Punkte-Systemen und Modularisierung. Entschließung des 182. Plenums vom 7. Juli 1997. URL: http://www.hrk.de/de/beschluesse/109_459.php?datum=182.+Plenum+am+7.+Juli+1997+ Stand: 20.08.2007

HRK. 2004. Bologna-Reader. Texte und Hilfestellungen zur Umsetzung der Ziele des Bologna-Prozesses an deutschen Hochschulen. HRK Service-Stelle. Beiträge zur Hochschulpolitik 8/2004.

HRK. 2004a. Durchlässigkeit im Rahmen der gestuften Studienstruktur. Entschließung des HRK Senats vom 10. Februar 2004. In: HRK. 2007. Bologna Reader II. Neue Texte und Hilfestellungen zur Umsetzung der Ziele des Bologna-Prozesses an deutschen Hochschulen. Beiträge zur Hochschulpolitik 5/2007. S. 91 – 92.

HRK. 2004b. ECTS als System zur Anrechnung, Übertragung und Akkumulierung von Studienleistungen. Entschließung des 98. Senats vom 10. Februar 2004.

HRK. 2005. Bologna Reader. Texte und Hilfestellungen zur Umsetzung der Ziele des Bologna-Prozesses an deutschen Hochschulen. Service-Stelle Bologna. Beiträge zur Hochschulpolitik 8/2004. 1. Auflage.

HRK. 2007. Bologna Reader II. Neue Texte und Hilfestellungen zur Umsetzung der Ziele des Bologna-Prozesses an deutschen Hochschulen. Service-Stelle Bologna. Beiträge zur Hochschulpolitik 5/2007.

HRK. 2007a. Weitere Entwicklung der Systemakkreditierung. Empfehlungen des 104. HRK-Senat am 12.06.2007.

HRK. 2008. Pilotprojekt „Prozessqualität für Lehre und Studium – Konzeption und Implementierung eines Verfahrens der Prozessakkreditierung" URL: http://www.hrk.de /de/projekte_und_initiativen/121_2443.php Stand: 29.02.2008.

Huffaker, David. 2005. The Educated Blogger: Using Weblogs to Promote Literacy in the Classroom. AACE Journal. 13 (2), pp. 91-98. Norfolk, VA: AACE.

Hugoth, Matthias / Roth, Xenia (Hrsg.) 2006. Handbuch für Träger von Kindertageseinrichtungen. Teil 2. 21: Strukturelle Entwicklungen in der Trägerlandschaft. München: Carl Link Verlag.

Humser, Emma. 1913. Kindergärtnerinnenausbildung und –anerkennung. In: Die Lehrerin: Organ des Allgemeinen Deutschen Lehrerinnenvereins; 30 (1913/14) 5, S. 36 – 37. URL: http://www.bbf.dipf.de/cgi-shl/digibert.pl?id=BBF0535567 Stand: 27.04.2007.

Hüfner. 2004. Erzieherinnen zum kind- und nutzungszeitbezogenen Finanzierungsmodell. In: Krauss, G.: Kindbezogene Förderung. Qualitätssicherung und Finanzierung von Kindertagsstätten. Typoskript, Nürnberg o.J. URL: http:// www.bllv.de/fg-sozialpaedagogik/standpunkte/20041013_Iska_Bef_Ausw.shtml Stand. 24.05.2007.

Institut der deutschen Wirtschaft Köln (Hrsg.). 2006. Wo die Bildungslandschaft blüht – Die Bildungssysteme der Bundesländer im Vergleich. Köln: Deutscher Instituts-Verlag GmbH.

IfD. 2004. Einflussfaktoren auf die GeburtenrateErgebnisse einer Repräsentativbefragung der 18- bis 44jährigen Bevölkerung. URL: http://www.ifd-allensbach.de/ Stand: 10.01.2007.

Jaszus, Rainer / Büchin-Wilhelm, Irmgard / Mäder-Berg, Martina / Gutmann, Wolfgang. 2004. Sozialpädagogische Lernfelder für Erzieherinnen 1 BKSP. Stuttgart: Holland + Josenhans.

Jaszus, Rainer. 2008. Sozialpädagogische Lernfelder für Erzieherinnen. Stuttgart: Holland + Josenhans.

Jensen, Jyette Juul / Krogh Hansen, Helle. 2004. The Danish pedagogues - a worker for all ages. *Children in Europe*, Issue 5, 6 – 9.

JFMK. 2008. Top 4: Erfahrungsbericht zur Weiterentwicklung der Aus-, Fort- und Weiterbildung von Erzieherinnen und Erziehern. Beschluss. Sitzung der Jugend- und Familienministerkonferenz am 29./30. Mai 2008 in Berlin.

JMK. 1998. Weiterentwicklung der Struktur der Ausbildung von Erzieherinnen und Erziehern. Beschluss der Jugendministerkonferenz am 25./26. Juni 1998 in Kassel. URL: http://www.mbjs.brandenburg.de/media/lbm1.a.1222.de/52jmk_98.pdf (Stand: 24.02.2005), 6 Seiten.

JMK. 2001. Bericht „Lernort Praxis". Ausschnitt aus dem Beschluss der Jugendministerkonferenz vom 17. bis 18. Mai 2001 in Weimar. URL: http://www.mbjs.brandenburg .de/sixcms/media.php/1231/jmk_beschluss_lernort_praxis.pdf (24.02.2005), 8 Seiten.

JMK. 2002. Bildung fängt im frühen Kindesalter an. Beschluss der Jugendministerkonferenz vom 6./7. Juni 2002 in Osnabrück. In: Forum Jugendhilfe. 2002. 3. S. 19 – 21.

JMK, KMK. 2004. Gemeinsamer Rahmen der Länder für die frühe Bildung in Kinder-tageseinrichtungen. Beschluss der Jugendministerkonferenz vom 13./14.05.2004 / Beschluss der Kultusministerkonferenz vom 03./04.06.2004. URL: http://www.mbjs.brandenburg.de/media/lbm1.a.1222.de/rahmen_052004.pdf Stand: 12.10.2006.

JMK, KMK. 2004a. Zusammenarbeit von Schule und Jugendhilfe zur „Stärkung und Weiterentwicklung des Gesamtzusammenhangs von Bildung, Erziehung und Betreu-ung". Beschluss der Jugendministerkonferenz vom 13./14.05.2004/ Beschluss der Kultusministerkonferenz vom 03./04.06.2004. URL: http://www.kmk.org/aktuell/ Zusammenarbeit%20von%20Schule%20und%20Jugendhilfe_BS_JMK_KMK.pdf Stand: 21.05.2007.

JMK. 2005. Demografischer Wandel und der Beitrag der Kinder- und Jugendhilfe. Top 8 der Jugendministerkonferenz am 12./13. Mai 2005 in München. URL: http://www. stmas.bayern.de/familie/jugendhilfe/jmk-t08.pdf Stand: 12.10.2006.

JMK. 2005a. TOP 10 Aufgabenprofile und Qualifikationsanforderungen in den Arbeits-feldern der Kinder- und Jugendhilfe. Jugendministerkonferenz am 12./13. Mai 2005 in München.

JMK. 2006. Synopse zu den Bildungsplänen der Länder. der Jugendministerkonferenz am 18./19. Mai 2006 in Hamburg. URL: http://www.mbjs.brandenburg.de/media/ lbm1.a.1234.de/synopse_bildungsplaene.pdf#search=%22Synopse%20Bildungs-%20und%20Erziehungsplan%22 Stand: 12.10.2006.

JMK. 2006a. Staatliche Anerkennung Ausbildungs-abschlüssen im sozialen Bereich im Kontext der Hochschul- und Studien-reform. Top 6 der Jugendministerkonferenz am 18. /19. Mai 2006 in Hamburg. URL: http://agj.de/pdf/5-5/hh_jmk_top-6.pdf#search =%22Jugendministerkonferenz%20Mai%202006%22 Stand: 10.03.2008.

Johnston, Donald J. 1998. Lifelong learning for all. In: The OECD Observer. No. 214 Oktober / November 1998.

Jost, Wolfdietrich. 1995. Berufsausbildung. In: Böttcher Wolfgang, Klemm Klaus (Hrsg.). 1995. Bildung in Zahlen – Statistisches Handbuch zu Daten und Trends im Bildungsbereich. Weinheim, München: Juventa Verlag. S. 63 – 94

Kalicki, Bernhard / Nagel, Bernhard. 2006. Vielfältig und bunt – die Landschaft der Kita-Träger in Deutschland. In: Hugoth, Matthias / Roth, Xenia (Hrsg.): Handbuch für Träger von Kindertageseinrichtungen. Teil 2. 21: Strukturelle Entwicklungen in der Trägerlandschaft. München: Carl Link Verlag. S. 1 – 26.

Kammerl, Rudolf. 2002. Bildung für die Wissensgesellschaft – Informationsgesellschaft. In: Schulverwaltung. Heft 4. S. 127 – 132.

Kammerl, Rudolf / Lang-Wojtasik, Gregor. 2006. Neue Medien und Globales Lernen. Lernherausforderungen, Bildungsmöglichkeiten und didaktische Arrangements. In: Zeitschrift für internationale Bildungsforschung und Entwicklungspädagogik – ZEP. 29. Jahrgang, Heft 3. S. 2 – 6.

Kammerl Rudolf / Pannarale, Simon. 2007. Students in Higher Education in Germany: Gender Differences in their internet use, media literacy and attitudes towards eLearning. In G. Richards (Ed.), Proceedings of World Conference on E-Learning in Corporate, Government, Healthcare, and Higher Education 2007 (pp. 6835-6839). Chesapeake, VA: AACE.

Kargerer, Rita. 2002. Die neue KMK-Rahmenvereinbarung zur Ausbildung und Prüfung von Erzieherinnen und Erzieher. In: Fthenakis, Wassilios / Oberhuemer, Pamela (Hrsg.). 2002. Ausbildungsqualität. Strategiekonzepte zur Weiterentwicklung der Ausbildung von Erzieherinnen und Erziehern. Neuwied, Kriftel, Berlin.

Karsten, Maria-Eleonora. 1991. Sackgassen – Irrwege der Professionalisierung: Das Beispiel Kinderpflege und Erziehung. IN: Rabe-Kleberg, Ursula u. a. (Hrsg.). Dienstleistungsberufe in Krankenpflege, Altenpflege und Kindererziehung: Pro Person. Bielefeld: Böllert, KT-Verlag. S. 77 – 93.

Kasten, Hartmut. 2003. Die Bedeutung der ersten Lebensjahre. Ein Blick über den entwicklungspsychologischen Tellerrand hinaus. In: Fthenakis, Wassilios E. (Hrsg.) Elementarpädagogik nach Pisa. Freiburg: Herder. Oder URL: http://www.hartmut-kasten.de/Downloads/bedeutung_der_%20ersten_%20Lebensjahre.doc Stand: 20.06. 2008. 20 Seiten.

Kasten, Hartmut. 2007. Einzelkinder und ihre Familien. Göttingen: Hogrefe.

Kasten, Hartmut. 2007. 0 bis 3 Jahre. Entwicklungspsychologische Grundlagen. Berlin: Cornelsen-Skriptor (2., neu bearbeitete Auflage).

Katholische Fachhochschule Freiburg. URL: http://www.kfh-freiburg.de/cms/kfh/ index.php?idcatside=44 Stand: 29.05.2005.

Keevy, James. 2006. The South African National Qualifications Framework as Key driver for the development of qualifications frameworks in the Southern African Development Community. URL: http://www.umalusi.org.za/ur/Conferences/ apple/2006.08.01%20Keevy%20%20j.PDF Stand: 06.03.2008.

KEG – Katholische Erziehergemeinschaft. 2003. Reform der Erzieherausbildung – jetzt! Position der Katholischen Erziehergemeinschaft (KEG) Deutschlands. Berlin URL: http://home.t-online.de/home/KEG-MCH/Erz.ausbildung.pdf (Stand: 24.11.2004), 6 Seiten.

Keiner, Edwin. 1999. Erziehungswissenschaft 1947 – 1990. Eine empirische und vergleichende Untersuchung zur kommunikativen Praxis einer Disziplin. Weinheim: Deutscher Studien Verlag.

Keller, Heidi. 2003. Handbuch der Kleinkindforschung. 3. korrigierte, überarbeitete und erweiterte Auflage. Bern, Göttingen, Toronto, Seattle: Verlag Hans Huber.

Kerschensteiner, Georg. 1949. Die Seele des Erziehers und das Problem der Lehrerbildung. 4. Auflage. München.

Kleindienst, Silke. 2007. Bachelor und Handlungskompetenz - geht das? : Konzept für den integrierten Erwerb beruflicher Handlungskompetenz in einem Bachelor-Studiengang In: Studieren neu erfinden - Hochschule neu denken / Merkt, Marianne / Mayrberger, Kerstin / Schulmeister, Rolf / Sommer, Angela / Berk, Ivo van den (Hrsg.). Studieren neu erfinden – Hochschule neu denken. Münster, New York, München, Berlin: Waxmann. S. 371 – 380.

Kleinen, Karin. 2000. Bildung – wofür? Schlüsselqualifikationen im 21. Jahrhundert. In: SPI – Sozialpädagogisches Institut NRW (Hrsg.). 2000. Lebensort Kindertagesein-richtung. Bilden – Erziehen – Fördern. Erziehung und Bildung als Aufgabe des Kindergartens. Veränderungen der Lebenswelten – Neue Herausforderungen? 1. Workshop – Dokumentation. S. 24 – 29.

KMK. 1969. Rahmenvereinbarung über die Sozialpädagogischen Ausbildungsstätten. Beschluss der Kultusminister-konferenz vom 16./17. März 1967 in der Fassung vom 06.02.1969.

KMK. 1997. Stärkung der internationalen Wettbewerbs-fähigkeit des Studienstandortes Deutschland" Bericht zu den Umsetzungs-maßnahmen. Beschluss der Kultusministerkonferenz vom 24.10.1997.

KMK. 2000. Rahmenvereinbarung zur Ausbildung und Prüfung von Erziehern/ Erzieherinnen. Beschluss der Kultusministerkonferenz vom 28.01.2000.

KMK. 2001. Schulisches Lernen muss stärker anwendungsorientiert sein. Praktische Umsetzung der Erkenntnisse aus der PISA-Studie hat höchste Priorität. KMK-Presseerklärung vom 04.12.2001. URL: http://www.kmk.org/aktuell/pm011204.htm Stand: 04.06.2007.

KMK. 2002. Anrechnung von außerhalb des Hochschulwesens erworbenen Kenntnissen und Fähigkeiten auf ein Hochschulstudium. Beschluss der Kultusministerkonferenz vom 28.06.2002.

KMK. 2002a. Rahmenvereinbarung über Fachschulen. Beschluss der Kultusministerkonferenz vom 07.11.2002. URL: www.kmk.org/doc/bschl/rvfachschul.pdf Stand 04.11.2004, 31 Seiten.

KMK. 2004. Rahmenvorgaben für die Einführung von Leistungspunktsystemen und die Modularisierung von Studiengängen. Beschluss der Kultusministerkonferenz vom 15.09.2000 i.d.F. vom 22.10.2004. URL: http://www.kmk.org/doc/beschl/leistungs punktsysteme.pdf Stand: 20.08.2007.

KMK. 2005. Ländergemeinsame Strukturvorgabe gemäß § 9 Abs. 2 HRK für die Akkreditierung von Bachelor- und Masterstudiengängen. Beschluss der Kultusministerkonferenz vom 10.10.2003 i.d.F. vom 22.09.2005.

KMK. 2006. Synoptische Darstellung der in den Ländern bestehenden Möglichkeiten des Hochschulzugangs für beruflich qualifizierte Bewerber ohne schulische Hochschulzugangsberechtigung auf der Grundlage hochschulrechtlicher Regelungen. Stand: Februar 2006.

Knappek, Rolf. 1971. Problematik einer Fachschulausbildung für Sozialpädagogik (Erzieher). In: Mitteilungen der Arbeitsgemeinschaft für Jugendpflege und Jugendfürsorge. Heft 61/62, Dezember 1971. S. 24 - 26.

Knauer Raingard. 2007. Erziehung und Bildung im Kindesalter – neue Studiengänge an Fachbereichen der Sozialen Arbeit. In: Buttner, Peter (Hrsg.). 2007. Das Studium des Sozialen. Aktuelle Entwicklungen in Hochschule und sozialen Berufen. Berlin: Eigenverlag des Deutschen Vereins für öffentliche und private Fürsorge e. V., S. 362 – 386.

Knutz, Matthias. 1998. Von der Lebensstellung zur nachhaltigen Beschäftigungsfähigkeit. In: Zukunft der Erwerbsarbeit. Frankfurt. S. 300 – 331.

275

Kober, Ulrich / Walther, Claudia. 2006. Migranten-Pisa: Wie kommen wir raus aus der Misere? URL: http://www.bertelsmann-stiftung.de/cps/rde/xchg/SID-0A000F0A-CD9A1D43/bst/hs.xsl/nachrichten_29251.htm Stand: 05.12.2006.

Kogel, Katrin. 2007. Erzieherausbildung - und dann? Aufbaubildungsgänge als Möglichkeit der Weiterqualifizierung. In: klein & groß 2007, Jg. 60, Heft 4, S. 47-50, und: URL: http://www.kindergartenpaedagogik.de/1633.html mit Genehmigung des Oldenbourg Schulbuchverlags, München; Stand: 28.02.2008.

Kogel, Katrin. 2008. Die Ausbildung zur Erzieherin - oder die Frage: Wer die Wahl hat, hat die Qual? In: klein & groß 2008, Jg. 61, Heft 02/03, S. 7-11 und URL: http://www.kindergartenpaedagogik.de/1730.html Stand: 28.02.2008.

Kohler, Jürgen. 2004. Schlüsselkompetenzen und „employability" im Bologna-Prozess. URL: http://www.uni-heidelberg.de/studium/SLK/tagung/html-pdf-Datei/Kohler.htm Stand: 04.04.2005, 17 Seiten.

Konrad, Klaus. 1999. Die Befragung. In: Wosnitza, Marold / Jäger, Reinhold S. (Hrsg.), Daten erfassen, auswerten und präsentieren – aber wie? Forschung, Statistik & Methoden Bd. 1. Landau.

Konsortium Bildungsberichterstattung (Hrsg.). Im Auftrag der KMK und BMBF. 2006. Bildung in Deutschland. Ein indikatorengestützter Bericht mit einer Analyse zu Bildung und Migration. Bielefeld Bertelsmann-Verlag. Oder URL: www.bildungs bericht.de Stand: 18.06.2008.

KOM. 2005. Arbeitsunterlage der Kommissionsdienststellen – auf dem Weg zu einem Europäischen Qualifikationsrahmen für lebenslanges Lernen. URL: http://www.bibb .de/dokumente/pdf/EQF_de_final-version.pdf Stand: 29.08.2007.

KOM. 2006. Vorschlag für eine Empfehlung des Europäischen Parlaments und des Rates zur Einrichtung eines Europäischen Qualifikationsrahmens für lebenslanges Lernen. URL: http://ec.europa.eu/education/policies/educ/eqf/com_2006_0479_de.pdf Stand: 29.08.2007.

Kommuniqué von Maastricht zu den künftigen Prioritäten der verstärkten europäischen Zusammenarbeit in der Berufsbildung, Maastricht 14. Dezember 2004; URL: http://europa.eu.int/comm/education/news/ip/docs/maastricht_com_de.pdf   Stand: 30.08.2007.

Kraus, Katrin. 2006. Vom Beruf zur Employability? Zur Theorie einer Pädagogik des Erwerbs. Wiesbaden: Verlag für Sozialwissenschaften.

Kreuzer, Karl-Ludwig. 2007. Modularisierung des Studiums und Durchlässigkeit des Bildungssystems. In: Buttner, Peter (Hrsg.). 2007. Das Studium des Sozialen. Aktuelle Entwicklungen in Hochschule und sozialen Berufen. Berlin: Eigenverlag des Deutschen Vereins für öffentliche und private Fürsorge e. V., S. 65 – 72.

Krüger, Angelika / Zimmer, Jürgen (2001): Die Ausbildung der Erzieherinnen neu erfinden. Berlin.

Krüger, Friedrich. 1998. Die Ausbildung von Erzieherinnen: Ein Beitrag zur Psychomotorik im Kindergarten? In: motorik. Schondorf 21. Heft 2. Seite 50 - 57.

Kuhardt, Marianne / Köpnick, Birgit / Hohls, Heike / Kropidlowski, Cornelia / Eicker, Friedhelm / Lindenberg, Annette / Winkler, Norbert (Hrsg.) 2002. Berichterstattung. Abschlussbericht zum Modellversuch Qualitätsverbesserung in der beruflichen Bildung (QuibB). URL: http://www.bs-mst.de/quibb-mv/download/ab_bericht_ ende.pdf Stand: 19.02.2008.

Küls, Holger. 2002. Zum Berufsfeld und zur Ausbildung der Sozialassistentin. In: Kindergartenpädagogik - Online-Handbuch. URL: http://www.kindergartenpae dagogik.de/774.html Stand: 30.04.2007.

Küls, Holger. 2002a. Lernen in Lernfeldern. In: Kindergartenpädagogik – Online-Handbuch. Hrsg. Textor, Martin R. URL: http://www.kindergarten paedagogik.de/762.html. Stand: 14.08.2007.

Kümmel, Otto. 1932. Werkunterricht in der Ausbildung von Kindergärtnerinnen und Hortnerinnen und in Kursen zur Ausbildung von Jugendleiterinnen / Otto Kümmel In: Die Arbeitsschule : Monatsschrift des Deutschen Vereins für Werktätige Erziehung ; 46(1932)4, S. 165 – 170 URL: http://www.bbf.dipf.de/cgi-shl/digibert.pl ?id=BBF0526471&c=193 ff. Stand: 27.04.2007.

Küpper, Norbert / Ehlers, Georg. 2001. Employability aus Sicht der Adam Opel AG. In: Lombriser, Roman / Uepping, Heinz (Hrsg.). Employability statt Jobsicherheit Personalmanagement für eine neue Partnerschaft zwischen Unternehmen und Mitarbeitern. Neuwied: Luchterhand. S. 127 - 146.

Laewen, Hans-Joachim (Hrsg.) 2002: Bildung und Erziehung in der frühen Kindheit, Weinheim, Berlin, Basel.

Laewen, Hans-Joachim. 2004. Was heißt Bildung im frühkindlichen Alter und in Relation zu späteren Bildungsprozessen? URL: www.liga-kind.de/pages/604lae wen.htm Stand: 08.04.2005, 5 Seiten.

Landtag NRW. 2005. Antrag der Fraktion der SPD: Einrichtung einer Enquête-Kommission „Chancen für Kinder - Rahmenbedingungen und Steuerungs-möglichkeiten für ein optimales Betreuungs- und Bildungsangebot in Nordrhein-Westfalen" In: Drucksache 14/708 URL: http://www.landtag.nrw.de/portal/WWW/dokument enarchiv/Dokument/MMD14-708.pdf Stand: 19.05.2007.

Lange, Jens. 2007. Kinder mit Migrationshintergrund in Kindertageseinrichtungen. In: DJI Bulletin 02/2007 Nr. 79. S. 28.

Lange, Jens. 2007a. Migration – die Achillesferse der Kindertagesbetreuung? In: KOMDAT Jugendhilfe. Themenheft zur Kindertagesbetreuung. Heft Nr. 1/07. Juni 2007. 10. Jahrgang. S. 5 – 7.

Lange, Jens / Riedel, Birgit. 2007. Fachkräfte – das pädagogische Personal in Kindertageseinrichtungen In: KOMDAT Jugendhilfe. Themenheft zur Kindertagesbetreuung. Heft Nr. 1/07. Juni 2007. 10. Jahrgang. S. 10 – 12.

Lange, Jens / Schilling, Matthias. 2007. Neu sichtbar werdende Realitäten – Kindertagesbetreuung in Deutschland. In: KOMDAT Jugendhilfe. Themenheft zur Kindertagesbetreuung. Heft Nr. 1/07. Juni 2007. 10. Jahrgang. S. 2 – 5.

Lee, Kevin. 2005. Creating Blogs in a Writing Course. In C. Crawford et al. (Eds.), Proceedings of Society for Information Technology and Teacher Education International Conference 2005. Chesapeake, VA: AACE. S. 1986 – 1990.

Leyen, Ursula von der. 2006. Jahrestagung der Deutschen Liga für das Kind – „Familie allein genügt nicht. Frühe Entwicklung und Bildung in Familien und Tageseinrichtungen" Grußwort von Dr. Ursula von der Leyen, Bundesministerin für Familie, Senioren, Frauen und Jugend. In: frühe Kindheit – die ersten sechs Jahre. Zeitschrift der Deutschen Liga für das Kind in Familie und Gesellschaft e.V. Ausgabe 06/06 S. 8 – 9.

Leyen, Ursula von der. 2007. "Die Weichen für einen Ausbau der Kinderbetreuung sind gestellt!" URL: http://www.bmfsfj.de/Kategorien/aktuelles,did=98164.html Stand: 24.05.2007.

Leyen, Ursula von der. 2008. Warum es sich lohnt, Kinder zu bekommen, sz-online/Sächsische Zeitung Samstag, 31. Mai 2008. URL: http://www.sz-online.de/nachrichten/artikel.asp?id=1842552, Stand: 02.06.2008. 2 Seiten.

Leyendecker, Christopf / Horstmann, Tordis. (Hrsg.). Große Pläne für kleine Leute – Grundlagen, Konzepte und Praxis der Frühförderung. München: Ernst Reinhardt.

Liegle, Ludwig. 1985. Die Reform des Elementarbereichs im internationalen Zusammenhang. In: Lenzen, Dieter (Hrsg.). Enzyklopädie Erziehungswissenschaft. Stuttgart: Klett-Cotta. S. 72 – 96.

Linssen, Ruth et al. 2002: Wachsende Ungleichheit der Zukunftschancen? Familie, Schule und Freizeit als jugendliche Lebenswelten. In: Deutsche Shell (Hrsg.): Jugend 2002. 14. Shell-Jugendstudie, Frankfurt am Main: Fischer

Lorenz, Sigrid. 2007. Armut von Kindern. Ein aktuelles Thema in Kindertagesstätten. In: Christ und Bildung. Zeitschrift der Katholischen Erziehergemeinschaft Deutschlands, Heft 1-2007, S. 12-15.

Ludewig, Maik / Röttgers, Janko. 2007. Jedem sein Megaphon. Blogs zwischen Ego-Plattform, Nischenjournalismus und Kommerz. In: c't Magazin für Computertechnik. Heft 25/2007. S. 162 – 165.

Lüdtke, Hartmut. 1973. Erzieher ohne Status. Heidelberg. Quelle & Meyer.

Lührig, Holger H. (Hrsg.). 2008. Lebenslanges Lernen - Bundeseinheitliche Rahmenbedingungen werden geprüft aber nicht etabliert. Bildungspolitisches Magazin. 3/2008. 23. Jahrgang. Köln: Zweiwochendienst-Verlags-GmbH. S. 2.

Luhmann, Niklas. 1982. Funktion der Religion.

Maciejowski, Anja. 2006. Fackel - Unterstützung der Ausbildung von Migrantinnen zu Fachkräften im Elementarbereich. Projektbericht. URL: http://db.dji.de/cgibin/db/dbrecout.php?db=5&dbsuche=5&tabelle=db_stamm&rowid=2074&reiter=3 Stand: 19.05.2007.

Martin, Mike / Kliegel, Matthias. 2003. Die Entwicklung komplexer prospektiver Gedächtnisleistungen im Kindesalter. In: Zeitschrift für Entwicklungs-psychologie und Pädagogischer Psychologie, 35 (2), S. 75 – 82.

Masie, Elliot. 2002. Blended Learning: The magic is in the mix. In: Rossett, Allison. The ASTD E-Learning Handbook. New York, Chicago: McGraw-Hill. S. 58 – 63.

Mayr, Toni / Ulich, Michaela. 2006. Seldak – Sprachentwicklung und Literacy bei deutschsprachig aufwachsenden Kindern. Freiburg: Herder.

Mähler, Claudia / Ahrens, Susann. 2003. Naive Biologie im kindlichen Denken: Unterscheiden Vorschulkinder zwischen biologischen und sozialen Beziehungen? In: Zeitschrift für Entwicklungspsychologie und Pädagogischer Psychologie. 35 (3), S. 153 - 162.

McKenzie, Phillip / Wurzburg, Gregroy. 1997. Lifelong learning and employability. In: The OECD Observer. No. 209 Dezember 1997 / Januar 1998. S. 13 – 17.

Merkens, Hans (Hrsg.). 2006. Erziehungswissenschaft und Bildungsforschung. Wiesbaden: VS Verlag für Sozialwissenschaften.

Meyer, Peter Ulrich. 2006. Idee: Letztes Kita-Jahr kostenlos für alle. In: Hamburger Abendblatt. 17.07.2006. URL: http://www.abendblatt.de/daten/2006/07/17/587141. html Stand: 19.05.2007

Meyer, Thomas. 2002. Private Lebensformen im Wandel. In: Geißler Rainer: Die Sozialstruktur Deutschlands. Die gesellschaftliche Entwicklung vor und nach der Vereinigung, 3. Auflage, Wiesbaden: Westdeutscher Verlag.

Militzer, Renate / Fuchs, Ragnhild / Demandewitz, Helga / Houf, Monika. 2002. Der Vielfalt Raum geben. Interkulturelle Erziehung in Tageseinrichtungen für Kinder. Münster: Votum-Verlag.

Ministery of Education – New Zealand. 1996. Revised Statement of Desirable Objectives and Practices (DOPs) for Chartered Early Childhood Services in New Zealand. URL: http://www.minedu.govt.nz/index.cfm?layout=document&documentid=3567&indexid=3 Stand: 10.10.2007.

Ministry of Science, Technology and Innovation. 2005. A Framework for Qualifications of the European Higher Education Area. Bologna Working Group on Qualifications Frameworks. Februar 2005. Kopenhagen.

Ministerium der geistlichen und Unterrichtsangelegenheiten (Hrsg.) 1911b. Zentralblatt für die gesamte Unterrichtsverwaltung in Preußen. Vorschriften für die an Frauenschulen angegliederten Kurse zur Ausbildung von Kinder-gärtnerinnen und Jugendleiterinnen. Jahrgang 1991. 632. S. 259 – 264.

Ministerium der geistlichen und Unterrichtsangelegenheiten (Hrsg.) 1911b. Zentralblatt für die gesamte Unterrichtsverwaltung in Preußen. Ordnung der Kindergärtnerinnenprüfung an den XXX. Jahrgang 1991. 632. S. 530 – 535.

Minsel, Beate. 2007. Herausforderung und Belastung zugleich. Erfahrungen der Fachkräfte während der Einführung des Bildungsplans. In: Klein und Groß, Heft 6, 14.

Minz, Jürgen. 1973. Zur Lage im Elementarbereich: Alle sind sich einig – nur nicht worüber. In: Bildung und Politik. 9. Jhg. Heft 11. November 1973. S. 227 – 228.

MJSK (Hrsg.). Kindern unter drei Jahren. Richtlinien und Lehrpläne zur Erprobung. Fachschulen des Sozialwesens. 7629/2007.

MJSK (Hrsg.). 2005. Bildung und Schulvorbereitung in Tageseinrichtungen für Kinder. Richtlinien und Lehrpläne zur Erprobung. Fachschulen des Sozialwesens.7622/2005.

MJSK (Hrsg.). 2005. Naturwissenschaftlich-technische Früherziehung. Richtlinien und Lehrpläne zur Erprobung. Fachschulen des Sozialwesens. MSJK, 7625/2005.

MJSK (Hrsg.). 2005. Praxisanleitung. Richtlinien und Lehrpläne zur Erprobung. Fachschulen des Sozialwesens. MSJK, 7626/2005.

MJSK (Hrsg.). 2004. Medienkompetenz in der Kinder- und Jugendhilfe. Richtlinien und Lehrpläne zur Erprobung. Fachschulen des Sozialwesens. MSJK, 7623/2004.

MJSK (Hrsg.). 2004. Musikalische Förderung im sozialpädagogischen Arbeitsfeld. Richtlinien und Lehrpläne zur Erprobung. Fachschulen des Sozialwesens. MSJK, 7624/2004.

MJSK (Hrsg.). 2004. Sozialmanagement. Richtlinien und Lehrpläne zur Erprobung. Fachschulen des Sozialwesens. MSJK, 7627/2004.

MJSK (Hrsg.). 2004. Sprachförderung. Richtlinien und Lehrpläne zur Erprobung. Fachschulen des Sozialwesens. MSJK, 7628/2004.

Montessori, Maria. 1969. Die Entdeckung des Kindes. Freiburg im Breisgau: Herder.

Montessori, Maria. 1972. Das kreative Kind. Der absorbierende Geist. Freiburg im Breisgau: Herder.

Montessori, Maria. 1976. Schule des Kindes. Montessori-Erziehung in der Grundschule. Freiburg im Breisgau: Herder.

Montessori, Maria. 1994. Kinder sind anders. 9. Auflage. München: Deutscher Taschenbuch Verlag Gmbh & Co. KG.

Moscovici, Serge. 1979. Sozialer Wandel durch Minoritäten. München, Wien, Baltimore: Urban und Schwarzenberg.

Mucke, Kerstin. 2007. Bologna-Instrumente: Durchlässigkeit oder Grenzverwischung. Impulsreferat: Mucke. In: Hochschulrektorenkonferenz (Hrsg.). Ein Modell für alle? Konvergenzen und Divergenzen der Umsetzung des Bologna-Prozesses in Deutschland und Europa. Abschlusskonferenz des Kompetenzzentrums Bologna. Bologna-Zentrum, Beiträge zur Hochschulpolitik 14/2007. S. 142 – 147.

Müller, Paul. 1916. Handfertigkeitsunterricht im Fröbelstift für Kindergärtnerinnen zu Dresden. In: Die Arbeitsschule : Monatsschrift des Deutschen Vereins für Werktätige Erziehung ; 30(1916)2, S. 68 – 70 URL:http://www.bbf.dipf.de/cgi-shl/digibert. pl?id=BBF0493351&c=78 ff. Stand: 27.04.2007.

Müller, Walter. 2008. Bischof Mixa erntet kräftigen Beifall. URL: http://www.all-in.de/nachrichten/allgaeu/memmingen/Memmingen-lok-lok1-mixa;art2758,345910 Stand: 02.06.2008 00:00 Uhr. S 1 – 2.

Müller, Werner. 2001. Abwertung des Diplomstudiums zu befürchten, In: Blätter der Wohlfahrtspflege 148. Jg. Heft 9+10/2001 S. 214.

Müller, Wilfried. 2007. Akkreditierung, Reakkreditierung, Prozessakkreditierung – eine unbekannte Zukunft? Impulsreferat. In: Hochschulrektorenkonferenz (Hrsg.). Ein Modell für alle? Konvergenz und Divergenzen der Umsetzung des Bologna-Prozesses in Deutschland und Europa. Abschlusskonferenz des Kompetenzzentrums Bologna. Beiträge zur Hochschulpolitik 14/2007. S. 100 – 106.

Münch, J. 1994. Das Berufsbildungssystem in der Bundesrepublik Deutschland. CEDEFOP – Europäisches Zentrum für die Förderung der Berufsbildung (Hrsg.) Luxemburg.

Nalenz, Petra. 2007. Das Gras wächst nicht schneller, wenn man daran zieht. Was bedeutet die frühere Einschulung für die Praxis im Kindergarten? In: DDS – Zeitschrift der Gewerkschaft Erziehung und Wissenschaft Landesverband Bayern. September 2007. S. 3.

NASW. 1999. Code of Ethics. URL: http://www.socialworkers.org/pubs/code/code.asp Stand: 05.07.2007.

Netzeitung. 2007. Stoibers «Herdprämie» erzürnt die Opposition. In: Netzeitung.de vom 15.05.2007. URL: http://www.netzeitung.de/deutschland/648493.html Stand: 24.05.2007.

Niesel, Renate. 2006. Der Übergang vom Kindergarten in die Grundschule: Individuelles Lebensereignis und Gegenstand bildungspolitischer Aufmerksamkeit. In: Bertelsmann Stiftung (Hrsg.), Dreikäsehoch 2005. Dokumentation zum KiTa-Preis zum Thema „Übergang vom Kindergarten in die Grundschule", S. 8-11.

Niesel, Renate / Griebel, Wilfried. 2007. Enhancing transition competence of the child's social systems through co-construction. In: Dunlop, Aline-Wendi / Fabian, Hilary (Hrsg.). Informing transitions in the early years. Research, Policy and Practice. Maidenhead: Open University Press, McGraw-Hill Education. S. 21 – 32.

Niesel, Renate / Griebel, Wilfried. 2007a. Von der Kita in die Schule. Handlungsempfehlungen an Politik, Träger und Einrichtungen. Hrsg. von der Bertelsmann Stiftung. Gütersloh: Verlag Bertelsmann Stiftung.

Niesel, Renate. 2007b. Schulfähigkeit. In: Deutscher Verein für öffentliche und private Fürsorge e.V. (Hrsg.). Lexikon der sozialen Arbeit. Baden-Baden: Nomos Verlag. S. 794.

Niesel, Renate. 2007c. Bildung beginnt mit der Geburt. Babys und Kleinkinder sind begeisterte Lerner. Zeitschrift für Tagesmütter und -väter. 6, S. 2 – 4.

Nordt, Gabriele / Piefel, Gisela. 1987. Zusammenarbeit mit Eltern aus sozial benachteiligten Schichten in Kindertageseinrichtungen. Berichte aus der Praxis.

Oberhuemer, Pamela / Ulich, Michaela / Soltendieck, Monika. 1999. Die deutsche Erzieherinnenausbildung im europäischen Vergleich. Ergebnisse einer Studie in den 15 EU-Ländern. In: Thiersch, Renate / Höltershinken, Dieter / Neumann, Karl (Hrsg.). Die Ausbildung der Erzieherinnen. Entwicklungstendenzen und Reformansätze. Weinheim, München: Juventa Verlag. S. 64 – 76.

Oberhuemer, Pamela. 2003. Professionalisierung der Fachkräfte. In: BMFSFJ (Hrsg.) 2003. Auf den Anfang kommt es an! Perspektiven zur Weiterentwicklung des Systems der Tageseinrichtungen für Kinder in Deutschland. S. 155 – 164.

Oberhuemer, Pamela. 2005. Elementarbildung und Kindertagesbetreuung in Europa. Handout und Mitschrift der Fachtagung des Staatsinstitut für Frühpädagogik. München

Oberhuemer, Pamela. 2006. Zur Reform der Erzieherinnen- und Erzieher(aus)bildung im internationalen Vergleich. In: Fried, Lilian / Roux, Susanna. (Hrsg.), Pädagogik der frühen Kindheit. Weinheim, Basel: Beltz. S. 367 – 376.

Oberhuemer, Pamela. 2006a. Nach der EU-Erweiterung: Ausbildungs- und Personalstrukturen in vorschulischen Bildungs- und Betreuungssystemen. In: Diller, Angelika / Rauschenbach, Thomas (Hrsg.), Reform der Ende der Erzieherinnenausbildung? Beiträge zu einer kontroversen Fachdebatte. München: DJI Verlag. S. 231 – 245.

Oberhuemer, Pamela. 2006b. Von der Kita zur Schule: Bildungspolitische Initiativen in Europa. In: Diskowski, Detlef / Hammes-Di Bernardo, Eva / Hebenstreit-Müller, Sabine / Speck-Hamdan, Angelika (Hrsg.), Übergänge gestalten. Wie Bildungsprozesse anschlussfähig werden. Jahrbuch 11 des Pestalozzi-Fröbel-Verbandes. Berlin: Das Netz. S. 48 - 53

Oberhuemer, Pamela. 2006c. Übergang in die Pflichtschule: Reformstrategien in Europa. In: Verlag Unsere Kinder (Hrsg.), LebensRaum Kindergarten. Linz: Selbstverlag. 5. aktualisierte und neu bearbeitete Auflage. S. 206 – 210.

Oberhuemer, Pamela. 2007. Steuerung pädagogischer Qualität in ausgewählten EU-Staaten. In: Wolgang Tietze (Hrsg.). Qualitätssicherung in der Früherziehung. Internationale Ansätze. Opladen: Budrich.

Oberhuemer, Pamela. 2007a. Von der Kita zur Schule: Bildungspolitische Initiativen in Europa. In: Hammes-Di Bernardo, Eva / Speck-Hamdan, Angelika (Hrsg.), Vom Kindergarten in die Grundschule: den Übergang gemeinsam gestalten. 60/60, S. 1-5. Köln: Carl Link (Nachdruck).

OECD. 2004. Die Politik der frühkindlichen Betreuung, Bildung und Erziehung in der Bundesrepublik Deutschland. Ein Länderbericht der Organisation für wirtschaftliche Zusammenarbeit und Entwicklung (OECD). URL: http://www.gew.de/Binaries/ Binary7220/OECD_-Länderbericht.pdf Stand: 09.12.2004, 83 Seiten.

OECD. 2006. Bildung auf einen Blick 2006. Paris: OECD.

Ostermayer, Edith. 2006. Die Bedeutung und Notwendigkeit von sicherer Bindung und Beziehung für eine gesunde Entwicklung aus Perspektive der Soziologie und Sozialpsychologie. URL: http://www.kindergartenpaedagogik.de/1496.html Stand: 04.01. 2007.

Oswald, Bernd. 2007. Herdprämie oder Muster-Lebensentwurf? In: sueddeutsche.de vom 05.05.2007. URL: http://www.sueddeutsche.de/deutschland/artikel/391/114277/ Stand: 24.05.2007.

Otto, Jeannette / Spiewak, Martin. 2004. Spielend ein Genie. Nach einer neuen OECD-Studie sind Deutschlands Kindergärten von internationalen Standards immer noch weit entfernt. Die Kleinen lernen zu wenig. Das soll sich ändern. In: Die Zeit. Ausgabe 49 vom 25.11.2004. http://www.zeit.de/2004/49/B-Kindergarten_OECD Stand: 5.06.2007.

Pasternack, Peer / Schildberg, Arne. 2005. Die finanziellen Auswirkungen einer Anhebung der ErzieherInnen-Ausbildung. In: Sachverständigenkommission Zwölfter Kinder- und Jugendbericht. (Hrsg.). Materialien zum Zwölften Kinder- und Jugendbericht. Band 2. München: Verlag Deutsches Jugendinstitut. S. 9 - 133.

Phoenix. 2007. „Die so genannte Herdprämie als Hindernis für eine gute vorschulische Förderung aller Kinder", Sitzung des Deutschen Bundestags; Aktuelle Stunde auf Antrag der Fraktion Bündnis 90/Die Grünen, Berlin. In: Aktuelle Stunde. Bundestag live, am 24.05.2007.

Pichler-Bogner, Daniela M. I. 2006. Aus Erziehung wird Beziehung. Die Grundlagen menschlicher Entwicklung. URL: http://www.kindergartenpaedagogik.de/786.html Stand: 04.01.2007

Pikler, Emmi. 1982. Friedliche Babys – zufriedene Mütter. Pädagogische Ratschläge einer Kinderärztin. Freiburg, Basel, Wien. Herder.

Pollak, Guido / Heid, Helmut (Hrsg.). 1994. Von der Erziehungswissenschaft zur Pädagogik? Beiträge zur Theorie und Geschichte der Erziehungswissenschaft, Band 17. Weinheim: Deutscher Studien Verlag.

Pollak, Guido. 1999. Veränderte Kindheit: Risiken und Chancen familialer und schulischer Erziehung. In: Hauzenberger, F. (Hrsg.) Fachdidaktik und Schulpraxis – Lehrgang zur Fortbildung von Praktikumslehrern. Band 6. Passau. S. 7 – 30.

Pollak, Guido. 2000. Bemerkungen zu einem zeitgemäßen Bildungsbegriff – aus der Sicht des nicht unproblematischen Bildungsbegriffs der Erziehungswissenschaft. In: Politische Studien. Zweimonatsschrift für Politik und Zeitgeschehen. 51/2000. Heft 369, S. 92 – 100.

Pollak, Guido. 2000a. Erziehungswissenschaftliche Bemerkungen zu einigen Problemen aktueller bildungspolitischer Diskussionen. In: Außerschulische Bildung. Materialien zur politischen Jugend- und Erwachsenenbildung. Heft 1/2000. S. 9 – 15.

Pollak, Guido / Kammerl, Rudolf. 2000. „To know or not to know" – erziehungswissenschaftliche Bemerkungen zur Wissensgesellschaft. In Kammerl, Rudolf (Hrsg.). Computerunterstütztes Lernen. (Reihe: Hand- und Lehrbücher der Pädagogik). München: Oldenburg Verlag. S. 232 – 247.

Pollak, Guido. 2002. Bildung: Befähigung zum Umgang mit Unsicherheiten. Konturen eines aktuellen Bildungsbegriffs in kritscher Absicht. In: Die Demokratische Schule (DDS), Ausgabe Mai/Juni, S. 6 - 7.

Pollak, Guido. 2004. Die Universität nach „Bologna" und „Vision BayUni 2010" – 3 kritische Bemerkungen. In: Zeitschrift der Gewerkschaft Erziehung und Wissenschaft. Landesverband Bayern. DDS. Oktober 2004: S. 4 - 5.

Pollak, Guido. 2006. Veränderte Kindheit – Veränderte Erziehung. Vorlesung im Sommersemester 2006 an der Universität Passau.

Pollak, Guido / Eberle, Thomas. 2006. Professionalisierung durch berufsfeldbezogene Kompetenzentwicklung. Vorüberlegungen für eine sozialwissenschaftliche Theorie der Lehrerbildung und für eine empirische Lehrerbildungsforschung. In: Vierteljahresschrift für wissenschaftliche Pädagogik. 82. Jahrgang. 2006. Heft 4. S. 559 – 580.

Pollak, Guido. 2008. Bildungsgerechtigkeit in Bayern? Bestandsaufnahme – Analyse – Forderungen für die Zukunft. In: Bayerische Sozialnachrichten. Mitteilungen der Landesarbeitsgemeinschaft der öffentlichen und freien Wohlfahrtspflege in Bayern. Ausgabe 1 / 2008. S. 3 – 11.

Prenzel, M. 2005.Zur Situation der Empirischen Bildungsforschung. In: Deutsche Forschungsgemeinschaft: Impulse für die Bildungsforschung. Stand und Pers-pektiven. Dokumentation eines Expertengesprächs. Standpunkte. Hrsg. Mandl, v. H. / Kopp, B. Berlin: Akademie-Verlag. S. 7 – 21.

Puch, Hans-Joachim. 2007. Bachelor-Studiengang an der Evangelischen Fachhochschule Nürnberg voraussichtlich zum WS 2008/09. In: Christ + Bildung Zeitschrift der Katholischen Erziehergemeinschaft Deutschlands. Mai 2007 Heft 3 53. Jahrgang. S. 16

Rabl, Iris. 2005. Neue Wege in der Ausbildung von ErzieherInnen? Zu Entwicklungen in Fachakademien und Fachhochschulen im Kontext des Bologna-Prozesses. Unveröffentlichte Diplomarbeit, Sommersemester 2005, Katholischen Universität Eichstätt, Fakultät für Soziale Arbeit.

Rat. 1992. Empfehlungen des Rates vom 31. März 1992 zur Kinderbetreuung. Nicht veröffentlichungsbedürftige Rechtsakte. 92/241/EWG. Amtsblatt der Europäischen Gemeinschaft Nr. L 123/16-18.

Ratzek, Wolfgang. 1999. Employability. Die Kunst der Selbstvermarktung. Aachen: Shaker.

Rau, Johannes. 2002. Rede von Bundespräsident Johannes Rau beim Abschlusskongress des Forums Bildung. Berlin. 10.01.2002. In: Aden-Gossmann, Wilma. 2002. Kindergarten. Eine Einführung in seine Entwicklung und Pädagogik. Beltz Verlag: Weinheim, Basel. S. 316.

Rauschenbach, Thomas / Beher, Karin / Knaur, Detlef (Hrsg.). 1996. Die Erzieherin. Ausbildung und Arbeitsmarkt. Veröffentlichungen der Max-Traeger-Stiftung. Band 22. Weinheim, München

Rauschenbach, Thomas. 2002. Der Bildungsauftrag des Kindergartens. In: SPI – Sozialpädagogisches Institut NRW (Hrsg.). 2000. Lebensort Kindertageseinrichtung. Bilden – Erziehen – Fördern. Frühkindliche Bildung im Kindergarten – Chancen und Möglichkeiten nach der PISA-Studie. 5. Workshop am 14.02.2002 in Köln – Dokumentation. S. 13 – 22.

Rauschenbach, Thomas / Beher, Karin / Gragert, Nicola. 2004. Aufgabenprofile und Qualifikationsanforderungen in den Arbeitsfeldern der Kinder- und Jugendhilfe. Tageseinrichtungen für Kinder, Hilfen zur Erziehung, Kinder- und Jugendarbeit, Jugendamt. Abschlussbericht Band 1. Auftraggeber: Ministerium für Bildung, Jugend und Sport des Landes Brandenburg im Auftrag der Arbeitsgemeinschaft der Obersten Landesjugendbehörde (AGOLJB). Dortmund, München. Forschungs-verbund Deutsches Jugendinstitut / Universität Dortmund.

Rauschenbach, Thomas. 2005. Rahmencurriculum "Frühkindliche Bildung" URL: http://www.profis-in-kitas.de/downloads/ Stand: 29.05.2007.

Rauschenbach, Thomas. 2005a. Erzieherinnen in neuer Höhenlage. Unübersichtliche Nebenwirkungen einer beabsichtigten Ausbildungsreform. In: Erziehungswissenschaft. 16. Jahrgang, Heft 31, S. 18 – 35.

Rauschenbach, Thomas (Hrsg.). 2007. KOMDAT Jugendhilfe. Dortmunder Arbeitsstelle Kinder- & Jugendhilfestatistik. 1/2007.

Rehburg, Meike. 2007. Berufsperspektiven von Bachelorabsolventen: Ergebnisse empirischer Studien In: Bildung und Wissenschaft als Standortfaktoren / hrsg. von Hermann-Josef Blanke. - Tübingen : Mohr Siebeck, 2007. - S. 201 - 220

Rehn, Karin. 2006. Der Übergang vom Bachelor zum Master. In: HRK. 2007. Bologna Reader II. Neue Texte und Hilfestellungen zur Umsetzung der Ziele des Bologna-Prozesses an deutschen Hochschulen. Beiträge zur Hochschulpolitik 5/2007. S. 93 – 104.

Reichert-Garschhammer, Eva. 2006. Bildungspläne konkret: Erste Erfahrungen bei der Umsetzung in Bayern. In Verein für Kommunalwissenschaften e.V. (Hrsg.), „Ja mach nur einen Plan ...". Bildungspläne im Elementarbereich. Dokumentation der Fachtagung am 25./24.11.2005 in Berlin. Berlin: Verein für Kommunalwissenschaften. S. 70-104.

Reil, Thomas. 2006. Fortentwicklung der Verfahren: Erfahrungen und Konzepte – II: Akkreditierung. In: Hochschulrektorenkonferenz (Hrsg.). Von der Qualitätssicherung der Lehre zur Qualitätsentwicklung als Prinzip der Hochschulsteuerung. Projekt Qualitätssicherung: Beiträge zur Hochschulpolitik. 1/2006 Band II. S. 64 – 68.

Reinbold, Fabian. 2007. Hier bloggt die Uni. Untätiger Asta, neoliberale Reformen: In Webblogs wollen Berliner Studierende über Hochschulpolitik aufklären. 30.05.2007, 16:04. URL: http://www.tagesspiegel.de/magazin/wissen/Hochschulpolitik-Weblogs; art304,1793162 Stand: 18.03.2008.

Richter, Karin. (Hrsg.) 2001. Kindersein in der Mediengesellschaft. Weinheim. Beltz.

Richter, Roland. 2004. „Employability" - "Beschäftigungsfähigkeit". Zur Diskussion im Bologna-Prozess und in Großbritannien. URL: http://evanet.his.de/evanet/positionen/positionen-2004.php#richter Stand: 10.01.2007

Riedel, Birgit. 2006. Vereinbarkeit von Familie und Beruf – für viele Eltern immer noch ein Wunschtraum? DJI-Kinderbetreuungsstudie. In: DJI Bulletin. 77. 4/2006. Seite 19 - 20. URL: http://www.dji.de/bulletin/d_bull_d/bull77_d/DJIB_77.pdf Stand: 19.05.2007.

Riedel, Birgit. 2007. Erzieher/-innen dominieren das Feld der Kindertagesbetreuung. Datenanalyse der Dortmunder Kinder- und Jugendhilfestatistik.

Rieder-Aigner, Hildegard (Hrsg.), Zukunfts-Handbuch Kindertageseinrichtungen. Bildungsarbeit im Mittelpunkt. Regensburg: Walhalla Fachverlag (55. Aktualisierung, Juli 2007).

Robert Bosch Stiftung (Hrsg.) 2005. Starke Familie. Bericht der Kommission „Familie und demographischer Wandel" im Auftrag der Robert Bosch Stiftung (Biedenkopf Kurt, Bertram Hans, Käßmann Margot, Kirchhof Paul, Niejahr Elisabeth, Sinn Hans-Werner, Willekens Frank. Stuttgart: Robert Bosch Stiftung.

Robert Bosch Stiftung. 2006. PiK - Profis in Kitas – Der Reformkatalog. Stuttgart: Robert Bosch Stiftung.

Robert Bosch Stiftung. 2006b. PiK - Profis in Kitas – Das Programm. Stuttgart: Robert Bosch Stiftung.

Robert Bosch Stiftung (Hrsg.). 2006b. Kinderwünsche in Deutschland – Konsequenzen für eine nachhaltige Familienpolitik. Stuttgart: Robert Bosch Stiftung. URL: http://www.bib-demographie.de/kinderwunschstudie_06.pdf Stand: 11.01.2007.

Robert Bosch Stiftung. 2007. PiK – Profis in Kitas. Programm zur Professionalisierung von Frühpädagogen in Deutschland. Workshop-Tagung der Innovationswerkstatt „Qualifikationsrahmen für die Ausbildung von Früh-pädagogInnen" 27. Juni 2007, Berlin URL: http://www.profis-in-kitas.de/innovationswerkstatt/qualifikationen/kompetenzprofile/ Stand: 29.08.2007.

Robert Bosch Stiftung. 2007a. Qualifikationsrahmen Frühpädagogik (Bachelor-Ebene). Stand: 06.11.2007.

Rolle, Jürgen / Kesberg, Edith. 1991. Medienwelt = Kinderwelt? Was brauchen kleine Kinder...? 2. Auflage, Broschüre.

Rump, Jutta / Schmidt, Silke. o. A. Employability im Fokus: Beschäftigungsfähigkeit im Spannungsfeld von Notwendigkeit und Zurückhaltung.

Rump, Jutta / Eilers, Silke. 2006. Managing Employability.

Sachverständigenkommission Zwölfter Kinder- und Jugendbericht. (Hrsg.). 2005. Entwicklungspotenziale institutioneller Angebote im Elementarbereich. Band 2.

Sadigh, Parvin. 2006. Billig - und trotzdem gut? In: Zeit online 16.01.2006. URL: http://www.zeit.de/online/2006/03/kindergartenbetreuung Stand: 19.05.2007.

Schäfer, Gerd. 2000. Bildung beginnt mit der Geburt. In: SPI – Sozialpädagogisches Institut NRW (Hrsg.). 2000. Lebensort Kindertageseinrichtung. Bilden – Erziehen – Fördern. Erziehung und Bildung als Aufgabe des Kindergartens. Veränderungen der Lebenswelten – Neue Herausforderungen? 1. Workshop – Dokumentation. S. 7 – 20.

Schäfer, Gerd (Hrsg.) 2003: Bildung beginnt mit der Geburt. Förderung von Bildungsprozessen in den ersten sechs Lebensjahren., Weinheim, Berlin, Basel.

Schäfer, Ute. 2004. Neue Perspektiven der Bildungsarbeit im Elementarbereich In: SPI – Sozialpädagogisches Institut NRW (Hrsg.). 2000. Lebensort Kindertageseinrichtung. Bilden – Erziehen – Fördern. Neue Perspektiven in der Bildungsarbeit im Elementarbereich. 7. Workshop am 25. Juni 2004 in Dortmund – Dokumentation. S. 5 – 11.

Schäfers, Bernhard. 2002. Sozialstruktur und sozialer Wandel in Deutschland, 7. Auflage, Stuttgart: Lucius und Lucius.

Schavan, Annette. 2008. Rede der Bundesministerin für Bildung und Forschung, Dr. Annette Schavan, MdB, anlässlich der Bund-Länder Konferenz „Der Deutsche Qualifikationsrahmen für Lebenslanges Lernen – Erwartungen und Herausforderungen" am 5. März 2008 in Berlin. URL: http://www.bmbf.de/pub mr_ 20080305.pdf Stand: 06.03.2008.

Schedel-Gschwendtner. O.J. Stellungnahme zum Entwurf eines bayerischen Gesetztes für Kindertageseinrichtungen und Tagespflege (BayKiTaG). URL: http://www.bay ern.gew.de/jugendhilfe/gew_stellungnahme_kita-gesetz04.htm Stand: 28.04.2006.

Schildmann, Ulrike. 1989. Aufbruch im Erzieherinnenberuf? Erfahrungen von Erzieherinnen in Kindergartengruppen für behinderte und nichtbehinderte Kinder. In: Frauen in Geschichte und Gesellschaft: Frauenberufe – hausarbeitsnah? Zur Erziehungs-, Bildungs- und Versorgungsarbeit von Frauen. Kuhn Annette, Rothe Valentine (Hrsg.). Band 12. Pfaffenweiler: Centaurus-Verlags-Gesellschaft. S. 197 – 218.

Schilling, Matthias. 1996. Europa als Motivator – Europa als Korrektiv? Die ErzieherInnenausbildung im Spiegel Europas. In: Rauschenbach, Thomas / Beher, Karin / Knaur, Detlef (Hrsg.). Die Erzieherin. Ausbildung und Arbeitsmarkt. Wein-heim, München. S. 378 – 383.

Schilling, Matthias. 2004. Kinderbetreuung für unter Dreijährige – Entwicklung und Bedarf. In: Frühe Kindheit. 5/2004. URL: http://www.liga-kind.de/pages/zeit4.htm Stand: 28.02.2007.

Schilling, Matthias. 2005. Wer arbeitet mit welcher beruflichen Qualifikation in Tageseinrichtungen für Kinder? In: KiTa Spezial. Nr. 3 / 2005. S. 4 – 8.

Schilling, Matthias. 2007. Zu jung für die Rente? Die Altersstruktur der Fachkräfte in Tageseinrichtungen. In: KOMDAT Jugendhilfe. Themenheft zur Kindertages-betreuung. Heft Nr. 1/07. Juni 2007. 10. Jahrgang. S. 12 – 13-

Schmidt, Thilo / Rossbach, Hans-Günter / Erning, Günter. 2005. Konzept für ein Rahmencurriculum „Frühkindliche Bildung" URL: http://www.profis-in-kitas.de/ downloads/ Stand: 29.05.2007.

Schmitt, Christof. 2007. Praxisorientierung, Staatliche Anerkennung, Berufs- praktikum. Auslaufmodelle oder Elemente der Qualitätssicherung in Ausbildungszusammen-hängen der Sozialarbeit im Zeichen von Bologna. In: Paschen / Krüger / Zimmer-mann (Hrsg.) Lüneburger Schriften zur Sozialarbeit und zum Sozialmanagement. Band 1. Berlin: Lehmanns Media.

Schneider, Johann. 2007. Akkreditierung von Studiengängen. In: Buttner, Peter (Hrsg.). 2007. Das Studium des Sozialen. Aktuelle Entwicklungen in Hochschule und sozialen Berufen. Berlin: Eigenverlag des Deutschen Vereins für öffentliche und private Fürsorge e. V., S. 362 – 386. S. 74 - 87.

Schneider, Kerstin. 2008. Arbeiten bis gar nichts mehr geht. URL: http://www.welt.de/welt_print/article2052635/Arbeiten_bis_gar_nichts_mehr_geht.ht ml Stand: 02.06.2008. 31. Mai 2008, 4:00 Uhr, 2 Seiten.

Schneider, Kornelia. 2007. Neue Aufgaben, mehr Weiterbildung und vor allem Zeit für das Personal. In: DJI Bulletin 80, Kindertagesbetreuung in Deutschland. 3/4/2007. S. 29 – 30.

Schneider, Norbert F. 2006. Leben an zwei Orten. Die Folgen beruflicher Mobilität für Familie und Partnerschaft. In: frühe Kindheit – die ersten sechs Jahre. Ausgabe 01/06. S. 8 – 17.

Schnell, Rainer / Hill, Paul / Esser, Elke. 1999. Methoden der empirischen Sozialfor-schung. München, Wien, Oldenburg.

Scholz-Zemann, Monika. 1983. Professionalisierungsprozesse in der Kleinkind-erziehung. Münster: Lit.

Schönpflug, Wolfgang / Schönpflug, Ute. 1995. Psychologie: allgemeine Psychologie und ihre Verzweigungen in die Entwicklung-, Persönlichkeits- und Sozialpsy-chologie. 3. überarbeitete Auflage. Weinheim: Beltz.

Scoble, Robert / Israel, Shel. 2006. Naked Conversations. How Blogs are Changing the Way Businesses Talk with Customers. Wiley, New Jersey.

Schwartz, Werner. 2005. Der Aufruf der Pastoral-Conferenz. Vor 150 Jahren in Fran-kenstein: Gründung der Diakonissenanstalt Speyer – Bis zu 630 Schwestern. In: evangelischer Kirchenbote. Nr. 15, 10. April 2005. URL: http://www. evpfalz.de/presse/index_kibo05-15_lp1.htm Stand: 26.04.2007.

Schweppe, Cornelia. 2003. Wie handeln SozialpädagogInnen? Rekonstruktion der pro-fessionellen Praxis der Sozialen Arbeit. In: Schweppe, Cornelia (Hrsg.). Qualitative Forschung in der Sozialpädagogik. Opladen: Leske + Budrich. S. 145 – 165.

Schweppe, Cornelia (Hrsg.). 2003a. Qualitative Forschung in der Sozialpädagogik. Op-laden: Leske + Budrich.

Senator für Arbeit, Frauen, Gesundheit, Jugend u. Soziales (Hrsg.). 2005. Gebildete Kindheit. Wie die Selbstbildung von Kindern gefördert wird. Handbuch der Bildungsarbeit im Elementarbereich. URL: http://www.handbuch-kindheit.uni-bremen.de/index.html Stand: 02.05.2007.

Shell Deutschland Holding (Hrsg.). 2002. Jugend 2002 - zwischen pragmatischem Idealismus und robustem Materialismus. Frankfurt am Main: Fischer Taschenbuchverlag.

Shell Deutschland Holding (Hrsg.). 2006. Jugend 2006 – eine pragmatische Generation unter Druck. Frankfurt am Main: Fischer Taschenbuchverlag.

Siegler, Robert S. 2001. Das Denken von Kindern. 3. Auflage. München, Wien, Oldenburg: Edition Psychologie.

Singer, Wolf. 2005a. Ein neues Menschenbild? Gespräche über Hirnforschung. Baden-Baden.

Singer, Wolf. 2005b. Was kann ein Mensch wann lernen? Ein Beitrag aus Sicht der Hirnforschung. URL: http://www.mckinsey-bildet.de/10.workshops. Stand: 02.05.2006

Siraj-Blatchford, Iram / Sylva, Kathy / Muttock, Stella / Gilden, Rose / Bell, Danny. 2002. Researching Effective Pedagogy in the Early Years. Research Report, No. 356, Institute of Education, University of London.

Skolverket - Swedish National Agency for Education. 2004. Pre-school in transition. A national evaluation of the Swedish pre-school. Stockholm: Skolverket.

SPD Bayern. 2005. Bildung stärken. Erziehung stärken. Betreuung stärken. Pressemitteilung, 10.03.2005. URL: http://www.bayernspd-landtag.de/pdf/pm 4946.pdf Stand: 21.05.2007.

Speck, Peter. 2004. Konzept für eine neue Arbeitswelt. In: Personal. Heft 6/2004. S. 30 – 32.

Speth, Christine. 2002. Virtuelle (Lern-)Teams neue Formen des Teambuildings als Ersatz traditioneller Lernorganisation. Unveröffentlichte Diplomarbeit. Katholische Universität Eichstätt-Ingolstadt. Fakultät Soziale Arbeit.

Speth, Christine. 2004. Qualitätsmanagement im Bereich von Kindertageseinrichtungen am Beispiel einer Homepagegestaltung. Unveröffentlichte Magisterarbeit. Universität Passau, Lehrstuhl für Allgemeine Pädagogik.

Speth, Christine / Stadlmeier-Baumann, Maria. 2001. Sind unsere Kinder „Sitzenbleiber"? Kinder brauchen und mögen Bewegung! In: Landeszentrale für Gesundheit in Bayern e.V. – Gesund in Bayern. November/Dezember 2001. S. 4 – 5.

Speth, Christine / Bartosch, Ulrich. 2005. Aktuelle Entwicklung im Hinblick auf die bisherigen Strukturen der ErzieherInnenausbildung in Deutschland. In: Bartosch, Ulrich / Weigert, Hans (Hrsg.) Elementarpädagogik an bayerischen Fachhochschulen. DVD – Dokumentation der Dialogtagung der Bayerischen Dekanekonferenz Sozialwesen. S. 5 – 14.

Speth, Christine / Bartosch, Ulrich. 2007. Was wird aus der staatlichen Anerkennung für Sozialarbeiter/innen? Ein Antrag auf Ende der Debatte. In: Buttner, Peter (Hrsg.). 2007. Das Studium des Sozialen. Aktuelle Entwicklungen in Hochschule und sozialen Berufen. Berlin: Eigenverlag des Deutschen Vereins für öffentliche und private Fürsorge e. V., S. 134 – 149.

SPI (Hrsg.). 2000. Lebensort Kindertageseinrichtung. Bilden – Erziehen – Fördern. Bedarfe sichern, Angebotsvielfalt schaffen. Neue Wege in der Ausgestaltung des § 24 KJHG 2. Workshop am 15.08.2000 in Bielefeld. Dokumentation.

SPI (Hrsg.). 2000a. Lebensort Kindertageseinrichtung. Bilden – Erziehen – Fördern. Öffnung und Vernetzung im Bereich der Kindertageseinrichtungen. Was müssen wir leisten? Was bringt es uns? 3. Workshop am 12.09.2000 in Dortmund. Dokumentation.

SPI (Hrsg.). 2004. Lebensort Kindertageseinrichtung. Bilden – Erziehen – Fördern. Neue Perspektiven in der Bildungsarbeit im Elementarbereich. 7 Workshop am 25. Juni 2004 in Dortmund – Dokumentation.

Spiegel. 2007. Frauen als Gebärmaschinen - Bischof giftet gegen von der Leyen. In: Spiegel vom 22.02.2007. URL: http://www.spiegel.de/politik/deutschland/0, 1518,468001,00.html Stand: 24.05.2007.

Spiewak, Martin. 2006. Kita kostenlos! Gespräch mit Thomas Rauschenbach, dem Leiter des Deutschen Jugendinstituts IN: Die Zeit. 7.12.2006 Nr. 50 URL: http://www.zeit.de/2006/50/Interview-Rauschenbach?page=all Stand: 19.05.2007.

Spitzer, Manfred. 2002. Lernen. Gehirnforschung und die Schule des Lebens. Heidelberg/Berlin. Spektrum Akademischer Verlag.

Spitzer, Manfred. 2005. Fernsehen und Bildung. Nervenheilkunde, 8.

Spitzer, Manfred. 2007. Braintertainment. Expeditionen in die Welt von Geist & Gehirn. Stuttgart: Schattauer.

Spranger, Eduard. 1958. Der geborene Erzieher. 4. Auflage. Heidelberg.

Staatsinstitut für Schulqualität und Bildungsforschung (Hrsg.) 2003. Bayerisches Staatsministerium für Unterricht und Kultus. Lehrplan für die Fachakademie für Sozialpädagogik - 1. und 2. Studienjahr. August 2003.

Staatsinstitut für Schulqualität und Bildungsforschung (Hrsg.) 2006. Bayerisches Staatsministerium für Unterricht und Kultus. Lehrplan für die Berufsfachschule für Kinderpflege - 1. und 2. Schuljahr. Juli 2006.

Stanat, Petra et al. 2002. PISA 2000: Die Studie im Überblick, Berlin: Max-Planck-Institut für Bildungsforschung.

Statistisches Bundesamt. 2004. Statistiken der Kinder- und Jugendhilfe III. 1. Einrichtungen und tätige Personen. Tageseinrichtungen für Kinder (2002) Arbeitsunterlagen. Wiesbaden.

Statistisches Bundesamt. 2006a. Zahlenkompass 2006 für die Bundesrepublik Deutschland. Wiesbaden.

Statistisches Bundesamt. 2006b. Bevölkerung Deutschland bis 2050. 11. koordinierte Bevölkerungsberechnung. Wiesbaden.

Statistisches Bundesamt. 2006c. Bevölkerung Deutschland bis 2050. 11. koordinierte Bevölkerungsberechnung – Ausführliche Ergebnisse. Wiesbaden. URL: http://www. destatis.de/presse/deutsch/pk/2006/bev_2050b.htm Stand: 16.05.2007.

Statistisches Bundesamt. 2006d. Deutschland in der EU 2006. Wiesbaden.

Statistisches Bundesamt. 2006e. Kinderlosigkeit von Akademikerinnen im Spiegel des Mikrozensus. Wiesbaden. URL: http://www.destatis.de/presse/deutsch/pk/2006/ kinderlosigkeit.pdf Stand: 19.05.2007.

Statistisches Bundesamt. 2006.f. Immer mehr Übergewichtige. URL: http://www.destatis.de/presse/deutsch/pm2006/p2270095.htm Stand: 19.05.2007.

Staudinger, Katja Monika. 2006. Erziehungskompetenz als komplexes Gefüge. Empirische Erhebung zum pädagogischen Kompetenzspektrum und paradigmatische Debatte. München: Herbert Utz Verlag.

Steinbart, Hildegard. 1903. Das Kindergärtnerinnen-Seminar in Kassel. In: Die Lehrerin in Schule und Haus : Zentralorgan für die Interessen der Lehrerinnen und der Erzieherinnen des In- und Auslandes ; 20(1903/04)19, S. 505 – 507 URL: http://www.bbf.dipf.de/cgi-shl/digibert.pl?id=BBF0522067&c=515 ff. Stand: 27.04.2007.

Steinbart, Hildegard. 1918. Das Kindergärtnerinnen-Seminar der Mädchen-Mittelschule in Duisburg / Vortrag, gehalten von Hildegard Steinbart. In: Die Mittelschule: Zeitschrift der Reichsfachschaft Mittelschule im Nationalsozialistischen Lehrerbund; 32(1918)6, S. 81 – 86 URL: http://www.bbf.dipf.de/cgi-shl/digibert.pl?id=BBF 0743908 Stand: 27.04.2007

Steinhardt, Kornelia / Büttner, Carmen / Müller, Burkhard (Hrsg.): Kinder zwischen drei und sechs. Bildungsprozesse und Psychoanalytische Pädagogik im Vorschulalter. Jahrbuch für Psychoanalytische Pädagogik 15. Gießen: Psychosozial.

Stichweh, Rudolf. 1992. Professionalisierung, Ausdifferenzierung von Funktionssystemen, Inklusion. Betrachtungen aus systemtheoretischer Sicht. In: Dewe, Ferchhoff und Radtke (Hrsg.). Erziehen als Profession. Opladen. S. 36 – 49.

Stichweh, Rudolf.1996. Professionen in einer funktional differenzierten Gesellschaft. In: Combe, Arno und Helsper, Werner (Hrsg.). Pädagogische Professionalität. Untersuchungen zum Typus pädagogischen Handelns. S. 49 – 69.

Straßberger, Gudrun. 1994. Bayerisches Kindergartengesetz – Kommentar. 6. Überarbeitete Auflage. München: Deutscher Gemeindeverlag.

Strätz, Rainer. u.a. 2000. Eine gemeinsame Aufgabe von Schule und Praxis. Ausbildung von Erzieherinnen und Erziehern. Münster: Votum.

Stutzer, Erich (Hrsg.). 2006. Praxisratgeber Kindertagesbetreuung, Teil 5.5 (30 Seiten), Merching: Forum-Verlag Herkert. Aktualisierungslieferung Juni 2006.

Süddeutsche. 2007. Streit um Kinderkrippe - Evangelische Bischöfin attackiert Mixa. In: Sueddeutsche.de URL: http://www.sueddeutsche.de/deutschland/artikel/308/109199/print.html Stand: 16.05.2007.

Sure Start. 2007. URL: http://www.surestart.gov.uk// Stand: 15.05.2007

Sylva, Kathy / Melhuish, Edward / Sammons, Pam / Siraj-Blatchford, Irma / Taggart, Brenda. 2004. The Effective Provision of Pre-School Education (EPPE) Project: Final Report. A Longitudinal Study Funded by the DfES 1997-2004.

Tagesschau. 2007. Katholischer Bischof greift Familienministerin an "Von der Leyen macht Frauen zu Gebärmaschinen". In: Tagesschau vom 22.02.2007 URL: http://www.tagesschau.de/aktuell/meldungen/0,1185,OID6445566,00.html Stand: 24.05.2007.

Tauch, Christian. 2007. Der Europäische Qualifikationsrahmen. In: Buttner, Peter (Hrsg.). 2007. Das Studium des Sozialen. Aktuelle Entwicklungen in Hochschule und sozialen Berufen. Berlin: Eigenverlag des Deutschen Vereins für öffentliche und private Fürsorge e. V., S. 38 – 48.

Textor, Martin R. o. A. Wo gehört die Bildung hin? Ist eine Reform des SGB VIII erforderlich? In: Becker-Textor Ingeborg und Textor Martin R. (Hrsg.) SGB VIII – Online Handbuch. URL: http://www.sgbviii.de/S131.html Stand: 11.01.2007

Textor, Martin R. 2003. Erzieher/innenausbildung: zwischen Akademisierung und Elementarisierung. In: Textor, Martin R., Kindergartenpädagogik. Online-Handbuch. URL: http://www.kindergartenpaedagogik.de/1057.html (Stand: 21.02.2005), 5 Seiten.

Textor, Martin R. 2006. Piagets Theorie der kognitiven Entwicklung. URL: http://www.kindergartenpaedagogik.de/1226.html Stand: 04.01.2007.

Textor, Martin R. 2006a. Die Vergesellschaftung der Kindheit: Kindertageseinrichtungen im Spannungsfeld kontroverser Erwartungen. In: Steinhardt, Kornelia / Büttner, Carmen / Müller, Burkhard (Hrsg.): Kinder zwischen drei und sechs. Bildungsprozesse und Psychoanalytische Pädagogik im Vorschulalter. Jahrbuch für Psychoanalytische Pädagogik 15. Gießen: Psychosozial. S. 81 - 96.

Textor, Martin R. (Hrsg.). 2006b. Erziehungs- und Bildungspartnerschaft mit Eltern. Gemeinsam Verantwortung übernehmen. Freiburg, Basel, Wien: Herder.

Textor, Martin R. 2006c. Verhaltensauffällige Kinder. In Stutzer, Erich (Hrsg.), Praxisratgeber Kindertagesbetreuung, Teil 5.5 (30 Seiten), Merching: Forum-Verlag Herkert. Aktualisierungslieferung Juni 2006

Textor Martin R. 2006d. Die ganze Welt im Kindergarten. Erziehungspartnerschaft mit MigrantInnen. In: Zeitschrift klein & groß , 59, S. 14 - 17.

Textor, Martin R. 2007. Familienbildung. In: Ecarius, Jutta (Hrsg.). Handbuch Familie. Wiesbaden: VS Verlag für Sozialwissenschaften. S. 366-386.

Thaa-Klein, Ursula. 2002. Kindergärten als Bildungszentren?! Fachzeitschrift der Aktion Jugendschutz Nr. 4 /38. Jahrgang: 23 – 26.

The British Association for Early Childhood Education. 2007. URL: http://www.early-education.org.uk/ Stand: 15.05.2007.

Thiersch, Renate. 1999. Der Kindergarten als Vorschule – oder: Was heißt eigenständige Schulvorbereitung? In: TPS 1/1999. S. 13.

Thiersch, Renate / Höltershinken, Dieter / Neumann, Karl (Hrsg.). 1999a. Die Ausbildung der ErzieherInnen. Entwicklungstendenzen und Reformansätze. Weinheim, München: Juventa Verlag.

Thole, Werner / Küster-Schapfl, Ernst-Werner. 1997. Sozialpädagogische Profis. Beruflicher Habitus, Wissen und Können von PädagogInnen in der außerschulischen Kinder- und Jugendarbeit. Opladen: Leske + Budrich.

Thole, Werner / Cloos, Peter. 2006. Akademisierung des Personals für das Handlungsfeld Pädagogik der Kindheit. In: Diller, Angelika / Rauschenbach, Thomas. (Hrsg.). 2006. Reform oder Ende Erzieherinnenausbildung? Beträge zu einer kontroversen Fachdebatte. München: DJI Verlag Deutsches Jugendinstitut. S. 47 – 77.

Tippelt, Rudolf. 2002. Handbuch Bildungsforschung. Opladen: Leske + Budrich.

Treuge, Margarete. 1913. Ein Nachwort zur Frage der Kindergärtnerinnenbildung. In: Die Lehrerin : Organ des Allgemeinen Deutschen Lehrerinnenvereins ; 30(1913/14)5, S. 36 – 37. URL: http://www.bbf.dipf.de/cgi-shl/digibert.pl?id=BBF 0535567 ff. Stand: 27.04.2007.

Trouillet, B. 1973. Die Vorschulerziehung im internationalen Vergleich. In: Höltershinken, D. (Hrsg.) Vorschulerziehung. Band 2. Freiburg.

Tsiomidis, Adamantios. 1993. Das System der staatlichen Vorschulerziehung in Griechenland mit besonderer Berücksichtigung der akademischen Ausbildung der Erzieher. Tübingen: Schwäbische Verlagsgesellschaft.

Tuning-Projekt. 2006. Eine Einführung Tuning Educational Structures in Europe. Der Beitrag der Hochschulen zum Bologna-Prozess. URL: http://tuning.unideusto.org/tuningeu/index.php?option=content&task=view&id=155&Itemid=182   Stand: 10.03.2008.

Ulich, Michaela / Oberhuemer, Pamela / Soltendieck, Monika. 2005. Die Welt trifft sich im Kindergarten. Interkulturelle Arbeit und Sprachförderung in Kindertageseinrichtungen. 2. aktualisierte Auflage. Weinheim und Basel, Beltz.

UNICEF. 2005. Kinderarmut in reichen Ländern steigt Internationale UNICEF-Vergleichsstudie: Zunahme in Deutschland höher als in den meisten OECD-Staaten. URL: http://www.unicef.de/kinderarmut.html Stand: 19.05.2007.

UNICEF. 2007. Child poverty in perspective: An overview of child well-being in rich countries. Report Card No. 7. Florenz.

Universität Bremen. 2004. Frühkindliche Bildung. URL: http://www.weiterbildung.uni-bremen.de/weiterbi/kurse/wsfb_pdf.pdf Stand: 29.05.2007.

Urban, Mathias. 2000. Das „Pädagogische Handwerkszeug" – Was brauchen ErzieherInnen, um Vielfalt und Qualität zu sichern? In: SPI (Hrsg.). 2000. Lebensort Kindertageseinrichtung. Bilden – Erziehen – Fördern. Professionalität und Qualität in Kindertageseinrichtungen. Viel erreicht – noch viel zu tun? 4. Workshop am 27.10.2000 in Siegen. - Dokumentation. S. 9 – 17.

Uslucan, Haci-Halil. Chancen von Migration – Migration als Entfaltungspotenzial für Familien. In: frühe Kindheit – die ersten sechs Jahre. Ausgabe 01/06. S. 22 – 25.

Vademecum - Stätten der Forschung : 53.000 Institutionen, Adressen, Kontakte, Profile. 2008. Berlin.

VBE. 2007. VBE zum OECD-Bildungsreport 2007: Deutschland verliert Ruf als Bildungsland. URL: http://bildungsklick.de/pm/55486/vbe-zum-oecd-bildungsreport-2007-deutschland-verliert-ruf-als-bildungsland/ Pressemeldung von: Verband Bildung und Erziehung e.V. Stand: 19.06.2008. (1 Seite).

Vbw (Hrsg.). 2007. Bildungs-gerechtigkeit – Jahresbericht 2007. Wiesbaden: VS Verlag für Sozialwissenschaften.

Viernickel, Susanne. 2006. Qualitätsanforderungen an Leitungskräfte in Kindertageseinrichtungen. In: frühe Kindheit – die ersten sechs Jahre. Ausgabe 04/06. S. 22 – 25.

Viernickel, Susanne. 2006a. Wege zur Erziehungspartnerschaft zwischen Erzieherinnen und Eltern. In: frühe Kindheit – die ersten sechs Jahre. Ausgabe 06/06. S. 24 – 29.

Volland, Cordelia / Trommsdorff, Gisela. 2003. Mütterliche Feinfühligkeit und die Entwicklung von mitfühlend-prosozialem Verhalten bei Vorschulkindern. Eine Beobachtungsstudie. In: Zeitschrift für Entwicklungspsychologie und Pädagogische Psychologie. 35 (1) S. 2 – 11.

Vygotski, L. S. 1978. Mind in society. Cambridge: Harvard University Press.

Walper, S. 2004. Auswirkungen von Armut auf die betroffenen Kinder und Jugendlichen. In: Bundesministerium für Familie, Senioren, Frauen und Jugend (Hrsg.) Materialien zur Familienpolitik. Lebenslagen von Familien und Kinder. Überschuldung privater Haushalte. Expertisen zur Erarbeitung des Zweiten Armuts- und Reichtumsberichtes der Bundesregierung, Nr. 19. Berlin. URL: http://www.bmfsfj.de/RedaktionBMFSFJ/Abteilung2/Pdf-Anlagen/materialien-zur-familienpolitik-nr.-19-2004,property=pdf,bereich=,rwb=true.pdf Stand: 19.05.2007.

Wang, Shiangkwei / Hsu, Hui-Yin. 2007. Blogging: a Collaborative Online Discussion Tool. In C. Crawford et al. (Eds.), Proceedings of Society for Information Technology and Teacher Education International Conference 2007. Chesapeake, VA: AACE. S. 2486 – 2489.

Wehrmann, I. (2003): Zukunft der Kindergärten- Kindergärten der Zukunft: neue Formen der Kinderartenbetreuung. In: Fthenakis, W.E. (Hrsg.): Elementarpädagogik nach Pisa. Wie aus Kindertagesstätten Bildungseinrichtungen werden können. Herder: Freiburg, 294-316

Welsh-Huggins, Andrew / Leffers, Jochen. 2007. Bloggen für eine Handvoll Dollar. 24. Juni 2007, 08:46 Uhr. URL: http://www.spiegel.de/unispiegel/studium/0,1518, 490258,00.html Stand: 18.03.2008

Wendl, Peter. 2005. Gelingende Fern-Beziehung. Entfernt zusammen wachsen. Freiburg, Basel, Wien: Herder.

Wenzel, Ludwig. o.J. Perspektiven in der Erzieher/innenausbildung Vernetzung von Fachschule und Fachhochschule? URL: http://www.beaonline.de/cmain/bealinks Stand: 24.11.2004, 4 Seiten.

West, Richard / Wright, Geoff / Graham, Charles. 2005. Blogs, Wikis, and Aggregators: A New Vocabulary for Promoting Reflection and Collaboration in a Preservice Technology Integration Course. In C. Crawford et al. (Eds.), Proceedings of Society for Information Technology and Teacher Education International Conference 2005. Chesapeake, VA: AACE. S. 1653 – 1658.

Whitebook, Marcy. 2003. Early Education Quality: Higher Teacher Qualifications for Better Learning Environments – A Review of the Literature. Summary Version. URL: http://iir.berkeley.edu/cscce/pdf/teacher_summary.pdf Stand: 29.05.2007.

Wiesner, Reinhard. 2006. SGB VIII Kinder- und Jugendhilfe (Kommentar). 3. überarbeitete Auflage. München: Beck.

Wildgruber, Andreas / Nagel, Bernhard. 2007. Neue Hochschulstudiengänge. In: Staatsinstitut für Frühpädagogik (Hrsg.). Bildung Erziehung Betreuung von Kindern in Bayern. 12. Jahrgang, 2007, Heft 1/2. S. 5 – 10.

Winter, Martin. 2008. Programm-, Prozess-, Problem-Akkreditierung. URL: http://www. academics.de/wissenschaft/programm_prozess_problem_akkreditierung_30494.html ?page=0 Stand: 29.02.2008

Wirtschafts- und sozialpolitischen Forschungs- und Beratungszentrum der Friedrich-Ebert-Stiftung (Hrsg.) Stiegler Barbara. 2006. Mutter-Vater-Kinder-Los. Eine Analyse des Geburtenrückgangs aus der Geschlechterperspektive. für den Geburtenrückgang. Friedrich-Ebert-Stiftung.

Wittwer, Wolfgang. 2001. Biographieorientierte Kompetenzentwicklung in der betrieblichen Weiterbildung. In: Report. Literatur- und Forschungsreport Weiterbildung. 12/2001. -S. 109 – 127.

Wolf, Detlev. Plädoyer für eine heilpädagogische Qualifizierung in der Erzieherinnenausbildung. In: Behindertenpädagogik. 33. Jahrgang. Heft 3. S. 318 – 322.

Woodhead, M. 1979. Pre-School Education in Western Europe. Issues, Policies and Trends. London: Council of Europe.

Wunderlich, Theresa / Hugoth, Matthias / Jansen, Frank. 2000. Themenwechsel. Die Zukunft lernt im Kindergarten. Positionen und Impulse. Herausgeber: Verband Katholischer Tageseinrichtungen für Kinder (KTK) – Bundesverband e.V.

Zedler, Peter. 2002. Erziehungswissenschaftliche Bildungsforschung. In: Tippelt, Rudolf (Hrsg.) Handbuch Bildungsforschung. Opladen: Leske + Budrich. S. 21 – 39.

Zeissner Georg. 1983. Das soziale Handeln des Menschen. München: Bardtenschlager Verlag.

Zimbardo, Philip G. / Gerrig, Richard J. 2004. Psychologie. 16. aktualisierte Auflage. Pearson Studium.

Zink, Gabriela / Lechner, Helmut. 2007. Mehr Durchlässigkeit: Der kooperative Studiengang „Bildung und Erziehung im Kindesalter" (0 – 12 Jahre) an der Fachhochschule München. In: Staatsinstitut für Frühpädagogik (Hrsg.). Bildung Erziehung Betreuung von Kindern in Bayern. 12. Jahrgang, 2007, Heft 1/2. S. 11 - 13.

Züchner, Ivo. 2006. Kinder in Deutschland – arm dran? Ergebnisse der Armutsforschung. In: DJI Bulletin. 77. 4/2006. S. 15. URL: http://www.dji.de/bulletin/d_bull_d/bull77_d/DJIB_77.pdf Stand: 19.05.2007

ZWD – Zweiwochendienst. 2008. Familienministerkonferenz nimmt Qualität der Kinderbetreuung ins Visier. URL: http://www.zwd.info/scripts/druckvorschau.php?id_7372 Stand: 30.05.2008 (1 Seite)

Anlagen

Anlage I: Anschreiben und Fragebogen

Fragebogen zur Akkreditierung von Studiengängen im Bereich Früh-/ Elementarpädagogik

Eichstätt, 08.02.2008

Sehr geehrte Damen und Herren,
ich wende mich an Sie mit der Bitte um Unterstützung meiner Dissertation mit dem Arbeitstitel „Akademisierung der Erzieherinnenausbildung". Im Zusammenhang meiner Dissertation bei Prof. Dr. Guido Pollak, Universität Passau und meiner Arbeit mit Prof. Dr. Ulrich Bartosch, Katholische Universität Eichstätt-Ingolstadt analysiere ich neben der historischen und inhaltlichen Entwicklung der Erzieherinnenausbildung auch neue Studien-programme und deren Konzeptionen. Ein wichtiger Aspekt dieser Arbeit ist die Akkreditierung neuer Studiengänge im Bereich Früh- und Elementarpädagogik.

Eine Analyse der Gutachterbericht hat erbracht, dass Forderungen und Auflagen entwickelt wurden, die von grundsätzlichen Elementen bis hin zu Detailfragen reichen. Das Ziel meiner Untersuchung ist, allgemeine Kriterien für die Akkreditierung dieser Studiengänge aus den bisherigen Vorgängen zu rekonstruieren. Die Formulierungen des folgenden Fragebogens sind den Gutachterberichten der bisherigen Akkreditierungsverfahren entlehnt und wurden für eine bessere Vergleichbarkeit und Lesbarkeit redaktionell überarbeitet.

Sehr geehrte Damen und Herren, Sie waren laut der Gutachterberichte im Rahmen einer oder mehrerer Vor-Ort-Begehungen eines solchen Studiengangs in einem Gutachterteam tätig, weswegen ich dringend Ihre Unterstützung benötige. Ihre Angaben werden die mir vorliegenden Dokumente konkretisieren. Für die Analyse ist es ausschlaggebend wie Sie die Wichtigkeit der jeweiligen Kriterien als Gutachter einschätzen.

Ich möchte Sie bitten, diesen Fragebogen bis zum 21. März 2008 auszufüllen. Die Antwortkästchen können mit einfachem Anklicken aktiviert werden. Bitte machen Sie pro Zeile nur ein Kreuz. Freie Antworten können in die grau unterlegten Felder eingetragen werden. Die Bearbeitung des Fragebogens wird ca. 15 Minuten Ihrer Zeit in Anspruch nehmen. Bitte senden Sie den ausgefüllten Fragebogen per Mail, durch klicken auf den Button „per Mail" oder per Fax – Ausdruck über „Drucken"-Button - an die Nummer 08421/xxxxxx. Ihre persönlichen Rückfragen nehme ich gerne telefonisch 084xx/xxxxxx oder per Mail xxx@ku-eichstaett.de entgegen.

Gerne lasse ich Ihnen nach Beendigung meiner Dissertation die Ergebnisse zukommen. Bitte mailen Sie mir Ihr Interesse gesondert (xxx@ku-eichstaett.de), da Ihre Antworten anonymisiert bei mir eingehen.

Über Ihre Teilnahme würde ich mich schon aus fachlichen Gründen sehr freuen und bedanke mich vorab für Ihre Unterstützung. Die Auswertung der Fragebögen erfolgt selbstverständlich anonym.

Mit freundlichen Grüßen

Christine Speth
M.A., Dipl. Soz.Päd. (FH), staatlich anerkannte Erzieherin

Teil I: Allgemeine Informationen:
(Die Fragen beziehen sich immer auf Studiengänge im Bereich Früh- / Elementarpädagogik!)

1. Welche Gruppe haben Sie in der(n) Vor-Ort-Begehung(en) vertreten?

- Studierende
- Arbeitgeber
- Hochschule (Fachhochschule)
- Hochschule (Universität)
- Ministerium; Welches?
- Sonstiges

2. Auf den folgenden Seiten finden Sie Listen über bestehende (veröffentlichte) Studiengänge im Bereich **Früh-/Elementarpädagogik**. Bitte kreuzen Sie die Studiengänge an, bei deren Vor-Ort-Begehungen Sie **aktiv als Gutachter/in** teilgenommen haben. Bitte kreuzen Sie dabei an im Auftrag welcher Agentur Sie dort waren und ob der Studiengang ohne oder mit Auflagen akkreditiert wurde bzw. ob die Akkreditierung abgelehnt wurde. Falls ein von Ihnen akkreditierter Studiengang nicht in der Liste enthalten ist, fügen Sie diesen inkl. Hochschule und Studiengangsbezeichnung und -abschluss in die freie Zeile ein.

Hochschule	Studiengang	Ab-schluss	Kein Gut-achter	Akkreditierungsagentur						Akkreditierung		
				ACQUIN	AHPGS	AQAS	ASIIN	FIBAA	ZEvA	ohne Auflage	mit Auflage	versagt
Berlin, Alice-Salomon-Fachhochschule	Erziehung und Bildung im Kindesalter	B.A.	○	○	○	○	○	○	○	○	○	○
Berlin, Kath. Hochschule für Sozialwesen	Bildung und Erziehung	B.A.	○	○	○	○	○	○	○	○	○	○
Bielefeld, Fachhochschule	Pädagogik der Kindheit	B.A.	○	○	○	○	○	○	○	○	○	○
Bochum, Evang. Fachhochschule	Elementarpädagogik	B.A.	○	○	○	○	○	○	○	○	○	○
Bremen, Universität	Fachbezogene Bildungswissenschaften Elementarbereich	B.A.	○	○	○	○	○	○	○	○	○	○
Darmstadt, Evang. Hochschule für Soz. Arbeit und Päd. Akad.	Bildung und Erziehung in der Kindheit	B.A.	○	○	○	○	○	○	○	○	○	○
Dresden, Evang. Hochschule für Soziale Arbeit	Elementar- und Hortpädagogik	B.A.	○	○	○	○	○	○	○	○	○	○
Dresden, Technische Universität	Childhood research and education/ Kindheitsforschung Beratung und Bildung	M.A.	○	○	○	○	○	○	○	○	○	○
Erfurt, Fachhochschule	Bildung und Erziehung von Kindern	B.A.	○	○	○	○	○	○	○	○	○	○
Erfurt, Universität	Pädagogik der Kindheit	B.A.	○	○	○	○	○	○	○	○	○	○
Esslingen, Hochschule	Bildung und Erziehung in der Kindheit	B.A.	○	○	○	○	○	○	○	○	○	○
Freiburg, Evang. Fachhochschule und Päd. Hochschule	Pädagogik der frühen Kindheit	B.A.	○	○	○	○	○	○	○	○	○	○
Freiburg, Katholische Fachhochschule	Management von Erziehungs- und Bildungseinrichtungen	B.A.	○	○	○	○	○	○	○	○	○	○
Gera, SRH Hochschule Gera GmbH i.G.	Interdisziplinäre Frühförderung	B.A.	○	○	○	○	○	○	○	○	○	○
Gießen, Universität	Bildung und Förderung in der Kindheit	B.A.	○	○	○	○	○	○	○	○	○	○
Hamburg, Hochschule für angewandte Wissenschaften	Erziehung und Bildung	B.A.	○	○	○	○	○	○	○	○	○	○
Heidelberg, Pädagogische Hochschule	Frühkindliche und Elementarbildung	B.A.	○	○	○	○	○	○	○	○	○	○
Heidelberg, Pädagogische Hochschule	Pädagogik für Kinder und Jugendliche der Straße	M.A.	○	○	○	○	○	○	○	○	○	○
Hildesheim / Holzminden / Göttingen, Fachhochschule	Bildung und Erziehung im Kindesalter	B.A.	○	○	○	○	○	○	○	○	○	○

Studiengangsinformation Hochschule	Studiengang	Abschluss	Kein Gutachter	ACQUIN	AHPGS	AQAS	ASIIN	FIBAA	ZEVA	Akkreditierung ohne Auflage	mit Auflage	versagt
Karlsruhe, Pädagogische Hochschule	Sprachförderung und Bewegungserziehung	B.A.										
Kiel, Fachhochschule	Erziehung und Bildung im Kindesalter	B.A.										
Koblenz, Fachhochschule / RheinAhrCampus Remagen	Bildungs- und Sozialmanagement mit Schwerpunkt frühe Kindheit	B.A.										
Lüneburg, Universität	Bildungswissenschaften	B.A.										
Magdeburg-Stendal, Hochschule (Standort Stendal)	Angewandte Kindheitswissenschaften	B.A.										
München, Hochschule	Bildung und Erziehung	B.A.										
München, Kath. Stiftungsfachhochschule	Bildung und Erziehung im Kindesalter	B.A.										
Neubrandenburg, Fachhochschule	Early education - Bildung und Erziehung im Kindesalter	B.A.										
Nordrhein-Westfalen, Kath. Fachhochschule	Bildung und Erziehung im Kindesalter	B.A.										
Nürnberg, Fachhochschule	Erziehung und Bildung	B.A.										
Oldenburg / Ostfriesland / Wilhelmshaven, Fachhochschule	Integrative Frühpädagogik	B.A.										
Potsdam, Fachhochschule	Bildung und Erziehung in der Kindheit	B.A.										
Reutlingen-Ludwigsburg, Evang. Fach- und Pad.Hochschule	Frühkindliche Bildung und Erziehung	B.A.										
Rheinland-Westfalen-Lippe, Evangelische Fachhochschule	Elementarpädagogik	B.A.										
Saarland, Hochschule für Technik und Wirtschaft	Soziale Arbeit und Pädagogik der Kindheit	B.A.										
Schwäbisch Gmünd, Pädagogische Hochschule	Frühe Bildung	B.A.										
Weingarten, Pädagogische Hochschule	Elementarbildung	B.A.										

298

Teil II: Kriterien für eine Akkreditierung im Bereich Früh-/ Elementarpädagogik
Die einzelnen Items des Fragebogens sind eine Auswertung der veröffentlichten Akkreditierungsgutachten von Studiengängen im Bereich Früh-/ Elementarpädagogik und somit Zitate, die rein
redaktionell für eine bessere Vergleichbarkeit und Lesbarkeit überarbeitet worden

Bitte kreuzen Sie pro Zeile nur ein Kästchen an!

Gesetzliche Vorgaben

		sehr wichtig	wichtig	weniger wichtig	unwichtig
Prüfungsordnung	Eine verabschiedete Prüfungsordnung soll vorhanden sein	○	○	○	○
	Die in den Modulbeschreibungen genannten Prüfungsformen sollen in der Prüfungsordnung für den Studiengang spezifiziert werden	○	○	○	○
Zulassungsordnung₁	Eine *Zulassungsordnung* soll vorhanden sein	○	○	○	○
Diploma Supplement	Ein *Diploma Supplement* soll vorhanden sein	○	○	○	○
	Das Diploma Supplement soll dem HRK-Modell angepasst sein	○	○	○	○
Modulhandbuch	Das Modulhandbuch soll den KMK-Vorgaben (vom 15.09.2000 i.d.F. vom 22.10.2004) entsprechen	○	○	○	○
Anrechnung von außerhalb des Hochschulwesens erbrachter Leistungen	Es soll für die Anrechnung von außerhalb des Hochschul-wesens erbrachter Leistungen und Credits auf das Hochschulstudium ein entsprechendes Konzept bestehen	○	○	○	○
Studierende ohne Fachschulbildung	Studierende mit Fachschulbildung sollen auf die gesetzliche Situation des jeweiligen Bundeslandes schriftlich hingewiesen werden	○	○	○	○

Konzept

		sehr wichtig	wichtig	weniger wichtig	unwichtig
Gesamtkonzept	Das Gesamtkonzept soll transparent im Hinblick auf das *Profil* des Studiengangs sein	○	○	○	○
	Soll transparent im Hinblick auf die zu erwerbenden *Kompetenzen* sein	○	○	○	○
	Soll im Hinblick auf Kooperationen zwischen den beteiligten Instituten und Lehr-, Lern- und Prüfungsformen transparent dargestellt sein	○	○	○	○
	Die Grobstruktur des Curriculums soll mit der Zielstellung des Studiengangs korrespondieren	○	○	○	○
Konzept innovativ	Die Einrichtung des Studiengangs lässt Innovationen hinsichtlich der *beruflichen* Professionalisierung im Elementarbereich erwarten	○	○	○	○
	Die Einrichtung des Studiengangs lässt Innovationen hinsichtlich der *standespolitischen* Professionalisierung (Vertretung nach außen) im Elementarbereich erwarten	○	○	○	○
Realisierung eines akademischen Niveaus	Ausrichtung rein auf *Wissenschaftlichkeit* / Forschung und Entwicklung	○	○	○	○

₁ Zulassungsordnung: Spezifika bei Studiengängen im Bereich der Früh-/Elementarpädagogik um
abweichend von der allgemeinen (Fach-)Hochschulreife weitere Zugänge zu regeln.

		sehr wichtig	wichtig	weniger wichtig	unwichtig
	Ausrichtung rein auf *Anwendungsorientierung / Praxis*	○	○	○	○
	Ausgewogene Ausrichtung auf *Wissenschaftlichkeit und Anwendungsorientierung*	○	○	○	○
Struktur	Das Studium soll *berufsbegleitend* stattfinden	○	○	○	○
	Das Studium soll in *Vollzeit* stattfinden	○	○	○	○
	Das Studium soll *berufsbegleitend oder in Vollzeit* stattfinden	○	○	○	○

Module

		sehr wichtig	wichtig	weniger wichtig	unwichtig
Module	Es soll die Modul*anzahl* hinsichtlich der Studierbarkeit geprüft werden	○	○	○	○
	Es soll die Modul*größe* hinsichtlich der Studierbarkeit geprüft werden	○	○	○	○
	Jedes Modul soll eine Prüfung(sform) ausweisen	○	○	○	○
Modulbeschreibungen	Modulbeschreibungen sollen sich als detailliert und umfassend auch auf die jeweils zu erwerben Kompetenzen erweisen	○	○	○	○
	In den Modulbeschreibungen soll Interdisziplinarität erkennbar sein	○	○	○	○
	Die modulare Umsetzung der von der Hochschule formulierten Kompetenzziele soll überprüft werden	○	○	○	○
Zeitliche Abfolge	Die im Curriculum festgelegten Module der jeweils nachfolgenden Semester sollen thematisch und inhaltlich auf die Vorangegangenen aufbauen	○	○	○	○
	Die im Curriculum festgelegten Module sollen unabhängig voneinander erarbeitet werden können	○	○	○	○
Inhalte	Der Titel des Studiengangs soll im Verhältnis zu den Studiengangsinhalten stehen	○	○	○	○
	Die Lehr- und Lerninhalte sollen stimmig mit den angestrebten Zielen und Kompetenzen korrespondieren	○	○	○	○

Praxis

		sehr wichtig	wichtig	weniger wichtig	unwichtig
Orientierung an der Praxis bei berufsbegleitenden Studiengängen	Das Potential der Erfahrungen aus der Berufspraxis soll genutzt und unmittelbar in die Studieninhalte einfließen	○	○	○	○
	Die Orientierung auf die berufliche Praxis während des gesamten Studienverlaufs soll eine Grundlage des Studiums sein	○	○	○	○
	Das Berufsumfeld soll gezielt als zusätzliches Lernsetting genutzt werden	○	○	○	○
	Die Praxisphasen sollen in der *eigenen* Einrichtungen durchgeführt werden	○	○	○	○
	Die Praxisphasen sollen in einer *anderen* Einrichtungen durchgeführt werden	○	○	○	○
Integration der Praxis	Eine Verzahnung von Praxisorientierung und der Vermittlung wissenschaftlicher Kompetenzen und berufsfeldbezogener Kompetenzen soll sichergestellt werden	○	○	○	○
	Es soll ein praktisches Studiensemester ausgewiesen sein	○	○	○	○

Voraussetzungen für Studierende

	sehr wichtig	wichtig	weniger wichtig	unwichtig
Es sollen klare Zulassungsregelungen vorhanden sein₂	○	○	○	○
Es sollen möglichst konkrete Verfahrensregelungen für die Zulassung zu den Anerkennungsmodulen in den Fachschulen festgelegt werden	○	○	○	○
Es sollen klare Einstufungsverfahren vorhanden sein (Zur Anerkennung außerhochschulischer Qualifikationen)	○	○	○	○
Es soll BerufspraktikerInnen die Möglichkeit der Durchlässigkeit bieten	○	○	○	○

Evaluation / Qualitätssicherung

	sehr wichtig	wichtig	weniger wichtig	unwichtig
Es soll ein Evaluationskonzepts zur Bewertung der Lehre dargelegt werden	○	○	○	○
Es soll regelmäßig und dezidiert der Zugang - je nach Gruppe der Zugangsvoraussetzungen - zum Studiengang erhoben werden	○	○	○	○
Es sollen regelmäßig und dezidiert der Verbleib der Absolventen erhoben werden - Absolventenerhebung	○	○	○	○

Qualifikation

	sehr wichtig	wichtig	weniger wichtig	unwichtig
Der BA-Abschluss soll für einen Tätigkeitsbereichen im *Gruppendienst* der frühkindlichen Bildung (Kinderkrippe- / Kita-Gruppenleitung, Leitung einer bis zu 3gruppigen Einrichtung) qualifizieren	○	○	○	○
Der BA-Abschluss soll für einen Tätigkeitsbereichen im *Beratungsbereich* der frühkindlichen Bildung (Kita-BeraterIn, Kita-ReferentIn, Kita-KoordinatorIn, MitarbeiterIn im Kita-Management, DozentIn/FortbildnerIn) qualifizieren	○	○	○	○
Der BA-Abschluss soll für einen Tätigkeitsbereichen im *Führungsbereich* der frühkindlichen Bildung (Leitung einer Kita / Kinderkrippe / Beratungsstelle) qualifizieren	○	○	○	○

Didaktik

	sehr wichtig	wichtig	weniger wichtig	unwichtig
Der Studiengang soll eine Berufsqualifizierung mit einer theoretischen Grundierung und praktischen Handlungsfähigkeit vorsehen, die durch Praktika, Studienprojekte, wissenschaftliches Arbeiten und der engen Verknüpfung von theoretischen Erkenntnissen der Frühpädagogik mit dem künftigen Arbeitsfeld verbunden sein	○	○	○	○
Es soll eine enge Verknüpfung von herkömmlichen wissenschaftlichen Lehrmethoden und Blended-Learning stattfinden	○	○	○	○
Die zu erwartenden heterogenen Studienkohorten (durch unterschiedliche berufliche oder schulische Vorqualifikation) sollen durch ein flexibles, methodisch-didaktisches Konzept (Binnendifferenzierung) unterstützt werden	○	○	○	○

₂ Aufgrund der Spezifika bei Studiengängen im Bereich der Früh-/Elementarpädagogik um abweichend von der allgemeinen (Fach-)Hochschulreife weitere Zugänge zu regeln.

Ihre Einschätzung der derzeitigen Entwicklungen

	Trifft voll zu	Trifft zu	Teils / teils	Trifft weniger zu	Trifft gar nicht zu
Akademisierung Es soll eine einheitliche Berufbezeichnung festgelegt werden (z. B. Erzieherin FH, Frühpädagogin)	○	○	○	○	○
Die neuen Entwicklungen bereichern das Feld der Elementarpädagogik	○	○	○	○	○
Die Zulassung von heterogenen Studierendengruppen sind eine Bereicherung für einen elementarpädagogischen Studiengang	○	○	○	○	○
Die Zulassung von heterogenen Studierendengruppen sind eine Bedrohung für einen elementarpädagogischen Studiengang	○	○	○	○	○
Das Niveau eines Bachelor-Studiengangs wird durch die heterogenen Studierendengruppen *gleich* bleiben	○	○	○	○	○
Das Niveau eines Bachelor-Studiengangs wird durch die heterogenen Studierendengruppen *sinken*	○	○	○	○	○
Das Niveau eines Bachelor-Studiengangs wird durch die heterogenen Studierendengruppen *steigen*	○	○	○	○	○
Die Anforderungen innerhalb des Berufsfeldes werden allgemein steigen	○	○	○	○	○
Die Leitungen von Kitas werden zunehmend interprofessionell und interdisziplinär arbeiten müssen	○	○	○	○	○
Die fachlichen Anforderungen an Leitungen im Berufsfeld werden künftig dem Niveau von beispielsweise Grundschullehrern gleichgestellt werden können	○	○	○	○	○
Wissenschaftliches Reflexionsniveau wird künftig für die Bewältigung des beruflichen Alltags in der Kindertageseinrichtung notwendig	○	○	○	○	○
Die Behrrschung wissenschaftlicher Methoden und Techniken wird künftig notwendig für die Bewältigung des beruflichen Alltags in der Kindertagesstätte	○	○	○	○	○
Akkreditierung Das Akkreditierungsverfahren ist für die Prüfung und Bewertung eines Studiengangs gut geeignet	○	○	○	○	○
Das Akkreditierungsverfahren soll generell weiter entwickelt werden	○	○	○	○	○
Die bisherige Zusammensetzung des Gutachterteams ermöglicht eine professionelle Begutachtung eines elementarpädagogischen Studiengangs	○	○	○	○	○
Im Gutachterteam soll eine Vertretung einer Fachschule / Fachakademie für Sozialpädagogik sein	○	○	○	○	○

Raum für frei formulierte Antworten:

Wenn Sie die Antworten per Email schicken wird der Fragebogen getrennt von Ihrer Email gespeichert und kann deswegen nicht rückverfolgt werden. Falls Sie Interesse an den Ergebnissen meiner Dissertation haben, teilen Sie mir dies bitte getrennt in einer Email mit. *Herzlichen Dank für Ihre Unterstützung!*

Christine Speth

Drucken		per Email

Anlage II: Datensammlung der Befragung der peer groups

Gesetzliche Vorgaben	sehr wichtig	wichtig	weniger wichtig	un- wichtig	keine Antwort
Studierende mit Fachschulbildung sollen auf die gesetzliche Situation des jeweiligen Bundeslandes schriftlich hingewiesen werde	11	3	0	0	0
Eine verabschiedete Prüfungsordnung soll vorhanden sein	11	3	0	0	0
Eine Zulassungsordnung soll vorhanden sein	10	3	0	1	0
Die in den Modulbeschreibungen genannten Prüfungsformen sollen in der Prüfungsordnung für den Studiengang spezifiziert werden	9	3	1	0	1
Ein Diploma Supplement soll vorhanden sein	8	1	3	1	1
Das Modulhandbuch soll den KMK Vorgaben (vom15.09.2000 i.d.F. vom 22.10.2004) entsprechen	7	5	2	0	0
Anrechnung von außerhalb des Hochschulwesens erbrachter Leistungen	6	5	3	0	0
Das Diploma Supplement soll dem HRK-Modell angepasst sein	4	5	3	1	1
Es soll für die Anrechnung von außerhalb des Hochschulwesens erbrachter Leistungen und Credits auf das Hochschulstudium ein entsprechendes Konzept bestehen	3	5	4	1	1

Konzept	sehr wichtig	wichtig	weniger wichtig	un- wichtig	keine Antwort
Die Grobstruktur des Curriculums soll mit der Zielstellung des Studiengangs korrespondieren	12	2	0	0	0
Das Gesamtkonzept soll transparent im Hinblick auf das Profil des Studiengangs sein	11	3	0	0	0
Soll transparent im Hinblick auf die zu erwerbenden Kompetenzen sein	11	3	0	0	0
Ausgewogene Ausrichtung auf Wissenschaftlichkeit und Anwendungsorientierung	10	3	1	0	0
Die Einrichtung des Studiengangs lässt Innovationen hinsichtlich der beruflichen Professionalisierung im Elementarbereich erwarten	8	5	1	0	0
Soll im Hinblick auf Kooperationen zwischen den beteiligten Instituten und Lehr-, Lern- und Prüfungsformen transparent dargestellt sein	7	6	1	0	0
Das Studium soll berufsbegleitend oder in Vollzeit stattfinden	6	4	3	1	0
Einrichtung des Studieng- lässt Innovationen hinsichtlich der standespolit. Professionalisierung (Vertretung nach außen) im Elementarbereich erwarten	4	3	5	2	0

Das Studium soll in Vollzeit stattfinden	3	3	2	4	2
Ausrichtung rein auf Wissenschaftlichkeit / Forschung und Entwicklung	2	4	8	0	0
Ausrichtung rein auf Anwendungsorientierung / Praxis	1	7	4	2	0
Das Studium soll berufsbegleitend stattfinden	1	3	6	2	2

Module	sehr wichtig	wichtig	weniger wichtig	un-wichtig	keine Antwort
Es soll die Modulanzahl hinsichtlich der Studierbarkeit geprüft werden	9	4	1	0	0
Die Lehr- und Lerninhalte sollen stimmig mit den angestrebten Zielen und Kompetenzen korrespondieren	8	6	0	0	0
Es soll die Modulgröße hinsichtlich der Studierbarkeit geprüft werden	8	5	0	0	1
Modulbeschreibungen sollen sich als detailliert und umfassend auch auf die jeweils zu erwerben Kompetenzen erweisen	5	8	1	0	0
Der Titel des Studiengangs soll im Verhältnis zu den Studiengangsinhalten stehen	5	6	3	0	0
In den Modulbeschreibungen soll Interdisziplinarität erkennbar sein	4	7	3	0	0
Die modulare Umsetzung der von der Hochschule formulierten Kompetenzziele soll überprüft werden	4	6	4	0	0
Jedes Modul soll eine Prüfung(sform) ausweisen	2	11	1	0	0
Die im Curriculum festgelegten Module sollen unabhängig voneinander erarbeitet werden können	2	7	5	0	0
Die im Curriculum festgelegten Module der jeweils nachfolgenden Semester sollen thematisch und inhaltlich auf die vorangegangenen aufbauen	2	3	8	1	0

Praxis	sehr wichtig	wichtig	weniger wichtig	un-wichtig	keine Antwort
Eine Verzahnung von Praxisorientierung und der Vermittlung wissenschaftlicher Kompetenzen und berufsfeldbezogener Kompetenzen soll sichergestellt werden	8	5	1	0	0
Das Potential der Erfahrung aus der Berufspraxis soll genutzt und unmittelbar in die Studieninhalte einfließen	6	6	2	0	0
Das Berufumfeld soll gezielt als zusätzliches Lernsetting genutzt werden	5	5	3	1	0
Die Orientierung auf die berufliche Praxis während des gesamten Studienverlaufs soll eine Grundlage des Studiums sein	3	6	2	2	1

	sehr wichtig	wichtig	weniger wichtig	un-wichtig	keine Antwort
Die Praxisphasen sollen in einer anderen Einrichtungen durchgeführt werden	2	4	6	1	1
Es soll ein praktisches Studiensemester ausgewiesen sein	2	4	2	6	0
Die Praxisphasen sollen in der eigenen Einrichtungen durchgeführt werden	0	4	6	3	1

Evaluation/Qualitätssicherung	sehr wichtig	wichtig	weniger wichtig	un-wichtig	keine Antwort
Es soll ein Evaluationskonzepts zur Bewertung der Lehre dargelegt werden	10	3	1	0	0
Es soll regelmäßig und dezidiert der Zugang - je nach Gruppe der Zugangsvoraussetzungen - zum Studiengang erhoben werden	5	6	3	0	0
Es sollen regelmäßig und dezidiert der Verbleib der Absolventen erhoben werden – Absolventenerhebung	5	8	1	0	0

Qualifikation	sehr wichtig	wichtig	weniger wichtig	un-wichtig	keine Antwort
Der BA-Abschluss soll für einen Tätigkeitsbereich im Führungsbereich der frühkindlichen Bildung qualifzieren (Leitung einer Kita / Kinderkrippe / Beratungsstelle)	9	3	1	0	1
Der BA-Abschluss soll für einen Tätigkeitsbereich im Beratungsbereich der frühkindlichen Bildung qualifzieren (Kita-Beraterin, Kita-Referentin, Kita-Koordinatorin, Mitarbeiterin im Kita-Management, Dozentin/Fortbildnerin)	5	5	3	0	1
Der BA-Abschluss soll für einen Tätigkeitsbereich im Gruppendienst der frühkindlichen Bildung qualifizieren (Kinderkrippe- / Kita-Gruppenleitung, Leitung einer bis zu 3gruppigen Einrichtung)	5	3	3	2	1

Didaktik	sehr wichtig	wichtig	weniger wichtig	un-wichtig	keine Antwort
Der Studiengang soll eine Berufsqualifizierung mit einer theoretischen Grundierung und praktischen Handlungsfähigkeit vorsehen, die durch Praktika, Studienprojekte, wissenschaftliches Arbeiten und der engen Verknüpfung von theoretischen Erkenntnissen der Frühpädagogik mit dem künftigen Arbeitsfeld verbunden sein	9	2	1	0	2
Die zu erwartenden heterogenen Studienkohorten (durch unterschiedliche berufliche oder schulische Vorqualifikation) sollen durch ein flexibles, metho-	8	5	1	0	0

305

disch-didaktisches Konzept (Binnendifferenzierung) unterstützt werden					
eine enge Verknüpfung von herkömm- wissenschaft. Lehrmethoden und Blended-Learning soll stattfind.	2	4	5	1	2

Ihre Einschätzung der derzeitigen Entwicklungen

Akademisierung	trifft voll zu	trifft zu	teils / teils	trifft weniger zu	trifft gar nicht zu	keine Antwort
Es soll eine einheitliche Berufsbezeichnung festgelegt werden (z. B. Erzieherin FH, Frühpädagogin)	7	3	2	1	0	1
Die neuen Entwicklungen bereichern das Feld der Elementarpädagogik	9	2	2	0	0	1
Die Zulassung von heterogenen Studierendengruppen sind eine Bereicherung für einen elementarpädagogischen Studiengang	5	4	4	0	0	1
Die Zulassung von heterogenen Studierendengruppen sind eine Bedrohung für einen elementarpädagogischen Studiengang	0	0	2	3	7	2
Das Niveau eines Bachelor-Studiengangs wird durch eine heterogene Studierendengruppe gleich bleiben	0	3	7	0	3	1
Das Niveau eines Bachelor-Studiengangs wird durch eine heterogene Studierendengruppen sinken	0	1	4	4	4	1
Das Niveau eines Bachelor-Studiengangs wird durch eine heterogene Studierendengruppen steigen	2	3	3	3	2	1
Die Anforderungen innerhalb des Berufsfeldes werden allgemein steigen	5	6	0	1	1	1
Die Leitungen von Kitas werden zunehmend interprofessionell und interdisziplinär arbeiten müssen	4	8	0	0	0	2
Die fachlichen Anforderungen an Leitungen im Berufsfeld werden künftig dem Niveau von beispielsweise Grundschullehrern gleichgestellt werden können	5	4	2	2	0	1
Wissenschaftliches Reflexionsniveau wird künftig für die Bewältigung des beruflichen Alltags in der Kindertageseinrichtung notwendig sein	6	4	2	1	0	1
Die Beherrschung wissenschaftlicher Methoden und Techniken wird künftig notwendig für die Bewältigung des beruflichen Alltags in der Kindertagesstätte sein	3	5	3	2	0	1

Akkreditierung	trifft voll zu	trifft zu	teils / teils	trifft weniger zu	trifft gar nicht zu	keine Antwort
Das Akkreditierungsverfahren ist für die Prüfung und Bewertung eines Studiengangs gut geeignet	1	8	2	1	2	0
Das Akkreditierungsverfahren soll generell weiter entwickelt werden	8	4	0	1	1	0
Die bisherige Zusammensetzung des Gutachterteams ermöglicht eine professionelle Begutachtung eines elementarpädagogischen Studiengangs	5	7	0	1	1	0
Im Gutachterteam soll eine Vertretung einer Fachschule / Fachakademie für Sozialpädagogik sein	2	4	3	2	2	1

Anlage III: Elementarpädagogische Studiengänge und Akkreditierungsagenturen

AHPGS:

- Alice Salomon Fachhochschule Berlin: Erziehung und Bildung im Kindesalter, Bachelor of Arts
- Fachhochschule Bielefeld: Pädagogik der Kindheit, Bachelor of Arts
- Fachbereich Sozialwesen Dresden: Elementar- und Hortpädagogik, Bachelor of Arts
- Evangelische Hochschule für Soziale Arbeit Dresden: Elementar- und Hortpädagogik
- Evangelische Fachhochschule Freiburg, Fachbereich Management, Bildung, Organisation (MBO): Pädagogik der frühen Kindheit, Bachelor of Arts
- Katholische Fachhochschule Freiburg, Fachbereich Management: Management in Erziehungs- und Bildungseinrichtungen, Bachelor of Arts
- SRH Fachhochschule für Gesundheit Gera gGmbH: Interdisziplinäre Frühförderung, Bachelor of Arts
- HAWK Hildesheim/Holzminden/Göttingen, Fakultät Soziale Arbeit und Gesundheit: Erziehung und Bildung im Kindesalter, Bachelor of Arts
- Universität Kassel, Fachbereich Sozialwesen: Sozialpädagogik an beruflichen Schulen, Master of Arts
- Fachhochschule Kiel, Fachbereich Soziale Arbeit und Gesundheit: Erziehung und Bildung im Kindesalter, Bachelor of Arts
- Universität Lüneburg, Fachbereich Erziehungswissenschaften: Bildungswissenschaften, Bachelor of Arts
- Hochschule Neubrandenburg, Fachbereich Soziale Arbeit, Bildung und Erziehung: Early Education - Bildung und Erziehung im Kindesalter, Bachelor of Arts
- Fachhochschule Potsdam, Fachbereich Sozialwesen: Bildung und Erziehung in der Kindheit, Bachelor of Arts

ACQUIN

- Universität Erfurt: Sonder- und Integrationspädagogik (Bakkalaureus Artium), Sonder- und Integrationspädagogik (Magister Artium)
- Fachhochschule Esslingen: Bildung und Erziehung in der Kindheit (Bachelor of Arts)
- Universität Marburg: Erziehungs- und Bildungswissenschaft / Pädagogik Bachelor/ Bakkalaureus

ZEVA

- Evangelische Fachhochschule Hannover: Elementarpädagogik für Erzieherinnen (Bachelor of Arts)

AQAS

- Evangelische Fachhochschule Rheinland-Westfalen-Lippe: Elementarpädagogik (Bachelor of Arts)
- Universität Gießen: Bildung und Förderung in der Kindheit (Bachelor of Arts)
- Technische Universität Kaiserslautern: Bildungswissenschaften (Bachelor of Education)
- Fachhochschule Koblenz, Standort Koblenz: Bildungs- und Sozialmanagement mit Schwerpunkt Frühe Kindheit (Bachelor of Arts)
- RheinAhrCampus, Standort Remagen: Bildungs- und Sozialmanagement mit Schwerpunkt frühe Kindheit (Bachelor of Science)
- Hochschule Magedeburg-Stendal: Angewandte Kindheitswissenschaften (Bachelor of Arts)
- Technische Universität Kaiserslautern: Bildungswissenschaften (Master of Education)

Anlage IV: Empfehlungen und Auflagen aus den analysierten Gutachterberichten für elementarpädagogische Studiengänge (Stand: 30. Januar 2008)

Gesetzliche Vorgaben	
Prüfungsordnung	Eine Prüfungsordnung muss vorhanden sein
	Die in den Modulbeschreibungen genannten Prüfungsformen müssen in Prüfungsordnung für den Studiengang spezifiziert werden
Zulassungsordnung	Eine Zulassungsordnung muss vorhanden sein
Diploma Supplement	Ein Diploma Supplement muss vorhanden sein
	Ein Diploma Supplement muss dem HRK-Modell angepasst sein
Modulhandbuch	Das Modulhandbuch muss den KMK Vorgaben vom 15.09.2000 i.d.F. vom 22.10.2004 entsprechen
Anrechnung von außerhalb des Hochschulwesens erbrachter Leistungen	Es muss für die Anrechnung von außerhalb des Hochschulwesens erbrachter Leistungen und Credits auf das Hochschulstudium ein entsprechendes Konzept bestehen
Studierende ohne Fachschulbildung	Studierende ohne Fachschulbildung sind auf die gesetzliche Situation des jeweiligen Bundeslandes schriftlich hinzuweisen.

Konzept	
Gesamtkonzept	widerspruchsfrei und stimmig
	schlüssig, klar
	transparent im Hinblick auf das Profil des Studiengangs
	transparent im Hinblick auf die zu erwerbenden Kompetenzen
	transparent dargestellt im Hinblick auf Kooperationen zwischen den beteiligten Instituten und Lehr-, Lern- und Prüfungsformen
	Grobstruktur des Curriculums korrespondiert mit der Zielstellung des Studiengangs.
Konzept innovativ	Hinsichtlich des Rückstandes der Professionalisierung pädagogischen Personals für die Bildung und Förderung im Elementarbereich ist die Einrichtung dieses Studiengangs sehr zu begrüßen.
	Hinsichtlich, dass das Angebot qualifizierter Fachkräfte auf gehobenem Niveau ausgleichen und damit zur Diskussionsfähigkeit eines ganzen Berufsfeldes (auch im internatio-nalen Kontext) beitragen kann.
Realisierung eines akademischen Niveaus	Ausrichtung rein auf Wissenschaftlichkeit
	Ausrichtung auf Wissenschaftlichkeit und Anwendungsorientierung
	Vorhandensein von Strukturen, die eine günstige Ausgangslage für anwendungsbezogene Forschungs- und Entwicklungsprogramme in Bezug auf Fragestellungen in Handlungsfeldern der Elementarpädagogik sowie deren Rückkopplung in Lehre und Praxis bieten

Module	
Module	Es wird die Modulanzahl hinsichtlich der Studierbarkeit geprüft
	Es wird die Modulgröße hinsichtlich der Studierbarkeit geprüft
	Jedes Modul muss eine Prüfung(sform) ausweisen
Modulbeschreibungen	Modulbeschreibungen erweisen sich als detailliert und umfassen auch die jeweils zu erwerben Kompetenzen
	In den Modulbeschreibungen sollte Interdisziplinarität erkennbar sein
	Die modulare Umsetzung der von der Hochschule formulierten Kompetenzziele ist zu überprüfen
Zeitliche Abfolge	Die im Curriculum festgelegten Module der jeweils nachfolgenden Semester bauen thematisch und inhaltlich auf die Vorangegangenen auf
	Die im Curriculum festgelegten Module können unabhängig voneinander erarbeitet werden

Inhalte	
Allgemeines	Der Titel des Studiengangs steht im Verhältnis zu den Studiengangsinhalten
	Die Lehr- und Lerninhalte sind aktuell
	Die Lehr- und Lerninhalte sind prinzipiell in sich stimmig und korrespondieren mit den angestrebten Zielen und Kompetenzen
Die Inhalte sollten interdisziplinär angelegt sein	vorhandene Ressourcen (z. B. Angebote der Elementar-, Schul- und Heilpädagogik) sollen durch Zusammenführung und Weiterentwicklung optimiert und genutzt werden
	Grenzen und Probleme der geplanten subdisziplinübergreifenden Zusammenarbeit sollen aufgezeigt werden, sowie eine Verdeutlichung stattfinden, wie (z.B. durch welche Koordinierungs- oder Kooperationsstrukturen) eine Integration der verschiedenen Sichtweisen erreicht werden kann
Folgende Themen sollten in einem Studiengang enthalten sein und zu grundlegenden und weiterführende Kompetenzen führen	Fachwissen und Theorie
	Methoden
	Wissenserwerb und Lernen
	Konfliktlösungsstrategien
	internationale Grundlagen frühkindlicher Bildung und deren Bildungssysteme
	Gender
	Pädagogisches Handeln
	Leitung von Institutionen
	Interkulturalität / Internationalität
	Inklusionspädagogik
	Sprachförderung
	interdisziplinäre Kenntnisse und Denkhaltungen
	frühkindliche Inhalte

	Sozialmanagement
	Erziehungswissenschaft
Praxis	
Struktur	Das Studium sollte berufsbegleitend statfinden, um eine intensive Nähe zur Praxis zu erhalten
	Das Studium kann berufsbegleitend und in Vollzeit studiert werden
Orientierung an der Praxis	Das Potential der Erfahrungen aus der Berufspraxis der StudentInnen wird genutzt und soll unmittelbar in die Studieninhalte einfließen
	Die Orientierung auf die berufliche Praxis der StudentInnen während des gesamten Studienverlaufs ist eine Grundlage des Studiums
	Das Berufsumfeld der StudentInnen wird gezielt als zusätzliches Lernsetting genutzt, um den Theorie-Praxis-Transfer zu optimieren
	Die Praxisphasen können in der eigenen Einrichtungen durchgeführt werden
	Die Praxisphasen sollen in einer anderen Einrichtungen durchgeführt werden
Integration der Praxis	Eine Verzahnung von Praxisorientierung und der Vermitt-lung wissenschaftlicher Kompetenzen und berufsfeldbezogener Kompetenzen soll sichergestellt werden

Evaluation / Qualitätssicherung
Es soll ein Evaluationskonzepts zur Bewertung der Lehre dargelegt werden
Es sollen regelmäßig und dezidiert der Zugang zum Studiengang sowie der Verbleib der Absolventen erhoben werden

Lehrende
Engagement der Lehrenden
Die Realisierung des Studiengangs wird von dem Gesamtkollegium getragen.
Betreuungsdichte der Studierenden
Um die Lehr- und Forschungskompetenzen im Bereich der Elementarpädagogik zu erhöhen, ist eine Professur mit einschlägiger elementarpädagogischer Kompetenz zu besetzen

Qualifikation
Die Abschlussbezeichnung „Bachelor of Arts" ist durchgängig ohne fachliche Zusätze zu verwenden (siehe z.B. Prüfungsordnung § 26).
Es soll die Vergleichbarkeit von Abschlüssen sowohl national als auch international angestrebt werden
Der Abschluss qualifiziert für eine sehr breit gefächerte Auswahl von Tätigkeitsbereichen im Führungsbereich der frühkindlichen Bildung (Kita-BeraterIn, Kita-ReferentIn, Kita-KoordinatorIn, MitarbeiterIn im Kita-Management, DozentIn/FortbildnerIn).

311

Damit mit einem Bachelor-Studiengang keine neuen Sackgassen aufgebaut werden, soll zum Zeitpunkt der Entwicklungen, an dem der Gesamtzusammenhang von Berufsausbildungen an Fachschulen für Sozialpädagogik, Fachhoch- und/ oder Uni-Bachelor-Studiengängen zu Elementarerziehung/ Elementarpädagogik eine klarere Einteilung zulässt, der Bachelor-Studiengang in einen Master überführen

Didaktik
Der Studiengang sieht eine Berufsqualifizierung mit einer theoretischen Grundierung und praktischen Handlungsfähigkeit vor, die durch Praktika, Studienprojekte, wissenschaftliches Arbeiten und der engen Verknüpfung von theoretischen Erkenntnissen der Frühpädagogik mit dem künftigen Arbeitsfeld verbunden sind
Es soll eine enge Verknüpfung von herkömmlichen wissenschaftlichen Lehrmethoden und Blended-Learning stattfinden. Die Präsenzphasen der Studierenden werden über traditionelle Seminarstrukturen mit neuen Informationstechnologien verknüpft
Die zu erwartenden heterogenen Studienkohorten (Abiturienten vs. gelernte Erziehern) müssen durch ein differenziertes methodisch-didaktisches Konzept (Binnendifferenzierung) unterstützt werden
Das Verhältnis Workload - Kreditpunkte - Prüfungen soll gewissenhaft geprüft und realistisch eingesetzt werden

Voraussetzungen für Studierende
Es sollen klare Zulassungsregelungen vorhanden sein
Die Zulassungsvoraussetzung für den Bachelor-Studiengang ist auf Studierende mit einer Fachschulausbildung zur Erzieherin zu beschränken
Es sollen möglichst konkrete Verfahrensregelungen für die Zulassung zu den Anerkennungsmodulen in den Fachschulen festgelegt werden
Es sollen bei Fachschulabsolventen Einstufungs- und Einzelfallprüfungen vorgenommen werden
Es soll BerufspraktikerInnen die Möglichkeit der Durchlässigkeit und damit eine Perspektive aus dem „Sackgassen-Beruf" ErzieherIn bieten

Sonstiges
sachliche Ausstattung des Studiengangs
Einsetzung eines Beirats aus national und international anerkannten Wissenschaftlern/-innen
Der Studiengang soll auch im Teilzeitstudium studierbar sein

312

Anlage V: „Rechtsgrundlagen für die Akkreditierung und die Einrichtung von Studiengängen mit den Abschlüssen Bachelor / Bakkalaureus und Master/Magister in den einzelnen Bundesländern – Stand: 21.06.2007

Pflicht zur Akkreditierung und Verhältnis von Akkreditierung und Genehmigung nach Bundesländern	Rechtsgrundlage
Baden-Württemberg Akkreditierung = Voraussetzung für die staatlichen Genehmigung Wenn es sich um die Umstellung eines bestehenden Studienangebots auf die gestufte Studienstruktur handelt, erfolgt eine nachlaufender Akkreditierung (i.d.R. nach 5 Jahren); die Einrichtung des Studiengangs wird vom Ministerium befristet (i.d.R. fünf Jahre) genehmigt, rechtzeitig vor Ablauf der Befristung ist die Akkreditierung vorzulegen. Werden neue Studienangebote eingerichtet, muss grundsätzlich mit dem Antrag an das Ministerium auf Zustimmung zur Einrichtung des Studiengangs der Bericht über eine Vorabakkreditierung vorgelegt werden.	Anwendung KMK-Strukturvorgaben vom 10.10.2003 i.d.F. vom 22.09.2005 § 30 Abs. 3 Landeshochschulgesetz
Bayern Bachelor- und Masterstudiengänge sollen durch eine anerkannte Einrichtung akkreditiert werden (Art. 10 Abs. 4 BayHSchG) Eine Genehmigung seitens des Ministeriums erfolgt für Studiengänge staatlicher Hochschulen nicht mehr (anders für Studiengänge an nicht staatlichen Hochschulen, wo das Einvernehmen des Ministeriums erforderlich ist). Neue Studiengänge werden vom Präsidenten bzw. von der Präsidentin der Hochschule nur befristet genehmigt und sind vor Ablauf der Befristung zu akkreditieren.	Anwendung KMK-Strukturvorgaben vom 10.10.2003 i.d.F. vom 22.09.2005 Art. 10 Abs. 4 BayHSchG Art. 61 Abs. 2 Satz 3 Nr. 4 BayHSchG und Art. 80 Abs. 1 und 2 Satz 1 BayHSchG
Berlin Akkreditierung = Voraussetzung für die staatlichen Genehmigung Bei Einrichtung von BA-/MA-Studiengängen muss die Akkreditierung gleichzeitig beantragt werden. Studiengänge werden bis zur erfolgreichen Akkreditierung nur befristet genehmigt.	Anwendung KMK-Strukturvorgaben vom 10.10.2003 i.d.F. vom 22.09.2005 Richtlinien für die Erprobung von Bachelor- und Masterstudiengängen an den Berliner Hochschulen (Schreiben an alle Berliner Hochschulen) vom 06.08.1999
Brandenburg Akkreditierung = Voraussetzung für die staatlichen Genehmigung Für eine Übergangszeit gilt, dass beantragte	Anwendung KMK-Strukturvorgaben vom 10.10.2003 i.d.F. vom 22.09.2005 Leitfaden für die Einrichtung von Bachelor- und

BA-/MA-Studiengänge befristet genehmigt werden, mit der Auflage, die Akkreditierung innerhalb von zwei Jahren nachzuweisen. Die Entscheidung über die Verstetigung der Studiengänge wird grundsätzlich nach erfolgter Akkreditierung getroffen.	Masterstudiengängen (Neufassung) vom 29.04.2004 Hochschulprüfungsverordnung (Neufassung) – Umsetzung der Strukturvorgaben: Grade, Umfang der Abschlussarbeiten, Zuordnung der MA zu Profiltypen, Diploma Supplement vom 03.09.2004
Bremen Akkreditierung = Voraussetzung für die staatlichen Genehmigung Für eine Übergangszeit gilt, dass BA-/MA-Studiengänge eingerichtet werden könne, sobald die Hochschule einen Akkreditierungsantrag gestellt hat. Nach erfolgter Akkreditierung und Erfüllung ggf. ausgesprochener Auflagen wird die Einrichtung entfristet.	Anwendung KMK-Strukturvorgaben vom 10.10.2003 i.d.F. vom 22.09.2005 § 53 Abs. 4 Bremisches Hochschulgesetz i.d.F. vom 23.03.2004 Mitteilung an die Hochschulen vom 21.10.2003 Schreiben an die bremischen Hochschulen zum Verfahren der Akkreditierung vom 13.02.2001 Positionspapier zur Einführung von Bachelor- und Masterstudiengängen an den bremischen Hochschulen vom 09.02.1998
Hamburg Nach § 52 Abs. 8 HmbHG sind die Hochschulen verpflichtet, die Studiengänge akkreditieren zu lassen. Bis zur Verabschiedung des ersten Struktur- und Entwicklungsplans durch den Hochschulrat bedarf nach dem HmbHG i.d.F. vom 04.09.2006 die Einrichtung, Änderung und Aufhebung eines Studiengangs der Genehmigung der Behörde für Wissenschaft und Forschung. Nach Verabschiedung des ersten Struktur- und Entwicklungsplans durch den Hochschulrat beschließt der Hochschulsenat über die Neueinrichtung von Studiengängen, deren Prüfungsordnungen der Genehmigung des Präsidiums bedürfen. Die Hochschulen sind dabei an die Strukturentscheidungen der staatlichen Hochschulplanung gebunden.	Anwendung KMK-Strukturvorgaben vom 10.10.2003 i.d.F. vom 22.09.2005 § 52 Abs. 8 HmbHG i.d.F. vom 04.09.2006
Hessen Akkreditierung = Voraussetzung für die staatliche Genehmigung	Anwendung KMK-Strukturvorgaben vom 10.10.2003 i.d.F. vom 22.09.2005 Erlass des Hessischen Ministeriums für Wissenschaft und Kunst vom 30.08.2005
Mecklenburg-Vorpommern Die Akkreditierung von Bachelor- und Masterstudiengängen ist gesetzlich vorgeschrieben. Hochschulen richten die Studiengänge im Rahmen der Eckwerte der Hochschulentwicklung und der Zielvereinbarungen in eigener Zuständigkeit ein; bis zum erstmaligen Abschluss von Zielvereinbarungen unterliegen	Der KMK-Strukturvorgaben vom 10.10.2003 i.d.F. vom 22.09.2005 wurde den Hochschulen als Orientierungsrahmen für die Planung und Konzeption von Studiengängen zur Verfügung gestellt. § 28 Abs. 5 Landeshochschulgesetz Mecklenburg-Vorpommern i.d.F. vom

Studiengänge aufgrund Übergangsrechts der Genehmigung. Studien- und Prüfungsordnungen sind dem Ministerium anzuzeigen. In diesem Rahmen wird die Einhaltung der Strukturvorgaben überprüft.	10.07.2006
Niedersachsen Zum WS 2002/03 ist die Einzelgenehmigung von Studiengängen entfallen; an deren Stelle ist die Aufnahme in die Zielvereinbarung zwischen Land und Hochschule getreten; diese setzt für alle Studiengänge die Akkreditierung zwingend voraus.	Anwendung KMK-Strukturvorgaben vom 10.10.2003 i.d.F. vom 22.09.2005 § 6 Niersächsisches Hochschulgesetz i.d.F. vom 21.06.2006 Eckwerte für die Einführung von Bachelor/Master (BAMA)-Studiengängen vom 18.06.2004
Nordrhein-Westfalen Erfolgreiche Akkreditierung nach den von KMK und Akkreditierungsrat erlassenen Regeln ist Voraussetzung für Aufnahme des Studienbetriebs; aus dem Akkreditierungsverfahren folgende Auflagen sind umzusetzen; eine gesondert Genehmigung durch das Ministerium erfolgt nicht mehr.	Anwendung KMK-Strukturvorgaben vom 10.10.2003 i.d.F. vom 22.09.2005 § 7 Abs. 1 Satz 2 Hochschulfreiheitsgesetz NRW i.d.F. vom 01.01.2007; danach ist die Beachtung KMK-Strukturvorgaben vom 10.10.2003 i.d.F. vom 22.09.2005 und aller weiteren einschlägigen Beschlüsse von KMK und Akkreditierungsrat zwingend.
Rheinland-Pfalz Akkreditierung = Voraussetzung für die staatlichen Genehmigung Alle Lehramtsstudiengänge an allen Universitäten werden in einem gemeinsamen Verfahren akkreditiert. Sobald das Akkreditierungsverfahren eröffnet ist, ist eine Grundlage zur Genehmigung der neuen Studiengänge durch das Ministerium gegeben. Diese Genehmigung ist mit dem Vorbehalt verbunden, dass die Ergebnisse des Akkreditierungsverfahrens in die Korrektur und Nachsteuerung einzubringen sind.	Anwendung KMK-Strukturvorgaben vom 10.10.2003 i.d.F. vom 22.09.2005 § 7 Abs. 4 und 5 Hochschulgesetz Rheinland-Pfalz vom 01.09.2003 Schreiben an die Universitäten bzw. Fachhochschulen in Rheinland-Pfalz vom 28.10.2003 Eckpunkte für die gegenseitige Anerkennung von Bachelor- und Masterabschlüssen in Studiengängen, mit denen die Bildungsvoraussetzungen für ein Lehramt vermittelt werden (Beschluss der KMK vom 02.06.2005)
Saarland Akkreditierung = Voraussetzung für die staatlichen Genehmigung § 50 Abs. 3 Gesetz über die Universität des Saarlandes i.d.F. vom 12.07.2006: Jeder neue Studiengang oder die wesentliche Änderung eines bestehenden Studiengangs ist in der Regel durch eine unabhangige wissenschaftliche Einrichtung in qualitativer Hinsicht zu bewerten (Akkreditierung). In den Ziel- und Leistungsvereinbarungen nach § 7 des Gesetzes können Fristen für eine erneute Akkreditierung oder für eine ausnahmsweise	Anwendung KMK-Strukturvorgaben vom 10.10.2003 i.d.F. vom 22.09.2005 § 50 Gesetz über die Universität des Saarlandes i.d.F. vom 12.07.2006

315

nachzuholende Akkreditierung eines Studiengangs bestimmt werden.	
Sachsen Akkreditierung = Voraussetzung für die staatlichen Genehmigung Sofern die Akkreditierung nicht vor der Einrichtung des Studienganges erfolgt ist, wird dieser nur unter dem Vorbehalt einer späteren erfolgreichen Akkreditierung genehmigt.	Anwendung KMK-Strukturvorgaben vom 10.10.2003 i.d.F. vom 22.09.2005 Rechtsgrundlage wird mit dem neuen Sächsischen Hochschulgesetz geschaffen.
Sachsen-Anhalt Jeder Studiengang oder die wesentliche Änderung eines Studienganges soll durch eine vom Land oder von der Hochschule unabhängige und wissenschaftsnahe Einrichtung in qualitativer Hinsicht bewertet werden (Akkreditierung). Die Einrichtung von Studiengängen erfolgt auf der Grundlage von Zielvereinbarungen, eine gesonderte Genehmigung seitens des Ministeriums ist nur nötig, wenn Zielvereinbarungen nicht zustande kommen oder in besonderen Fällen.	Anwendung KMK-Strukturvorgaben vom 10.10.2003 i.d.F. vom 22.09.2005 § 9 Abs. 3 Hochschulgesetz des Landes Sachsen-Anhalt i.d.F. vom 05.05.2004
Schleswig-Holstein Akkreditierung = Voraussetzung für die staatlichen Genehmigung Nach § 5 Abs. 2 des neuen Hochschulgesetzes vom 28.02.2007 lassen Hochschulen Bachelor- und Masterstudiengänge in der Regel vor Erteilung der Genehmigung akkreditieren.	Anwendung KMK-Strukturvorgaben vom 10.10.2003 i.d.F. vom 22.09.2005 § 5 Abs. 2 Hochschulgesetz vom 28.02.2007 Eckwerte für die Genehmigung von Bachelor- (BA) und Masterstudiengängen (MA) an den Hochschulen des Landes Schleswig-Holstein vom 29.10.2003 Eckpunktepapier Einführung Bachelor-/Masterstrukturen im Bereich der Lehramtsstudien von 06.07.2004 Merkblatt zur Genehmigung von Bachelor-/Masterstudiengängen (Antrags- und Zustimmungsverfahren nach § 49 Abs. 6 HSG) vom 04.05.3005 i.d.F. vom 30.04.2007
Thüringen Ab 01.01.2007 ist die Einzelgenehmigung von Studiengängen entfallen; die Einrichtung, Änderung oder Aufhebung von Studiengängen wird in Ziel- und Leistungsvereinbarungen festgelegt. Akkreditierung ist Voraussetzung für die Aufnahme des Studienbetriebs. In Fällen der Umstellung von Diplom-/Magisterstudiengängen auf BA-/MA-Studiengänge kann bei Vorlage des Akkreditierungsverfahrens sowie der Selbstdokumentation bereits vor der Akkreditierung die Aufnahme des Studienbetriebs vereinbart werden.	Anwendung KMK-Strukturvorgaben vom 10.10.2003 i.d.F. vom 22.09.2005 §§ 12, 43 Neufassung des Thüringer Hochschulgesetzes (ThürHG) vom 01.01.2007 Schreiben an alle Hochschulen „Einrichtung, Änderung und Aufhebung von Studiengängen" vom 08.03.2007

Anlage VI: Synoptische Darstellung der Länder bzgl. bestehender Möglichkeiten des Hochschulzugangs für beruflich qualifizierte Bewerber ohne Hochschulzugangsberechtigung

Tabelle 20 Synoptische Darstellung der in den Ländern bestehenden Möglichkeiten des Hochschulzugangs für beruflich qualifizierte Bewerber ohne schulische Hochschulzugangsberechtigung auf der Grundlage hochschulrechtlicher Regelungen –Stand: Februar 2006. (S. 2 – 10)

Bundesland	Bestehen Möglichkeiten für beruflich qualifizierte Bewerber, die keine schulische Hochschulzugangsberechtigung besitzen, ein Hochschulstudium aufzunehmen, das zum berufsqualifizierenden Abschluss führt?	Welche Voraussetzungen müssen die Bewerber jeweils erfüllen?
Baden-Württemberg	a) Sämtliche Hochschulen und Berufsakademien (ab WS 2006/07) Hochschulzugang für Berufstätige, §§ 59 Abs. 1 und 89 Abs. 1 LHG BW vom 01.01.2005 (GBl. 2005, S. 1), zuletzt geändert durch Gesetz zur Änderung des Landeshochschulgesetzes vom 01.12.2005 (GBl. 2005, S. 706) - offener Hochschulzugang - zu einem der beruflichen Aus- und Fortbildung fachlich entsprechenden Studiengang b) Sämtliche Hochschulen und Berufsakademien (ab WS 2006/07) §§ 59 Abs.2 und 89 Abs. 2 LHG BW - Eignungsprüfung - für den Zugang zu einem der beruflichen Aus- und Fortbildung fachlich nicht entsprechenden Studiengang c) Pädagogische Hochschulen § 58 Abs. 4 LHG BW (Lehramt an Grund- und Hauptschulen) - Eignungsprüfung d) Fachhochschulen § 59 Abs. 4 LHG BW i.V.m. der Eignungsprüfungsverordnung Sozial- und Pflegewesen Fachhochschulen vom 21.05.1993 (GBl. 1993, S. 269) - Eignungsprüfung	a) Sämtliche Hochschulen und Berufsakademien - Hauptwohnung und berufliche Tätigkeit seit mind. einem Jahr in der Bundesrepublik Deutschland - erfolgreicher Abschluss einer mind. zweijährigen Berufsausbildung - Meisterprüfung oder gleichwertige berufliche Fortbildung nach dem Berufsbildungsgesetz oder nach der Handwerksordnung im erlernten Beruf oder erfolgreicher Abschluss an einer Fachschule nach § 14 des Schulgesetzes (einer Fachschule steht gleich eine freie Bildungseinrichtung, die eine gleichwertige berufliche Fortbildung vermittelt) - mind. vierjährige Berufstätigkeit im erlernten Beruf - auf den angestrebten Studiengang bezogene studienfachliche Beratung b) Sämtliche Hochschulen und Berufsakademien - Voraussetzungen siehe a) c) Pädagogische Hochschulen - Abschluss einer mind. zweijährigen staatlichen, staatlich geregelten oder staatlich anerkannten Berufsausbildung - eine daran anknüpfende zweijährige Berufstätigkeit d) Fachhochschulen Erzieher, Heilpädagogen, Arbeitserzieher usw.

		- staatliche Anerkennung - mind. dreijährige einschlägige Berufs- tätigkeit - ständiger oder gewöhnlicher Aufenthalt seit mind. drei Jahren in BW Altenpfleger, Krankenpfleger usw. - mittlerer Bildungsabschluss - einschlägige abgeschlossene Berufsaus- bildung - mind. dreijährige Berufserfahrung im Berufsfeld - ständiger oder gewöhnlicher Aufenthalt seit mind. drei Jahren in BW
Bayern	§ 34 der Prüfungsordnung für die Ergänzungsprüfung zum Erwerb der Fachhochschulreife (ErgPOFHR) vom 25.05.2001 (GVBl. S. 278, ber. S.456), zuletzt geändert durch Verordnung vom 29.04.2005 (GVBl. S. 154)	Bestehen einer Ergänzungsprüfung nach einem halbjährigen Propädeutikum an der Fachhochschule, für das folgende Zulassungsvoraussetzungen gelten: - Einschlägiger Meisterabschluss mit mindestens der Note 2 in der Prüfung der fachlichen Kenntnisse im Zeugnis über die Meisterprüfung - Einschlägige Fortbildungsprüfung nach §§ 53, 54 BBiG bzw. §§ 42, 42 a der Handwerksordnung mit Prüfungsgesamt- note oder Durchschnittsnote „gut" im Zeugnis über die berufliche Fortbildungs- prüfung oder - Abschluss einer Fachschule oder Fach- akademie mit staatlicher Abschluss- prüfung mit der Prüfungsgesamtnote „gut" im Abschlusszeugnis
Berlin (Stand: 2003)	Berliner Hochschulgesetz i.d.F. vom 17. November 1999 (GVBL. S. 630, zuletzt geändert durch Gesetz vom 23. Januar 2003 (GVBL. S. 22), § 11	Realschulabschluss oder gleichwertige Schulbildung - einschlägige abgeschlossene Berufsaus- bildung - mind. vierjährige Berufserfahrung oder - Meisterprüfung, Abschluss als staatl. geprüfter Techniker, staatl. geprüfter Betriebswirt in geeigneter Fachrichtung oder - vergleichbare Ausbildung - Möglichkeit der Anrechnung von Ersatzzeiten
Brandenburg	§ 25 Abs. 3 Brandenburgisches Hochschulgesetz in der Fassung der Bekanntmachung vom 06. Juli 2004 (GVBl. I S. 394)	Mindestalter 24 Jahre - Abschluss der Sekundarstufe I und eine für das Studium geeignete abgeschlos- sene Berufsausbildung - Nachweis mehrjähriger Berufserfahrung

		oder erfolgreiches Ablegen der Meister-prüfung in einem für das Studium geeigneten Beruf
Bremen	a) § 33 Abs. 6 Nr. 1 i.V.m. § 55 Bremisches Hochschulgesetz: Einstufungsprüfung b) § 35 Abs. 2 Bremisches Hochschulgesetz: Probestudiumc) § 33 Abs. 6 Nr. 2 i.V.m. § 58 a Bremisches Hochschulgesetz: Kontaktstudium	a) Einstufungsprüfung- abgeschlossene Berufsausbildung- mindestens 3jährige Berufstätigkeit- Hauptwohnung im Land Bremen oder in angrenzenden Landkreisen seit mind. einem Jahr- Teilnahme an Maßnahmen der Fort- und Weiterbildung b) Probestudium- abgeschlossene Berufsausbildung- zusätzl. Fortbildung zum Meister, staatl. geprüften Techniker, staatl. geprüften Betriebswirt oder vergleichbare Prüfung- Hauptwohnung im Land Bremen oder in angrenzenden Landkreisen seit mind. einem Jahrc) Kontaktstudium- mindestens 3jährige Berufstätigkeit, in der die Teilnehmer zugleich die für eine Teilnahme erforderliche Eignung erworben haben- Hauptwohnung im Land Bremen oder in angrenzenden Landkreisen seit mind. einem Jahr
Hamburg	1.1 § 38 HmbHG i.d.F. vom 27.05.2003 für den besonderen Hochschulzugang für Berufstätige	Eingangsprüfung (§ 38 Abs. 1 HmbHG) - abgeschlossene Berufsausbildung und eine danach abgeleistete mindestens dreijährige Berufstätigkeit. Kindererziehung und Pflegetätigkeit können im Umfang von bis zu zwei Jahren angerechnet werden Teilnahme am Beratungsgespräch (§ 38 Abs. 2 und 3 HmbHG) - erfolgreiches Ablegen einer für den beabsichtigten Studiengang geeigneten fachspezifischen Fortbildungsprüfung als Meister oder Fachwirt oder einer gleichwertigen fachspezifischen Fortbildungsprüfung

| Hessen | Ja; nach § 63 Abs. 2 sowie nach § 63 Abs. 6 Hessisches Hochschulgesetz i.d.F. vom 31. Juli 2000 (GVBl. I S. 374), zuletzt geändert durch Gesetz vom 15. Dezember 2005 (GVBl. I S. 843), in Verbindung mit der Verordnung über den Zugang besonders befähigter Berufstätiger zu den Hochschulen im Lande Hessen vom 13. Juni 2002 (GVBl. I S. 335), geändert durch Verordnung vom 8. Juli 2004 (GVBl. I S. 242), ist diesem Personenkreis die Möglichkeit, ein berufsqualifizierendes Hochschulstudium zu absolvieren, eröffnet. Ferner gilt in Hessen: Bei festgestellter hervorragender wissenschaftlicher oder künstlerischer Begabung kann auf eine Hochschulzugangsberechtigung für den betreffenden Studiengang verzichtet werden, sofern er mit einer Hochschulprüfung abschließt (§ 63 Abs. 4 Satz 4 Hessisches Hochschulgesetz). | Der Nachweis der Meisterprüfung berechtigt in Hessen zum berufsqualifizierenden Studium an allen Hochschulen (§ 63 Abs. 2 Satz 1 und 2 Hessisches Hochschulgesetz). Für die übrigen beruflich qualifizierten Bewerber/innen gelten nach der genannten Verordnung für ein berufsqualifizierendes Studium an Universitäten und Fachhochschulen folgende Voraussetzungen: - Abschlussprüfung in einem einschlägigen (d.h. dem angestrebten Studium fachverwandten) staatlich anerkannten Ausbildungsberuf; - in der Regel eine anschließende mindestens vierjährige hauptberufliche Tätigkeit in dem erlernten oder einem verwandten Beruf; - Nachweis über das Absolvieren einschlägiger Weiterbildungsmaßnahmen. |
| Mecklenburg-Vorpommern | a) Gem. § 19 des Landeshochschulgesetzes MV vom 05. Juli 2002 kann eine Studienberechtigung sowohl für universitäre Studiengänge als auch für Fachhochschulstudiengängeerworben werden.b) § 10 Qualifikationsverordnung MV vom 12.07.2005 | a) Bestehen einer Zugangsprüfung, für die folgende Zulassungsvoraussetzungen bestehen:- entweder eine mindestens fünfjährige berufliche Tätigkeit oder eine abgeschlossene Berufsausbildung und eine mindestens dreijährige berufliche Tätigkeit- Ausbildung und Tätigkeit müssen in einem Berufsfeld erfolgt sein, welches einen unmittelbaren Sachzusammenhang zum angestrebten Studiengang aufweistb) Bewerberinnen und Bewerber mit Meisterprüfung nach dem Berufsbildungsgesetz, der Handwerksordnung oder dem Seemannsgesetz erhalten Zugang zu den Fachhochschulen |

| Nieder-sachsen | 1. Alternative: § 18 Abs. 1 Satz 2 Nr. 2 Nieders. Hochschulgesetz (NHG) i.d.F. vom 24.06.2002 (Nds. GVBl. Nr. 19/2002 S. 285) i.V.m. der Verordnung über den Erwerb der fachbezogenen Hochschulzugangsberechtigung durch Prüfung (HzbPrüfVO) vom 12.01.2001 (Nds. GVBl. S. 4), geändert durch Verordnung vom 25.02.2002 (Nds. GVBl. S. 84) 2. Alternative: § 18 Abs. 1 Satz 2 Nr. 3 a NHG (Fassung und Fundstelle s. o.) 3. Alternative: § 18 Abs. 1 Satz 2 Nr. 3 b NHG (Fassung und Fundstelle s. o.) 4. Alternative: § 18 Abs. 1 Satz 2 Nr. 3 c NHG (Fassung und Fundstelle s. o.) | 1. Alternative: - abgeschlossene Berufsausbildung und anschließende mind. zweijährige Berufstätigkeit im erlernten Beruf oder mind. dreijährige Tätigkeit in verschiedenen Berufsbereichen oder mind. fünfjährige Tätigkeit in einem Berufsbereich, dessen Anforderungen denen eines Ausbildungsberufes vergleichbar sind - einen Wohnsitz in Niedersachsen (mind. 1 Jahr) - Gutachten über die Prüfungsvorbereitung - die verantwortliche Betreuung einer erziehungs- oder pflegebedürftigen Person kann der beruflichen Vorbildung gleichgestellt werden - bestandene Prüfung für den Erwerb der fachbezogenen Hochschulzugangsberechtigung 2. Alternative: Zugang zu Fachhochschulen und Universitäten durch Ablegen der Meisterprüfung 3. Alternative: Zugang zu Fachhochschulen und Universitäten durch Abschluss des Bildungsganges zur staatlich geprüften Technikerin/zum staatlich geprüften Techniker, zur staatlich geprüften Betriebswirtin/zum staatlich geprüften Betriebswirt 4. Alternative: Zugang zu Fachhochschulen und Universitäten durch eine für bestimmte, d. h. fachlich einschlägige Studiengänge, als gleichwertig festgestellte abgeschlossene Vorbildung (Runderlass vom 24.04.2003) |

Nordrhein-Westfalen	Ja, dies ist geregelt in: - § 66 IV, VI Gesetz über die Hochschulen des Landes Nordrhein-Westfalen (Hochschulgesetz - HG) in der Fassung des Gesetzes zur Weiterentwicklung der Hochschulreformen (Hochschulreform-Weiterentwicklungsgesetz - HRWG - vom 30.11.2004 (GV. NRW S. 752) - Verordnung über den Zugang zu einem Fachhochschulstudium für in der beruflichen Bildung Qualifizierte vom 13. Januar 2003 (GV. NRW S. 30)- Verordnung über die Prüfung zum Hochschulzugang für in der beruflichen Bildung Qualifizierte (Zugangsprüfungsverordnung – ZugangsprüfungsVO) vom 24. Januar 2005 (GV. NRW S. 21)	Nach der Verordnung über den Zugang zu einem Fachhochschulstudium für in der beruflichen Bildung Qualifizierte: - eine bestimmte, erfolgreich abgeschlossene Berufsausbildung - eine bestimmte Fort- und WeiterbildungNach der Zugangsprüfungsverordnung - Vollendung des 22. Lebensjahres - eine erfolgreich abgeschlossene Berufsausbildung - eine mind. dreijährige berufliche Tätigkeit, Erziehungszeiten werden anerkannt - für ein Medizin-, Zahnmedizin- oder Pharmaziestudium benötigt man eine erfolgreich abgeschlossene Berufsausbildung in einem einschlägigen nicht-ärztlichen Heilberuf, in dem man anschließend mindestens 3 Jahre tätig gewesen sein muss § 66 Abs. 6 HG (Ausnahmeregelung) bei studiengangbezogener besonderer fachlicher Eignung oder besonderer künstlerischer oder gestalterischer Begabung und Nachweis der Allgemeinbildung
Rheinland-Pfalz	Ja. Fachbezogene Studienberechtigung;- § 65 Abs. 1 S. 3 HochSchG - Landesverordnung über die fachbezogene Berechtigung beruflich qualifizierter Personen zum Universitätsstudium (BUStudVO) vom 28. Juni 1996 (GVBL. S.251), zuletzt geändert durch Gesetz vom 21. Juli 2003 (GVBL, S. 167), BS 223-41-24.- der Landesverordnung über die fachbezogene Berechtigung beruflich qualifizierter Personen zum Fachhochschulstudium (BFHStudVO), zuletzt geändert durch Gesetz vom 21. Juli 2003. (GVBL, S. 167), BS 223-9-14.	Abgeschlossene berufliche Ausbildung mit qualifiziertem Ergebnis, Durchschnittsnote 2,5 oder besser- Ausübung des erlernten Berufes oder vergleichbare Tätigkeit über 3 Jahre (Universität) oder 2 Jahre (Fachhochschule) im Anschluss an die Ausbildung- hinreichender inhaltlicher Zusammenhang zwischen Ausbildung, Berufstätigkeit und gewähltem Studienfach. Für Personen, welche die Meisterprüfung oder eine vergleichbare Fortbildungsprüfung abgelegt haben, entfällt bei der Zulassung zu einem Universitätsstudium- der Mindestnotendurchschnitt des Ausbildungsabschlusses- die schriftliche Arbeit aus den Fachgebieten des gewählten Studiengangs. Für Personen, welche die Meisterprüfung oder eine vergleichbare Fortbildungsprüfung abgelegt haben, entfällt bei der Zulassung zu einem Fachhochschulstudium- der Mindestnotendurchschnitt des Ausbildungsabschlusses- bei Ab-

		schluss der Meisterprüfung o.ä. mit mindestens gutem Ergebnis das gesamte Probestudium.
Saarland	1.1 Universitäten: Verordnung über die Studienberechtigung für die staatlichen Hochschulen des Saarlandes durch besondere berufliche Qualifikation vom 03. Juni 2004 (Amtsbl. S. 1250) Fachhochschulen: § 65 Abs. 6 des Gesetzes über die Hochschule für Technik und Wirtschaft des Saarlandes vom 23. Juni 1999 (Amtsbl. S. 982 [1014]), zuletzt geändert durch Gesetz vom 23. Juni 2004 (Amtsbl. S. 1782 [1819], i.V.m. der Verordnung über die Studienberechtigung für die staatlichen Hochschulen des Saarlandes durch besondere berufliche Qualifikation vom 03. Juni 2004 (Amtsbl. S. 1250)	erfolgreiche Abschlussprüfung in einem einschlägig anerkannten Ausbildungsberuf (selbständige, hauptberufliche Führung eines Haushaltes mit Verantwortung für Erziehung mind. eines Kindes oder Pflege mind. einer pflegebedürftigen Person, kann für erzieherische oder sozialpflegerische Berufe in vollem Umfang, im Übrigen bis zu zwei Jahre als hauptberufliche Tätigkeit anerkannt werden. Teilzeitbeschäftigung von mind. 50 % gilt als hauptberufliche Tätigkeit) - einschlägige Weiterbildung - Nachweis der für das Studium erforderlichen Sprachkenntnisse in Deutsch
Sachsen	§ 13 Abs. 11 des Gesetzes über die Hochschulen im Freistaat Sachsen (Sächsisches Hochschulgesetz - SächsHG) vom 11.06.1999	Abschluss einer Berufsausbildung und anschließende mindestens dreijährige Tätigkeit - Bestehen einer Zugangsprüfung, deren Einzelheiten in einer Prüfungsordnung geregelt sind.
Sachsen-Anhalt	§ 27 Abs. 4 Hochschulgesetz des Landes Sachsen-Anhalt vom 05.05.2004 (GVBl. LSA S. 256), zuletzt geändert durch Art. 33 des Ersten Recht- und Verwaltungsvereinfachungsgesetzes vom 18.11.2005 (GVBl. LSA S. 698) i.V.m. einer entsprechenden Festlegung in der Immatrikulationsordnung der jeweiligen Hochschule	Realschulabschluss oder gleichgestellter Abschluss - Abschluss einer dem gewählten Studiengang entsprechenden anerkannten Berufsausbildung - mehrjährige Berufstätigkeit - Nachweis besonderer Fähigkeiten und Kenntnisse in einer Feststellungsprüfung, deren Einzelheiten in einer Prüfungsordnung geregelt sind.
Schleswig-Holstein	Ja. Nach dem Gesetz über die Hochschulen und das Universitätsklinikum Schleswig-Holstein (Hochschulgesetz - HSG) i.d.F. der Bekanntmachung vom 04.05.2000 (GVOBl. Schl.-H. S. 416), zuletzt geändert am 10.12.2004 (GVOBl. Schl.-H. S. 477), sind folgende drei Möglichkeiten vorgesehen:1. Probestudium nach § 73 Abs. 5 HSG und § 3 Abs. 2 StuQuaVO (Landesverordnung über die Qualifikation für ein Studium an einer	a) Probestudium- qualifizierter Abschluss einer Berufsausbildung- Notendurchschnitt mindestens 3,0- fünfjährige Berufstätigkeit (oder Ersatzzeiten) nach Beendigung der Ausbildungszeit-mindestens 3 Jahre Hauptwohnung in Schleswig-Holstein (rückwirkend gerechnet vom angestrebten Studienbeginn)sowie- Vorpraktikum, sofern vorgeschrieben- ggf. fachlicher Bezug zwischen erlerntem Beruf und gewähltem Studiengang (z. B. Christian-Albrechts-

Hochschule des Landes Schleswig-Holstein (Studienqualifikationsverordnung - StuQuaVO) vom 06.12.2000 (GVOBl. Schl.-H. S. 659))2. Eignungsgespräch nach § 73 Abs. 6 HSG und § 3 Abs. 1 StuQuaVO1 sowie LVO (Landesverordnung über den Zugang zu den Hochschulen für Personen ohne schulische Hochschulzugangsberechtigung i.d.F. vom 20.12.1991 (GVOBl. Schl.-H. 1992 S. 35))3. Eignungsprüfung Fachhochschulen nach § 73 Abs. 3 HSG und § 2 Nr. 5 StuQuaVO1 sowie LVO (Landesverordnung über die Eignungsprüfung für Bewerber ohne Fachhochschulreifeum das Studium an einer Fachhochschule in Schleswig-Holstein (Eignungsprüfung (FH)) i.d.F. vom 19.08.1982 (GVOBl. Schl.-H. S. 233), zuletzt geändert durch Verordnung vom 24.10.1996 (GVOBl. Schl.-H. S. 652)	Universität zu Kiel) b) Eignungsgespräch1. Nachweis besonders hoher Qualifikation- in der beruflichen Ausbildung: Berufsfachschulabschluss (gute Gesamtnote oder Notendurchschnitt 2,0) und Zeugnis über mindestens zweijährige Berufstätigkeit (mit mindestens guten Leistungen) oder- in der beruflichen Fortbildung: Meisterprüfung und Berufstätigkeit oder- eine der Meisterprüfung entsprechende berufliche Fortbildungsprüfung mit guter Gesamtnote und Berufstätigkeit oder- Fachschulabschluss mit guter Gesamtnote oder Notendurchschnitt 2,0 und Berufstätigkeit oder - in der Weiterbildung:abgeschlossene Umschulung in anerkanntem Ausbildungsberuf sowie eine der zuvor genannten Voraussetzungen (Berufstätigkeit) sowie 2. Einschlägigkeit der Vorbildung für den gewünschten Studiengangc) Eignungsprüfung Fachhochschulen-mindestens Hauptschulabschluss oder ein als gleichwertig anerkannter Schulabschluss- abgeschlossene Berufsausbildung und mindestens zwei Jahre berufliche Tätigkeit- angemessene Vorbereitung auf die Prüfung oder- mindestens 7jährige Tätigkeit, die einer beruflichen Tätigkeit mit einer abgeschlossenen Berufsausbildung gleichwertig ist- der Bewerber soll im Abschlusszeugnis der Berufsschule und in der Ausbildungsabschlussprüfung im Durchschnitt mind. befriedigende Noten erhalten und während der Tätigkeit mindestens befriedigende Leistungen gezeigt haben.

Thüringen	1) Eingangsprüfung nach § 67 a Abs. 1 Thüringer Hochschulgesetz i.d.F. vom 22. Juni 2005 (GVBl. S. 229) und „Thüringer Verordnung über die Eingangsprüfung für Berufstätige nach § 67 a Abs. 1 Satz 3 des Thüringer Hochschulgesetzes" vom 10. Februar 2000 (GVBl. S. 64) und 2) Probestudium nach § 67 a Abs. 2 Thüringer Hochschulgesetz i.d.F. vom 22. Juni 2005 (GVBl. S. 229) und Immatrikulationsordnungen der Thüringer Hochschulen	1) - abgeschlossene Berufsausbildung - mindestens zwei Jahre beruflich tätig 2) - mit der Note „gut" oder besser abgeschlossene Meisterprüfung oder gleichwertige berufliche Fortbildung - seit mindestens drei Jahren Hauptwohnung in Thüringen

Anlage VII: Landesregelungen zur Kinderpflegeausbildung

Baden-Württemberg:

- Verordnung des Kultusministeriums über die Ausbildung und Prüfung an den Berufsfachschulen für Kinderpflege (Kinderpflegerinnenverordnung) *Fundstelle:* 1995 (BW.GBl. S. 519), 1998 (BW.GBl. S. 370, ber. S. 559), 2001 (BW.GBl. S. 580);

- ktische Ausbildung der Kinderpflegerinnen und Kinderpfleger *Fundstelle:* 1998 (GAGemeinsame Grundsätze des Kultusministeriums und des Sozialministeriums für die praBl.BW. S. 396);

Bayern:

- Schulordnung für die Berufsfachschulen für Hauswirtschaft, für Kinderpflege und für Sozialpflege (Berufsfachschulordnung Hauswirtschaft, Kinderpflege und Sozialpflege - BFSOHwKiSo) *Fundstelle:* 85 (Bay.GVBl. 502), 87 (Bay.GVBl. 308), 89 (Bay.GVBl. 404), 91 (Bay.GVBl. 164), 94 (Bay.GVBl. 1995 S. 71), 96 (Bay.GVBl. 275, 392), 98 (Bay.GVBl. 295), 2000 (Bay.GVBl. 562), 2001 (Bay.GVBl. S. 659), 2006 (Bay.GVBl. S. 802), 2007 (Bay.GVBl. S. 663);

Bremen:

- Verordnung über die Berufsfachschule für Kinderpflege *Fundstelle:* 2000 (Brem.GBl. S. 323);

- Verordnung über den berufsbegleitenden Bildungsgang zur Kinderpflegerin und zum Kinderpfleger sowie zur Sozialassistentin und zum Sozialassistenten *Fundstelle:* 2005 (Brem.GBl. S. 1);

Hamburg:

- Ausbildungs- und Prüfungsordnung der Berufsfachschule für Sozialpädagogische Assistenz (APO-SPA) *Fundstelle:* 2007 (HmbGVBl. 1 S. 389);

Mecklenburg-Vorpommern:

- Verordnung zur Ausbildung und Prüfung an Berufsfachschulen des Gesundheitswesens und der Sozialpflege (Gesundheits- und Sozialpflege-Berufsfachschulverordnung - GSBFSVO M-V) *Fundstelle:* 2006 (Mittl.bl. M-V S. 300), 2006 (Mittl.bl. M-V S. 412);

Niedersachsen:

- Verordnung über berufsbildende Schulen (BbS-VO) *Fundstelle:* 2000 (Nds. GVBl. S. 178), 2001 (Nds. GVBl. S. 425), 2002 (Nds. GVBl. S. 343), 2003 (Nds. GVBl. S. 294), 2004 (Nds. GVBl. S. 256). 2005 (Nds. GVBl. S. 194), 2006 (Nds.GVBl. S.412);

- Ergänzende Bestimmungen für das berufsbildende Schulwesen (EB-BbS) *Fundstelle:* 2000 (Nds. MBl. S. 367), 2001 (Nds. MBl. S. 583, ber. S. 681), 2002 (Nds. MBl. S. 585), 2003 (Nds. MBl. S. 520), 2004 (Nds. MBl. S. 483), 2005 (Nds. MBl. S. 509);

Nordrhein-Westfalen:

- Verordnung über die Ausbildung und Prüfung in den Bildungsgängen des Berufskollegs (Ausbildungs- und Prüfungsordnung Berufskolleg - APO-BK) *Fundstelle:* 1999 (GV. NRW. S. 240, ber. GV. NRW. 2000 S. 563), 2001 (GV. NRW. S. 66, ber. S. 766), 2002 (GV. NRW. S. 172), 2003 (GV. NRW. S. 358, 413, 626, 751), 2004 (GV. NRW. S. 792), 2006 (GV. NRW. S. 222, 461), 2007 (GV. NRW. S. 223, S. 727);

Saarland:

- Verordnung - Schul- und Prüfungsordnung - über die Ausbildung und Prüfung an Berufsfachschulen für Kinderpflege im Saarland (APO-BFS-KI) *Fundstelle:* 1988 (Saar.Amtsbl. S. 565), 1999 (Saar.Amtsbl. S. 1439), 2000 (Saar.Amtsbl. S. 1098), 2002 (Saar.Amtsbl. S. 1493), 2003 (Saar.Amtsbl. S. 1910), 2005 (Saar.Amtsbl. S. 795);

Schleswig-Holstein:

- Landesverordnung über die Berufsfachschule (Berufsfachschulverordnung - BFSVO) *Fundstelle:* 2007 (NBl. MBF. Schl.-H. S. 155);

Sachsen-Anhalt:

- Verordnung über Berufsbildende Schulen (BbS-VO) *Fundstelle:* 2004 (GVBl. LSA S. 412), 2005 (GVBl. LSA S. 499), 2006 (GVBl. LSA S. 164), 2007 (GVBl. LSA S. 338);

- Ergänzende Bestimmungen zur Verordnung über Berufsbildende Schulen (EBBbS-VO) *Fundstelle:* 2004 (SVBl. LSA S. 353), 2005 (SVBl. LSA S. 162), 2006 (SVBl. LSA S. 111);

Thüringen:

- Thüringer Schulordnung für die Berufsfachschule - ein- und zweijährige Bildungsgänge - (ThürSOBFS 2) *Fundstelle:* 1997 (Thür.GVBl. S. 293), 2004 (S. 349), 2005 (Thür.GVBl. 2006 S. 4)

Anlage VIII: Landesregelungen zur Erzieherinnenausbildung

Baden-Württemberg:

- Verordnung des Kultusministeriums über die Ausbildung und Prüfung an den Fachschulen für Sozialpädagogik (Erzieherverordnung, ErzieherVO) Fundstelle: 1985 (BW.GBl. S. 57, BW.ABl. S. 50), 1990 (BW.GBl. S. 213, BW.ABl. S. 421), 1993 (BW.GBl. S. 494), 1995 (BW.GBl. S. 330), 1996 (BW.GBl. S. 628), 1997 (BW.GBl. S. 219), 2001 (BW.GBl. S. 580), 2004 (BW.GBl. S. 712), 2007 (BW.GBl. S. 397);
- Ausbildungs- und Prüfungsordnung des Kultusministeriums über die Ausbildung und Prüfung an den Fachschulen für Sozialpädagogik - Berufskolleg - Fundstelle: 2004, 2006 (Kultusministerium Baden-Württemberg);
- Schul- und Prüfungsordnung des Kultusministeriums über die Ausbildung und Prüfung an den Berufskollegs für Praktikantinnen und Praktikanten (BKPR) Fundstelle: 2003 (Ministerium für Kultus, Jugend und Sport BW.);

Bayern:

- Schulordnung für die Fachakademien für Sozialpädagogik (Fachakademieordnung Sozialpädagogik - FakOSozPäd) Fundstelle: 1985 (Bay.GVBl. S. 534, ber. Bay.GVBl. S. 662) ... 2001 (Bay.GVBl. S. 660), 2004 (Bay.GVBl. S. 467), 2007 (Bay.GVBl. S. 576);
- Prüfungsordnung für die Ergänzungsprüfung zum Erwerb der Fachhochschulreife (ErgPOFHR) Fundstelle: 2001 (Bay.GVBl. S. 278, ber. S. 456), 2002 (Bay.GVBl. S. 128, ber. S. 143), 2003 (Bay.GVBl. S. 874), 2005 (Bay.GVBl. S. 154);

Berlin:

- Verordnung über die Ausbildung und Prüfung an den staatlichen Fachschulen für Sozialpädagogik im Land Berlin (APVO Sozialpädagogik) Fundstelle: 2006 (GVBl. S. 164);
- Verordnung über die Abschlussprüfung für Erzieher und Erzieherinnen an den staatlichen Fachschulen (PrüfVO - Erzieher) Fundstelle: 1986 (Ber.GVBl. S. 2102), 1992 (Ber.GVBl. S. 288), 2005 (Ber.GVBl. S. 210), 2006 (BerGVBl. S. 176);
- Ausführungsvorschriften über die Ausbildung in den staatlichen Fachschulen für Sozialpädagogik - Ausbildungsordnung Erzieher/Erzieherin Fundstelle: 2003 (Ber.ABl. S. 5150);
- Verordnung über die Abschlussprüfung der staatlichen Fachschule für die berufsbegleitende Erzieherausbildung Berlin (PrüfVO - berufsbegleitende Erzieherausbildung) Fundstelle: 1990 (Ber.GVBl. S. 1164), 2005 (Ber.GVBl. S. 210), 2006 (Ber.GVBl. S. 164);
- Ausführungsvorschriften über die Ausbildung in der Berufsfachschule für Sozialwesen - Ausbildungsordnung Berufsfachschule für Sozialwesen Fundstelle: 1997 (Ber.ABl. S. 2886);

Brandenburg:

- Verordnung über die Bildungsgänge für Sozialwesen in der Fachschule (Fachschulverordnung Sozialwesen) Fundstelle: 2003 (Bra.GVBl. II S. 219);
- Gesetz über die staatliche Anerkennung und die Weiterbildung in sozialen Berufen sowie die Altenpflegeausbildung an Fachseminaren im Land Brandenburg (Brandenburgisches Sozialberufsgesetz - BbgSozBerG) Fundstelle: 1993 (Bra.GVBl. I S. 338), 1996 (Bra.GVBl. I S. 308);

Bremen:

- Verordnung über die Fachschule für Sozialpädagogik Fundstelle: 2002 (Brem.GBl. S. 151)
- Verordnung über den berufsbegleitenden Bildungsgang zur Erzieherin und zum Erzieher sowie zur Heilerziehungspflegerin und zum Heilerziehungspfleger Fundstelle: 2002 (Brem.GBl. S. 163);

- Ordnung zur staatlichen Anerkennung von Erziehern/Erzieherinnen und Heilerziehungspflegern / Heilerziehungspflegerinnen im Lande Bremen Fundstelle: 2002 (Brem.GBl. 2003 S.1), 2006 (Brem.GBl. S. 457);

Hamburg:
- Ausbildungs- und Prüfungsordnung der Fachschule Sozialpädagogik und der Fachschule für Heilerziehungspflege (APO-FSH) Fundstelle: 2002 (HmbGVBl. 1 S. 151), 2006 (HmbGVBl. S. 189);

Hessen:
- Verordnung über die Ausbildung und die Prüfungen an den Fachschulen für Sozialpädagogik Fundstelle: 1999 (Hess.ABl. S. 240), 2001 (Hess.ABl. S. 545), 2003 (Hess.ABl. S. 102), 2005 (Hess.ABl. S. 2), 2007 (Hess.ABl. S. 738);

Mecklenburg-Vorpommern:
- Verordnung über die Ausbildung und Prüfung an den Fachschulen für Sozialpädagogik - Fachschulverordnung Sozialpädagogik (FSVOS) Fundstelle: 1996 (Mitt.Bl. M.-V. S. 345), 2000 (GVOBl. M-V S. 239), 2001 (GVOBl. M-V S. 300), 2006 (Mittl.bl. M-V S. 275);

Niedersachsen:
- Verordnung über berufsbildende Schulen (BbS-VO) Fundstelle: 2000 (Nds. GVBl. S. 178), 2001 (Nds. GVBl. S. 425), 2002 (Nds. GVBl. S. 343), 2003 (Nds. GVBl. S. 294), 2004 (Nds. GVBl. S. 256). 2005 (Nds. GVBl. S. 194), 2006 (Nds.GVBl. S.412);
- Ergänzende Bestimmungen für das berufsbildende Schulwesen (EB-BbS) Fundstelle: 2000 (Nds. MBl. S. 367), 2001 (Nds. MBl. S. 583, ber. S. 681), 2002 (Nds. MBl. S. 585), 2003 (Nds. MBl. S. 520), 2004 (Nds. MBl. S. 483), 2005 (Nds. MBl. S. 509);

Nordrhein-Westfalen:
- Verordnung über die Ausbildung und Prüfung in den Bildungsgängen des Berufskollegs (Ausbildungs- und Prüfungsordnung Berufskolleg - APO-BK) Fundstelle: 1999 (GV. NRW. S. 240, ber. GV. NRW. 2000 S. 563), 2001 (GV. NRW. S. 66, ber. S. 766), 2002 (GV. NRW. S. 172), 2003 (GV. NRW. S. 358, 413, 626, 751), 2004 (GV. NRW. S. 792), 2006 (GV. NRW. S. 222, 461), 2007 (GV. NRW. S. 223, S. 727);

Rheinland-Pfalz:
- Fachschulverordnung für in modularer Organisationsform geführte Bildungsgänge im Fachbereich Sozialwesen Fundstelle: 2005 (GVBl. Rh-Pf. S. 50), 2006 (GVBl. Rh-Pf. S. 159);
- Schulordnung für die öffentlichen berufsbildenden Schulen Fundstelle: 1990 (GVBl.Rh-Pf. S. 127, ber. GVBl.Rh-Pf. 1991 S. 87), 1993 (GVBl.Rh-Pf. S. 245), 2003 (GVBl.Rh-Pf. S. 155), 2005 (GVBl.Rh-Pf. S. 471);

Saarland:
- Verordnung - Schul- und Prüfungsordnung - über die Ausbildung und Prüfung an Akademien für Erzieher und Erzieherinnen - Fachschulen für Sozialpädagogik - (APO-FSP) Fundstelle: 2004 (Saar.Amtsbl. S. 1110), 2007 (Saar.Amtsbl. S. 1114);

Sachsen:
- Verordnung des Sächsischen Staatsministeriums für Kultus und des Sächsischen Staatsministeriums für Umwelt und Landwirtschaft über die Fachschule im Freistaat Sachsen (Schulordnung Fachschule - FSO) Fundstelle: 2003 (SächsGVBl. S. 389), 2004 (SächsGVBl. S. 596), 2007 (SächsGVBl. S. 609);

Sachsen-Anhalt:
- Verordnung über Berufsbildende Schulen (BbS-VO) Fundstelle: 2004 (GVBl. LSA S. 412), 2005 (GVBl. LSA S. 499), 2006 (GVBl. LSA S. 164), 2007 (GVBl. LSA S. 338);
- Ergänzende Bestimmungen zur Verordnung über Berufsbildende Schulen (EBBbS-VO) Fundstelle: 2004 (SVBl. LSA S. 353), 2005 (SVBl. LSA S. 162), 2006 (SVBl. LSA S. 111);

329

Schleswig-Holstein:

- Landesverordnung über die Fachschule (Fachschulordnung - FSO) Fundstelle: 2007 (NBl. MBWFK. Schl.-H. S. 166);
- Landesverordnung über die Abschlussprüfung an berufsbildenden Schulen (Prüfungsverordnung berufsbildende Schulen - BS-PrüfVO) Fundstelle: 2000 (NBl. MBWFK. Schl.-H. S. 606), 2003 (NBl. MBWFK. Schl.-H. S. 238), 2004 (NBl. MBWFK. Schl.-H. S. 213, ber. S. 285), 2005 (NBl. MBWFK. Schl.-H. S. 198);
- Landesverordnung über die Versetzung an berufsbildenden Schulen (Versetzungsverordnung berufsbildende Schulen - BS-VersVO) Fundstelle: 2000 (NBl.MBWFK.Schl.-H. S. 613);

Thüringen:

- Thüringer Fachschulordnung (ThürFSO) Fundstelle: 2004 (Thü.GVBl. S. 125), 2005 (Thü.GVBl. S. 347)

330

Anlage VIV: Landesregelungen zur Heilpädagogenausbildung

Baden-Württemberg:
- Verordnung der Landesregierung über die Fachschulen des Fachbereichs Sozialwesen der Fachrichtungen Jugend- und Heimerziehung, Heilerziehungspflege und Heilpädagogik (Sozialwesenfachschulverordnung) *Fundstelle:* 2004 (BW.GBl. S. 180);
- Verordnung des Ministeriums für Arbeit und Soziales über die Ausbildung und Prüfung an den Fachschulen für Sozialwesen der Fachrichtung Heilpädagogik (Heilpädagogenverordnung - APrOHeilPäd)) *Fundstelle:* 2004 (BW.GBl. S. 636), 2007 (BW.GBl. S. 252), 2007 (BW.GBl. S. 417);

Bayern:
- Schulordnung für zweijährige Fachakademien (Fachakademieordnung - FakO) *Fundstelle:* 1984 (Bay.GVBl. S. 339), 1985 (Bay.GVBl. S. 475), 1992 (Bay.GVBl. S. 414), 1994 (Bay.GVBl. 1995 S. 39), 1996 (Bay.GVBl. S. 463), 1998 (Bay.GVBl. S. 361), 2000 (Bay.GVBl. S. 624), 2006 (Bay.GVBl. S. 716);

Berlin:
- Ausführungsvorschriften über die Ausbildung in der Staatlichen Fachschule für Heilpädagogik Berlin - Ausbildungsordnung Heilpädagogik *Fundstelle:* 1991 (Ber.ABl. S. 1688, ber. S. 1966), 1995 (Ber.ABl. S. 3453), 1996 (Ber.ABl. S. 2572, 2573);
- Verordnung über die Abschlussprüfung der Staatlichen Fachschule für Heilpädagogik Berlin (PrüfVO-Heilpädagogik) *Fundstelle:* 1992 (Ber.GVBl. S. 246), 1995 (Ber.GVBl. S. 693), 1998 (Ber.GVBl. S. 397), 2001 (Ber.GVBl. S. 313), 2006 (Ber.GVBl. S. 1018);

Brandenburg:
- Verordnung über die Bildungsgänge für Sozialwesen in der Fachschule (Fachschulverordnung Sozialwesen) *Fundstelle:* 2003 (Bra.GVBl. II S. 219);

Hessen:
- Verordnung über die Ausbildung und Abschlussprüfung an Fachschulen für Heilpädagogik *Fundstelle:* 1992 (Hess.ABl. S. 254), 1994 (Hess.ABl. 1995 S. 25), 1997 (Hess.ABl. 1998 S. 89, 97, ber. S. 173), 2007 (Hess.ABl. 2007 S. 738);

Niedersachsen:
- Verordnung über berufsbildende Schulen (BbS-VO) *Fundstelle:* 2000 (Nds. GVBl. S. 178), 2001 (Nds. GVBl. S. 425), 2002 (Nds. GVBl. S. 343), 2003 (Nds. GVBl. S. 294), 2004 (Nds. GVBl. S. 256). 2005 (Nds. GVBl. S. 194), 2006 (Nds.GVBl. S.412);
- Ergänzende Bestimmungen für das berufsbildende Schulwesen (EB-BbS) *Fundstelle:* 2000 (Nds. MBl. S. 367), 2001 (Nds. MBl. S. 583, ber. S. 681), 2002 (Nds. MBl. S. 585), 2003 (Nds. MBl. S. 520), 2004 (Nds. MBl. S. 483), 2005 (Nds. MBl. S. 509);

Nordrhein-Westfalen:
- Verordnung über die Ausbildung und Prüfung in den Bildungsgängen des Berufskollegs (Ausbildungs- und Prüfungsordnung Berufskolleg - APO-BK) *Fundstelle:* 1999 (GV. NRW. S. 240, ber. GV. NRW. 2000 S. 563), 2001 (GV. NRW. S. 66, ber. S. 766), 2002 (GV. NRW. S. 172), 2003 (GV. NRW. S. 358, 413, 626, 751), 2004 (GV. NRW. S. 792), 2006 (GV. NRW. S. 222, 461), 2007 (GV. NRW. S. 223, S. 727);

Rheinland-Pfalz:
- Fachschulverordnung für in modularer Organisationsform geführte Bildungsgänge im Fachbereich Sozialwesen *Fundstelle:* 2005 (GVBl. Rh-Pf. S. 50), 2006 (GVBl. Rh-Pf. S. 159);
- Schulordnung für die öffentlichen berufsbildenden Schulen *Fundstelle:* 1990 (GVBl.Rh-Pf. S. 127, ber. GVBl.Rh-Pf. 1991 S. 87), 1993 (GVBl.Rh-Pf. S. 245), 2003 (GVBl.Rh-Pf. S. 155), 2005 (GVBl.Rh-Pf. S. 471);

Sachsen:

- Verordnung des Sächsischen Staatsministeriums für Kultus und des Sächsischen Staatsministeriums für Umwelt und Landwirtschaft über die Fachschule im Freistaat Sachsen (Schulordnung Fachschule - FSO) *Fundstelle:* 2003 (SächsGVBl. S. 389), 2004 (SächsGVBl. S. 596), 2007 (SächsGVBl. S. 609);

Sachsen-Anhalt:

- Verordnung über Berufsbildende Schulen (BbS-VO) *Fundstelle:* 2004 (GVBl. LSA S. 412), 2005 (GVBl. LSA S. 499), 2006 (GVBl. LSA S. 164), 2007 (GVBl. LSA S. 338);
- Ergänzende Bestimmungen zur Verordnung über Berufsbildende Schulen (EBBbS-VO) *Fundstelle:* 2004 (SVBl. LSA S. 353), 2005 (SVBl. LSA S. 162), 2006 (SVBl. LSA S. 111);

Schleswig-Holstein:

- Landesverordnung über die Fachschule (Fachschulordnung - FSO) *Fundstelle:* 2007 (NBl. MBWFK. Schl.-H. S. 166);

Thüringen:

- Thüringer Fachschulordnung (ThürFSO) *Fundstelle:* 2004 (Thü.GVBl. S. 125), 2005 (Thü.GVBl. S. 347);

Anlage X: Bildungs- und Erziehungspläne der Bundesländer

Baden-Württemberg:

- Sozialministerium des Landes Baden-Württemberg (Hrsg.) 2006. Vereinbarung zum Orientierungsplan für Bildung und Erziehung in Tageseinrichtungen für Kinder in Baden-Württemberg. 1. Aufl. Weinheim und Basel: Beltz Verlag. URL: http://www.bildungsserver.de/zeigen.html?seite=2720 (Stand: 02.04.2008)

Bayern:

- Bayerisches Staatsministerium für Arbeit und Sozialordnung, Familie und Frauen & Staatsinstitut für Frühpädagogik (Hrsg.) 2005. Der Bayerische Bildungs- und Erziehungsplan für Kinder in Tageseinrichtungen bis zur Einschulung. 2., aktualisierte und erweiterte Auflage. Weinheim und Basel: Beltz-Verlag

Berlin:

- Senatsverwaltung für Bildung, Jugend und Sport Berlin (Hrsg).2004. Das Berliner Bildungsprogramm für die Bildung, Erziehung und Betreuung von Kindern in Tageseinrichtungen bis zu ihrem Schuleintritt. Vorgelegt von: Internationale Akademie, INA gemeinnützige Gesellschaft für innovative Pädagogik, Psychologie und Ökonomie mbH an der Freien Universität Berlin. Berlin: das Netz. URL: http://www.berlin.de/imperia/md/content/sen-bildung/bildungswege/vorschulische_bildung/berliner_bildungsprogramm_2004.pdf (Stand: 04.06.2008)

Brandenburg:

- Ministerium für Bildung, Jugend und Sport des Landes Brandenburg (Hrsg.) 2004 Grundsätze elementarer Bildung in Einrichtungen der Kindertagesbetreuung im Land Brandenburg. URL:http://www.mbjs.brandenburg.de/sixcms/detail.php/lbm1.c.235422.de (Stand: 04.06.2008)

Bremen:

- Freie Hansestadt Bremen, der Senator für Arbeit, Frauen, Gesundheit, Jugend und Soziales (Hrsg.) 2004. Rahmenplan für Bildung und Erziehung im Elementarbereich. URL: http://gew.de/Binaries/Binary27913/Rahmenplan_Bremen.pdf (Stand: 04.06.2008)

Hamburg:

- Freie und Hansestadt Hamburg, Behörde für Soziales und Familie – Abteilung Kindertagesbetreuung (Hrsg.) 2005. Die Hamburger Bildungsempfehlungen für die Bildung und Erziehung von Kindern in Tageseinrichtungen wurden im Auftrag der Behörde für Soziales und Familie erarbeitet von der Internationalen Akademie (INA gGmbH) für innovative Pädagogik, Psychologie und Ökonomie an der der Freien Universität Berlin. Hamburg: Lütcke & Wulff URL: www.kita.hamburg.de; (Stand: 02.06.2008)

Hessen:

- Hessisches Sozialministerium (Hrsg.) 2005. Bildung von Anfang an. Bildungs- und Erziehungsplan für Kinder von 0 bis 10 Jahren in Hessen. URL: http://www.kultusministerium.hessen.de (Stand: 03.06.2008)

Mecklenburg-Vorpommern:

- Sozialministerium des Landes Mecklenburg-Vorpommern (Hrsg.) 2004. Mecklenburg-Vorpommern: Rahmenplan für die zielgerichtete Vorbereitung von Kindern in Kindertageseinrichtungen auf die Schule

Niedersachsen:

- Niedersächsisches Kultusministerium (Hrsg.) 2005.Orientierungsplan für Bildung und Erziehung im Elementarbereich niedersächsischer Tageseinrichtungen für Kinder (Endfassung). URL:http://cdl.niedersachsen.de/blob/images/C3374461_L20.pdf (Stand: 14.06.2008)

Nordrhein-Westfalen:

- Ministerium für Schule und Weiterbildung des Landes Nordrhein-Westfalen (Hrsg.) 2003. Bildungsvereinbarung NRW - Fundament stärken und erfolgreich starten. URL: http://www.callnrw.de/php/lettershop/download/865/download.pdf (Stand: 06.06.2008)

Rheinland-Pfalz:

- Ministerium für Bildung, Wissenschaft, Jugend und Kultur in Rheinland-Pfalz (Hrsg.) 2004. Bildungs- und Erziehungsempfehlungen für Kindertagesstätten in Rheinland-Pfalz

Saarland:

- Ministerium für Bildung, Kultur und Wissenschaft (Hrsg.) 2006. Bildungsprogramm für Saarländische Kindergärten. Weimar, Berlin: Verlag das Netz. URL: http://www.saarland.de/12746.htm (Stand: 06.06.2008)

Sachsen:

- Sächsisches Staatsministerium für Soziales (Hrsg.) 2006. Der sächsische Bildungsplan - ein Leitfaden für pädagogische Fachkräfte in Kinderkrippen und Kindergärten. Berlin: Verlag das Netz. URL: http://www.kita-bildungsserver.de/27.0.html (Stand: 06.06.2008)

Sachsen-Anhalt:

- Ministerium für Gesundheit und Soziales des Landes Sachsen-Anhalt(Hrsg.) Bildung als Programm für Kindertageseinrichtungen in Sachsen-Anhalt. Bildung: elementar- Bildung von Anfang an. URL: http://www.kitas-im-dialog.de/download/recht_bildungsprogramm.pdf (Stand: 06.06.2008)

Schleswig-Holstein:

- Ministerium für Bildung und Frauen des Landes Schleswig-Holstein (Hrsg.) 2004. Erfolgreich starten - Leitlinien zum Bildungsauftrag von Kindertageseinrichtungen. URL: http://www.schleswig-holstein.de/Bildung/DE/VorschulischeBildung/Bildungsauftrag/Bildungsauftrag__node.html__nnn=true (Stand: 06.06.2008)

Thüringen:

- Thüringer Ministerium für Soziales, Familie und Gesundheit (Hrsg.) 2006. Thüringer Bildungsplan bis 10 Jahre. URL: http://www.thueringer-bildungsplan.de/ (Stand: 06.06.2008)

Anlage XI: Tabelle: Zusammengefasste Geburtenziffer in ausgewählten Staaten

	1993	1994	1995	1996	1997	1998	1999	2000	2001	2002	2003	2004
EU Staaten												
Belgien	1,6	1,6	1,6	1,6	1,6	1,6	1,6	1,7	1,6	1,6	1,6	1,6
Dänemark	1,8	1,8	1,8	1,8	1,8	1,7	1,7	1,8	1,7	1,7	1,8	1,8
Deutschland	1,3	1,2	1,2	1,3	1,4	1,4	1,4	1,4	1,3	1,3	1,3	1,4
Estland	1,5	1,4	1,3	1,3	1,2	1,2	1,2	1,3	1,3	1,4	1,4	1,4
Finnland	1,8	1,9	1,8	1,8	1,8	1,7	1,7	1,7	1,7	1,7	1,8	1,8
Frankreich	1,7	1,7	1,7	1,7	1,7	1,8	1,8	1,9	1,9	1,9	1,9	1,9
Griechenland	1,3	1,4	1,3	1,3	1,3	1,3	1,3	1,3	1,3	1,3	1,3	1,3
Irland	1,9	1,9	1,8	1,9	1,9	2,0	1,9	1,9	1,9	2,0	2,0	2,0
Italien	1,3	1,2	1,2	1,2	1,2	1,2	1,2	1,2	1,3	1,3	1,3	1,3
Lettland	1,5	1,4	1,3	1,2	1,1	1,1	1,2	1,2	1,2	1,2	1,3	1,2
Litauen	1,7	1,6	1,6	1,5	1,5	1,5	1,5	1,4	1,3	1,2	1,3	1,3
Luxemburg	1,7	1,7	1,7	1,8	1,7	1,7	1,7	1,8	1,7	1,6	1,6	1,7
Malta	2	1,9	1,8	2,1	2,0	k.A.	1,7	1,7	1,7	1,5	1,5	1,4
Niederlande	1,6	1,6	1,5	1,5	1,6	1,6	1,7	1,7	1,7	1,7	1,8	1,7
Österreich	1,5	1,5	1,4	1,5	1,4	1,4	1,3	1,4	1,3	1,4	1,4	1,4
Polen	1,9	1,8	1,6	1,6	1,5	1,4	1,4	1,3	1,3	1,2	1,2	1,2
Portugal	1,5	1,4	1,4	1,4	1,5	1,5	1,5	1,6	1,5	1,5	1,4	1,4
Schweden	2	1,9	1,7	1,6	1,5	1,5	1,5	1,5	1,6	1,7	1,7	1,8
Slowakei	1,9	1,7	1,5	1,5	1,4	1,4	1,3	1,3	1,2	1,2	1,2	1,3
Slowenien	1,3	1,3	1,3	1,3	1,3	1,2	1,2	1,3	1,2	1,2	1,2	1,2
Spanien	1,3	1,2	1,2	1,2	1,2	1,2	1,2	1,2	1,3	1,3	1,3	1,3
Tschechische Republik	1,7	1,4	1,3	1,2	1,2	1,2	1,1	1,1	1,1	1,2	1,2	1,2
Ungarn	1,7	1,7	1,6	1,5	1,4	1,3	1,3	1,3	1,3	1,3	1,3	1,3
Vereintes Königreich	1,8	1,7	1,7	1,7	1,7	1,7	1,7	1,6	1,6	1,6	1,7	1,7
Zypern	2,3	2,2	2,1	2,1	2,0	1,9	1,8	1,6	1,6	1,5	1,5	1,5
Weitere Staaten												
Island	2,2	2,1	2,1	2,1	2,0	2,1	2,0	2,1	2,0	1,9	2,0	2,0
Japan	1,5	1,5	1,4	1,4	1,4	k.A.	1,4	1,4	1,3	1,4	1,4	k.A.
Norwegen	1,9	1,9	1,9	1,9	1,9	1,8	1,8	1,9	1,8	1,8	1,8	1,8
Schweiz	1,5	1,5	1,5	1,5	1,5	1,5	1,5	1,5	1,4	1,4	1,4	1,4
Türkei	2,9	2,8	2,8	2,7	2,6	2,6	2,5	2,3	2,3	2,2	2,2	2,2
USA	2,1	2,0	2,0	2,0	2,1	k.A.	2,1	2,1	2,0	2,1	2,1	k.A.

k.A. = keine Angaben

Quelle: Statistisches Bundesamt. 2006. S. 31

335

Handbücher
Erziehungswissenschaft

Jutta Ecarius (Hrsg.)
Handbuch Familie
2007. 701 S. Br. EUR 59,90
ISBN 978-3-8100-3984-2

Rudolf Tippelt / Bernhard Schmidt (Hrsg.)
Handbuch Bildungsforschung
2., überarb. u. erw. Aufl. 2009. 1058 S.
Br. EUR 79,90
ISBN 978-3-531-15481-7

Als umfassendes Nachschlagewerk zum
Thema Bildungsforschung vermittelt das
Handbuch einen zuverlässigen und syste-
matischen Überblick über das gesamte
Diskussions- und Erkenntnisspektrum
eines der elementaren Forschungsberei-
che der Erziehungswissenschaft. Die einzelnen Beiträge führen in Bezugsdisziplinen, Institutionen, Methoden und Handlungsfelder ein und bieten eine grundlegende Information für eine vertiefende
Beschäftigung mit den Themenfeldern von
A wie Acceleration bis Z wie Zielgruppen.

Rudolf Tippelt / Agia von Hippel (Hrsg.)
**Handbuch Erwachsenenbildung/
Weiterbildung**
3., überarb. u. erw. Aufl. 2009. 1105 S.
Br. EUR 79,90
ISBN 978-3-531-15506-7

Als Grundlagenwerk zu Geschichte, Theorien, Forschungsmethoden und Institutionen vermittelt das Handbuch einen syste-

matischen Überblick über den vielfältigen
Themenbereich. Die zahlreichen Zielgruppen der Erwachsenenbildung und Weiterbildung wie auch die verschiedenen
Methoden des Lehrens und Lernens werden zugleich einführend und umfassend
dargestellt. Diese neue Auflage ist grundlegend überarbeitet und erweitert.

Heiner Barz (Hrsg.)
Handbuch Bildungsfinanzierung
2009. ca. 400 S. Br. ca. EUR 49,90
ISBN 978-3-531-16185-3

Rolf Arnold / Antonius Lipsmeier (Hrsg.)
Handbuch der Berufsbildung
2., überarb. u. akt. Aufl. 2006. 643 S.
Br. EUR 59,90
ISBN 978-3-531-15162-5

Heinz-Hermann Krüger /
Winfried Marotzki (Hrsg.)
**Handbuch erziehungswissen-
schaftliche Biographieforschung**
2., überarb. und akt. Aufl. 2006. 529 S.
Br. EUR 49,90
ISBN 978-3-531-14839-7

Werner Helsper / Jeanette Böhme (Hrsg.)
Handbuch der Schulforschung
2., durchges. u. erw. Aufl. 2008. 1037 S.
Geb. EUR 79,90
ISBN 978-3-531-15254-7

www.vs-verlag.de

Erhältlich im Buchhandel oder beim Verlag.
Änderungen vorbehalten. Stand: Juli 2009.

VS VERLAG FÜR SOZIALWISSENSCHAFTEN

Abraham-Lincoln-Straße 46
65189 Wiesbaden
Tel. 0611.7878-722
Fax 0611.7878-400